上海市高等学校本科教育高地建设项目资助

电子商务工程管理

● 魏 忠 张芳芳 编著
● 余思勤 主 审

人民交通出版社

内 容 提 要

本书是一本具有鲜明实用性和综合性特色的网络与安全工程管理教材，重点介绍了电子商务网络、安全与应用技术的基础、技术、工程和管理的各方面。全书共分为四篇：基础篇、技术篇、工程篇、管理篇。第一篇为基础篇，包括电子商务基础、信息工程技术基础、信息安全基础；第二篇为技术篇，包括电子商务的接入技术、电子商务信息处理技术、电子商务安全技术；第三篇为工程篇，包括网络与综合布线工程、电子商务信息安全工程、电子商务信息服务；第四篇为管理篇，包括电子商务应急响应管理、电子商务工程质量管理、电子商务运维与外包管理。本书每一章后附有案例、案例分析题、复习思考题和主要的参考文献，既适合教师教学，又适合学生自学。

本书适合作为高等院校电子商务、信息系统和信息管理等专业高年级本科生、研究生的“电子商务网络与安全工程”课程用书，同时，对有志于成为 CIO 的网络工程和安全工程的管理者以及从事与电子商务工程相关研究的人士也具有重要的参考价值。

电子商务作为新兴的专业已经融入并引领着企业成为新经济和新增长的主要力量，而电子商务的教学却并没有完全引领甚至顺应本行业的发展。作为一门实用的学科，如何在本科生中开展电子商务教学和实践，如何进行高层次电子商务人才培养并提高他们知识体系的深度和广度，一直是教育工作者和学习者思考和争论的焦点。

目前各个教育机构基本一致的意见是电子商务知识架构应包含经济类、管理类、通信和计算机类、法律类等基础和应用的知识点。然而，各个大学由于电子商务专业分属不同的学院和系，每个学院和系专业特长和要求以及针对就业和培养方向的不同，在电子商务各个知识点的侧重上面存在巨大的差异，这种差异使得如何将知识点转化成为课程再将课程转化成为教材成为非常困难的事情，太细致、太专业性不仅造成学生负担大，更重要的是针对本专业发展培养所希望达到的知识面和关键点造成缺失，而泛泛而谈，学生印象不深刻，效果更加不好。

就像多年前对于管理信息系统专业的疑惑和争论一样，电子商务专业的发展也伴随着本专业定位的争议。同样的问题越过20年的时间被提出：是既没有信息和计算机专业的基础牢靠又没有商务专业实用，还是既具有信息的计算机专业的技能和基础又具备充足商务知识的"海军陆战队"？本书的主要作者有在网络和安全公司作为高层技术管理10年以上经历，同时具有多年的CIO培训经历，发现售前方案人员、质量管理人员、项目管理人员、复合型人才和洞察型人才是这个行业非常需要和紧缺的，而这些人才目前主要从技术人员或者商务管理人员转型过来，不但远远不能满足需求，而且带有过多的单纯背景并不完全有利于从企业价值链出发解决问题，问题的关键不是专业该不该设置，而是教学该如何进行。笔者在教学中深感让电子商务专业的学生接受纯计算机类型的教材和课程的不足，因此下决心写一本适合就业和学生发展的教材，这也是编写本书的初衷。

电子商务教材还存在一个问题，就是由于电子商务最佳实践是以C2C为主流引领热点，对于传统企业的电子商务涉及比较零散。本书的几位编者均来自教学和科研的第一线，本校的电子商务专业具有鲜明的行业背景和特色，而且实践过程中本校的MBA和EMBA的特色教育经验也给编者们以启发和信心，在上海市教育高地（海关物流电子商务）的资助下，本校的电子商务专业陆续建立了实训体系和课程知识体系，并按照厚基础（经济、法律、数学、计算机、管理）、宽应用（行业、平台、专业）、明确针对性（大物流、大资金流、高生产依赖性）的指导方针，陆续出版了《电子商务概论》、《口岸物流信息平台》、《网络营销理论与实践》、《电子商务管理》、《电子物流》等教材，并受到读者欢迎。

本书共十二章，分为四篇，分别为基础篇、技术篇、工程篇、管理篇。之所以这样编排，主要是考虑电子商务学生的职业规划特点和由基础到管理的能力发展特点。第一篇中提到的基础理论都是在电子商务中用得到的，即电子商务工程的基本理论和背景；第二篇对应第一篇中各章的理论，主要是理论的技术表现；第三篇主要是电子商务中的技术的工程过程表现；第四篇着重于电子商务过程和完成后要怎么管。

基础篇中主要内容有：电子商务基础、信息工程技术基础、信息安全基础，在本书编写过程中主要是给学习者一个网络环境下传统企业电子商务管理中所必备的行业技术基础。

技术篇的主要内容有：电子商务的接入技术、电子商务信息处理技术、电子商务安全技术，主要是电子商务基础理论的技术表现和常用的应用基础。

考虑到很多电子商务学生和企业进行电子商务建设首先要进行的是网络和安全建设，工程篇顺应了一般企业电子商务战略首先起步和发展于网络建设的事实。工程篇包括网络与综合布线工程、电子商务信息安全工程、电子商务信息服务等方面的内容，希望读者在掌握信息和计算机基础之后迅速进入工程实践环节的学习。

电子商务最终还是一门应用的学科，最终的专业导向应是管理导向和公司价值导向，因此，在最后的管理篇中着重了这方面的内容，主要分析了电子商务应急响应管理、电子商务工程质量管理、电子商务运维与外包管理等。

本书由魏忠、张芳芳为主要编写者,李新伟参加了部分章节编写和统稿,王吉霞收集了很多案例。其中第二、七、八、十~十二章由魏忠博士编写,第一、四、五、九章由张芳芳博士编写,第三、六章由李新伟老师编写。余思勤教授担任本书主审。上海信息安全测评中心应力研究员、上海三零卫士信息安全有限公司、上海庚商计算机科技有限公司提供了大量的资源和案例;此外,上海交通大学的白英彩教授、复旦大学的高传善教授、同济大学的吴永明教授多年来在网络工程方面给予作者指点、建议和感悟,对此一并表示感谢。

本书的编写目的主要是教学所需而非学术研究,因此在本书的编写中除了参考大量的最新学术论文以及其他学者的研究成果、教材外,每一章都补充有案例。另外,对能够找到出处的引用在书中均做出说明,对提供案例的单位和企业表示特别感谢;编著者不敢窃取别人劳动成果,然由于几年教学过程和10多年实践过程中积累的资料来源比较复杂,对没有能够列出的文献,在此表示歉意,欢迎提出来以便再版时进行补充;对于书中采用的大量国际、国家和地方标准多数为笔者作为主要起草人参加的(例 ISO 17799、ISO 13335、SSE-CMM、计算机等级信息系统安全标准、"上海市通用信息系统服务规范"课题、上海市信息安全测评指南)和亲身实践过的(例如 ISO 2000、ISO 27000、IATF 等),对标准的主要起草人和国际标准的原作者、译者表示敬意;书中不妥之处非常欢迎同行和读者指正,也欢迎大家就感兴趣的问题通过邮件或博客做进一步的探讨,以促进电子商务专业教育培训的完善。

联系方式:

魏忠: zhongwei@sem.shmtu.edu.cn, http://blog.sina.com/weizhong1969

作者介绍:魏忠,男,1969 年生人,博士后,上海海事大学副教授,上海市计算机学会会员,上海市政府采购咨询专家,IT 行业 10 多年高管经历,丰富的网络建设、系统集成管理和信息安全行业经验,参与起草了多个国家标准,目前研究领域主要在 IT 治理、IT 项目管理、IT 审计和管理信息系统。

张芳芳:管理学博士,上海海事大学电子商务专业讲师,ffzhang@sem.shmtu.edu.cn。

编 者

于 2009 年 1 月

第一篇 基 础 篇

第二篇 技 术 篇

第三篇　工　程　篇

第四篇 管 理 篇

第一篇

基础篇

JICHUPIAN

第一章　电子商务基础

科学是老老实实的学问，搞科学研究工作就要采取老老实实、实事求是的态度，不能有半点虚假浮夸。不知就不知，不懂就不懂，不懂的不要装懂，而且还要追下去，不懂，不懂在什么地方；懂，懂在什么地方。老老实实的态度，首先就是要扎扎实实地打好基础。科学是踏实的学问，连贯性和系统性都很强，前面的东西没有学好，后面的东西就上不去；基础没有打好，搞尖端就比较困难。我们在工作中经常遇到一些问题解决不了，其中不少是由于基础未打好所致。一个人在科学研究和其他工作上进步的快慢，往往和他的基础有关。

——华罗庚，著名数学家

【本章导读】

1. 掌握电子商务的含义及其分类。
2. 理解电子商务模式的基本理论。
3. 了解电子商务基础网络的构建。
4. 初步了解电子商务技术及技术标准。

引导案例　百度进军电子商务领域

2007年10月，中国最大的搜索引擎公司百度宣布正式进军电子商务领域，百度计划基于独有的搜索技术和强大的社区资源，建立中文互联网领域最具规模的网上个人交易平台。百度已经专门成立了独立事业部运营百度C2C交易平台的业务。目前,有关C2C交易平台的产品技术研发工作已经展开,百度称正全力招兵买马,完成最重要的新事业部团队组建工作。在2008年年底,百度正式推出面向用户的C2C网站。

此前在没有任何引导的情况下,市场上主要C2C交易平台超过40%的流量是从百度获得的。因此,百度C2C交易平台将以百度庞大的搜索流量和互动社区作为业务基础。此外百度还计划依靠百度贴吧、百度知道等社区产品推广其C2C业务。

第一节　电子商务基本理论

网络是人类社会劳动、生活、学习的新工具,它通过影响人类通信与交往方式,间接地对传统经济领域的生产、交换、分配和消费方式产生影响,直到渗透、改造、重塑传统经济的运行模式以及社会经济价值标准与增值方式。因此,电子商务是一个泛社会化的概念,电子商务的发展是一个从基础应用入手、循序渐进地推而广之、最终实现普遍应用的发展过程。

一、电子商务的概念

电子商务这一概念自产生起,就没有一个统一的定义,不同的研究者、不同组织从各自的角度提出了对电子商务的认识。

1. 政府组织对于电子商务的定义

(1)欧洲议会在“欧洲电子商务发展倡议”中给出的定义是:“电子商务是通过电子方式进行的商务活动。它通过电子方式处理和传递数据,包括文本、声音和图像。它涉及许多方面的活动,包括货物电子贸易和服务、在线数据传递、电子资金划拨、电子证券交易、电子货运单证、商业拍卖、合作设计和工程、在线资料、公共产品获得等。它还包括了产品(如消费品、专门设备)和服务(如信息服务、金融和法律服务)、传统活动(如健身、教育)和新型活动(如虚拟购物、虚拟训练)等。”

(2)世界贸易组织电子商务专题报告中定义:电子商务就是通过电信网络进行的生产、营销、销售和流通活动,它不仅指基于互联网上的交易,而且指所有利用电子信息技术来解决问题、降低成本、增加价值和创造商机的商务活动,包括通过网络实现从原材料查询、采购、产品展示、订

购到出品、储运以及电子支付等一系列的贸易活动。

(3)联合国国际贸易法委员会指出,电子商务的一个重要技术特征是利用Web进行技术传输和商业信息处理,是在互联网上进行的商务活动,是纸上信息交流和存储方式的一种替代形式,主要功能包括网上广告、订货、付款、客户服务、货物递交等销售、售前、售后服务以及市场调查分析、财务核算、生产安排等多项利用互联网开发的商业活动。

(4)1997年7月,美国政府在《全球电子商务纲要》中将电子商务描述为:通过互联网进行的各项商务活动,包括广告、交易、支付、服务等活动。互联网将变革零售和直销方式。消费者可以在自己房间里的计算机上或电视机上,观看、查阅世界各地制造商和经销商经销的大量商品的信息和与之配套的可视化使用方法(如房间装修),并订购产品和支付货币。

2. 企业对电子商务的定义

IBM公司的电子业务(EB,E-business)概念包括3个部分:企业内部网、企业外部网、电子商务,它所强调的是在网络计算机环境下的商业化应用,不仅仅是硬件和软件的结合,也不仅仅是我们通常意义下的强调交易的狭义的电子商务,而是把买方、卖方、厂商及其合作伙伴在互联网、企业内部网和企业外部网结合起来的应用。它同时强调节这三部分是有层次的:只有先建立良好的Intranet,建立好比较完善的标准和各种信息基础设施,才能顺利扩展到Extranet,最后扩展到E-commerce。

惠普(HP)公司对电子商务的定义是:通过电子化手段来完成商业贸易活动的一种方式,电子商务使我们能够以电子交易为手段完成物品和服务等的交换,是商家和客户之间的联系纽带。它包括两种基本形式:商家之间的电子商务及商家与最终消费者之间的电子商务。此外,它把电子业务(E-business)定义为:一种新型的业务开展手段,通过基于互联网的信息结构,使公司、供应商、合作伙伴和客户之间,利用电子业务共享信息,E-business不仅仅能够有效地增强现有业务进程的实施,而且能够对市场等动态因素作出快速响应并及时调整当前业务进程。更重要的是,E-business本身也为企业创造出了更多、更新的业务动作模式。

3. 广义和狭义的电子商务

狭义的电子商务,也称为“电子贸易”(Electronic Commerce,EC),是指采用电子手段、信息技术来进行贸易(或称交易)的买卖活动。这种理解是在电子商务发展的早期阶段形成的,当时互联网刚刚开始流行,在互联网上出现了许多新的业务形式，人们都在探索互联网上从事网上贸易的可能性。因此，在这个阶段，对于电子商务的技术实现方面的讨论占有相当大的比重，比如：如何实现网络上的安全交易、信用认证？支付模式是怎样的？购物车、前台、后台系统的设计等。

广义的电子商务，也称为“电子业务”(Electronic Business, EB)。随着对互联网应用的不断深入和对电子商务的不断探索，人们逐渐认识到电子商务不再只是技术层面的问题，电子商务应该更加关注业务、关注管理、关注互联网给各个行业、各个企业所带来的深远影响。对于广义的电子商务，比较典型的定义是：基于互联网并采用相关信息技术进行商务活动，这些商务活动包括实物产品和信息产品的交易、客户的服务、企业间的协作等。近年来也有一些学者和一些厂商把电子商务的概念更加扩大了。比如著名电子商务学者 Ravi Kalakota 博士在其 2001 年的新作《电子商务 2.0：成功之路》中，将电子商务定义为企业的业务流程、应用系统和组织结构的复杂融合，这种融合是为构建高效的企业商业模式所必需的。

综上所述，电子商务的含义可以归纳为：第一，包括利用互联网和其他网络进行的全部商业活动，如销售和采购系统、客户联系、物流调度、市场分析等。第二，包括商品生产过程中的一切增值过程。商务活动可以发生在公司内部、公司之间、公司与客户之间，在网上完整实现信息流、商务流、资金流和部分物流，也就是从寻找客户开始到洽谈、订货、在线付/收款、开具电子发票直到电子报关、电子纳税等一系列通过互联网的活动。第三，涉及很多方面，如买卖方、金融机构、政府机构、认证机构、配送中心。由于在电子商务中各个方面在空间上是分离的，因此整个电子商务活动不是传统商务活动的翻版，网上银行、电子签名、数据加密、在线支付等技术在电子商务活动中发挥不可或缺的作用。

电子商务是运用现代通信技术、计算机和网络技术进行的一种社会经济形态，其目的是通过降低社会经营成本、提高社会生产效率、优化社会资源配置，从而实现社会财富的最大化利用。因此，电子商务是一种新的社会经济形态。

二、电子商务的分类

1. 按商业活动运作方式分类

按商业活动运作方式，电子商务可分为以下 2 类：

(1)完全电子商务。即可以完全通过电子商务方式实现和完成整个

交易过程的交易。

(2)不完全电子商务。即指无法完全依靠电子商务方式实现和完成整个交易过程的交易,它还需要依靠一些外部要素,如运输系统等来完成交易。

2. 按照商务活动的内容分类

按照商务活动的内容,电子商务可以分为以下2类:

(1)间接电子商务。指有形货物的电子订货和付款,但需要利用传统渠道,如邮政服务和商业快递车送货来实现货物的交接。

(2)直接电子商务。指无形货物和服务,如某些计算机软件、娱乐产品的联机订购、付款和交付或者是全球规模的信息服务。

直接和间接电子商务均提供特有的机会,同一公司往往二者兼营。间接电子商务要依靠一些外部要素,如运输系统等。直接电子商务能使双方越过地理界线直接进行交易,充分挖掘全球市场的潜力。

3. 按电子商务应用服务的领域范围分类

电子商务按应用服务的领域可分为以下4类:

(1)企业对消费者(Business to Customer)的电子商务。也称商家对个人客户或商业机构对消费者的电子商务。商业机构对消费者的电子商务基本等同于电子零售商业。目前,互联网上已遍布各种类型的商业中心,提供各种商品和服务,主要有鲜花、书籍、计算机、汽车等商品和服务。

(2)企业对企业(Business to Business)的电子商务。也称为商家对商家或商业机构对商业机构的电子商务。商业机构对商业机构的电子商务是指商业机构(企业或公司)使用互联网或各种商务网络向商品提供商(企业或公司)订货和付款。商业机构对商业机构的电子商务发展最快,已经有了多年的历史,特别是通过增值网络(Value Added Network,VAN)上运行的电子数据交换(EDI),使企业对企业的电子商务得到了迅速扩大和推广。

(3)消费者对消费者(Customer to Customer)的电子商务。简单地说就是消费者本身提供服务或产品给消费者,此类网站是由提供服务的消费者与需求服务的消费者在线达成交易的方式。C2C商务平台通过为买卖双方提供一个在线交易平台,使卖方可以自行提供商品上网展示销售,而买方可以自行选择商品拍下付款或是进行竞价方式在线完成交易支付。

(4)企业对政府机构(Business to Government)的电子商务。包括公司与政府组织间的许多商务。目前我国有些地方政府已经推行网上采购。

(5)消费者对政府机构(Customer to Government)的电子商务。政府将会把电子商务扩展到福利费发放、自我税务评估、个税征收等方面。

4. 按电子交易的信息网络范围分类

按电子交易的信息网络范围,电子商务可分为:

(1)本地电子商务。通常是指利用本城市内或本地区内的信息网络实现的电子商务活动,该电子交易的地域范围较小。本地电子商务系统是利用互联网、Intranet或专用网将下列系统连接在一起的网络系统:

①参加交易各方的电子商务信息系统,包括买方、卖方及其他各方的电子商务信息系统。

②银行金融机构电子信息系统。

③保险公司信息系统。

④商品检验信息系统。

⑤税务管理信息系统。

⑥货物运输信息系统。

⑦本地区EDI中心系统。

实际上,本地区EDI中心系统是连接各个信息系统的中心。本地电子商务系统是开展国内电子商务和全球电子商务的基础系统。

(2)国内电子商务。指在本国范围内进行的网上电子交易活动,其交易的地域范围较大,对软硬件和技术要求较高,要求在全国范围内实现商业电子化、自动化,实现金融电子化,交易各方具备一定的电子商务知识、经济能力和技术能力,并具有一定的管理水平和能力等。

(3)全球电子商务。指在全世界范围内进行的电子交易活动,参加电子交易的各方通过网络进行贸易,涉及有关交易各方的相关系统,如买方国家进出口公司系统、海关系统、银行金融系统、税务系统、运输系统、保险系统等。全球电子商务业务内容繁杂,数据来往频繁,要求电子商务系统严格、准确、安全、可靠,应制订出世界统一的电子商务标准和电子商务(贸易)协议,使全球电子商务得到顺利发展。

随着计算机技术的发展和上网人数的增加,网络世界也越来越大,越来越丰富。网络技术的日益普及,越来越多的人沉浸于网络世界。相信要不了太长的时间,顾客就可以在网络世界上获得他们在现实世界中可以获得的所有商品和服务。对于商家而言,放弃网络世界、忽视这些日益

膨胀的网络人口，就意味着放弃一个新兴的、迅速增长的无限大的市场。

第二节　电子商务模式

一、商务模式与电子商务模式

至今为止，无论是商务模式，还是电子商务模式，都没有一个统一的定义，不同的专家、学者和企业有不同的看法。下面给出几种常用的观点：

1. Paul Timmers 的观点

欧洲学者 Paul Timmers 认为，商务模式是一种关于企业产品流（服务流）、资金流、信息流及其价值创造过程的运作机制，它包括三个要素：①商务参与者的状态及其作用。②企业在商务运作中获得的利益和收入来源。③企业在商务模式中创造和体现的价值。电子商务模式则是通过电子市场反映产品流、服务流、信息流及其价值创造过程的运作机制。

2. Michael Rappa 的观点

北卡州立大学杰出教授 Michael Rappa 认为，商务模式就其最基本的意义而言，是指做生意的方法，是一个公司赖以生存的模式，一种能够为企业带来收益的模式。商务模式规定了公司在价值链中的位置，并指导其如何赚钱。

3. Peter Weill 的观点

MIT 信息系统研究中心主任 Peter Weill 认为，商务模式是对一个公司的消费者、顾客、结盟公司与供应商之间关系角色的叙述，这种叙述能够辨认主要产品、信息和金钱的流向以及参与者能获得的主要利益。

4. Allan Afuah 和 Christopher L. Tucci 的观点

美国学者 Allan Afuah 和 Christopher L. Tucci 博士认为，商务模式具体体现了公司现在如何获利以及在未来长时间内的计划。它可以概括为一个系统，这个系统包括价值、规模、收入来源、定价、关联活动、整合运作、各种能力、持久性等部分以及各部分之间的连接环节和系统的“动力机制”。电子商务模式也是一个系统，它也包括了上面所说到的各个部分，而且在电子商务模式中更为突出的一点是它利用了互联网的特性来获利。

虽然以上观点有所不同，但都揭示了商务模式的一个本质，即企业获取利润的方式。电子商务模式则是关于企业如何利用网络来获取利润的问题。另外,以上观点都不同程度地指出了商务模式和价值链之间的联系。

二、电子商务模式的分类

1. 基于价值链的分类

Paul Timmers 提出的分类体系是基于价值链的整合,同时也考虑到了商务模式创新程度的高低和功能整合能力的多寡。按照这种体系电子商务模式可以分为电子商店、电子采购、电子商城、电子拍卖、虚拟社区、协作平台、第三方市场、价值链整合商、价值链服务供应商、信息中介、信用服务和其他服务共11类。

2. 混合分类

Michael Rappa 将电子商务模式分为经纪商、广告商、信息中介商、销售商、制造商、合作附属商务模式、社区服务提供商、内容订阅服务提供商、效用服务提供商共9大类。其中经纪商又可以分为买/卖配送、市场交易、商业贸易社区、购买者集合、经销商、虚拟商城、后中介商、拍卖经纪人、反向拍卖经纪商、分类广告、搜索代理共11种;广告商又可以分为个性化门户网站、专门化门户网站、注意力/刺激性营销、免费模式、廉价商店共5种。中国学者吕本富和张鹏将电子商务模式分为B2B、网上金融、网上销售、网上拍卖/买、网络软服务、网络硬服务、数字商品提供者、技术创新、内容服务、网络门户、网上社区、旁观者共12种。其中B2B模式根据职能又划分为采购、销售、物流、售后服务等类型;网上金融模式根据金融领域又划分为网络证券、网络银行、网上保险、个人理财、风险资本等类型。

3. 基于原模式的分类

Peter Weill 认为,电子商务的模式从本质上来说都是属于原模式的一种或者是这些原模式的组合。而他所认为的原模式有以下8种:内容提供者、直接与顾客交易、全面服务提供者、中间商、共享基础设施、价值整合商、虚拟社区、企业/政府一体化。

4. 基于新旧模式差异的分类

Paul Bambury 从新的商务模式与旧商务模式的差异角度出发,将电子商务模式分为两大类:移植模式和禀赋模式。移植模式是指那些在真实世界当中存在的、并被移植到网络环境中的商务模式。禀赋模式则是

在网络环境中特有的、与生俱来的商务模式。

5. 基于控制方的分类

麦肯锡管理咨询公司认为存在3种新兴的电子商务模式，即卖方控制模式、买方控制模式和第三方控制模式。这种分类在一定程度上反映了卖方、买方以及第三方中介在市场交易过程中的相对主导地位，体现了各方对交易的控制程度。

6. 基于互联网商务功用的分类

Crystal Dreisbach 和 Staff Writer 按照互联网的商务功用，将电子商务模式划分为三类：基于产品销售的商务模式、基于服务销售的商务模式和基于信息交付的商务模式。

7. 基于 B2B 和 B2C 的分类

中国社科院财贸所课题组基于 B2B 和 B2C 模式进行了进一步的分类。按照为消费者提供的服务内容不同将 B2C 模式分为电子经纪、电子直销、电子零售、远程教育、网上预订、网上发行、网上金融共 7 类。将 B2B 模式分为名录模式、B2B 和 B2C 兼营模式、政府采购和公司采购、供应链模式、中介服务模式、拍卖模式、交换模式共 7 类。其中中介服务模式又可以细分为信息中介模式、CA 中介服务、网络服务模式、银行中介服务共 4 种。如表 1-1 所示。

几种常用电子商务模式分类方法的比较　　表 1-1

分类方式	提出者	优　点	缺　点
基于价值链	Paul Timmers	按价值创造的过程来分类，为商务模式的创新提供了一般性的思路	
混合分类	Miehael Repppa；吕本富和张鹏	覆盖面齐全，既包括传统的商务模式也包括网络环境下特有的商务模式	缺乏完整一致的分类体系，分类有交叉
基于原模式	Peter Weill	提出了原模式的概念，为商务模式的创新提供了一般性的思路	原模式的划分缺乏完整一致的分类体系
基于新旧模式差异	Paul Bambury	区分新旧经济特有的商务模式，分类体系完整一致，覆盖面全	未进一步细分
基于控制方	麦肯锡管理咨询公司	按在交易中占相对主导地位的交易方来分类，分类体系完整一致，覆盖面全	未进一步细分
基于互联网商务功用	Crystal Dreisbach 和 Staff Writer	按互联网对商家的功能和作用来分类，分类体系基本完整一致	未进一步细分
基于 B2B 和 B2C	中国社科院财贸所	对 B2B 和 B2C 模式都进行了进一步分类，覆盖面较为齐全	B2B 模式的分类缺乏完整一致的分类体系

三、电子商务模式选择与创新

企业在实施电子商务时,商务模式的选择是关键问题。从不同角度提出的电子商务模式分类框架为商务模式的选择提供了参考依据。在以上分析的各种分类方法中,分类比较细致、对企业实施电子商务有现实指导意义的分类方法包括:基于价值链的分类、基于原模式的分类、混合分类、基于 B2B 和 B2C 的分类。另外,电子商务模式需要不断创新,模仿照搬会迅速挤干原有商务模式的利润。在以上各种分类方法中,基于价值链的分类和基于原模式的分类为电子商务模式的创新提供了一般性思路。在基于原模式的分类中,采用不同的组合方式将多种原型集成在一起,就可以创造出新的商务模式。但在这种分类方法中,原模式的识别是一个难点,如果原模式划分不清,会直接影响到电子商务模式的选择和创新。因此,通常情况下,大家倾向于采用基于价值链的分类方法来进行模式选择和创新。

第三节　电子商务技术标准

互联网的快速发展和 ISP 的数量快速增加,使得电子商务领域的竞争越来越激烈。为了在将来的竞争中处于有利地位,几乎所有的 ISP 都在互联网上开展了电子商务业务。电子商务是继互联网之后,IT 业的又一热点。但至目前为止,无论是在国际上还是在国内,有关电子商务的标准均没有完全成熟。一些标准化组织正在加紧进行该领域标准的制定工作,参与的标准化组织越来越多,这些标准化组织大多在独立地进行活动,或在某一领域内相互之间进行合作。不同组织所形成的标准之间往往缺少兼容性。下面我们将对目前各类标准化组织在电子商务领域的工作进展情况进行简单的介绍。

知识链接:ISP、IAP 和 ICP

所谓 ISP(Internet Service Provider),即互联网服务提供商,是一个向广大用户提供互联网接口与相关服务的机构。一般说来,ISP 分为两大类:一类是单纯接入服务提供商(Internet Access Provider, IAP),它只向用户提供拨号入网服务,规模小,局域性强,一般没有自己的骨干网络和信息源,用户仅被作为一个上网的节点看待;另一

类是互联网内容服务提供商(Internet Content Provider,ICP),它拥有具有自身特色的信息源,能为用户提供诸如制作主页、发布广告等全方位的服务。ICP可以说是ISP今后的发展方向。

一、电子商务技术相关的标准化组织

电子商务的普遍使用将会改变目前人们购物、付费、纳税等的操作方式。电子商务的定义有许多种,一种可被接受的定义为:“电子商务是利用新的通信技术进行的贸易。它包括商务市场、订货、投递信息管理和资金传递。”其中“新的通信技术”指除了语音电话、传真和电报之外的任何通信技术。完全意义上的电子商务包括网上检索、网上订货、网上投递(或物理投递,但其投递信息的管理在网上进行)、网上支付、网上纳税、网上认证等。电子商务的实施需要多方面的配合才能完成,其中包括通信网络的运营者、金融部门、工商和税务部门、法律制定单位、商家、用户和货物投递部门等。

在电子商务实现过程中涉及信息流和资金流的传送和物流的投递,这里仅谈与所传送的信息流和资金流相关的标准。所涉及通信领域的标准化组织和金融领域的有关电子支付标准制订组织有:

(1)IETF(Internet Engineering Task Force,即互联网工作任务组)中的互联网开放贸易研究组及PKXI研究组。

(2)ITU-T(International Telecommunications Union,ITU即国际电信同盟)16研究组。

(3)OBI(互联网上的开放购买)社团。

(4)W3C(World Wide Web协会)。

(5)Commerce Net。

(6)ETSI(European Telecommunications Standards Institute)。

(7)IFIP(International Federation for Information Processing,即国际信息处理联盟)。

(8)TC611。

(9)OFX(Open Financial Exchange)。

(10)FSTC(Financial Services Technology Consortium)。

(11)BIPS(Bank Internet Payment System)。

(12) RosettaNet。

这些标准化组织中的一些已经通过了一些与电子商务相关的标准，如 W3C 已经推出了表示信息的语言 XML(扩展的标记语言)。而一些组织则刚刚开始关注电子商务的标准，如 ITU – T SG16 本研究期内才开始有关电子商务标准的研究工作。

二、相关国际标准介绍

1. 互联网开放贸易协议(IOTP v1.0)

IETF 是 ISOC 中专门制订与互联网协议和应用相关的标准的松散的标准化组织，该机构所通过的标准被全世界广泛使用。它也是制订标准周期最短的几个标准化组织之一。在其他一些组织，如 Commerce Net 等通过了一系列与电子商务相关联的标准后，IETF 于 1998 年成立了一个专门进行与电子商务相关标准研究的工作组(开放贸易研究组)，并提交了开放贸易协议(IOTP v1.0)的建议草案，同时进行了与此相关的一些试验。该协议提供了互联网商务互操作的框架。该协议与付费系统独立并可将相关的计费系统(SET、Mondex、Cyber-Coin、Geld-Karte 等)封装到该协议中。

在该工作组中还进行一些与该协议相关的建议草案，如互联网开放贸易协议 HTTP 补充(1999 年 8 月)、DOM(DOMHASH)的摘要值(1999 年 9 月)、互联网开放贸易协议的数字签名等。

IETF 安全研究领域的公开密钥基础结构(X.509)工作组 PKIX，最近也通过了一些可用于电子商务领域的一系列 RFC 文件。如 RFC 2510 Internet X.509 公共密钥基础设施验证管理协议 CMP(1999 年 8 月)、使用 HTTP 传送 CMP(1999 年 8 月)、使用 TCP 传送 CMP(1999 年 8 月)、RFC 2511 Internet X.509 验证请求信息格式(1999 年 3 月)、RFC 2459 Internet X.509 公共密钥基础设施验证和 CRL 轮廓、RFC 2585(1998 年 7 月) Internet X.509 公共密钥基础设施操作协议、FTP 和 HTTP、RFC 2528(1999 年 3 月) Internet X.509 公共密钥基础设施验证、RFC 1777(1995 年 3 月)轻量级号码簿接入协议(LDAP)等。

目前该系列协议被世界上的许多公司(大约 30 多个公司)所支持。预计在不久的将来还会推出该系列标准的新版本和相关的补充标准。

2. 安全电子交易规范(SET)

Visa 和 MasterCard 一直在致力于开发使用信用卡进行互联网支付的

安全电子交易协议(SET)。该协议于1997年5月正式通过。该协议是开放网络环境中的卡支付安全协议,它采用公开密钥体制(PK)和X.509电子证书标准,通过相应软件、电子证书、数字签名和加密技术能在电子交易环节上提供更大的信任度、更完善地交换信息、更高的安全性和较少的可欺诈性。但是采用SET协议的一些试验结果表明,SET在相互操作方面存在一些问题。另外,在该协议中较详细地考虑了支付的安全性问题,但在其他方面所进行的考虑并不是很多。为此在IOTP协议中将SET作为一种可封装的支付协议。SET的局限性还在于该协议仅限于使用信用卡方式的支付手段。在我国一些较早开始研究电子商务的银行和外贸系统所进行的有关电子商务的试验中选择了SET作为所用的协议。

3. 扩展的标记语言(XML)

XML是W3C规定的用于规定、认证和共享文件格式的扩展的标记语言。W3C在1997年12月8日公布了XML 1.0版本。期望XML在电子商务领域起到重要的作用,因为该规范提供了一种以标准的方式互换多媒体文件的机制。例如,IOTP(Internet Open Trading Protocol)规定了用于与销售提供、同意购买、付费收据和其他类似信息的B2C互换相关的基于XML消息的内容、格式和顺序。有人预言XML的出现将推动电子商务的发展。

4. 金融业务标记语言(FSML)

在W3C通过XML的同时,FSTC(Financial Services Technology Consortium)和美国财政部一起发起电子支票项目。在该项目中,使用FSML(Financial Services Markup Language)描述支票,并在1998年9月12日出版了该规范。虽然XML和FSML都是基于ISO 8879(规定标准的通用标记语言,SGML),但是这两种语言是不兼容的。因为FSML的设计者想使FSML文件在智能卡和个人数据辅助器(PDA)中容易处理,因而他们认为带宽不是免费的,同时存储器也不是无限的。然而,FSTC参加了BIPS(Bank Internet Payment System),该BIPS使用委员会和专家所使用的XML进行在线支付。FSTC所进行的两个项目在用户级上是不兼容的。

5. 联合电子支付(JEPI)

JEPI是W3C和Commerce Net以及其他一些公司的联合项目。该项目的目的是规范在购物之后和实际付费开始之前进行的处理。主要工作是在客户和商家之间选择支付协议并完成其接口功能。提供自动支付选择处理、协商等功能。开始该项目的初衷是为进行电子商务的各方提供一种选择不同支付方式和支付协议的方法。在此之前已经存在了许多互不兼容的有关支付的协议。为使用户具有更多的选择余地，该项目拟提供支付系统的公共接入平台。目前 IOTP 在为用户提供支付请求时，可能会应用该项目的成果来为消费者提供选择不同支付手段和支付协议的方式。

6. RosettaNet 提出的"全球电子商务标准"

企业与企业之间的互联网商务，在发展过程中出现了在经营方式上各自为政的问题，因此计算机硬件、软件、分销和电子支付方面的主要运营商正在筹建一个新的标准化机构，欲推出全球电子商务标准。这项工作被看作是为供应链管理创立"开放式电子内容和交易标准"，即以电子方式连接制造商及其供应商以提高工作效率。这个标准化机构叫做 RosettaNet。RosettaNet 的工作是要把全球信息技术方面的关键角色纳入标准化组织，以求得在电子商务方面目标一致，彼此具有共同语言。

三、我国电子商务相关技术标准

商务电子化已成为商务活动中为减少差错率、提高服务质量、降低成本和加速资金周转的重要手段。为了保证商务活动数据或单证能被不同国家、行业贸易伙伴的计算机识别处理，一定要有数据、格式的一致约定。这就是电子商务活动中标准化所要解决的问题。

目前，我国涉及的电子商务技术标准约 1 250 多项，主要包含了以下 4 个方面的标准：

1. EDI 标准

国际上在 20 世纪 60 年代起就开始研究 EDI 标准。1987 年，联合国欧洲经济委员会综合了经过 10 多年实践的美国 ANSI X. 12 系列标准和欧洲流行的"贸易数据交换(TDI)"标准，制定了用于行政、商业和运输的电子数据交换标准(EDI FACT)。该标准的特点是：包含了贸易中所需的各类信息代码，适用范围较广；包括了报文、数据元、复合数据元、数据段、语法等，内容较完整；可以根据自己需要进行扩充，应用比较灵活；适用于各类计算机和通信网络。因此，该标准应用广泛。目前我国已等同转化为 5 项国家标准。此外，还按照 ISO 6422《联合国贸易单证样式(UN-LK)》、ISO 7372《贸易数据元目录》等同制定了进出口许可证、商业发票、装箱单、装运声明、原产地证明书、单证样式和代码位置等 8 项国家标准。现在 EDI FACT 标准有 170 多项，至今在北美地区广泛应用的美国 ANSI

X. 12 系列标准有 110 项。由于我国 EDI 标准研究起步晚，需要制定更多的国家标准。根据我国经济发展需要，积极研究，可采用 EDI FACT 标准和 ANSI X. 12 系列标准。

2. 识别卡标准

国际标准化组织（ISO）从 20 世纪 80 年代开始制定识别卡及其相关设备的标准，至今已颁布了 37 项。我国于 90 年代从磁条卡开始进行识别卡的国家标准制定工作。现有 6 项磁条卡国家标准，它们是：等同采用 ISO 7810《识别卡物理特性》和 ISO 7811《识别卡记录技术》系列标准，三项触点式集成电路卡（IC）国家标准，等同采用 ISO 7816《识别卡带接触件的集成卡》系列标准。另外，有 5 项国家标准涉及金融卡及其报文、交易内容，采用了相应的 ISO 标准。目前，我国尚未将非接触件集成电路卡、光存储卡以及金融 IC 卡的安全框架等国际标准转化制定为我国标准。

3. 通信网络标准

通信网络是电子商务活动的基础，目前国际上广泛应用的有 MHS 电子邮政系统和美国互联网电子邮政系统。前者遵循 ISO、IEC、CCITT 制定的开放系统互联（OSI）系列标准，后者执行美国的 ARPA 互联网系列标准。这两套标准虽然可兼容，但还有差异。因此，我国制定通信网络国家标准时，主要采用 ISO 标准，暂不考虑 ARPA 互联网标准。

现在我国有 146 项有关网络及其应用的国家标准，其中有 99 项标准分别采用 ISO、IEC 标准，占 67.8%。但还没有完全覆盖网络及其应用。例如网络管理，我国仅有 2 项国家标准，而 ISO/IEC 有 40 多项标准。系统管理、管理信息机构、系统间信息交换等在我国更是标准的空白点。

这里需指出，数据加密、密钥管理、数据签名等方面国家标准的制定工作已经立项，部分已有国际标准草案，等待正式审批、发布。通信、网络设备标准约有 380 项，其中 123 项采用 IEC、CCITT 等标准，占 32%。微波通信、卫星通信、移动通信等方面的国家标准采用国际标准比例较低，如卫星通信 18 项国家标准采用国际标准的仅 1 项。信息传输介质国家标准较多，以光纤通信电缆为例，有 53 项国家标准，其中 45 项采用 IEC、CCITT 标准，8 项涉及进网要求，视我国情况而定，故没有采用。

4. 电子商务总体框架标准

成功实现电子商务，还需要把整个购物流程的不同部分相互关联起来，形成一个有机的电子商务框架。在电子商务整体框架方面，已经出现

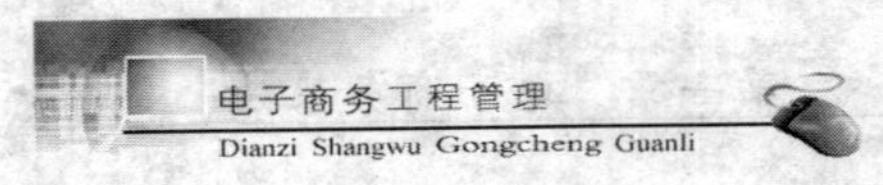

的开放协议中最典型的是开放购买接口(OBI)组织的 OBI 和 IETF 的互联网开放贸易协议(IOTP)。

(1)互联网开放购买接口(OBI)协议。OBI 是由 OBI 协会制定的一个电子商务标准。OBI 标准是一种设计开放、灵活的 B2B 互联网电子商务解决方案。它的设计针对大多数组织的交易活动中占 80% 的小金额的交易。规定了一套购买者和销售者都必须遵守的标准。而且,OBI 要求使用广泛接受的、标准化了的技术,如 HTTP、数字证书(X. 509)、SSL 和 EDI 等,使其更容易具有兼容性。该标准包括一个体系结构,详细技术规范和指南以及兼容性和实现资料。OBI 不是一个产品或一种业务,而是一种任何组织和个人都可以获得的免费标准。

(2)eCo。Commerce Net 推出的 eCo 规范能够让商家彼此找到对方以及确定如何做贸易的结构框架。eCo 规范不是要替代现有的电子商务标准,而是提供商家识别对方,发现对方所提供的产品和服务,并且快速接入潜在合作伙伴采用的电子商务标准从事贸易的方法。eCo 定义了概念性的交换信息的结构以及查询、返回信息的方式和结构。

(3)互联网开放交易协议(IOTP)。互联网开放交易协议(IOTP)是 IETF 的一套能够互通的电子商务框架规范。它强调交易的过程,因此与特定的支付系统无关,并且封装了支付系统,如 SET、SSL、Mondex、CyberCoin、GeldKarte 等。IOTP 能够处理像售货场所、支付网关、配送中心以及客户服务中心都是一个商家,或是多个不同角色的情况。IOTP 使用可扩展标记语言(XML)定义所有在一次交易中可能需要的数据。IOTP 使用标准的"纯"支付协议,因此需要一个更高级的贸易协议来提供支付进行的场所。这个更高级的支付协议覆盖了条款的协商、票据、收单、送货等的范围。因为一些主要的电子支付系统供应商(如 Cybercash、Mondex、Globe ID)参与了 IOTP 规范的起草,因此这些系统中的非支付部分很可能会被移到一个公用协议族里。有很多组织或公司参与了 IOTP 的研究,包括 IBM、HP、SUN、AT&T、Netscape、东芝、富士通、英国电信等总共近 30 家。

此外,与电子商务活动有关的标准,还有术语、信息分类和代码、计算机设备、软件工程、安全保密等标准,约有 400 项国家标准,其中采用 ISO 标准的有 164 项,占 37%。这些相关标准中许多标准仅描述我国特有的信息,如民族代码、汉字点阵模集等,因此不能采用外国标准。

综上所述,我国电子商务技术标准一是起步晚,EDI 等领域内的技术

标准工作在20世纪90年代才开始制定；二是标准未成体系，EDI标准、EDI FACT有170项，ANSI X.12有110项，我国仅有13项，其中租赁计划询价单、税务情况报告等还是空白；三是积极采用国际标准，90年代前制定的电子商务相关国家标准约有600项，采用国际标准占30%；90年代以后制定的电子商务国家标准约650项，采用国际标准占50%以上，表明我国电子商务标准进一步重视采用国际标准。

第四节 电子商务的基础网络

一、电子商务的基础网络

从应用角度看，电子商务的基础网络主要由3部分组成：企业内部网、企业内部网与互联网连接及电子商务应用。

1. 企业内部网（Intranet）

企业内部网由Web服务器、电子邮件服务器、协作服务器、账户服务器、数据库服务器以及电子商务服务器和客户端的PC机组成。所有这些服务器和PC机都通过网络或交换设备连接在一起。

Web服务器的主要功能是提供一个WWW站点，借此可以完成企业日常的信息访问；邮件服务器为企业内部提供电子邮件的发送和接收；协作服务器主要保障企业内部某项工作能协同工作，例如，在一个软件企业内部，开发人员可以通过协作服务器共同开发一个软件；用户管理服务器提供企业内部网络访问者的身份验证，不同的身份对各种服务器的访问权限将不同；电子商务服务器和数据库服务器通过Web服务器向企业内外部提供电子商务处理服务。

客户端PC机上要安装有互联网浏览器，如Microsoft Internet Explorer，借此访问Web服务器。

在企业内部网中，每种服务器的数量随企业的情况不同而不同，例如，如果企业内访问网络的用户比较多，可以放置一台企业Web服务器和几台部门级Web服务器，如果企业的电子商务种类比较多或者电子商务的业务量比较重，可以放置几台电子商务服务器。

2. 企业内部网与互联网连接

为了实现企业与企业之间、企业与用户之间的连接，企业内部网Intranet必须与互联网连接。由于连接后会产生安全性问题，所以连接时必须采取一些安全技术或具有安全功能的设备。

为了进一步提高安全性,企业往往还会在防火墙外建立独立的 Web 服务器和邮件服务器,供企业外部访问用。同时,在防火墙与 Intranet 之间,一般会有一台代理服务器。代理服务器的功能有两个,一是安全功能,即通过代理服务器,可以屏蔽企业内部网内的服务器或 PC 机,这样,当一台 PC 访问互联网时,它先访问代理服务器,服务器再访问互联网;二是缓冲功能,代理服务器可以保存经常访问的互联网信息,当 PC 访问互联网时,如果被访问的信息存放在代理服务器中,那么服务器将把信息直接送到 PC 机上,不必再一次访问互联网,可以节省费用。

3. 电子商务应用流程

当 Intranet 与互联网之间安全、完备地连接之后,基础就已经打好了。在这个基础上,再增加电子商务应用流程就行了。

一般来讲,电子商务应用流程主要靠应用软件来实现,软件在企业内部网上运行。

电子商务应用流程分为 2 部分,一部分是完成企业内部的业务处理,并向企业外部用户提供服务,比如让用户可以通过互联网查看产品目录、产品资料等;另一部分是安全电子支付,使得用户可以安全通过互联网在网上购物、支付等,实现真正的电子商务。

二、电子商务网络系统建立的基本过程

网络技术是实现电子商务最基本的技术。电子商务强调要使参加交易的买方、卖方、银行或金融机构、厂商、企业和所有合作伙伴,在互联网、Intranet、Extranet 中密切结合起来,共同运作。

完整的电子商务运作进程,是指通过网络来实现从原材料的查询、采购、产品的展示、订购到出货、储运以及电子支付等一系列贸易活动。利用先进的网络技术实现完整的电子商务过程,有利于提高企业的业务处理速度、降低运营成本、扩大应用领域、帮助企业解决一些棘手的问题、提高企业内部的工作效率等,它还可以使商家与上游供应商更紧密地联系,更快地满足下游客户的需求,也可以让商家在全球范围内选择最佳供应商,在全球市场上销售产品。但要实现这样一个完整的过程,网络站点投资选择需要考虑资金和技术 2 个方面的问题。如果企业规模较大,资金充足,而且有大量的信息需要和外界交流,那么选择自己建立独立网站,实现电子商务的全过程是比较理想的;如果企业资金有限,也可以考虑先

实现电子商务的部分功能，然后逐步完善，或者整体外购网络服务。

1. 信息系统规划

任何一个公司，如果想加入电子商务行列，就必须建设自己的工作平台。内部平台就是通用的Intranet，外部平台就是与之连接的互联网。这两个平台的实现直接决定着今后电子商务发展是否成功，是否顺利。

建设电子商务系统之前必须做许多决策，既要分析初始需求、信息需求的因素和现有资源，还要顾及未来增长计划。系统规划是进行电子商务系统规划的第一步。其主要内容包括：

(1)需要采用局域网解决的问题的调查。局域网解决的问题直接影响网络的建设目的。调查一般针对以下问题：

①大量的、重复性的工作。

②大量地使用纸张的工作。

③在处理同一项目中，很多人需要频繁交换磁盘、资料而引起的数据完整性问题。

④各部门不共享资源，硬件和软件开支庞大。

⑤不能获取其他部门的数据。

⑥使用计算机信息但没有定期的结构化备份的安全性考虑。

⑦需要使用公共信息网的部门，在硬件和线路方面支出不断增长。

(2)电信设备调查。改进信息流动的最有效方法，是调查数据通信和电信设备。在设备较多的大公司中，这个调查必须规范化，调查的问题一般是：

①根据电话流量，确定电话系统使用的高峰期。

②PEX(Private Electronic Exchange，电子用户交换机)系统目前有多少可用的容量可用于数据及电信业务。

③如果公司的数据通信连接到PBX(Private Branch Exchange，专用分组交换机)的一些功能(如呼叫记账系统)，会有较好的性价比吗？或者如果公司目前使用调制解调器在电话线上传输数据，记录这些事务能否节约费用或者对使用这些服务的部门一次性收费好吗？

④如果PBX代表一个局域网，在这种交换机中是否有任何冗余(部分硬件)呢？

⑤如果PBX出现故障，会怎样？

⑥在同一个地方有大型计算机吗？构成局域网的微型机通过PBX

与大型机通信可行吗？

⑦局域网必须访问什么种类的专用网络？这些网络对 PBX 可能提供的速度有什么要求？

⑧公司需要把一些异型 PC 终端连接到它的大型机吗？

⑨通过网络需要共享和传送什么信息？

⑩对综合的语音和数据通信的兴趣特别大吗？是否对它有不断增长的需求？

对于一些小公司，这种调查便很简单了。只要看一下办公室的情况，确认公司有一个简单的电话系统以及用于文字处理和财务处理的工作站等即可。

(3)软、硬件调查。在投资新系统之前，应列出任何现有的可用于局域网的软硬件资源。硬件资源的列表可包括服务器、内存、打印机、硬盘等。软件清单则较为复杂，首先要把公司的目前需求以及局域网建成后能做的工作列好，再确定目前的软件是否可以满足上网需求。这个评估包括评价当前的功能和预测局域网所引起的问题。

(4)了解数据传输的性质。在选择传输介质和网络软硬件之前，需要分析网上的工作量。如果宝贵的网络时间花费在庞大的 FoxPro 文件传输上，那么公司便不得不选用快速网络。

(5)网络的地理分布。完成以上的工作后，便需要考虑网络覆盖几个部门和几个大楼，选择什么样的网络拓扑结构等。

网络管理员在选择电缆和物理网络设计时，必须了解各种介质(电缆)的物理限制。

如果网络扩展到几个地理位置，跨城市、省或国家，公司必须考虑如何把每个办事处的网络连成一个广域网。如选传输介质为微波、卫星、租用线等。

(6)介质选择。网络介质的选择与公司的地理要求有直接的关系。如果网络安装在有大量干扰的环境中，可能要使用光纤，如果大楼已经安装有非屏蔽双绞线电话线，还得确定使用这个介质是否能满足数据传输的要求。

(7)安全性考虑：

①是否能快速修改用户访问权？

②如果用户没有关闭他的文件就关掉工作站会怎样？能否保证数据的安全性和完整性？

③网络拓扑结构和介质是否会出现窃听（未经授权而进入）的情况？

（8）备份文件服务器。是否要求一个备份系统，使得文件服务器定期备份也是系统规划要考虑的问题。此外，还包括相关的管理问题：

①备份软件允许无人值守备份吗？

②网络管理员可以标志出按指定间隔备份或遇上改变就备份的某些文件吗？

③如果在文件服务器上运行的文件损坏，恢复它很方便吗？

知识链接：ENIAC 计算机

1946 年 2 月 14 日，世界上第一台电脑 ENIAC 在美国宾夕法尼亚大学诞生。当时美国军方要求宾州大学莫奇来（Mauchly）博士和他的学生爱克特（Eckert）设计以真空管取代继电器的“电子化”电脑——ENIAC（Electronic Numerical Integrator and Calculator，电子数字积分器与计算器），目的是用来计算炮弹弹道。这部机器使用了 18 800 个真空管，长 50 英尺，宽 30 英尺，占地 1 500 平方英尺，重达 30 吨（大约是一间半的教室大，6 只大象重）。它的计算速度快，每秒可从事 5 000 次的加法运算，运作了 9 年之久。但该机吃电很凶，据传 ENIAC 每次一开机，整个费城西区的电灯都为之黯然失色。

另外，真空管的损耗率相当高，几乎每 15 分钟就可能烧掉一支真空管，操作人员须花 15 分钟以上的时间才能找出坏掉的管子，使用上极不方便。曾有人调侃道：“只要那部机器可以连续运转 5 天，而没有一只真空管烧掉，发明人就要额手称庆了。”

2．建立独立的站点

通过系统规划，可以明白建立电子商务网站要考虑的重点问题是服务器的选择、操作系统的选择、数据库系统的选择。

（1）服务器的选择。服务器是在网络环境下提供网上客户机共享资源（包括查询、存储、计算等）的设备，具有性能较强、可靠性高、吞吐能力强、内存容量大、联网功能强、人机界面友好等特点。在应用系统中，如何采购适合自己需要的服务器，是每个用户都十分关心的，选择服务器应考虑到安全性、开放性、性能价格比、可扩展性等因素。

（2）操作系统的选择。目前主流的操作系统主要有 Unix、Linux、Windows 等。

①Unix 网络操作系统：Unix 的主要特点是技术成熟、可靠性高。其

结构简练,便于移植。Unix 系统能适合于多种硬件环境。

②Linux 操作系统:Linux 操作系统是一种开放源代码,并可让使用者自行修改、增加功能的软件。现在,它在受到全球众多个人用户的认同的同时,也赢得了一些跨国大企业客户的喜爱。

③Windows 操作系统:是目前最流行的操作系统,具有较强的功能。它提供了对等的 Web 服务(Peel Web Service,简称 PWS)功能,使企业内部网的用户可以创建个人网页,向内部用户发布信息。Windows 操作系统还可以提供点对点通信协议的支持,使用户可以通过互联网远程访问企业内部网。

④IIS(Internet Information Server 互联网信息服务器),是 Microsoft 公司一种集成了多种互联网服务,如 WWW 服务、FTP(FILE Transfer Protocol,即文件传送协议)服务等的服务器软件,利用它可以很容易地构造 Web 站点。

IIS 和 Windows Server 紧密地集成在一起,其安全机制也以 Windows Server 的安全机制为基础。

3. 外购整体网络服务方式

ISP 供应商所提供的整体网络服务方式主要有 2 种:虚拟主机方式和服务器托管方式。

(1)虚拟主机方式。虚拟主机(Virtual Host),就是使用特殊的软硬件技术,把一台计算机主机分成一个或多个虚拟的主机,每个虚拟主机都可以具有独立的域名和 IP 地址(或共享的 IP 地址),具有完整的互联网服务器功能。虚拟主机之间相互独立,在外界看来,每一个虚拟主机和一台独立的主机完全一样。

用户可以利用它来建立完全属于自己的 WWW、FTP 和 E-mail 服务器。由于虚拟主机服务提供者的 server 硬件构成的性能比较好,通信线路也比较通畅,速度快,因此为用户提供了一个良好的外部环境。用户还免掉了机器硬件的维护、软件配置、网络监控、文件备份等杂事。

(2)服务器托管方式。服务器托管,就是租用 ISP 机架位置,建立企业 Web 服务系统。企业主机放置在 ISP 机房内,由 ISP 提供必要的维护工作,由企业自己进行主机内部的系统维护及数据更新。这种方式不计通信量,不计硬盘空间量,不计访问次数,也不需申请专用线路和建立复杂的网络环境,因此也就节省了大量的初期投资以及日常维护的费用。主机托管方式,每月资费标准相对固定,便于主机企业控制支出。这种方

式特别适用于有大量数据需要通过互联网进行传递以及有大量信息需要发布的单位。

这两种网络服务方式都无需考虑庞大的通信架设费用，尽管全国各地 ISP 的服务费用没有统一的标准，但电脑网络管理、维护费用、专属网络空间租费都不是很高，并且不需担忧电脑网络系统安全维护的技术问题。在这两种方式下，只能搞一般的电子商务活动，或者说广义上的电子商务，如产品宣传、树立企业形象、售后服务、技术咨询等。对一些涉及企业核心机密的问题，除非与 ISP 有严格的协议规定，否则安全系数较低。

4. 电子商务网站的建立

建立电子商务网站，包括建立 Web 服务器和管理站点资料 2 个方面内容。

（1）建立 Web 服务器。不同的 Web 服务器支持不同的功能，选择电子商务站点的 Web 服务器时，最重要的是注意 Web 服务器提供的安全程序。因为电子商务站点要在网上传送大量有关企业与客户交易的重要信息，应确保数据在传输之前加密，在一种安全机制中传输。再就是选择 Web 服务器时注意是否易于管理。通过提供动态内容和及时响应用户输入，ASP 等动态语言脚本使用户可以和服务器交互。要确保服务器支持服务器方的嵌入部件（可嵌入 HTML 文件的特殊命令）。在 HTML（Hyper Text Markup Language，即超文本标记语言）被传输给 Web 浏览器之前，Web 服务器将处理这些命令。

一个完整的电子商务站点至少应由 2 台主服务器及其备份服务器来组成。

第一台作为前端服务器，通过互联网告诉消费者能够得到什么产品和服务。同时兼顾客户选购商品时各种不同的需求，应该为顾客设计“电子购物袋”，让他们尽快找到东西。最好想办法鼓励客户或商业伙伴填写需求文件，收集整理这些信息，把自己的站点个性化。

第二台服务器作为交易系统，运行信用卡处理的后台监控进程，验证信用卡的合法性并负责清算。这是电子商务站点的后台系统，负责从 Web 浏览器得到订单并安全可靠地处理它。一旦客户发出了一个订单，后台系统就会通过验证支付的方法来确保支付安全。这些系统可与电子银行的系统协同工作，允许客户打开信用卡记录，并在购物时付账。为安全起见，在电子购物中途系统使用加密的口令替代信用卡号，后台系统创建并验证接到的电子信号。

如果支付方法可靠，后台系统就会把来自 Web 服务器的订单转到厂商的订单录入和处理系统，计算税额和邮寄费用。这些系统或许要和传统系统连接，以便更新会计信息、库存管理和订单处理系统，还可以支持与贸易伙伴的有限电子数据交换。

(2)管理站点资料。如何方便且有效地管理整个站点内的所有资料是一件不可疏忽的大事。依据电子商务站点提供的功能及资料的特性，站点管理者(Webmaster)可用的功能区分为系统账号管理、站点及商品资料管理、订单资料管理、会员资料管理等部分。

①系统账号管理：电子商务站点管理系统负责整个站点所有资料的管理，因此管理系统的安全性显得格外重要。系统账号管理应该限制所有使用站点管理系统的人员及相关的使用权限。每个管理账号都要配给专属的进入代码与确认密码，以验证各 Webmaster 的真实身份。此外，还设定账号的等级，依据不同的管理需求设定不同的管理等级，让各管理者能分工管理自己分内的工作，且不会改动没有权限去改动的资料。其他如密码有效天数、账号有效期限的设定等，让管理账号的安全性更为提高。而账号进入首页则可让不同的管理账号等级看到不同的管理网页样式，拥有不同操作界面的管理网页，管理起来更为方便。

②站点及商品资料管理：这部分的功能应该使电子商务系统管理员能够控制整个站点的各商店与商店内的商品，让他很方便地新增、删除、修改各项资料。还可针对各商店不同的需求和商品属性提供不同的商品管理功能。除此之外，还应具备特价商品的管理功能，把站点内特价商品摆在特别明显的位置，更便于顾客选购。

③订单资料管理：此功能应包含所有对于站点订单的相关管理功能，可以统计出目前站点中各项商品的销售情况，按销售数量与销售金额等排名，使结果一目了然。也可查询站点中各订单目前的处理状态如何，有多少新订单进来，还能打印出订货单，设定订单出货，完成线上清款与顾客退货等相关信用卡交易。

④会员资料管理：电子商务站点对于顾客通常是采用会员制度，可让顾客登录为会员，以保留现有顾客的基本资料，需要时便可直接从资料库调出，不用顾客重复输入。管理系统也应提供相关的功能让系统管理员能够简单地管理会员资料，掌握消费群的动态。

案例 日本航空的电子商务解决方案

日本航空公司的电子商务发展起源要追溯到1995年，当时日本航空公司第一次推出了其在互联网络上的首页。日本航空公司和许多公司一样，只是建了一个名义上的Web首页，日本航空公司的首页只是被当作广告活动的一种。

直至1995年年底，日本航空公司的电子商务战略仍持续将工作核心定位于信息传递，那时日本航空公司已经开始审察透过网络推出电子商务服务的机会。日本航空公司转向电子商务的最初动机，是因为他们自己对国内形势的评估，认为网络不久就会主导整个航空业。当时日本改变管制也在日本航空公司制定电子商务战略时发挥了作用。特别的是，当日本航空公司意识到航空工业放松管制的计划在2000年2月完成的时候，他们就意识到了一个利润最大化的方式，即创建一个以Web为基础的票务信息和订票系统，这套系统将简化订票费用结构。结果，日本航空公司网络航班订票服务系统（JAL's Internet Flights Reservation Service）得以建置，该系统于1996年首先引入，同时也标示了日本航空公司电子商务发展的最初主要阶段。除了提供订票、确认和取消订票服务，日本航空公司的解决方案还提供了航班时刻表信息、空余座位信息以及航班抵达和起飞信息（包括国内和国际线路）。IBM全球服务部协助建置解决方案，整个解决方案都采用了IBM的技术，且该方案仍在不停地扩充，并增加了一些新的服务，比如采用信用卡支付的国内订票系统。近期，在日本航空公司引进了其I-mode服务后，更加强了订票和旅行信息提供能力，这一变化使顾客能够透过手机，使用日本航空公司的Web服务。

在积极争取电子商务的同时，日本航空公司也在设法巩固它的顾客关系。正如日本航空公司生产计划部电子商务部门主管Tomohiro Nishihata所解释，日本航空公司的目标已转变成交互式的联系来吸引它的顾客。“一开始，我们就计划不只是将信息传递给我们的客户，还计划和顾客进行交互式的联系，”Nishihata说，“我们将个性化的技术和有目标的沟通视为我们努力吸引顾客和加强和他们互动联系的重要能力。”

除了打造和顾客更为紧密的关系外，日本航空公司还将电子商务技术视为一种战略性的市场工具。日本航空公司尤其认为，透过各种网络计划获得信息,发挥其杠杆作用,将会吸引和留住那些“高价值”的顾客。Nishihata 认为日本航空公司的 Cyber flash 计划——一个电子邮件消息服务,瞄准了日本航空公司频繁飞行的计划内乘客成员。

“基本上,我们的目标是增加日本航空公司英里数银行(JAL Mileage Bank)会员的数量和品质,” Nishihata 说,“我们透过信息传递计划促进新的服务,这使我们能够完成上述目标。”透过新的服务采纳顾客的建议,日本航空公司利用电子邮件计划,巩固了它的服务开发成果。IBM 的技术巩固了日本航空公司几乎所有电子商务方面的基础,包括大多数新近的电子商务解决方案。日本航空公司的 Web 体系结构使用了 IBM 的硬件、软件和中间插件,这一切都能和 IBM 设备的旧有系统相结合。日本航空公司将 IBM 视为一个重要的角色,IBM 推动订票系统的各种 Web 服务器和 S/390 主机间的整合,同时还将优化实时连接在一起的服务器和主机间的资料同步问题。

日本航空公司使用 Web 服务已经被顾客所广泛接受,每年进行线上订票的顾客数量倍增。据估计,日本航空公司线上订票的人数超过了总订票人数的10%。日本航空公司从它的电子商务方案中获得了多方面的商业成效,包括国内及国际业务收入的双倍成长以及大幅度提高了顾客满意度。

日本航空公司最近的方案——日本航空公司线上服务(JAL Online),是一个 B2B 模式的电子商务解决方案,定位于国内商务。国内商务服务将从单纯的机票预定服务拓展到提供旅馆服务,并增加企业信用卡支付的能力。日本航空公司线上服务于 1999 年 6 月引进,目前已经是第二个版本了,日本航空公司线上服务已经被超过 1 000 家的日本公司所接受。

案例分析题

为什么日本航空公司不断采用电子商务技术?这些技术帮助公司解决了哪些问题?

复习思考题

1. 简述电子商务的概念。
2. 电子商务有哪些分类方式?具体是怎样分类的?
3. 电子商务有哪些特点?

4. 试述电子商务模式的分类。

5. 从应用系统角度看,电子商务技术由哪几个部分组成?几个部分之间有什么区别和联系?

6. 什么是RFP?试述RFP的开发步骤。

7. 建立电子商务系统一般使用哪些操作系统?这些操作系统各有什么特点?

8. 简述我国电子商务技术标准现状。

参考文献

[1] Allan Afuah, Christopher L. Tucci. 互联网商务模式与战略[M]. 北京:清华大学出版社, 2002.

[2] Paul Timmers. 六大电子商务发展战略[M]. 北京:机械二业出版社,2001.

[3] 章宁,王天梅,许海曦,等. 电子商务模式研究[J]. 中央财经大学学报, 2004,(2).

[4] 赵卫东,黄丽华. 电子商务模式[M]. 上海:复旦大学出版社,2006.

[5] 黄敏学. 电子商务(第三版)[M]. 北京:高等教育出版社,2007.

[6] 张继东. 电子商务基础技术[M]. 北京:人民出版社.2005.

[7] 何宝宏. 电子商务技术标准概览[J]. 电信工程技术与标准化,2000,(3).

第二章　信息工程技术基础

我们总是高估了未来2年里将发生的变化,过于低估了未来10年将发生的变化。不要让你自己陷入无所作为。

——比尔·盖茨

【本章导读】

1. 掌握信息系统、多终端系统、局域网、广域网、无线网络、网络编址的概念。

2. 熟悉信息系统的层次结构、广域网和局域网的发展及网络融合、网络拓扑的种类。

3. 掌握信息系统的构成和支撑技术、广域网和局域网各自的特点、ISO/OSI网络体系结构各个层次及其功能。

4. 熟悉交换机、路由器、网络服务器的主要工作原理及技术特点。

引导案例　宝供公司由电话向互联网的过渡

宝供储运是广州的一家物流公司,其前身是广州的一个铁路货物转运站。总经理刘武于1992年在承包这个铁路货物转运站后因经营灵活越来越受到客户的好评,以至于1994年进入中国市场的宝洁公司也将业

务交给这家小小的铁路货物转运站去做。

自从宝洁公司成为刘武的客户以后，这家铁路货物转运站的业务环境就发生了巨大的变化，并直接促成1994年广州宝供储运有限公司（简称"宝供"，下同）的成立。归纳起来，业务环境的变化表现在3个方面：

(1)业务总量的增加。

(2)设立了分公司。

(3)兼顾客户的业务流程。

分公司建立以后，也面临一个问题——通信问题，即总公司与4个分公司之间联系很频繁。用什么通信方式才能保证业务的正常开展而成本很低？

宝供当时的做法是：1996年建立了一套基于DOS平台的用电话线连接的内部网络，以便在全国范围内的分公司之间传递一些信息。但在实际运作过程中，这种通信方式效率低成本高。因此，这又给宝供的未来发展提出了一个十分严峻的问题。

现代客户（如宝洁）与传统客户相比，要求更高，不仅要求提供安全、准确、及时、可靠的储运服务，而且还要求提供及时准确的货运信息。这样看来，宝供当时的"信息瓶颈"既表现为当时的信息管理水平和信息系统（IS）现状已不能实时监控各个储运环节，还表现为不能满足客户的需要。正当宝供为如何解决"信息瓶颈"问题一筹莫展时，企业经营者意识到宝供的信息瓶颈可以通过互联网来解决，即通过网站发布货运信息，全国各地的分公司和客户都可以共享这些信息。宝供建立了以互联网为网络构架的IS，把货物的运输系统分解为接单、发运、到站、签发等环节进行操作，整个系统由接单模块、发运模块、运输过程控制模块、运输系统管理模块、仓位管理模块、查询模块等构成。系统采用集中数据存储，各个分公司对于数据的保有权是有时效限制的。所有最终数据的维护均由公司的信息中心负责进行。

随着业务的发展，公司不得不在业务关心的同时，更加关心有哪些新的信息技术和应用能够提供新的业务支撑的可能性。

第一节 计算机网络的发展

一、计算机网络、功能及分类

计算机网络是指通过通信子网，按照一系列协议将多个计算机主机或系统互联起来，实现资源共享和信息传递的系统。对计算机网络可以有以下几种理解：

1. 计算机网络的定义

(1)从资源共享的角度理解。计算机网络是以能够互享资源(硬件、软件和数据)的方式相互连接起来，各自又具有独立功能的计算机系统的集合体。

(2)从用户透明的角度理解。计算机网络“存在一个能为用户自动管理资源的网络操作系统，由它调用用户在完成其任务时所需要的资源。整个网络如同一个大型计算机系统，其拥有的一切资源对用户是透明的”。

(3)从广义的角度理解。计算机网络是计算机技术与通信技术相结合，实现远程处理或进一步达到资源共享的系统。

2. 计算机网络具有的功能

(1)数据通信。实现计算机与计算机间的数据传输，这是计算机网络的基本功能，在此基础上完成信息传递。计算机应用的发展，已经从科学计算到数据处理，从单机到网络。分布在不同地理位置的用户可以互相传输数据信息，互相交流，协同工作。

(2)资源共享。资源共享是指软件、硬件资源的共享，人们可以在异地共享计算机、大型计算机等硬件资源，也可以共享软件资源。网络上的计算机彼此之间可以实现资源共享，包括硬件、软件和数据。这样可以充分地节省资金，共享分布在网络各结点上的信息资源，任何联入网络的人都可使用它们。

(3)分布式处理。网络技术的发展，使得分布式计算成为可能。对于大型的课题，可以分为许许多多的小题目，由不同的计算机分别完成，然后再集中起来，解决问题。

3. 计算机网络的分类

计算机网络的分类可以从不同的角度进行。常见的分类有：

(1)按照传输技术对计算机网络进行分类。可分为广播式网络、点到点网络。

(2)按作用范围进行分类。可分为广域网、城域网、局域网。

(3)按网络的交换功能进行分类。可以分为电路交换、报文交换、分组交换等网络。

(4)按网络的拓扑结构进行分类。可以分为集中式网络、分散式网络、分布式网络。

(5)按网络的使用范围进行分类。可以分为公用网和专用网。

二、多终端系统:计算机网络的原型

计算机网络是现代文明的两种最重要的科学和技术分支——计算机技术和通信技术发展的结果。

20 世纪 50 年代的计算机庞大而又昂贵,只供少量特殊用户使用。通常,这些巨大的机器会占据整座建筑物。这些计算机不能与用户交互。它们批处理大量的工作,再把结果返送回来。

当处理器在 1960 年初变得更加便宜时,新的组织计算机处理的方法出现了。这些方法使得方便终端用户成为可能。于是,多终端系统出现了。在这种分时系统中,一台计算机由多个用户使用,每个用户操作他们自己的终端,从这个终端上,他们可以和计算机通信。通过分时模式工作的多终端系统是局域网发展的第一步。

在这一时期,所谓的格罗斯定理(根据赫伯特·格罗斯来命名)是正确的,代表了那个时代的技术发展水平。根据这一定理,计算机系统的价格增量是系统计算机能力增量的平方根。因此,购买一台高性能机器比购买两台低性能机器更加合算,因为两台低性能机器的总的计算机能力远远地低于那台贵的计算机。

知识链接:冯·诺依曼

回顾 20 世纪科学技术的辉煌发展时,不能不提及 20 世纪最杰出的数学家之一的冯·诺依曼——二进制思想与程序内存思想的贡献者。众所周知,1946 年发明的电子计算机,大大促进了科学技术的进步,大大促进了社会生活的进步。鉴于冯·诺依曼在发明电子计算机中所起到关键性作用,他被西方人誉为“计算机之父”,而在经济学方面,他也有突破性成就,被誉为“博弈论之父”。在物理领域,冯·诺依曼在 30 年代撰写的《量子力学的数学基础》已经被证明对原子物理学的发展有极其重要的价值。他在化学方面也有相当的造诣,曾获苏黎世高等技术学院化学系大学学位。与同为犹太人的哈耶克一样,他无愧是 20 世纪最伟大的全才之一。

三、第一代广域网(WAN)

从时间顺序上说,广域网(Wide Area Network,WAN)最先出现。广域网将分布在不同地理位置的计算机连接在一起,有些计算机甚至坐落在不同的城市和国家。

在广域网的发展过程中,人们提出并实现了许多对现代计算机网络起基础作用的想法,例如通信协议的多层次结构、分组交换技术、异构网络中的分组路由等。

虽然广域网从早期广泛使用的长距离网络,例如电话网络(Telephone Network)中继承了许多特性,但它最具创新性的特征是放弃了电路交换的原理。

在电路交换的整个会话过程中,需要分配一个固定速率的电路。由于计算机数据具有突发性流量(burst traffic)的特点(“突发性”指在长时间的等待中夹杂着很小时间段的大量的数据交换),这种机制显得并不十分有效。对于突发性的数据,实验和教学方法都证明了基于分组交换原理的网络比电路交换的网络更有效率。

根据分组交换(packet switching)的原理,数据被划分为很小的段,称为分组或包(packet)。目标主机的地址被潜入在包头里,这一做法允许每个分组自行在网络上传输。

由于铺设连接远程站点的高质量通信线路非常昂贵,出于各种考虑,第一代的广域网常常使用已有的通信线路。例如,在很长一段时间内,广域网建立在电话网络的基础上。由于使用这样的链路传输速率很低,往往只有几千比特每秒(kb/s),这种网络所能提供的服务被限制在文件传输(主要是后台模式)和电子邮件。

1969 年,美国国防部提出一项研究,旨在将国防部和研究中心的计算机连接成一个网络。这个称为 ARPANET 的网络成为了第一代最为广泛使用的广域网,现在它被称作互联网(Internet)。

ARPANET 将运行不同操作系统、有着不同添加模块的不同类型的计算机连接在一起,它为所有加入其中的计算机实现了共同的通信协议。这些操作系统可以被称为第一代真正的网络操作系统(network operation system)。

与多终端系统不同的是,真正的网络操作系统不但允许将系统分布式地提供服务给用户,还分布式地组织数据存储。它们甚至还允许通过链路将计算处理分布到多台不同的电脑上。

四、第一代局域网(LAN)

20 世纪 70 年代早期,一件影响计算机网络发展的重要事件发生了。

随着计算机部件制造技术的发展,大规模集成电路出现了。

局域网是一组聚集在一个相对较小范围内的计算机,虽然有时候局域网可以被扩充到更大的范围(几十英里),但是,局域网通常覆盖半径不超过1.5英里。大体而言,局域网是一个单独组织的通信系统。

网络技术(network technology)是一套协同工作的软件、硬件(例如,驱动器、网路适配器、电缆和连接器)以及在通信链路上的数据传输机制。这些技术被用来架设计算机网络。

有些专用接口单元在通信链路上使用了专用的数据表示,使用了专用类型的电缆,它们只能将特定类型和型号的接口单元,或者是惠普小型机到LSI-11小型机的接口单元。

20世纪80年代中期开始,这一情况迅速地发生了变化。人们建立了将计算机连接到网络的标准技术(standard technology),这些技术包括以太网、Arcnet、令牌环以及后来的光纤分布式数据接口。

所有的标准局域网技术建立在相同的交换原理上,这些交换原理已经在广域网的数据传输中大获成功,例如,分组交换原理。类似于访问共享网络资源这样的任务得到了很大的简化。与广域网用户相反,局域网用户不再需要记忆复杂的共享资源的标示符。为了实现这一目标,系统用一种与用户友好的方式列出所有可用的资源(例如,层次性的树形结构)。大量的用户不再需要学习特殊的、复杂的网络命令。这不但是技术发展的结果,同时也成了技术发展的推动力。

20世纪90年代晚期,以太网成为了局域网无可争议的主导者。除了传统的以太网技术(10Mb/s)以外,这一家族还包括快速以太网(100Mb/s)和千兆以太网(1 000Mb/s)。

五、网络融合

20世纪80年代晚期,局域网和广域网的区别变得非常明显:

(1)通信链路的长度和质量。局域网与广域网最明显的区别是,局域网网络节点之间的距离较短。这一因素使得网络开发者可以使用比广域网更高质量的通信链路。

(2)数据传输方法的复杂性。由于物理通信信道的低可靠性,广域网要求更复杂的数据传输方法和更复杂的设备。

(3)数据交换速率。在局域网中,数据交换速率(10Mb/s,16Mb/s和100Mb/s)比广域网(从2.4kb/s~2Mb/s)要高的多。

(4)服务的多样性。局域网中的高数据传输速率允许网络开发者实现一系列的服务。这些服务包括访问和使用存储在其他联网计算机硬盘中的文件、共享打印机、调制解调器、传真机,访问集中式数据库以及电子邮件服务。广域网提供的服务主要局限于最简单形式的电子邮件和文件服务(对终端用户来说并不方便)。

互联网协议的广泛采用使得局域网和广域网的整合成为可能。现在,这一协议被所有局域网和广域网技术所使用,包括以太网、令牌环、异步传输网络和帧中继网络。这更进一步创造了建立在不同子网基础上的统一的互联网。

从20世纪90年代开始,工作在快速数字信道基础上的广域网扩展了服务的种类。创建传输大量实时多媒体数据的服务成为可能,这些数据包括图像、视频和音频。万维网(WWW)作为一种超链接的服务,成为了互联网上的信息服务。它是一个很好的例子。这种服务的交互式能力超出了早期局域网提供的类似的服务。因此,局域网的构造者把这种服务从广域网中借鉴过来。这种互联网技术移植到局域网的现象变得非常普遍,不久以后,专有名词内部网(Intranet)出现了。

另一种局域网与广域网整合的例子是城域网(Metropolitan Area Network,MAN),它处于局域网和广域网之间,这些网络用来服务于大城市。

这些城域网使用数字传输信道(通常是光纤),主干网传输速率可以达到155Mb/s或更高。它们提供一种有效的方式将多个局域网连接,或者将局域网和广域网连接。

六、计算机网络和电信网络的融合

电信网络包括电话、广播以及电视网络。它们与计算机网络最相似的地方在于它们都提供信息给终端用户。然而,这些网络以不同的方式提供信息。计算机网络主要用来传输字符和数字信息,也可以传输数据;电话和广播网络仅仅用来传输语音信息;电视网络既能传送语音也能传送视频。

互联网是新一代全球多服务网络的主要候选者,对多种传统服务进行了新的整合,例如,整合电子邮件、电话、传真、传呼等信息服务。其中,IP电话服务最为成功,全世界上百万人直接或间接地使用它。今天网络的技术整合是建立在多种信息的数字传输、分组交换以及服务编程基础上的。

电话网络提供的补充服务（例如通话转移、电话会议、电话投票等）可以通过使用智能网（Intelligent Network, IN）来实现。智能网是一种带有服务器的计算机网络，服务逻辑被编程在服务器中。

即使在语音传输的领域中，分组交换方法也渐渐胜过了传统电话网络中的电路交换方法。这一趋势有其显而易见的原因：分组交换使通信信道和交换设备更有效地利用带宽。由于使用分组交换同时传输异构的数据（包括语音、视频、文字），开发新的方法保证服务质量（Quality of Service, QoS）变得尤为重要。

计算机网络也从电话网络和电视网络中借鉴了很多东西。互联网和公司内部网因缺乏电话网络的高可靠性，计算机网络大量借鉴和使用了电话网络中常用的可靠性工具。

显而易见，下一代服务网络并不是建立在某一种技术和方法的胜利之上。它将是融合的结果。这一融合过程将吸收每种技术的优点，把它们整合为一个混合体，来提供支持现有服务和新的服务所需的能力。

第二节　网络基本原理

一、计算机与外部设备间的交互

物理接口（Physical Interface，也被称作端口）是根据一套电路连接和信号特性来定义的。通常，它代表了与接点相连的连接器，每个接点都被赋予一个特定的目的。例如，有一组接点用来做数据传输，一个接点用来做数据同步等。一对插槽用一条电缆连接起来，电缆是一组连接两边相应接点的线路。

逻辑接口（Logical Interface）是一组事先定义好格式的信息报文以及一整套规定这种交换的逻辑规则。两个设备（指一台计算机和一个外部设备）或程序使用这一共同的标准交换数据。

计算机使用两种典型的标准接口：并行接口（以字节为单位传输数据）和串行（以比特为单位传输数据）RS-232C 接口（也被称为 COM 接口）。前者通常被用来连接打印机，后者使用得更为广泛，除了打印机之外，许多其他的设备也支持这种接口，包括测绘仪、鼠标等。此外，还有其他连接特定外部设备的专用接口，例如一些用来从事物理实验的复杂设备。

计算机中的接口由硬件和软件共同实现。接口卡(一种硬件设备,也常被称为控制器或适配器)和特殊的程序管理着物理设备。这些软件通常被称为外部设备驱动程序。

在外部设备中,接口常常使用控制器(controller)这一硬件设备来实现,虽然也常常能遇见带有内置处理器的、由软件管理的控制器。这常见于具有复杂操作逻辑的外部设备中。一个很好的例子便是现在的打印机。

外部设备可以从计算机接收数据(例如,需要被打印的以字节为单位的信息)和指令,为了实现这一目的,外部设备控制器必须完成特定的操作。例如,打印机控制器可以支持一些简单的命令(例如,打印字符、换行、回车、从打印机中送出纸张等)。打印机通过接口从计算机中获得这些命令,并且通过管理打印机的电子部件完成这些操作。

通常,通过接口进行的数据交换是双向的。例如,即使作为输出设备的打印机,也会返回状态信息给计算机。

为使驱动程序和接口适配器协调工作,接口适配器实现了低层次的操作,这些操作允许它解释从驱动程序传送过来的数据和命令,这些数据和命令以统一的字节流的形式出现,接口适配器不需要去理解它们的含义。驱动程序接收到下一个字节之后,接口适配器开始按顺序地将比特传送到接口电缆中,每个比特用一个电信号代表。为了通知外部设备控制器即将开始传输下一个字节,接口卡在传输第一个比特的信息前,会先发出一个特定的开始信号。在传输完最后一个比特的信息后,接口卡会发出终止信号。这些开始和终止信号用来同步字节的传输。在识别出开始的比特后,控制器开始接受这些比特信息,并在接受缓存中组成一个字节。

除了信息比特之外,适配器还会传输用于检验控制的比特,这是为了保证数据交换的可靠性。在数据传输正确的基础上,控制器会解释这些接收到的字节,并且开始进行所请求的操作。

二、物理链路的特性及拓扑

1. 物理链路的特性

使用物理链路传输数据有许多重要的特性。在此将介绍一些现在需要了解的特性。

(1)网络负载(offered load)。是从用户到网络输入端的数据流。网

络负载以数据输入到网络的速率为特征。通常,传输速率以几个比特每秒、千比特每秒、兆比特每秒等来衡量,表示为:b/s、kb/s、Mb/s 等。

(2)信息速率(information rate)或吞吐量(throughput)(这两个术语是同义词,可以相互替代)。是数据流经过网络的数据速率。它可以比网络负载低,因为网络就像其他系统一样,会工作在用户并不希望的状态下。例如,数据可能会发生错误或者丢失,因此,实际信息速率可能会降低。

(3)容量或能力(capacity)。被定义为使用一种特定类型链路的最大可能传输速率。其典型的特征在于它的数值同时取决于媒介的物理特性,以及使用这种媒介后,选择的传输离散信息的方法。例如,光纤以太网的链路容量/能力是 10Mb/s。这一数值反应了特定介质(在这一例子中,指光纤)和所选技术(以太网)结合体的速率极限。这一速率极限取决于数据编码方法、信息信号的时钟频率以及其他的参数。对于同样的媒介,可以开发另一种数据传输技术,形成另一个容量/能力值。例如,快速以太网使用相同的光纤连接,但最大传输速率可以达 100Mb/s;千兆以太网将最大传输速率提高到 1 000Mb/s。通信设备的发送端必须工作在与链路容量/能力相同的速率。这一速率有时被称作发送端的比特率。

(4)带宽(bandwidth)。这一术语的使用有时候容易使人误解,因为它有两种不同的含义。首先,它可以用来指代传输介质的物理特性。这时,这一术语是指频带的宽度,在这种频带宽度下,通信线路传输数据时不会发生明显的传输错误。这一术语的起源来自于这一定义。另一方面,这一术语也可以用来表示容量/能力。当表示频带宽度时,带宽的单位是赫兹(Hz),当表示容量时,带宽的单位是比特每秒。这一术语的意思必须根据上下文来确定,虽然有时候并不容易。当然,对于不同的特性使用不同的术语会更好,但是,有些传统很难更改。带宽这一术语的双重意义已经变得非常常见,在许多标准或者书籍中都会遇到。因此,我们也使用这种方式。除此之外,我们考虑到这一术语的第二种意思更常用一些,因此,除非和实际意义不符,我们更多地使用这一术语的这层含义。

通信链路的下一组特性与单向和双向(one or both directions)传输数据的可行性相关。在两台计算机的交互过程中,常常需要双向传输信息——从计算机 A 到计算机 B,并且反过来。即使有时候,用户感觉他们仅仅是接受信息(从互联网上下载音乐)或是发送信息(发送电子邮件),但实际上,信息的交换是双向的。有两种数据流——对用户有实际意义的主数据流以及反向传输的辅助数据流。这一辅助数据流由对主数据流的确认所组成。物理链路根据它们双向的信息传输容量/能力来分类。

(5)双工链路(duplex link)。可以在两个方向上同时传输信息。双工链路可以由两条物理介质组成,每一条在单一的方向上传输信息。也可以使用同一介质同时双向传输数据。然而,在这种情况下,我们需要使用额外的方法来分开每一个数据流。

(6)半双工链路(half-duplex link)。也可以在两个方向上传输数据。这一传输并不是同时的,相反,它是轮流的。在特定的时间段,信息以一个方向传输,在下一个时间段,信息以相反的方向传输。

(7)单工链路(simplex link)。只允许单项的信息传输。通常,双工链路由两个单工链路构成。

2. 物理链路的拓扑

随着多于两台计算机互联这一问题的出现,人们需要决定如何去连接它们。换句话说,必须选择物理链路的配置,也称为拓扑结构(topology)。

(1)网络拓扑结构(network topology)。是指一个图的形状,图的顶点代表网络节点(例如计算机)和通信设备(例如路由器),图的边代表它们之间的物理连接或者信息连接。

(2)全连接拓扑结构(fully connected topology)。相当于网络中的每一台计算机都和其他所有的计算机直接相连。虽然它在逻辑上非常简单,但是,这种拓扑结构体积庞大、效率不高。每一台计算机都必须具有大量的通信端口,这些通信端口要足够连接网络上其他所有的计算机。每两台计算机之间必须有物理链路(如果一条链路不能双向传输,那么必须具有两条链路)。在大规模网络中,全连接拓扑结构很少被使用,因为假如要连接 N 个节点,则必须配备 $N(N-1)/2$ 条双向物理链路(即链路的数量与节点数量的平方相关)。通常,只有在几台计算机间或者是连接很少计算机的小规模网络里才使用这种拓扑结构。其他所有类型的网络都基于部分连接拓扑结构(partially connected topology),当两台计算机之间交换数据时,可能要使用到其他的网络节点作为转发节点。

(3)网形拓扑(mesh topology)。从全连接拓扑结构而来,它删除了其中的一些链路。网形拓扑结构可以把大量的计算机连接起来,适合于大规模的网络。又可以分成环型、星型、公共总线型三种结构。

三、交换与路由

1. 交换

假设计算机已经根据一个特定的拓扑结构在物理上连接起来，并且已经选择了一种特定的编址方法，现在，最重要的问题是要解决网络中节点之间传输数据的方法问题。当使用部分连接的网络拓扑结构时，该问题变得极其复杂。在这一情况下，在任选的一对节点（用户）之间的数据传输，需要经过一些转发节点。

通过网络转发节点连接终端用户的过程称为交换（switching）。从源节点到目的节点路径上的节点的序列称为路由（route）。

（1）交换。就最常见的形式而言，交换可以由以下一组相互关联的任务来描述：

①确定信息流，为此，必须定义路由。

②发送信息流。

③流转发（例如，在每个转发节点上，进行流识别和本地交换）。

④流的多路复用和解多路复用。

（2）流定义。信息流（information flow）或数据流是连续的数据序列，它带有一组公共属性，这些属性可以将它与所有的网络数据区分开来。

构成流的数据可以分别表示为数据单元：分组（packet）、帧（frame）、信元（cell）。

2. 路由

路由主要实现以下两个任务：

（1）确定路由。将选定的路由通知网络解决数据传输的路由选择问题，包括确定转发结点的序列和它们的接口，通过这些转发节点和接口，数据可以被递送到目的地址。确定路由是一个复杂的任务，特别是在网络配置允许在一组交互的网络接口之间有多条路由时。最常见的，人们往往根据特定的标准只选择一条路由，称为最优路由（optimal）。这些标准可以用来作为最佳标准。将路由信息（例如路由选择）传输到转发节点，可以人工或自动地完成。网络管理员可以通过人工配置改变特定的路由或修改交换表。

（2）数据转发。当路由被确定并被记录在所有转发节点的交换表中后，等待执行最主要的操作——在终端节点之间进行实际的数据传输，或称为终点节点的交换。

知识链接:华为

华为技术有限公司(以下简称:华为),总部位于广东深圳,是电信网络解决方案供应商。产品和解决方案涵盖移动(HSDPA/WCDMA/EDGE/GPRS/GSM、CDMA2000 1X EVDO/CDMA2000 1X、TD-SCDMA 和 WiMAX)、核心网(IMS、Mobile Softswitch、NGN)网络(FTTX、xDSL、光网络、路由器和 LAN Switch)、电信增值业务(IN、mobile data service、Boss)、终端(UMTS/CDMA)等领域。

华为 2007 年共收入 125.6 亿美元,获净利 6.74 亿美元,位列全球第五大电信设备经销商。自创建开始到 2007 年年底,华为总共提交了 2.688 万项专利,在华为 8.1 万名员工中,截至 2007 年年底有 3.5 万名是研发人员,比例为 43%。

成立于 1988 年的华为公司创始人是军队转业干部任正非,他是从卖思科网络产品起家的,让人印象深刻的不仅仅是其独特的管理、低调的风格、对技术专注的投入,还有一系列深谋远虑、眼花缭乱的成功和不成功的投资和收购(包括港湾、H3C、3com、爱默生)。

四、网络体系结构

计算机网络通过不同的通信媒体把不同厂家、不同操作系统的计算机和其他相关设备(例如打印机、传感器等)连接在一起,打破时间和空间的界限,共享软硬件资源和进行信息传输。然而,为了实现不同传输媒体上的不同软硬件资源之间的通信共享,这就需要计算机与相关设备按照相同的协议,也就是通信规则的集合来进行通信。由于计算机网络需要连接各种不同厂家的计算机软硬件资源和设备,通信协议被划分为许多具有不同功能的层次,以使人们可以从某一个协议层次开始,屏蔽低层协议软件和相关硬件之间的差异与区别,从而保证高层协议与应用之间的互联、互通与资源共享。

在 20 世纪 80 年代早期,国际标准化组织(International Organization for Standardization, ISO)和国际电信联盟电信部(ITU Telecommunication Standardization Sector, ITU-T)开发了开放系统互联标准(Open System Interconnection, OSI)。这一标准所阐述的互联模型在后来计算机网络的发展中发挥了重要的作用。尽管当前计算机网络的体系结构是以 TCP/IP 协议为主的互联网体系结构,但 OSI 参考模型等网络体系结构对计算机网络的发展作出了巨大贡献。

OSI 网络体系结构提出并定义了计算机网络的分层、各层协议和层间接口的集合。OSI 参考模型有七层，如图 2-1 所示。这一模型被称作 ISO/OSI 开放系统互联参考模型（Open System interconnection reference model）。其分层原则如下：

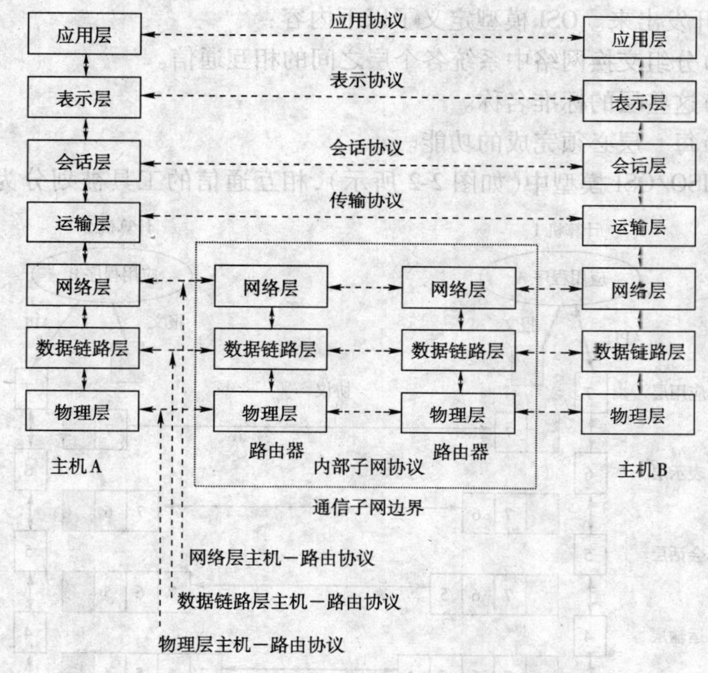

图 2-1　OSI 参考模型

（1）根据不同层次的抽象分层。

（2）每层应当实现一个定义明确的功能。

（3）每层功能的选择应该有助于制定网络协议的国际标准。

（4）各层边界的选择应尽量减少跨过接口的通信量。

（5）层数应足够多，以避免不同的功能混杂在同一层中，但也不能太多，否则体系结构会过于庞大。

五、OSI 模型的一般特性

20 世纪 70 年代，有大量专用的通信协议栈，包括 DECnet 和系统网络架构（SNA），这种多样性使得使用不同协议的设备很难互相兼容。克服这一问题的可能的方法之一是转化到使用统一的、公共的协议栈，这些协议栈是为了克服现有协议栈的缺点而被创建出来的。这一学术化的开发新协议栈的方法来源于 OSI 模型的开发。

OSI 模型不包含任何特定协议栈的描述,因为它的目的不同——为了描述一个通用的网络互联工具。OSI 模型是作为一种网络专家的通用语言被开发出来。OSI 模型定义了以下内容:

(1)分组交换网络中系统各个层之间的相互通信。

(2)这些层的标准名称。

(3)每一层必须完成的功能。

在 ISO/OSI 模型中(如图 2-2 所示),相互通信的工具被划分为 7 个

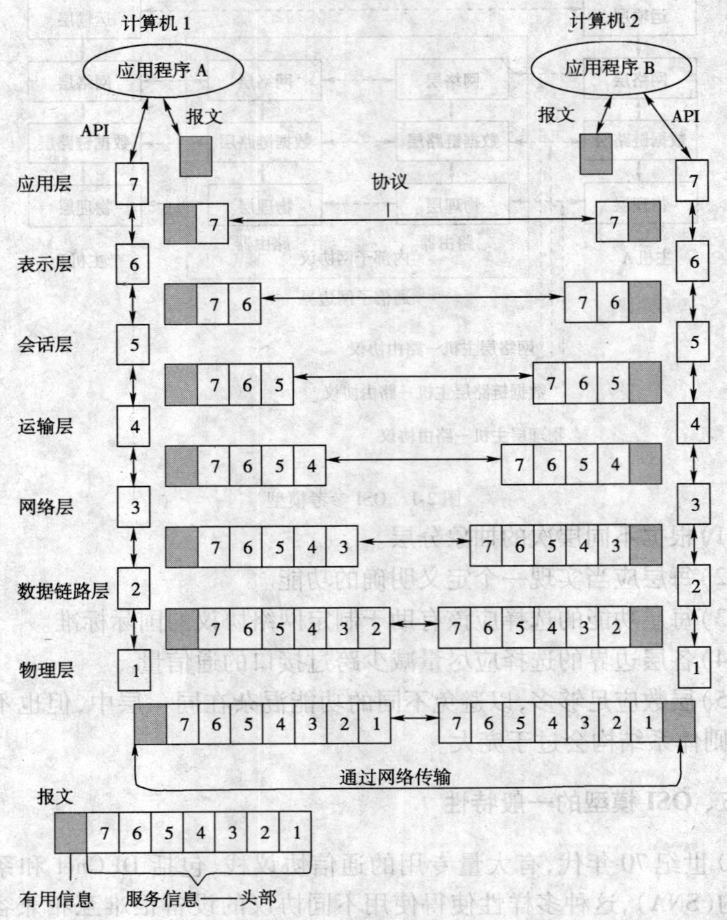

图 2-2 ISO/OSI 模型

层次:应用层、表示层、会话层、运输层、网络层、数据链路层和物理层。每一层处理严格定义了网络互联的一个方面。

应用程序使用这套7层的系统工具,实现它们自己的交互协议。为了这一目的,一套特殊的应用程序编程接口(Application Programming Interface,API)被提供给了程序员。根据OSI模型的设计,应用程序可以将它的请求发送给最高的层——应用层。但是,事实上,大多数的通信协议栈只提供给程序员直接调用低层服务。

例如,有些数据库管理系统有内置的远程文件访问的工具。这时,在访问远程资源时,应用程序并不使用系统的文件服务,相反,它绕过OSI模型的上面那些层,直接请求系统工具进行报文传输,这些工具处在OSI模型的较低的那些层。

假如运行在计算机1上的应用程序A需要和运行在计算机2上的应用程序B通信。为了实现这一目的,应用程序A请求一个应用层服务(例如,文件服务)。基于这一请求,应用层软件以标准的格式形成了一个报文。但是,为了将这一信息地送到目的地,还需要完成几项其他的任务,它们被指派给了下面各层。

在形成了报文之后,应用层将它向下传递给表示层。从应用层报文头部(header)接收到的信息,表示层协议完成了需要的动作,将它自己的信息(表示层头部)加到报文中。表示层头部包含了针对目标机器表示层协议的指令。产生的报文再被传送到下面的会话层,它也加上了自己的头部,如此继续。有些协议的实现不但将它们自己的信息放在报文的开始(也就是头部),而且还放在报文的末端(也就是所谓的尾部,trailer)。最后,报文到达最低的物理层,物理层真正通过连接的链路将报文传送到目标机器。这个时候,这一报文带有所有层的头部。物理层将报文放到计算机1的输出接口上,从那里,报文开始在网络上传输。请注意在这之前,报文只是在计算机1的内部一层到一层之间传输。

当报文被送到计算机2时,它由计算机2的物理层接受,然后顺序地、一层一层地向上传递。每一个层检查它自己那一层的头部,完成所要求的功能,然后删除头部,将报文交给上一层。

从逻辑上讲,两个计算机的对等层直接通信。而实际上,每一层都只与相邻的上下两层直接通信,隔离层不直接通信。当程序需要发送信息时,它把数据交给应用层。应用层对数据进行加工处理后,传给表示层。再经过一次加工后,数据被送到会话层。这一过程一直继续到物理层接收数据后进行实际的传输。在另一端,顺序刚好相反。物理层接收比特流后把数据传给数据链路层。后者执行某一特定功能后,把数据送往网络层。这一过程一直继续到应用层最终得到数据,并送给接收程序。这两个程序,还有网络节点中的各个对等层,都好像是在直接进行通信。事实上,所有的数据都被分解为比特流,并由物理层实现传输。

除了术语报文(message)之外,网络专业人士还使用其他的术语指代数据交换的单元。在ISO标准中,不同层协议的数据交换单元有一个通用的名称——协议数据单元(Protocol Data Unit, PDU)。专门的术语用来指代不同层的数据交换单元:帧(frame)、分组(packet)、数据报文(datagram)以及段(segment)。

1. 物理层

物理层(physical layer)通过使用诸如同轴电缆、双绞线、光纤或者长距离数字电路这样的物理链路,处理字节流的传输。

物理层的功能或是通过网络适配器完成,或是通过串口完成。物理层并不关心它传输的信息的意义。从它的角度看,这些信息是需要根据指定的时钟频率(预定义的相邻比特之间的间隔),无损传输到目的地的比特流。

2. 数据链路层

数据链路层(data link layer)是工作在分组交换模式下的第一层(从下往上数)。在这一层中,PDU通常被称为帧(frame)。

数据链路层实现的功能之一是提供接口给下面的物理层和更高的一层(网络层)。网络层将需要网络传输的分组发送给数据链路层,并且接受从网络到达的分组。数据链路层使用物理层,或是从网络接受比特序列,或是将比特序列传送到网络上。

3. 网络层

网络层(network layer)将多个网络连接起来,创建了统一的运输系统,也被称为互联网络(Internet network),或者简称为互联网网(Internet)。

网络层的功能由以下实现:

(1)一组协议。

(2)称为路由器的特殊设备。

保证不同网络的物理连接是路由器(router)的功能之一。路由器有多个类似于计算机接口的网络接口,其中每一个都连接到网络上。因此,所有的路由器接口都可以被认为是不同网络的接口。路由器可以基于通

用计算机，由软件模块来实现。例如，Unix 和 Windows 的典型配置中包含了一个软件路由器。然而，通常路由器由专门的硬件平台实现。路由器软件包含网络层的协议体。

4. 运输层

运输层(transport layer)为应用程序或 OSI 模型的上层——应用层、表示层、会话层提供了所需可靠性的数据传输服务。OSI 模型定义了无机运输服务，从 0 级(最低级)到 4 级(最高级)。根据它们提供的服务质量区分这些级别：紧急、恢复被损坏连接的可能以及最重要的检测和纠正传输错误(例如，数据出错，分组丢失，或者重复)的能力。

所有运输层及以上层的协议都由安装在网络终端节点的软件工具——网络操作系统的部件实现，如 TCP/IP 协议的 TCP 和 IP 协议以及 Novell 协议栈的 SPX 协议。

7 层模型中的 4 个低层协议被称为网络运输(network transport)，它们基于不同的技术，解决了指定的服务等级和在拓扑的网络中进行报文传递的问题。3 个高层协议解决了使用运输子系统提供应用服务的问题。

5. 会话层

会话层(session layer)保障了多个参与方之间交互的控制。它涉及参与方，提供会话同步的工具。这些工具将检查点插入长时间的传输中，以保证在失败时，回到最新的检查点，而不是从头开始。事实上，使用会话层的应用程序并不多。这一层很少以独立协议体的形式实现。通常，这一层的功能和应用层的功能结合在一起，用单个协议实现。

6. 表示层

表示层(presentation layer)处理通过网络传输的信息的表示形式，而不改变它们的内容。由于这一层的功劳，由一个系统应用层传输的信息总是能被另一个系统的应用层所理解。通过使用这一层的工具，应用层协议可以克服数据表示或不同编码之间的差异，例如，在 ASCII 和 EBCDIC 之间的差别。数据加密和解密也由这一层完成，它们保证了所有应用服务数据交换安全性。这类协议的一个例子是安全套接字层(Secure Socket Layer，SSL)，它保证了 TCP/IP 协议栈应用层协议的安全报文交换。

7. 应用层

应用层(application layer)实际上是用户用来访问共享网络资源(例

如文件、打印机、网页等)的一系列协议。它们也可以通过使用诸如电子邮件协议来组织团队工作。应用层操作的数据单元通常被称为报文(message)。

应用层的服务有许多。最著名的网络文件服务实现的例子包括TCP/IP协议栈中的NFS和FTP、微软Windows中的SMB以及Novel NetWare中的NCP。

六、信息传输及其相关术语

如图2-3所示为OSI中一组数据的传输过程。

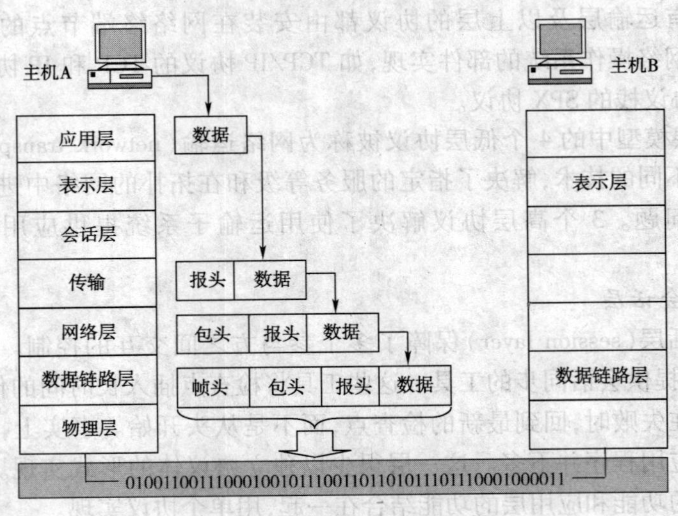

图2-3 通过OSI看一组数据的传输过程

1. 信道

信息传输的必经之路称为“信道”。在计算机中有所谓物理信道和逻辑信道之分。物理信道是指用来传送信号或数据的物理通路,网络中两个节点之间的物理通路称为通信链路,物理信道由传输介质及有关设备组成。逻辑信道也是一种通路,但在信号收、发点之间并不存在一条物理上的传输介质,而是在物理信道基础上,由节点内部的边来实现。通常把逻辑信道称为“连接”。

2. 比特(bit)

是对于网络中传送的二进制数字中每一位的通称,也称:位。例如1010101,共有7个比特位。

3. 字节(byte)

计算机数据的基本单位。字节长度为8个比特位。1个字节用于表述1个ASCII字符,1个汉字或全角字符需要2个字节来描述。

4. 基带传输

指在通信电缆上原封不动地传输由计算机或终端产生的0或1数字脉冲信号。这样一个信号的基本频带可以从直流成分到数兆赫,频带越宽,传输线路的电容、电感等对传输信号波形衰减的影响越大,传输距离一般不超过2km,超过时则需加中继器放大信号,以便延长传输距离。

5. 频带传输

在远距离通信时,需要将数字信号调制成音频信号再发送和传输,接收端再将音频信号解调成数字信号。由此可见,采用频带传输时,要求在发送和接收端安装调制解调器,这不仅解决了数字信号可用电话线路传输的问题,而且可以实现多路复用,提高信道利用率。

6. 宽带传输

指传输介质的频带宽度较宽的信息传输,一般在300~400MHz左右。系统设计时将此频带分割成几个子频带,采用“多路复用技术”,在一个信道中间同时传输声音、图像和数据多种信息,使系统具有多种用途。

7. 数据传输速率

指通信线上传输信息的速度。有2种表示方法,即信号速率和调制速率。

(1)信号速率S:通称比特率,指单位时间内所传送的二进制bit的有效位数,以每秒多少比特数计,即b/s(bit/second),也写作bps。

(2)调制速率B:是脉冲信号经过调制后的传输速率,以波特(Baud)为单位。波特所表示的是调制速度,表示每秒钟传输离散信号事件的个数,也就是每秒信号电平的变化次数。速率高低与每个比特所占的时间有关,每个比特的脉冲宽度越小,则传输速率越高。通常用于表示调制器之间传输信号的速率。

信号速率S与调制速率B有如下关系:

$$S = B \ \mathrm{Log}_2 N$$

其中N为一个脉冲信号所表示的有效状态。在二进制中脉冲只有两种状态:0或1,即$N=2$,也就是说,信号速率S与调制速率B是一致的。

8. 字节传输速率

8个二进制比特位为1字节。字符传输速率的单位为b/s,即:每秒字节数(Bytes per second)。常用单位:kb/s(千字节每秒)、Mb/s(兆字节每秒)。

9. 误码率

指信息传输的错误率,是衡量系统可靠性的指标。它以接收信息中错误的比特数占总传输比特数的比例来度量,通常应低于10^{-6}。

10. 信息容量

指信道能传输信息的最大能力,一般以单位时间内最大可传送信息的bit数表示。实用中,信道容量应大于传输速率,否则高的传输速率得不到充分发挥利用。

11. 串行传输

指一位一位地传送数据,从发送端到接收端只要一根传输线即可。优点是节省设备,降低费用;缺点是传速慢。网络中多采用这种传输方式。

12. 并行传输

一次可以传送1个字节(8位),发端到收端用8根线。

目前,计算机内部操作多用并行传输,当采用串行传输时,发端通过并/串转换设备将并行数据流变为串行数据流,在接收端又通过串/并行设备,还原为8位并行数据。

13. 数据交换方式

在网络中的计算机通常利用公用通信传输线路进行数据交换以提高传输设备的利用率。局域网中的交换方式有线路交换和存储交换两大类。存储交换类中常用报文交换和报文分组交换。

14. 字符编码

在信道上传送的数据是以二进制位的形式出现的,如何组合0与1这2个码元,使之代表不同的数据和信息就叫字符编码。

15. 差错校正

字符代码在传输、接收过程中,难免发生错误,如何及时自动检测差错并进一步自动校正,也是数字通信系统研究的重要课题。通常的解决办法是采用抗干扰编码或纠错编码,目前常采用的有奇偶校验码、方块码、循环冗余码等。

16. 同步传输

一种以报文和分组为单位进行传输的方式。由于报文可包含许多字符,因此可大大减少用于同步的信息量,提高传输速率。目前在计算机网络中大多采用此种传输方式。

17. 异步传输

传输的数据以字符为单位,而且字符间的发送时间是异步的,也就是说,后一个字符与前一个字符的发送时间无关。

18. 调制解调器

传统的电话通信信道是传输语音一级的模拟信道,无法直接传输计算机的数字信号。为了利用现有的模拟线路传输数字信号,必须将数字信号转化为模拟信号,我们将这一过程称作调制(Modulation)。在另一端,接收到的模块信号要还原成数字信号,这个过程称作解调(Demodulation)。通常由于数据传输是双向的,因此,每端都需要调制和解调,这种设备称作调制解调器(Modem)。

第三节 局 域 网

一、局域网组成

一个典型的局域网包含 4 个组成部分:

(1)服务器:为多个网络用户提供服务的共享设备。

(2)工作站:用户使用的计算机。

(3)网络通信系统:连接工作站和服务器的设备。

(4)网络操作系统:管理网络硬件操作的软件。

1. 服务器

服务器运行网络操作系统,能够为每个工作站的用户提供丰富的网络服务,如文件服务、打印服务、Web 服务、FTP 服务、E-mail 服务、数据库服务、索引服务等。

服务器大多是专用的,对硬件的配置要求非常高,通常应具有 1 个或多个高速 CPU、1 个或多个大容量硬盘、比普通计算机标准配置多 4 ~ 8 倍或更高的内存、更加稳定的主板和电源。但是,服务器对显示没有过高的要求,因为服务器很少有人对它直接进行操作。有了这样的配置,才能保证服务器具有更快的速度、更坚固的结构以及更强的可扩展性。某些服务器从硬件上直接支持磁盘双工,即服务器上的两个磁盘组执行完全相同的工作,当一个磁盘组出现故障时,系统将自动切换至第二个磁盘组,从而保证整个网络系统的可靠性。

2. 工作站

当一台计算机连接到网络时,它便成为网络上的一个节点,该节点又称为工作站或客户机(Client)。对于使用不同操作系统的计算机,若要使其成为网络的一个客户机(即使该计算机能够访问网上的资源),应根据客户机所运行的操作系统和网络操作系统的不同而运行适当的程序或进行适当的设置。

3. 通信系统

通信线路、交换设备等组成网络通信系统。用户创建网络时,需要在每一台 PC 和服务器安装一块特殊的板卡,然后使用电缆把它们相互连接起来。这种接口板是网络适配器。在大多数网络类型中,每个设备都连接到交换机。

大多数类型的网络通信系统能够提供的通信速度范围是 2Mb/s ~ 250Mb/s。由于电缆必须连接网络上的每一台工作站,网络的距离扩展必然受到限制。一般地,网络必须限制在建筑物或者校园以内。

无线局域网络是网络中的新生代。对于局域连接,无线传输常常用来连接工作站;对于远距离连接,需要使用微波传输或者红外传输。

4、操作系统

操作系统是局域网中的一个重要部分,它用来管理和控制计算机的硬件资源。早期的网络操作系统主要功能集中于资源共享方面,而现在的网络操作系统则要管理较多的东西,如用户管理、互联网服务管理等。目前较多使用的网络操作系统主要包括:Unix、Novell 公司的 Netware、Microsoft 公司的 Windows 系统以及 Linux 系统等。

二、局域网的结构类型

局域网的结构类型是网络的拓扑结构。构建局域网的拓扑结构有很多种,其中最常见的有星形(Star)网络拓扑结构、总线形(Bus)网络拓扑结构和环形(Ring)网络拓扑结构。在实际应用中,有时会将网络的结构结合在一起,以增强网络的稳定性和安全性。

1. 星形网络

星形网络拓扑结构是指每一个远程节点都通过一条单独的通信线路

直接与中心结点联结。中央设备可以是服务器本身,也可以是一个专门的接线中心(如集线器或者交换机)。

中心节点的功能包括将信息从一台计算机重定向到另一台特定的计算机,或者重定向到所有组成网络的计算机上。这一网络拓扑结构有一些缺点,中心节点可用端口的数量限制了可增加的网络节点的数量。

星形网络拓扑结构的一种扩充便是星形树。每个 Hub(集线器)与用户的连接仍为星形,Hub 的级连而形成树。星形网络拓扑结构的特点主要表现在下面几个方面:

(1)功能高度集中。整个网络的处理和控制功能高度集中在中心结点。

(2)响应时间与终端数目有关。当终端数目较少时,终端的请求能够获得及时响应,但随着终端数目的增多,响应时间也随着加长。

(3)单信息流通路径。每个终端通常只有一条信息流通路径到达中心结点,反之亦然,因此不存在路径选择问题。

(4)线路利用率低。每条通信线路只连接一个终端,使该线路利用不充分。

2. 总线形网络

总线形网络拓扑结构中,服务器和所有工作站都连在一条主干电缆上。信号和分组根据目的地址,在电缆中或上或下传输。每个结点都检查网上分组的地址,看看是否与自己的站址相符。

总线形网络拓扑结构的特点主要表现在下面几个方面:

(1)信道利用率高。由于多个节点共用一条传输信道,因此信道利用率较高。

(2)地理覆盖范围小。公用总线的长度受到一定的限制,通常小于几千米,节点至总线的连接线也较短,因此一般局限于某个单位。

(3)网络建造容易。由于网络的物理结构简单,将节点连接到总线上也容易,相应地,传输控制机构也简单。

3. 环形网络

环最大的好处是它可以提供冗余的链路。每一对节点都由两条路由连接——顺时针和逆时针。环这一配置非常方便提供反馈,因为数据经过整个环后,会回到它的起始节点。因此,起始节点可以控制数据递送到目的节点的过程。通常,环的这一特性被用来测试网络的连通性以及用来搜索哪些节点不能正常工作。环形网络拓扑结构的特点主要表现在下面几个方面：

(1)传输时延的确定性。从某源点发出的信息能在确定的时间内到达目标节点。基于这一特点,可构成实时性要求较高的网络。

(2)可靠性差。当环路上任何一个转发器或者两个转发器之间的连线发生故障时,都将导致整个网络瘫痪,因此,基本环形网络是不可靠的。

(3)灵活性差。无论在增加或减弱网络节点时,都需要断开原有环路,并对介质访问控制进行灵活调整。

(4)网络建造容易。由于网络中的每个转发器都只与相邻的两个转发器相连接,这使网络结构简单,且介质访问控制也不复杂,所以网络建造比较容易。

三、网络的基础技术标准

局域网出现后,其产品的数量和品种迅速增多,为了能在不同厂家生产的局域网间方便地进行通信,美国电气和电子工程师学会 IEEE 于1980 年成立了 IEEE 802 委员会,它所制定的 IEEE 802 标准已逐步成为国际标准。如图 2-4 所示为 IEEE 802 系列标准之间的关系。

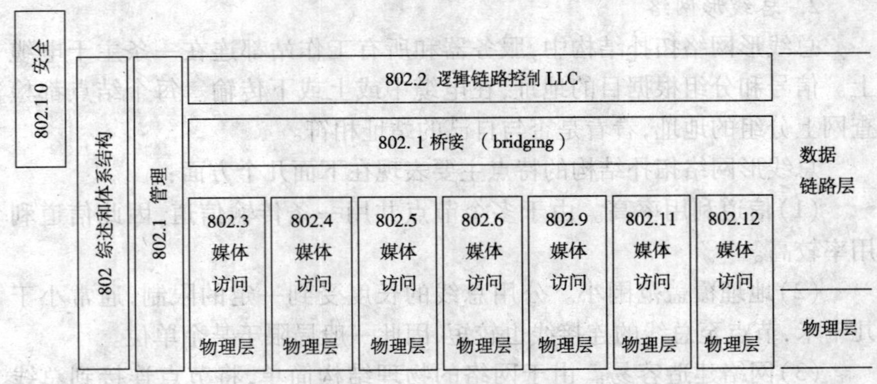

图 2-4　IEEE 802 系列标准之间关系图

IEEE 802 系列标准涉及 ISO 的 OSI 参考模型所定义的物理层和数据链路层。这些访问标准定义了媒体访问技术的 7 个类型和相关物理媒体,每个适用于特定的应用。定义这些访问技术的标准如下：

(1)IEEE std 802. 1A——综述和体系结构。

(2)IEEE std 802. 1B 和 802. 1K——LAN/WAN 管理。

(3)IEEE std 802. 1D——媒体访问控制(MAC)网桥。

(4)IEEE std 802.1E——系统负载协议。

(5)IEEE std 802.1F——IEEE 管理信息用的公共定义和规程。

(6)IEEE std 802.1G——远程媒体访问控制(MAC)网桥。

(7)IEEE std 802.2——逻辑链路控制(LLC)。

(8)IEEE std 802.3——CSMA/CD 访问控制和物理层规范。

(9)IEEE std 802.4——令牌传递总线访问控制和物理层规范。

(10)IEEE std 802.5——令牌环访问控制和物理层规范。

(11)IEEE std 802.6——分布式队列双总线访问控制和物理层规范。

(12)IEEE std 802.9——媒体访问控制(MAC)和物理层处的集成服务(IS)LAN 接口。

(13)IEEE std 802.10——可互操作的 LAN/MAN 安全。

(14)IEEE std 802.11——无线局域网媒体访问控制(MAC)和物理层规范。

(15)IEEE std 802.12——按优先权需求的访问方法、物理层和中继器规范。

另外还有(未表示在图 2-4 内):

(1)IEEE std 802.7——IEEE 推荐的宽带 LAN 的惯例。

(2)IEEE std 802.14——基于 CATV 宽带通信网络用标准协议(开发中)。

四、组播

在网络中,大部分通信流量是点到点传输,这种传输方式称为 Unicast,即报文的一个独立拷贝是从源机器通过网络发送到需要它的一个特定客户。当然,目前的网络也支持广播(Broadcast),当报文被广播到网络上时,因为是广播方式,报文的单独一个拷贝将发送给网络上的所有用户。如果同样的数据需要传送给网络中的一部分用户时,使用上述两种传输方式会非常浪费网络带宽。因为使用 Unicast 发送时,需要将报文复制多个拷贝,以多个点对点的方式分别发送到需要它的那些用户。如果使用 Broadcast 方式发送,报文的单独一个拷贝将发送给网络上的所有用户,而不管用户是否需要。另外,广播还会使不需要它的计算机性能下降,因为不管是否需要,客户端计算机必须处理广播报文。

多址组播 (Multicast)吸收了上述两种发送方式的长处,克服了上述两种发送方式的弱点,将报文的单独一个拷贝发送给需要的那些客户。

Multicast 不会复制报文的多个拷贝传输到网络上，也不会将报文发送给不需要它的那些客户。Multicast 保证了网络上多媒体应用占用网络的最小带宽。

1 个 1.5Mb/s 的 MPEG-I 视频数据流在网络发送时两种方式占用带宽的情况如图 2-5 所示。

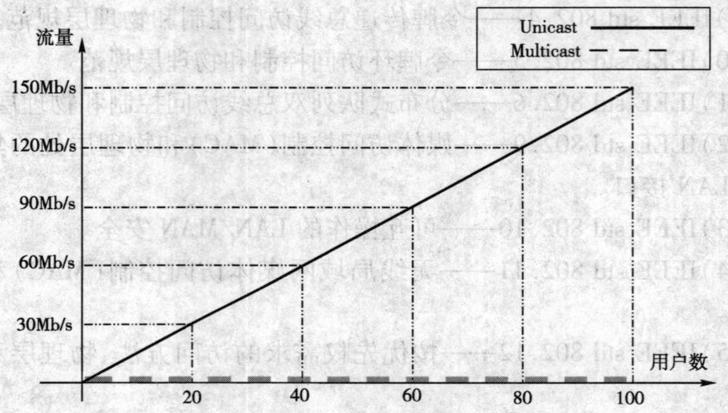

图 2-5　1 个 1.5Mb/s 的 MPEG-I 视频数据流在网络发送时两种方式占用带宽的情况

Multicast 是一种“推”（Push）模式的通信，就像收音机或电视机的广播，谁想接收 Multicast，只要调节设置自己的工作站到需要的频道即可。在计算机网络上收听多点组播的时候，用户只须简单地指示计算机的网卡监听一个特殊的多址组播地址（IP Multicast Address）。而 Multicast 的广播端并不需要知道谁在接收这个广播。

一个最有效的组播数据传输路径是指数据以最短的路径传送到需要它的用户端。如果数据被传送到别的网络，就会浪费其他网络的带宽。多址组播传输路径是一个树状结构，多址组播服务器在树根，Multicast 的数据通过树的分支在网络传送，路由器的任务是将数据传送到其他分支上的路由器，最终送到等待数据的用户所在的子网上。路由器同时还会断开没有成员的分支，接入新加入成员所在的分支。路由器也能阻断发往本网的无用数据。

音频、视频在计算机网络的使用将是新一代网络多媒体通信的主要应用。Multicast 提供一个高效率的多媒体网络通信的应用方法。

五、虚拟网络（VLAN）

虚拟网络是近几年发展起来的一种新兴网络技术。VLAN 是在交换

环境中为了克服网络物理分段的限制而建立的逻辑网络段。VLAN 在物理网络的基础上,能根据需要灵活地分出许多逻辑网络,从而摆脱了建筑物、楼层、地址空间等地域限制,使网络更安全,更便于管理,使畅通性和带宽更有保证。

VLAN 的技术标准为“IEEE 802.1Q”,它早在 1999 年 6 月就由 IEEE (Institute of Electrical and Electronic Engineers,电气电子工程师协会)委员会正式颁布实施。IEEE 802.1Q 是针对 VLAN 制定的标准,其主要目的定义在逻辑上划分网络桥接的局域网结构,并提供定义用户组与独立的物理连接服务:允许不同厂商的产品进行相互操作。

1. VLAN 的产生

最早的 VLAN 技术早在 1996 年 Cisco 公司就提出了。IEEE 于 1999 年颁布了用以标准化 VLAN 实现方案的 802.1Q 协议标准草案。VLAN 技术的出现,使得管理员可以根据实际应用需求,把同一物理局域网内的不同用户逻辑地划分成不同的广播域,每一个 VLAN 都包含一组有着相同需求的计算机工作站,与物理上形成的 LAN 有着相同的属性。由于它是从逻辑上划分,而不是从物理上划分,所以同一个 VLAN 内的各个工作站没有限制在同一个物理范围中,即这些工作站可以在不同物理 LAN 网段。由 VLAN 的特点可知,一个 VLAN 子网内部的广播和单播流量都不会转发到其他 VLAN 子网中,从而有助于控制流量、减少设备投资、简化网络管理、提高网络的安全性。

IEEE 802.1Q 定义了 VLAN 的桥接规则,包括入口规则(Ingress Rule)和出口规则(Egress Rule)。该标准指定了标记格式,嵌入在每个数据帧的 VLAN 成员信息内,长度是 12 位,也称为 VLAN 标识(VID)。在 IEEE 802.1D 中对此格式有详细的规定。现在使用的这一帧格式的一个优点是,可以用附加的 3 位指示优先级,用于服务质量(QoS)保证。交换机根据 IEEE 802.1Q 标准使用独立的 VLAN 学习(Independent VLAN Learning,IVL)功能,以便在 2 个 VLAN 之间可以进行安全访问。一般数据帧不能在 2 个 VLAN 之间转发(虽然可以在 2 个 VLAN 之间实现路由)。对于 2 个不同 VLAN 中的设备,其地址在这 2 个 VLAN 的路由表中都有保留。IVL 可以防止对该地址表不必要的改动。但是数据帧不能在 2 个 VLAN 之间转发。

2. VLAN 与传统 LAN 分段的区别

许多企业随着企业规模的不断扩大,特别是从事多媒体开发、应用的企业中,每个部门内部的数据传输量都非常大。此外,由于某些原因,可能使得一个部门的员工不能相对集中办公。更重要的是,公司的财务、人事等敏感部门所需要的安全性越来越高,既需要与整个企业局域网相互连接,但又不能像其他部门那样,允许一般用户随便访问,还要防止非法用户进行数据拦截和监听。这些新问题都需要为这些特别的部门网络进行更灵活的网络配置,VLAN 技术就是在这样的需求背景下产生,并且得到广泛应用的。

VLAN 技术的引入,使交换机承担了网络的分段工作,而不再使用路由器来完成。通过使用 VLAN,能够把原来一个物理的局域网划分成很多个逻辑意义上的子网,而不必考虑各用户的具体物理位置。每一个 VLAN 子网都可以对应于一个逻辑单位,如部门、车间和项目组等。由于在相同 VLAN 子网内的主机间传送的数据不会影响到其他 VLAN 子网上的主机,因此减小了数据交互影响的可能性,大大地增强了网络的安全性。

总的来说,VLAN 分段和传统的 LAN 分段存在以下主要区别:

(1) VLAN 工作在 OSI 参考模式的第二层和第三层;而传统的 LAN 分段纯粹是工作于网络的第一层,即物理层。

(2) VLAN 可以根据实际需要,灵活划分。VLAN 可以超越单个物理建筑物限制,互联多个建筑物中的用户;而 LAN 分段通常只能是相邻或相近用户分成一个组,缺乏灵活性。

(3) VLAN 之间的通信是通过第三层的路由器完成的,也可以是具有路由功能的第三层交换机完成的;而 LAN 分段只能通过路由器来完成。

(4) VLAN 提供了一种控制网络广播的方法,因为不同网段的用户不能随便访问,所以有效地提高了网络的安全性;LAN 分段达不到此要求。

一般来说,如果一个 VLAN 子网里的工作站用户发送一个广播,这个 VLAN 子网里所有工作站用户都接收到这个广播,但其他 VLAN 子网用户就不会收到这个广播,这要求所使用的设备必须是三层交换机,而非传统的二层交换机。

VLAN 技术是为了解决以太网的广播问题和安全性而提出的一种协议,它是在以太网帧的基础上增加了 VLAN 头,即 VLAN ID。用 VLAN ID 把用户划分为更小的工作组,限制不同工作组间的用户二层互访,每个工作组就是一个虚拟局域网。虚拟局域网的好处是可以限制广播范围,并能够形成虚拟工作组、动态管理网络,对一些重要部门实施安全保护。而

且当某一部门物理位置发生变化时，只需要对交换机进行相应简单的设置，就可以实现网络的重组，非常方便、快捷，同时节约成本。在以三层交换机为核心的千兆位网络中，为保证不同职能部门管理的方便性和安全性及整个网络运行的稳定性，可采用 VLAN 技术进行虚拟网络划分。

第四节　广 域 网

广域网（Wide Area Network，WAN）是覆盖地理范围相对较广的数据通信网络，常利用公共网络系统（如电信公司）提供的便利条件进行传输，可以分布在一个城市、一个国家，甚至跨过许多国家分布到全球。

广域网一般由主机（host）和通信子网（communication subnet）组成，通信子网用于在主机之间传递信息。主机和通信子网的关系如图 2-6 所示。

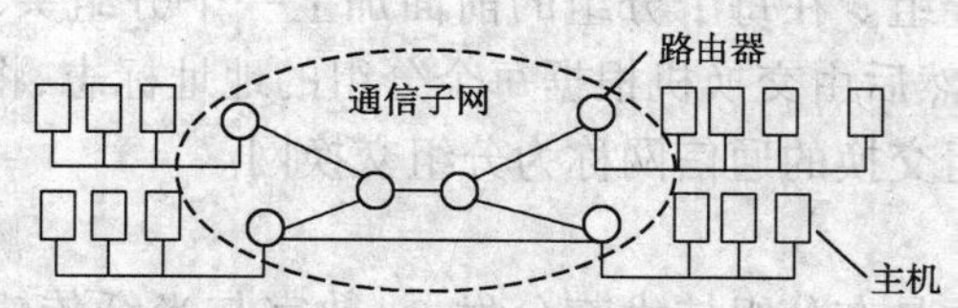

图 2-6　主机和通信子网的关系

在许多广域网中，一般由公共网络充当通信子网，它包括两个组成部分：传输线和交换节点。传输线用来在计算机之间传送比特流；交换节点有时也叫做分组交换节点、中间系统或数据交换设备，用于连接 2 个或多个传输线。数据沿输入线到达交换节点后，交换节点必须为其选择输出线并将其输出。

通信子网工作在 OSI 参考模型的下三层，即物理层、数据链路层和网络层。广域网子网技术和 OSI 参考模型之间的关系如图 2-7 所示。

OSI参考模型		WAN标准				
网络层		X.25 PLP				
数据链路层	MAC子层	LAPB	帧中继	HDLC	PPP	SDLC
物理层		X.21 bis	EIA/TIA-232 V.24 HSSI G.703 EIA/TIA-449 V.35 EIA-530			

图 2-7　广域网子网标准和 OSI 参考模型之间的关系

目前常用的公共网络系统有电话交换网(PSTN)、分组交换数据网(又称X.25网)、帧中继网(Frame Relay)、数字数据网(DDN)等。

一、广域网通信技术

1. 分组交换

分组交换是随着计算机网络应用的发展而发展起来的。它以CCITT X.25建议为基础,可以满足不同速率、不同型号的终端与终端、终端与计算机、计算机与计算机间以及局域网间的通信,实现数据库资源共享。其特点是传输质量优良,电路利用率较高,网络的安全可靠性好,允许不同速率、不同协议、不同码型的终端之间进行通信,适合于计算机等设备之间的通信。另外,分组交换的传输费用与距离无关,仅与使用时长和传输信息量有关,因此分组交换是一个经济实惠的信息传输手段。

分组交换也称包交换,它将用户传送的数据划分成一定的长度,每个部分叫做一个分组。在每个分组的前面加上一个分组头,用以指明该分组发往何地址,然后由交换机根据每个分组的地址标志,将它们转发至目的地。进行分组交换的通信网称为分组交换网。

2. 帧中继

帧中继技术是在分组技术充分发展,数字与光纤传输线路逐渐替代已有的模拟线路,用户终端日益智能化的条件下诞生并发展起来的。传统的分组交换网X.25的协议是建立在原有的速率较低、误码率较高的电缆传输介质之上,为了保证数据传输的可靠性,X.25协议包括了差错控制、流量控制、拥塞控制等功能。X.25协议的复杂执行过程必然要增大网络传输的延迟时间,这种传统的网络通信协议与体制不能适应局域网互联的要求。帧中继交换机只要一检测到帧的目的地址就立即转发该帧。在传统的X.25网中,分组在通过每个通信子网的节点时,大约要进行30次左右的差错检测及其他的各种处理。然而在一个帧中继网络中,帧通过每个帧中继节点时,大约只需执行6个检错步骤,这将明显减少帧通过节点的延时。帧中继只完成OSI物理层和数据链路层的功能,将流量控制、纠错等留给智能终端完成,大大简化了节点机之间的协议。

帧中继业务的适用范围:

(1)局域网间互联。帧中继可应用于银行、证券等金融及大型企业、政府部门的总部与各地分支机构的局域网之间的互联。

(2)局域网与广域网的连接。帧中继构成的高速局域网与广域网的

连接，可以提高租用线路带宽利用率。

（3）组建虚拟专用网。帧中继只使用了通信网络的物理层和链路层的一部分来执行其交换功能，有着很高的网络利用率，利用它构成的虚拟专用网，不但具有高速率和高吞吐量，其费用也较低。

（4）电子文件传输。由于帧中继使用的是虚电路，信号通路及带宽可以动态分配，适用于突发性业务使用，因而它在远程医疗、金融机构及CAD/CAM的文件传输、计算机图像和图表查询等业务方面有着比较好的适用性。

3. ISDN

与单一业务的电信网不同，ISDN可以同时提供多种业务。ISDN的用户线路也供多种业务所用，可以同时传送电话、数据等多种不同的信息。一个ISDN用户可以同时与多个用户通信，而且这些通信可以是不同业务类型，比如在与一个用户打电话的同时可以向另一个月户发传真。在ISDN中，用户只需提出一次申请，使用一对用户线、一个电信号码就可将多种业务终端接入网内，并按统一的规程进行通信。由于ISDN可以实现语音、数据与图像的综合化，因而可以通过一条用户线路实现电话、传真、可视图文、数据通信与图像的综合服务。由于ISDN完全采用数字信道，因而能获得较高的通信质量与可靠性。同时，ISDN为今后可能出现的新的通信业务提供了可扩展性。

随着光纤技术、多媒体技术、高分辨率动态图像与文件传输技术的发展，人们对数据传输速率的要求越来越高，于是又提出了宽带综合业务数据网B-ISDN(Broadband-ISDN)。相对于B-ISDN，传统的ISDN叫做窄带综合业务数据网N-ISDN(Narrowband ISDN)。B-ISDN的目标是将语音、数据、静态与动态图像传输以及N-ISDN所有服务综合于一个通信网中，覆盖从低传输速率到高传输速率的大范围的非实时、实时突发性等各类传输要求。

4. XDSL

DSL是“Digital Subscriber Line”的缩写，即数字用户线，DSL技术是基于普通电话线的宽带接入技术，它在同一铜线上分别传送数据和语音信号，数据信号并不通过电话交换机设备，减轻了电话交换机的负载。XDSL中的“X”代表了各种数字用户线技术，包括HDSL、ADSL、VDSL等。

（1）HDSL（高速率数字用户线）。这是一种对称的DSL技术，即上下行速率一样。HDSL利用现有电话用户线的两对来提供全双工的信号传输，传输距离可达3～5km。HDSL的优点是双向对称，速率比较高。缺点是需要两对线缆，住宅用户难以使用，另外目前还不能传输2 048kb/s以上的信息，传输距离限于6～10km以内，费用也比较高。

(2) ADSL（Asymmetric Digital Subscriber Line，非对称数字用户线）。通过利用现有的铜缆网络（电话线网络），在线路两端加装ADSL设备即可为用户提供高宽带服务。它能够在现有的铜双绞线提供高达8Mb/s的高速下行速率和1Mb/s上行速率，传输距离达3～5km，在一条普通电话线上接听、拨打电话的同时进行数据传输而互不影响。

(3) VDSL（超高速数字用户线）。是DSL技术中较快的一种，在一对铜质双绞电话线上，下行速率为13～52Mb/s，上行速率为1.5～2.3Mb/s，是鉴于ADSL技术在提供图像业务方面的带宽十分有限以及经济上成本偏高的弱点而开发的。

5. ATM

异步传输模式（ATM）是一种以固定长度对数据进行分组，并以异步时分复用方式，传送不同速率的宽带信号和数字等级系列信息的交换传输模式。异步传输模式是用于实现宽带综合业务数字网（B-ISDN）的基础技术，它可综合不同速率的话音、数据、图像和视频的业务。

ATM主要为用户提供高速、低时延、可交换的宽带电路，主要应用于高速的局域网互联、视频会议、远程教学、远程医疗、按需分配频宽（VOD）和电视点播等方面。

二、网络互联方式

网络互联，是指将分布在不同地理位置的网络、设备相连接，以构成更大规模的互联网络系统，实现互联网络资源的共享。互联的网络和设备可以是同种类型的网络、不同类型的网络以及运行不同网络协议的设备与系统。在互联网络中，每个网络中的网络资源都应成为互联网中的资源。互联网络资源的共享服务与物理网络结构是分离的。对于网络用户来说，互联网络结构对用户是透明的。互联网络应该屏蔽各子网在网络协议、服务类型与网络管理等方面的差异。

计算机网络互联的类型主要有以下几类：

(1) 局域网—局域网互联。

(2) 局域网—广域网互联。

(3) 局域网—广域网—局域网互联。

(4)广域网—广域网互联。

1. 局域网—局域网互联

在实际应用中,局域网—局域网的互联是最常见的一种。局域网—局域网互联又可进一步分为以下2类:

(1)同种局域网的互联。符合相同协议的局域网的互联叫做同种局域网的互联。例如,2个Ethernet网络的互联,或者是2个Token Ring网络的互联,都属于同种局域网的互联。这类互联简单,一般使用网桥(Bridge)就可以将分散在不同地理位置的多个局域网互联起来。

(2)异种局域网的互联。2种不同协议的共享介质局域网的互联以及ATM局域网与传统共享介质局域网的互联,都属于异种局域网的互联。例如,1个Ethernet网络与1个Token Ring网络的互联。异种局域网可以用网关互联起来。

2. 局域网—广域网互联

局域网—广域网的互联也是常见的互联方式之一。路由器Router或网关Gateway(也称为网间协议变换器)是实现局域网—广域网互联的主要设备。

3. 局域网—广域网—局域网互联

2个分布在不同地理位置的局域网通过广域网实现互联,也是常见的互联类型之一。局域网主要是通过路由器或网关连到广域网上。

4. 广域网—广域网互联

广域网—广域网互联也是常见的方式之一。广域网通过路由器或网关互联起来,可以使分别接入广域网的计算机系统能够相互共享资源。

三、无线局域网

在无线局域网(WLAN)中,主要有2类网络结构,一种是类似于有线网络的对等网Ad-Hoc,另一种是类似于上述介绍的星形网络的Infrastructure结构。

1. Ad-Hoc对等WLAN模式

Ad-Hoc对等WLAN模式仅适用于较少数的计算机无线互联(通常是在5台主机以内)。

由于这一模式没有中心管理单元,所以这种网络在安全性和扩展性方面受到一定的限制,连接性能也不是很好。而且各无线节点之间只能单点通信,不能实现交换连接,就像有线网络中的对等网一样。这种无线上网方案通常只适用于临时的无线应用环境,如小型会议室,它是独立的,不需要与企业其他网络连接。当然如果必须与其他有线网络连接的话,也可以在任意一个节点主机上安装另外一块网卡(通常这台主机是台式机以便安装双网卡),通过此网卡再与其他网络连接。

在有线网络中,因为每个连接都需要专门的传输介质,所以在多机互联中,一台中可能要安装多块网卡。而在 WLAN 中没有物理传物介质,信号不是通过固定的传输线为信道传输的,而是以电磁波的形式发散传播的,所以在 WLAN 中的对等连接模式中,各用户无需安装多块 WLAN 网卡。相比有线网络来说,组网方式要简单许多。

Ad-Hoc 对等结构网络通信中没有一个信号交换设备,网络通信效率较低,所以仅适用较少数量的计算机无线互联(通常是在 5 台主机以内)。同时由于这一模式没有中心管理单元,所以这种网络在可管理性和扩展性方面受到一定的限制,连接性能也不是很好。而且各无线节点之间只能单点通信,不能实现交换连接,就像有线网络中的对等网一样。这种无线网络模式通常只适用于临时的无线应用环境,如小型会议室、家庭无线网络等。

由于这种网络模式的连接性能有限,所以此种方案的实际效果可能会差一些。况且现在的无线局域网设备价格已大幅下降,一般的108Mb/s无线 AP 价格也可在500 元以内买到,54Mb/s 的更是在200 元左右,这样的价格根本没必要采用这种连接性能受到诸多限制的对等无线局域网模式。

要注意的是,为了达到无线连接的最佳性能,所有主机最好都使用同一品牌、同一型号的无线网卡,并且要详细了解一下相应型号的网卡是否支持 Ad-Hoc 网络连接模式,因为有些网卡只支持下面将要介绍的 AP 网络模式,当然大多数无线网卡是同时支持两种网络结构模式的。

2. 基于 AP 的 Infrastructure 结构

目前企业 WLAN 基本上都是采用 AP 网络结构模式。这种网络结构模式的优点主要表现在网络易于扩展、便于集中管理、能提供用户身份验证等安全管理等方面,另外传输性能也明显高于 Ad-Hoc 对等结构。在 AP 网络中,AP 访问点和无线网卡还可针对具体的网络环境调整网络连接速率,如 11Mb/s 的使用速率可以调整为 1Mb/s、2Mb/s、5. 5Mb/s 和 11Mb/s4 档;54Mb/s 的 IEEE 802. 11a 和 802. 11g 的则更是有 54Mb/s、48Mb/s、36Mb/s、24Mb/s、18Mb/s、12Mb/s、11Mb/s、9Mb/s、6Mb/s、

5.5Mb/s、2Mb/s、1Mb/s 共 12 个不同速率可动态转换，以发挥相应网络环境下的最佳连接性能。

理论上一个 IEEE 802.11b 的 AP 最多可连接 72 个无线节点，实际应用中考虑到更高的连接需求，厂商建议在 32 个节点以内。在实际的应用环境中，连接性能往往受到许多因素的影响，所以实际连接速率要远低于理论速率，如上面所介绍的 AP 访问点和无线网卡可针对特定速率，原因就是如此。实际应用中，一个 IEEE 802.11b 的 AP 访问点建议最多连接 10 个左右的无线节点，多于这个数目则需要考虑增加 AP 访问点。当然在媒体应用中，对于带宽要求较高（如学校的多媒体教学、电话会议和视频点播等）的应用，最好单个 AP 所连接的用户数少些，对于简单的网络应用可适当多些。同时要求单个 AP 所连接的无线节点要在其有效的覆盖范围内，这个距离通常为室内 100m 左右，室外 300m 左右。当然如果是 IEEE 802.11a 或 IEEE 802.11g 的 AP，因为它的速度可达到 54Mb/s，有效覆盖范围也比 IEEE 802.11b 大 1 倍以上，所以它的理论连接节点数可以是 100 个以上，但实际应用中所连接的用户数最好在 20 个左右。

在这种无线网络结构中，除了需要像 Ad-Hoc 对等结构那样，在每台主机上安装无线网卡外，还需要一个 AP 接入设备，俗称"AP 访问点"。这个 AP 设备用于集中连接所有无线节点，进行集中管理。采用 AP 网络结构的主机无线上网模式应用范围明显加强，不仅适用于临时会议室，同时适用于小型固定无线办公，当然还可作为企业有线网络的一部分，与其他有线网络进行连接（当然也可实现与其他无线网络连接），实现网络扩展。

不同的网络应用所采用的无线网络拓扑结构也不完全一样。如果是应用于小型会议室、或者独立的办公室所采用的纯无线网络、无线 AP（访问点）置于无线用户中间不与任何设备进行有线连接，因为不用与其他有线网络互联，所以此时我们可以选择没有 LAN 接口的 AP（访问点），价格也便宜许多。如果应用在宾馆中，除了无线用户由 AP（访问点）集中管理外，AP（访问点）还与有线网络中的交换机连接。无线网络部分就相当于整个网络的一个子网，所以 AP（访问点）与交换机的连接端口带宽在 10/100Mb/s以上。在这种网络结构中，无线用户就作为整个企业网络中的一部分，实现资源共享，同时还可共享有线网络中的互联网连接上网。当然这种应用环境中的 AP（访问点）就需要有一个 LAN 接口，用于与有线网络连接。

无线用户的主机可以是笔记本电脑,也可以是台式电脑。当然相应的无线网卡接口不一样,适用于笔记本计算机的有 PCMCIA、CardBus、USB,适用于台式机的有 PCI 和 USB 接口。无线网卡的选择比较简单,通常每个品牌的性能差别不大。

选择无线 AP 时,要注意以下几个方面:

(1)要考虑无线网络的应用环境,是独立的还是作为企业有线网络的一部分。如果是独立的,则可选择没有 LAN 接口的 AP,价格便宜许多,如果需要与其他有线网络连接,则要有 LAN 接口。

(2)要注意 AP 的配置方式。有些 AP 具有非常强大的管理功能,所以需要进行各种网管功能的配置,这些 AP 通常具有一个 USB 接口,用于连接主机进行配置,然后再通过 Web 方式进行管理。而有些 AP 不具有网管功能,仅起到一个访问点的作用,适用于简单的应用环境,如临时会议室。

(3)还要看 AP 是否具有 DHCP 服务功能,有的 AP 既可以作为 DHCP 服务器,为其他无线用户提供 IP 地址自动分配,同时还可作为其他 DHCP 服务器的客户端,由其他 DHCP 为它分配 IP 地址。

(4)如果在无线网络中还需级联,以扩展无线网络所覆盖的范围,则还需要考虑 AP 是否具有 UpLink 端口。

第五节　网络设备

一、交换机

网络设备是对应工作在 OSI 参考模型的一定层次上的,工作的层次越高,技术性越强,档次也就越高。交换机也一样,随着交换技术的发展,交换机由原工作在 OSI 的第二层(数据链路层),发展到现在可以工作在 OSI 的第四层(传输层),根据交换机工作的协议层,交换机可分为二层交换机、三层交换机和四层交换机。

1. 二层交换机

二层交换机是对应于 OSI 的第二协议层来定义的,因为它只能工作在 OSI 参考模型的数据链路层,集线器则是工作在第一层(物理层)和第二层(数据链路层)之间的。二层交换机依赖于链路层中的信息(如 MAC 地址)完成不同端口数据间的传送,主要功能包括物理编址、错误校验、帧

序列及数据流控制。由于其功能简单,技术性不是很强,所以这类交换机价格非常便宜,现在一般的二层交换机也就几百元。正因为如此,二层交换机主要应用于小型企业、家庭以及大中型企业的分支。

2．三层交换机

这类交换机通常是固定端口式的,而且是非网关型的。因为三层交换机工作在 OSI 参考模型的网络层,所以它具有网管功能,可以为每个端口配置独立的 IP 地址,具有路由功能。它是将 IP 地址信息提供给网络路径选择,并实现不同网段间数据的线速交换。当网络规模较大时,可以根据特殊应用需求根据 IP 地址划分为小而独立的 VLAN 网段,以减少广播所造成的影响。

三层交换机通常采用模块化结构(也有固定端口式的),以适应灵活配置的需要。在大型网络中,三层交换机已经成为基本交换机配置设备,应用非常普遍。

3．四层交换机

二层交换机中的交换技术实际上就是网桥技术,工作在 OSI 的第二层——数据链路层,三层交换机除了与二层交换机的二层数据交换外,还具有 OSI 的三层(网络层)交换和路由技术,四层交换机对应 OSI 参考模型的第四层(传输层)。

传输层负责端对端的通信,即在网络源和目标系统之间协调通信。在 IP 协议栈中这是 TCP 和 UDP 协议所在的协议层。四层交换的一个简单定义是:它是一种功能,决定数据传输不仅仅依据 MAC 地址(第二层网桥)或源/目标 IP 地址(第三层路由),还依据 OSI 参考模型第四层中的 TCP/UDP 应用端口号。四层交换功能就像是虚 IP,指向物理服务器。它传输的业务所服从的协议多种多样,有 HTTP、FTP、NFS、Telnet 或其他协议。这些在物理服务器基础上需要复杂的负载平衡算法。在 IP 世界,业务类型由终端 TCP 或 UDP 端口地址决定,在四层交换中的应用区间则由源端和终端 IP 地址、TCP 和 UDP 端口共同决定。TCP/UDP 端口号提供的附加信息可以为网络交换机利用,这就是四层交换的基础。

四层交换技术相对原来的第二层、第三层交换技术具有明显的优点。一方面,从操作方面来看,四层交换是稳固的,因为它将包控制在从源端到宿端的区间中。另一方面,路由器或三层变换只针对单一的包进行处理,不清楚上一个包从哪来,也不知道下一个包的情况,它们只是检测包报头中的 TCP 端口数字,根据应用建立优先级队列,路由器根据链路和网络可用的节点决定包的路由,而四层交换机则是在可用的服务器和性能基础上确定区间的。

4. 七层交换机

如何充分利用带宽资源,对互联网上的应用、内容进行管理,日益成为服务提供商关注的焦点。在带宽允许的情况下,网络层以下不再是问题的关键,取而代之的是提高网络服务水平,完成互联网向智能化的转变。如何解决传输层到应用层的问题,专门针对传输层到应用层进行管理的网络技术变得非常重要,这是目前应用层交换技术发展的最根本原因。

七层交换机可对应工作在 OSI 的第七层——应用层。七层交换就是通过逐层解开每一个数据包的每层封装,并识别出应用层的信息,实现对内容的识别。要解决区分应用等问题,用网络识别设备根据不同的应用业务转发相应流量是一个很好的途径。

从硬件上看,七层交换机将所有功能集中在一个专用的特殊应用集成电路(ASIC)上。ASIC 比传统路由器的 CPU 便宜,而且通常分布在所有网络端口上,效率更高。在单一设备中包括了 50 个 ASIC,可以支持数以百计的接口。新的 ASIC 允许智能交换机/路由器在所有的端口上以极快的速度转发数据,七层交换技术可以有效地实现数据流优化和智能负载均衡。

在互联网、Intranet 和 Extranet,七层交换机都大有施展抱负的用武之地。比如由企业到消费者的电子商务、联机客户支持、人事规划与建设、市场销售自动化、客户服务、防火墙负载均衡、内容过滤和带宽管理等。

二、路由器

1. 路由器的基本组成

路由器是一种用于网络互联的计算机设备,它工作在 OSI 参考模型的第三层(网络层)。为不同的网络之间数据包寻址并存储转发。作为路由器必须具备以下几个基本条件:

(1)2 个或 2 个以上的接口:用于连接不同的网络。

(2)支持网络层或以上层协议:只有理解网络层协议才能与网络层通信。

(3)至少支持 2 种以上的网络通信协议:异种网络互联之必需。

(4)具有存储转发、寻径功能:以此来实现速率匹配与路由寻径。

（5）一组路由协议：包括域内路由协议和域间路由协议，以实现域内或域间路由。

路由器在硬件配置上主要有 4 个要素：输入端口、输出端口、交换开关和路由处理器。输入端口是物理链路和输入包的进口处。它由线卡提供，一块线卡一般支持 4、8 或 16 个端口。输入端口的类型可以有许多种，以适应不同的接入网络。

知识链接：思科及其创始人

思科系统公司（Cisco Systems，Inc.）是互联网解决方案的领先提供者，其设备和软件产品主要用于连接计算机网络系统。1984 年 12 月，思科系统公司在美国成立，创始人是斯坦福大学的一对恋人，计算机系的计算机中心主任莱昂纳德·波萨克（Leonard Bosack）和商学院的计算机中心主任桑蒂·勒纳（Sandy Lerner），夫妇二人设计了叫做“多协议路由器”的联网设备，用于斯坦福校园网络（SUNet），将校园内不兼容的计算机局域网整合在一起，形成一个统一的网络。这个联网设备被认为是联网时代真正到来的标志。约翰·钱伯斯于 1991 年加入思科，1996 年，钱伯斯执掌思科帅印，是钱伯斯把思科变成了一代王朝。

输出端口类似于输入端口，不同的只是输出端口是用于数据包输出的。输出端口在包被发送到输出链路之前对包存储，可以实现复杂的调度算法以支持优先级等要求。与输入端口一样，输出端口同样要能支持数据链路层的封装和解封装以及许多较高级的协议。

交换开关可以使用多种不同的技术来实现。迄今为止使用最多的交换开关类型有 3 种：共享总线型、交叉矩阵型和共享存储器型。最简单的开关是使用一条总线来连接所有输入和输出端口。总线开关的缺点是其交换容量受限于总线的容量及为共享总线仲裁所带来的额外开销较大。目前中、高档路由器通常不采用这种开关类型。交叉矩阵开关通过矩阵开关可提供多条数据通路，具有 $N \times N$ 个交叉点的交叉开关可以被认为具有 $2N$ 条总线。如果一个交叉是闭合，表示对应的两个节点正在通信，输入总线上的数据在输出总线上输出，否则不可用。交叉点的闭合与打开由调度器来控制，因此，调度器限制了交换开关的速度。在共享存储器路由器中，进来的包被存储在共享存储器中，所交换的仅是包的指针，这提高了交换容量，但是，开关的速度受限于存储器的存取速度。

路由处理器用来计算路由表，实现路由协议，并运行对路由器进行配置和管理的软件。同时，它还处理那些目的地址不在现在路由表中的数据包。

2. 路由器的主要功能

路由器的功能根据整个路由器对数据包的处理过程，可以概括为以下几个方面：

(1)网络互联。路由器是用于连接多个逻辑上分开的网络(所谓逻辑网络是代表一个单独的网络或者一个子网)，当数据从一个子网(或网络)传输到另一个子网(或网络)时，可通过路由器来完成。因此，路由器具有判断网络地址和选择路径的功能。它能在多网络互联环境中，用完全不同的数据分组和介质访问方法连接各种子网。路由器只接受源站或其他路由器的信息，不关心各子网使用的硬件设备，但要求运行与网络层协议相一致的软件。虽然三层交换机具有不同子网互联的路由功能，但它只局限于同一局域网内部的子网之间，对于不同系统、不同局域网或广域网的连接，三层交换机仍是无能为力的。

(2)路由寻址。路由器的主要工作就是为经过路由器的每个数据帧寻找一条最佳传输路径，并将该数据有效地传送到目的站点。由此可见，选择最佳路径的策略即路由算法是路由器的关键所在。为了完成这项工作，在路由器中保存着各种传输路径的相关数据——路由表(Routing Table)，供路由选择时使用。路由表中保存着子网的标志信息、网上路由器的个数和下一个路由器的名字等内容。路由表可以是由系统管理员固定设置好的，也可以由系统动态修改；可以由路由器自动调整，也可以由主机控制。

路由器的路由表根据其状态又分为“静态路由表”和“动态路由表”两大类。由系统管理员事先设置好固定的路由表称为“静态路由表”，一般是在系统安装时就根据网络的配置情况预先设定的，它不会随网络结构的改变而改变。动态路由表是路由器根据网络系统的运行情况而自动调整的路由表。路由器根据路由选择协议(Routing Protocol)提供的功能，自动学习和记忆网络运行情况，在需要时自动计算数据传输的最佳路径。

(3)备份和流量控制。路由器还具有主线路的切换和复杂的流量控制，当然这只在较高档路由器中才具有，对于规模较大的网络或应用较复杂的系统非常有用。如大型企业的接入服务器，就需要根据当前接入用户的数量和应用来适时调整不同级别用户的带宽，控制流量，以确保整个

接入服务器时刻处于最佳接入性能。

(4)数据包分片与重组。有时,数据包可能过大,很容易造成网络堵塞,这时路由器就要把大的数据包根据对方网络带宽的状况拆分成小的数据包。拆分的原则是根据各自接口的 MTU(Maximum Transmission Unit,最大传输单位)值进行拆分的,不同的接口其 MTU 值也不同,超过接口 MTU 的数据包就会被分片。到了目的网络的路由器后,目的网络的路由器就会再把拆分的数据重组包装成一个原来大小的数据包,再根据源网络路由器的转发信息获取目的节点的 MAC 地址,发给本地网络的节点。

三、网络服务器

20 世纪 80 年代初,随着超大规模集成电路技术的发展和成本下降,小型微型计算机增加迅猛,进而产生了计算机之间为信息共享和协同工作而组成的计算机网络。作为最重要的网络资源设备,服务器先后经历了文件服务器、数据库服务器、Internet/Intranet 通用服务器和专用应用服务器几种角色的演变。

1. 文件服务器

强调资源共享是计算机网络诞生初期最原始的一种基本应用模式,并一直沿用至今。其功能集中体现在利用服务器的海量存储和优秀的吞吐能力,为网络中连接的工作站群提供资源共享服务。包括建立共享文档库、共享程序库、共享图库以及建立在并发控制和冲突控制基础上的文件型数据库(如 DBase、Paradox、FoxPro)服务等。文件服务器已经拥有比较完备的磁盘设备管理和用户安全管理体系。文件服务器时代最有代表性的操作系统是 Novell NetWare(4.10 以前版本)、Apple Talk、Banyan Vines、IBM PC LAN 和 Unix,当然还有后起之秀 Microsoft Windows NT。

知识链接:HP 公司

1934 年,刚从斯坦福大学电气工程系毕业的戴维·帕卡(Dave Packard)和比尔·休利特(Bill Hewlett)去科罗拉多山脉进行了一次为期 2 周的垂钓野外露营。由于彼此对很多事情的看法一致,而结成一对挚友。此后,比尔在斯坦福大学和麻省理工学院继续研究生学业,而戴维则在通用电气公司找到一份工作。受斯坦福大学教授及导师 Fred. Terman 的鼓励和支持,两人决定开办公司并“自已经营”。

1938 年戴维夫妇迁居至加利福尼亚州帕拉阿托(Palo Alto)市艾迪森(Addision)大街 376 号。比尔·休利特就在这栋房子后面租下一间小屋。比尔和戴维用 538 美元作为流动资金,并利用业余时间在车库里开展工作。比尔利用其研究课题负反馈研制成功了惠普第一台产品:阻容式声频振荡器(HP200A),这是一种用于测试音响设备的电子仪器。该振荡器采用炽灯作为电气接线图中的一个电气元件来提供可变阻抗,这在振荡器的设计上是一个突破利用反馈的原理,又相继生产出另外几项惠普早期的产品,诸如谐波分析仪及多种失真分析仪。后来,华特迪斯尼电影公司订购了 8 台振荡器(HP 200B)用于制作电影"幻想曲"。

1939 年 1 月 1 日两人成立了合伙公司;两人通过抛硬币来决定公司名称。

2. 数据库服务器

强调分布式协同信息处理是资源共享的升华和延伸,也是迄今为止最核心的网络应用之一。谈到数据库服务,不难想起另一个名字——客户/服务器(Client/Server,简称 C/S)模式。虽然从定义上,C/S 模式是指任何将事务处理分解为服务端和客户端分别进行处理的网络系统,但绝大多数的 C/S 应用系统是 C/S 数据库系统。服务器中操作系统的作用被大大淡化了,担当服务器主角的是大型数据库系统的服务程序,如 Oracle、SyBase、SQL Server 等。C/S 模式是一种 2 层结构的系统:第一层处于客户机系统上,包括用户界面系统、业务处理程序、数据库接口、递交数据库 SQL 请求与结果处理等;第二层处于数据库服务器,主要用来接收和处理 SQL 请求并将结果返回客户端。客户服务器系统中服务器端的网络操作系统以 Unix 家族和 Windows NT 为主导。

3. Internet/Intranet 通用服务器

强调异构网络环境下统一简化的客户端平台和广域网互通互联基础上的信息发布、采集、利用和高度资源共享,是现阶段用户最多的网络服务应用类型。主要包括 Web(WWW)、E-mail(SMTP 和 POP3)、FTP、DNS、DS 目录服务、Proxy 服务应用等。代表性操作系统主要有 Unix 家族、Linux 和 Windows NT/2000。

4. 应用服务器

应用服务器的其中一类是基于浏览器/服务器(B/S)结构的 Web 应

用服务器,通过采用中间件或通用数据库接口构造和运行 Web 应用系统,其后端是数据库服务器,客户端则是清一色的浏览器。B/S 应用服务器的主要特点是实现了客户服务器的应用优势和统一的互联网(Web)平台的结合以及客户端软件系统的零维护。如图 2-8 所示对客户服务器(C/S)和浏览器/服务器(B/S)2 种应用结构进行了对比。

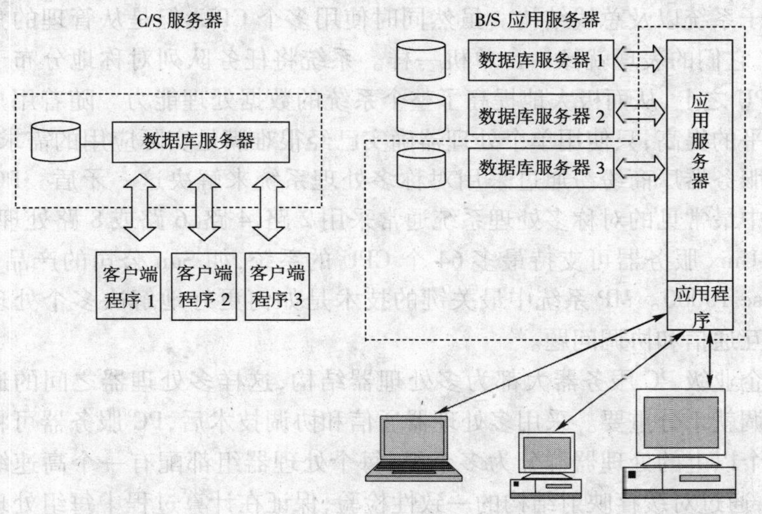

图 2-8　C/S 和 B/S 服务器应用结构对比

应用服务器的另一类是专用服务器,也叫做功能服务器,是按照服务器所提供的主要功能来进行细分的,如 CAD 服务器、视频点播(VOD)服务器、流式音频(RM)点播服务器、NetMeeting 电视会议服务器、Voice-over-IP(如 IP 电话)服务器、打印服务器、游戏对战服务器等。实际上专用服务器大多是在通用的服务器硬件平台上安装相应的应用软件并根据特定的功能进行一定的优化,使之在完成特定功能时发挥较高的性能,并且无需用户进行复杂的专门配置,即买即用,方便快捷。它在性价比、可靠性、简便性等方面都获得了很大的提高。与通用服务器相比,专用服务器具有 I/O 性能好、数据处理能力强、用户响应时间短、可靠性高等特点,在体系结构、系统设计、软件优化、管理工具和集成特性等方面具有突出优点,能够与目前广泛使用的主流网络设备相兼容,在满足用户网络应用需要方面,具有无可比拟的竞争优势。有的厂商也针对专门的功能对硬件和软件进行重新设计以便更好地发挥服务器的性能,该种设计是为网络提供专项特殊数据业务而设计和配置的应用系统。

5. 网络服务器

网络服务器涉及的相关技术包括对成对处理技术、集群(Cluster)技术、分布式内存存取、高性能存储技术、服务器控制技术等。

(1)SMP(Symmetric Multi-Processing)对称多处理(器)技术。对称多处理是指在一个计算机上汇集了一组处理器(多CPU),各CPU之间共享内存子系统以及总线结构。虽然同时使用多个CPU,但是从管理的角度来看,它们的表现就像一台单机一样。系统将任务队列对称地分布于多个CPU之上,从而极大地提高了整个系统的数据处理能力。随着用户应用水平的提高,只使用单个处理器确实已经很难满足实际应用的需求,因而各服务器厂商纷纷通过采用对称多处理系统来解决这一矛盾。PC服务器中最常见的对称多处理系统通常采用2路、4路、6路或8路处理器。目前Unix服务器可支持最多64个CPU的系统,如Sun公司的产品Enterprise 10000。MP系统中最关键的技术是如何更好地解决多个处理器的相互通信和协调问题。

企业级PC服务器大都为多处理器结构,这样多处理器之间的通信与协调就十分重要。采用多处理器通信和协调技术后,PC服务器可将超过4个以上的处理器群分为多个组,每个处理器组都配有一个高速缓存系统,通过对缓存映射结构的一致性检验,保证在计算过程中每组处理器中内置的高速缓存信息和内存中相应信息的一致性。为保证系统间的高速通信,采用这种技术的系统内部还普遍采取了高速交换模块的设计思想,使得系统中每组处理器都能够独占一个100MHz的系统总线。在有的系统内部还采用了多个独立的内存板,每个内存板占据一个单独的100MHz系统总线,在这些内存板、多组处理器模块和I/O总线之间又采用一个高速的交换式总线系统,以保证其中任一组设备之间均可以100MHz的高速率进行通信传输,从而使整个系统的传输带宽达到较高水平。这些措施不仅有效地解决了传统的多处理器系统中的传输带宽瓶颈的问题,而且极大地提高了系统的整体性能表现,并且还为系统群集提供了平稳的升级方案,为企业的关键性运算提供性能更高、可用性更好的硬件平台。

(2)集群(Cluster)技术。集群技术是近几年新兴起的一项高性能计算技术。它是将一组相互独立的计算机通过高速的通信网络而组成的一个单一的计算机系统,并以单一系统的模式加以管理。其出发点是提供高可靠性、可扩充性和抗灾难性。

一个服务器集群包含多台拥有共享数据存储空间的服务器，各服务器之间通过内部局域网进行相互通信，当其中一台服务器发生故障时，它所运行的应用程序将由其他的服务器自动接管：在大多数情况下，集群中所有的计算机都拥有一个共同的名称，集群系统内任意一台服务器都可被所有的网络用户所使用。

在集群系统中运行的服务器并不一定是高档产品，但服务器的集群却可以提供相当高的性能；每一台服务器都可承担部分计算任务，并且由于群集了多台服务器的性能，整体系统的计算能力将有所提高；同时，每台服务器还能承担一定的容错任务，当其中某台服务器出现故障时，系统可以在专用软件的支持下将这台服务器与系统隔离，并通过各服务器之间的负载转移机制实现新的负载平衡，同时向系统管理员发出报警信号。集群系统通过功能整合和故障过渡技术实现系统的高可用性和高可靠性，集群技术还能够提供相对低廉的总体拥有成本和强大灵活的系统扩充能力。

(3) NUMA(Non-Uniform Memory Access)分布式内存存取。在高性能计算领域，目前一种被各厂商广泛采用的新技术是 NUMA。它的思路是将 SMP 和群集的优势结合起来。它是由若干通过高速专用网络连接起来的独立节点所构成的系统，各个节点可以是单个的 CPU 或是一个 SMP 系统。这一技术是对传统 Intel 的 SMP 系统的一种改进。传统的基于 Intel 的 SMP 系统常常会因共享内存总线上的数据过于拥挤而导致数据阻塞。在一般情况下，它们无法容纳 16 ~ 32 个处理器。而如果采用 NUMA 技术，每个 Intel 处理器都将拥有其自己的局部内存，并能够形成与其他芯片中的内存静态或动态的连接。NUMA 服务器可容纳 64 或 64 个以上的处理器。NUMA 体系结构的机器从内部看，整体上是分布内存式的，但是由于它的传输通道速度非常高，所以用户用起来就像是共享内存式的机器一样。它的价格介于 SMP 系统和群集系统之间。最初 NUMA 技术是建立在采用专用的 IRIX 操作系统和 MIPS 处理器之上的，而现今该项技术已经被越来越多的厂商所采用。

(4)高性能存储技术。当前硬盘的制造技术得到了高速发展，已经制造出平均寻道时间小于 5ms、盘片转速达每分钟 15 000 转的硬盘。同时性能也获得了大幅度提升，硬盘性能在服务器上的瓶颈效应逐渐减轻，而服务器的存储容量需求也大幅度提高，I/O 性能成为评价服务器总体性能的重要指标。目前工作组级以上的服务器基本上采用 SCSI(Sma11

Computer Systems Interface)总线的存储设备,SCSI 总线是一种小型计算机系统接口,经过多年的改进已经成为服务器 I/O 系统最主要的标准,几乎所有服务器和外设制造商都在开发与 SCSI 接口连接相关的设备。

SCSI 适配器通常使用主机的 DMA(直接内存存取)通道把数据传送到内存,可以降低系统 I/O 操作时的 CPU 占有率。SCSI 接口可以连接硬盘、光驱、磁带机、扫描仪等常见的外设,外设通过专用线缆和终端电阻与 SCSI 适配卡相连,SCSI 线缆把 SCSI 设备串联成菊花链。SCSI 标准明显的缺点是对连接的设备有物理距离和设备数目的限制,同时总线式结构也带来了一些问题,例如难以实现在多主机情况下的数据交换和共享。

SCSI 总线支持数据的快速传输,目前主要采用的是 80MB/s 和 160MB/s 传输率的 Ultra2 和 Ultra3 标准,由于采用了低压差分信号传输技术,使传输线长度从 3m 增加到 10m 以上。2001 年 SCSI 总线传输率已达到 320MB/s,而在不久的将来 640MB/s 的 SCSI 总线也会被采用。

RAID(Redundant Array of Independent Disks,独立磁盘冗余阵列)技术采用若干硬磁盘驱动器按照一定要求组成一个整体,整个磁盘阵列由阵列控制器管理。磁盘阵列有许多特点:首先,提高了存储容量;其次,多台磁盘驱动器可并行工作,提高了数据传输率;第三,由于有校验技术,提高了可靠性。如果阵列中有一台硬磁盘损坏,利用其他盘可以重新恢复出损坏盘上原来的数据,而不影响系统的正常工作,并可以在带电状态下更换已损坏的硬盘(即热插拔功能),阵列控制器会自动把重组数据写入新盘,或写入热备份盘而将新盘用做新的热备份盘。另外磁盘阵列通常配有冗余设备,如电源和风扇,以保证磁盘阵列的散热和系统的可靠性。

(5)ISC(Intel Server Control)Intel 服务器控制技术。ISC 是一种网络监控技术,只适用于使用 Intel 架构的带有集成管理功能主板的服务器。采用这种技术后,用户在一台普通的客户机上,就可以监测网络上所有使用 Intel 主板的服务器,监控和判断服务器是否“健康”。

一旦服务器中机箱、电源、风扇、内存、处理器、系统信息、温度、电压或第三方硬件中的任何一项出现错误,就会报警提示管理人员。值得一提的是,监测端和服务器端之间的网络可以是局域网也可以是广域网,可直接通过网络对服务器进行启动、关闭或重新置位,极大地方便了管理和维护工作。

(6)EMP(Emergency Management Port)应急管理端口。EMP 是服务

器主板上所带的一个用于远程管理服务器的接口。远程控制机可以通过Modem与服务器相连，控制软件安装于控制机上，远程控制机通过EMP Console控制界面可以对服务器进行下列工作：

①打开或关闭服务器的电源。

②重新设置服务器，甚至包括主板B1OS和CMOS的参数。

③监测服务器内部情况，如温度、电压、风扇情况等。

以上功能可以使技术支持人员在远地通过Modem和电话线及时解决服务器的许多硬件故障。这是一种很好的实现快速服务和节省维护费用的技术手段。通过ISC和EMP两种技术可以实现对服务器的远程监控管理。

(7)智能输入输出(I/O)技术。随着处理器性能的飞速提高，服务器系统的作用越来越大，一旦作为网络中心设备后，其数据传输就会大大增加，因而I/O数据传输经常会成为整个系统的瓶颈。目前的高性能服务器普遍采用专用的服务处理路来对系统的整体运行情况进行监控。系统中的一些关键部件的工作情况都通过一条称为I/O总线的串行通信接口，传送到服务处理器并通过专用的监控软件监视各个部件的工作状态。服务处理器可以对服务器的所有部件进行集中管理，可随时监控内存、硬盘、网络、系统温度等多个参数，增加了系统的安全性，方便了管理。智能监控管理技术正逐渐由单CPU向多处理器方向发展，服务器系统中的重要部件都会由独立的专用监控处理器进行管理，再通过I/O总线将各个监控处理器连接在一起，形成一个独立于系统的智能监控网络，即使在服务器系统瘫痪时，系统管理员也可以通过服务处理器恢复系统。智能输入/输出(I/O)技术把任务分配给智能I/O系统，在这些子系统中，专用的I/O处理器将负责中断处理、缓冲存取以及数据传输等繁琐的任务，这样，系统的吞吐能力就得到了提高，服务器的主处理器也能被解放出来去处理更为重要的任务。因此，依据I/O技术规范实现的PC服务器在硬件规模不变的情况下能处理更多的任务，作为中小型网络核心的低端PC服务器可以从中获得更多的性能提高。

(8)热插拔(Hot Swap)。热插拔功能就是允许用户在不关闭系统，不切断电源的情况下取出和更换损坏的硬盘、电源或板卡等部件，从而提高了系统对灾难的及时恢复能力、扩展性和灵活性等，例如一些面向高端应用的磁盘镜像系统都可以提供磁盘的热插拔功能。如果没有热插拔功能，即使磁盘损坏不会造成数据的丢失，用户仍然需要暂时关闭系统,以便能够对硬盘进行更换,而使用热插拔技术只要简单地打开连接开关或者转动手柄就可以直接取出硬盘,而系统仍然可以不间断地正常运行。

对于一些应用于关键任务的服务器,由于可以在不停机的情况下更换损坏的RAID卡或以太网卡等,从而大大地减少了由于硬件故障而造成的系统停机时间。

案例　中远集团电子商务应用发展

不同的企业或行业,因为主营业务的不同,其信息技术的应用都带有浓厚的行业色彩。具体到中远集团,可以说他们信息系统的建设历程实际上就是一个对电子商务不断认知、探索、发展的过程。

一、EDI起步

中远集团主要从事海洋运输,在货物运输的过程中,打交道的部门涉及银行、海关、港口、码头、商检、卫生检疫等各种各样的单位,货物的流转和信息传递息息相关。如果采用纸面文件形式进行信息传输,工作量之大是不可想象的。所以,从20世纪80年代初中远集团就开始了EDI(电子数据交换)方面的研究,当时研发出的EDI标准后来成为了中国海运界的通用标准,一直沿用至今。

中远集团EDI中心的建设起步于20世纪90年代初,当时主要是与国际著名的GEIS公司合作,由他们为中远集团提供报文传输服务。1995年,中远集团正式立项,1996~1997年完成了中远集团EDI中心和EDI网络的建设,该EDI网络基本覆盖了国内50多家大小中货和外代网点,实现了对海关和港口的EDI报文交换,并通过北京EDI中心实现了与GEISEDI中心的互联,联通了中远集团海外各区域公司。目前,中远集团已经通过EDI实现了对舱单、船图、箱管等数据的EDI传送,在电子商务方面走在了国内运输行业的前列。

二、"中远网"建设渐入佳境

1997年,中远集团投入大量资金和人力,建成中远集团全球通信专网,并以该网络为基础,构建了中远集团Intranet网络平台。该平台的建成,促进了中远集团全球E-Mail中心的建设。截至1999年10月,中远集团已经建成以北京为中心,覆盖中国、新加坡、日本、美洲、欧洲、澳大利亚等国家和地区的电子邮件网络,中远集团海内外的大部分业务人员已经

通过其全球 E-Mail 系统进行日常业务往来。

1997 年 1 月，中远集团总公司正式开通公司网站。北美、欧洲、中远集运、中远散运、广远等集团各所属单位的网站也相继建成。网站的建立在树立中远集团良好企业形象、扩大中远集团影响、为用户提供高效便捷服务等方面取得了一定的成效，同时也为中远集团开辟了一条通过互联网与外界沟通信息、加速中远信息流转的新途径。

1998 年 9 月，中远集运在网站上率先推出网上船期公告和订舱业务。这一业务的开展，改善了传统服务中速度慢、效率低、工作量大、差错率高的问题，将货运服务直接送到客户的办公桌上，使客户足不出户便可办理货物出口业务流程中的委托订舱、单证制作、信息查询等多种业务手续。在网上订舱业务的基础上，中远集团又向全球客户推出了中转查询、信息公告、货物跟踪等多项业务，从而使全球互联网用户均可直接在网上与公司开展商务活动。目前，公司推出的整套网上营销系统，已初步具备虚拟网上运输的雏形，具有较强的双向互动功能和较高的服务效率。其中电子订舱系统可使每一位网上用户在任何地区和时间内通过互联网与公司开展委托订舱业务，任何一位客户只要具备上网条件，都可足不出户地直接访问中远的电子订舱系统。货物运输及中转查询系统则体现出方便、快捷、准确的操作特色。这项功能可使客户对货物实行动态跟踪，在网上随时查询单证流转、海关申报、进出口及中转货物走向等相关信息。信息公告系统还可以在最短的时间内将中远有关船期调整、运价变化等情况在互联网上作出及时反映。中远集团电子商务应用的成功开展，极大地提高了市场营销的科技含量，新的客户群越来越多地从互联网上聚集而来。

目前，“中远网”的建设已初具规模，中远集团近 20 个所属单位网站的建设已基本完成，各站点间也实现了连接，组成了“中远网”的基本框架，无论从企业形象还是业务功能上，都在向世界辐射着中远的影响。

三、电子商务发展战略

中远发展电子商务的战略目标定位在从全球客户的需求变化出发，以全球一体化的营销体系为业务平台，以物流、信息流和业务流程重组为管理平台，以客户满意为文化理念平台构建基于互联网的、智能的、服务方式柔性的、运输方式综合多样并与环境协调发展的网上运输和综合物流系统。

1. 动力平台——满足全球客户需求变化

随着电子商务的发展，客户的需求正由实体交易转向虚拟交易，客户最终关心的是以消费者为本的“供给链”、“供给链管理”以及“供给链一体化”在网上与现实之间的完美结合。因此，中远发展电子商务的根本出发点和唯一动力就是围绕全球客户的需求变化，为企业创造最佳的效益。

2. 业务平台——全球一体化的市场营销体系

当前，包括中远在内的国际上各大航运企业的内部资源配置模式正在由航线型资源配置模式向全球承运的资源配置模式转变，将遍布于全球各地的人员、设备、信息、知识和网络等资源进行全方位、立体化的协调和整合，形成全球一体化的营销体系。中远电子商务是其全球营销体系的网上体现，中远全球营销体系则是中远全球性电子商务的基础平台。

3. 管理平台——物流、信息流和业务流程的重组

中远电子商务的管理平台是实现物流、信息流和业务流三流统一，以创造更科学、更合理、更节约的生产与消费的衔接。一方面，这一管理体系从构成上讲，不是单纯的硬、软件技术，而是从市场上收集各种物流提供者所提供的信息，包括服务内容、方式、费用、时间等，另一方面以客户需求为准提供包括服务水平、质量、成本等信息，并将两方面的信息进行集中、加工整理、分析和融会贯通，从而在供求关系上达到互动。作为全球承运人，航运作为全球物流的主干环节，与客户和其他环节的物流提供商存在天然密切的联系而使得发展电子物流具备先天优势，关键是要以互联网为基础，整合客户供应链各环节的物流提供者，构造面向客户的虚拟综合物流网络。

4. 服务平台——“一站服务”和“绿色服务”

中远独具特色的“一站服务”，现在是由其全球营销网络中的每一个服务窗口全部接受客户原先需在公司其他几个部门或窗口才能完成的托运操作手续。客户只要找一位业务员，进一道门，办理一次委托手续，就可以将极其繁复的出运操作流程交付处理。而将来中远网上的“一站服务”，将使客户操作更便捷，只点击一下鼠标，就可完成所有手续。中远现在推出的绿色服务，是业务人员进驻客户单位进行联合办公，客户只需提供委托书或订舱书，整个出运业务流程便全部由这些业务人员来完成。而将来“绿色服务”的功能将直接嵌入客户的内部网络中，参与客户的电

子商务过程，给客户提供更优良的服务平台。

5. 技术平台——互联网和中远全球信息管理系统

完善的电子商务的前提和基础是完善的企业级计算机网络及金融、贸易和法律环境，中远集团正致力于从系统设计、数据标准、功能模块、网络技术上，将现有信息系统按照电子商务的更高要求进行完善和调整，致力于在国内外推广电子提单的应用，并在中国航运电子商务业内标准的建立上作出自己应有的贡献。

四、找准切入点

如果说企业过去建网、做信息系统是源于提高办公效率的目的，现在搞电子商务则更多了一重关乎企业生存发展的使命感。企业做电子商务，首先都是搭平台建网站，但这只是第一步，电子商务之路应该怎么走，还要看企业想用这个平台做什么。

产品制造型企业想建的可能是网上市场，通过它更好地卖东西；服务型企业可能更希望通过网站增强、延伸自己的服务内容和手段，使自己更具竞争力。但这也只是泛泛而谈，让电子商务真正成为促进企业发展的有效手段，最重要的还是应该从核心业务入手，切入企业的关键需求。

以中远集团为例，它的核心业务是物流运输，涉及的单位多，处理的信息量大，为用户提供服务最需要解决的就是方便用户的办事流程，进行高效、准确、安全的信息服务。多年来，他们一直围绕这个主题，在运输服务领域进行信息技术的探索应用，从 EDI 中心、企业内部网到现在的“中远网”建设，先实现了信息流转电子化，然后一步步地把自己的各种业务搬上网，现在又在筹划开拓新的服务内容。他们看清了物流运输中自己应该扮演的角色，走出了一条中远特色的电子商务发展之路。

每个企业，都有属于自己特色的业务需求，因此找准自己的应用点，将信息技术贯穿其中，发展电子商务就会目标明确、有的放矢。如果看到别人做好了，自己单纯地进行模仿，南桔北枳，很容易费力不讨好。

案例分析题

1. 中远集团在 EDI 阶段和现在阶段网络需求有何不同？

2. 你认为中远集团要想完成需求，有哪些网络需要整合？有哪些不同的网络系统？

3. 中远集团有可能用到哪些技术和产品？用在哪里？

复习思考题

1. 信息系统的构成和支撑技术是什么？局域网和广域网是如何发展的？

2. 网络的技术主要有哪些？在政府、学校和企业中各种网络硬件设备功能如何？相互之间如何协作成网络？

3. 交换机分为哪几种？各分别工作在哪一层？

4. 路由器的主要功能是什么？路由器与三层交换机的区别是什么？

5. 网络服务器技术有几种？分别是什么？

6. 局域网和广域网技术发展状况如何？无线网络的工作原理是什么？

参考文献

[1] 奥里夫(高传善译). 计算机网络(网络设计的原理技术和协议)[M]. 机械工业出版社,2008.

[2] 谢希仁. 计算机网络(第5版)[M]. 北京:电子工业出版社,2008.

[3] 王达. 网管员必读——网络组建[M]. 北京:电子工业出版社,2008.

[4] 杨卫东. 网络系统集成与工程设计[M]. 北京:科学出版社,2002.

[5] 闫强,胡桃,吕廷杰. 电子商务安全管理[M]. 机械工业出版社,2007.

[6] 王达. 网络工程师必读——接入网与交换网[M]. 北京:电子工业出版社,2008.

第三章　信息安全基础

无论从什么角度来看,64K 内存都足够了(1981)。

——被杜撰的和广泛引用的比尔·盖茨语录

【本章导读】

1. 熟悉信息安全、威胁、风险、网络安全、数据安全等概念。

2. 熟悉网络安全机制,典型的安全协议。

3. 能够分析 OSI/ISO 体系结构是如何实现网络安全的。

4. 了解体系化信息系统安全防御体系的基本内容。

引导案例　"熊猫烧香"事件

2007 年 9 月 24 日,湖北省仙桃市人民法院公开开庭审理了备受社会各界广泛关注的被告人李俊、王磊、张顺、雷磊破坏计算机信息系统罪一案。被告人李俊犯破坏计算机信息系统罪,判处有期徒刑 4 年。

李俊于 2006 年 10 月开始制作计算机病毒"熊猫烧香",并请雷磊对该病毒提修改建议。雷磊认为,该病毒会修改被感染文件的图标,且没有隐藏病毒进程,容易被发现,建议李俊从这两个方面对该病毒程序进行修改。李俊按照雷磊的建议修改了"熊猫烧香"病毒程序,由于其技术原因,修改后的病毒虽然不改变别人的图标,但还是出现图标变花,隐藏病毒进程的问题也没有解决。

2006年12月初,“熊猫烧香”病毒迅速在互联网上传播,由此使得自动链接李俊个人网站(www. krvkr. com)的流量大幅上升。王磊得知此情形后,主动提出为李俊卖“流量”,并联系张顺购买李俊网站的“流量”,所得收入由其和李俊平分。张顺购买李俊网站的流量后,先后将9个游戏木马挂在李俊的网站上,盗取自动链接李俊网站游戏玩家的“游戏信封”,并将盗取的“游戏信封”进行拆封、转卖,从而获取利益。

从2006年12月至2007年2月,李俊共获利145 149元,王磊共获利8万元,张顺共获利1.2万元。

李俊被抓获后,有关方面叫李俊尝试“熊猫烧香”病毒的专杀工具,有关专家对李俊所写的代码进行分析后大失所望,这个制造病毒的元凶其反病毒的本领其实还很初级。

第一节　信息安全的内涵

一、信息安全的定义

信息安全是指信息的保密性、完整性和可用性的保持。

保密性指信息必须按照拥有者的要求保证一定的秘密性,不会被未被授权的第三方获知。具有敏感性的秘密信息,只有得到拥有者的许可,其他人才能够获得信息,系统必须能够防止信息的非被授权访问或泄露。

完整性是指信息的安全、准确与有效,不因人为的因素而改变原有的内容、形式与流向,即不能为未被授权的第三方修改。它包含数据完整性和系统完整性两个方面的内涵。前者是保证数据不被非法地改动和销毁;后者保证系统以无害的方式按照预定的功能运行,不受有意的或者意外的非法操作破坏。

可用性就是要保障系统资源无论何时、无论经过何种处理,只要需要即可使用,而不因有系统故障或误操作等使资源丢失或妨碍对资源的使用,使得时间要求严格的服务不能得到及时的响应。另外,系统可用性还包括具有在某些不正常条件下继续运行的能力。病毒常常破坏信息的可用性,使系统不能正常运行,数据面目全非。

进入21世纪以来,美国计算机安全专家又提出了一种新的安全框

架，包括保密性、完整性、可用性、真实性、可审计性等。

在很多时候，“信息安全”往往和“网络安全”成为互为替代的词语。网络安全主要从通信网络层面考虑，它指的是使信息的传输和网络的运行能够得到安全的保障，内部和外部的非法攻击得到有效的防范和遏制。更多的是针对信息系统链路、安全设备、存储设备等“信息技术系统”的安全，针对信息技术系统的恶意程序、病毒、非被授权访问、拒绝服务攻击等威胁。信息安全则范围更广，它不仅包括了网络安全，还包括针对信息、应用业务流程、管理等方面的安全要求，不仅针对信息技术系统的威胁，还针对社会工程、不良信息资源、安全管理不合理等安全威胁。

本书中提及的信息安全，集中了信息安全和网络安全的全部内涵，涉及信息化过程中被保护信息系统的整体安全，是信息系统体系性安全的总和。

二、信息安全在不同的领域表现出不同的要求

由于单位、部门、个体面临的信息化要求不同，因此信息安全的需求也千变万化。

从网络信息提供商和享受服务者（这里涉及的角色有个人、企业、政府等）的角度来说，他们希望涉及个人隐私或集团利益、商业利益甚至国家利益的信息在网络上传输时受到保密性、完整性和真实性的保护，避免其他人或对手利用窃听、冒充、篡改、抵赖等手段侵犯合法的利益和隐私，同时也避免其他用户的非被授权访问和破坏。

从网络运行和管理者的角度来说，他们希望对本地网络信息的访问、读写等操作受到保护和控制，避免出现“后门”、病毒、非法存取、拒绝服务和网络资源非法占用和非法控制等威胁，制止和防御网络的攻击，并在稳定运行、物理安全、应急反应等方面也能够得到可靠的保证。

对安全保密部门来说，他们希望对非法的、有害的或涉及国家机密的信息进行过滤和防堵，避免机要信息泄露，进行安全隔离，避免对国家军事、经济、社会生活产生危害和损失。信息安全涉及信息空间中的斗争，把它提高到国家安全和“制网权”的高度并不过分，因为从国家利益的角度思考，信息战争如果丧失控制权，也就意味着战争的全面失败。

从社会教育和意识形态角度来说，网络上不健康的内容会对社会的

稳定和人类的发展造成阻碍,网络上不文明、不道德的行为,必须对其进行控制。社会信息化提出的信息安全需求,区别于单个信息系统的安全问题,它是网络社会公共治安问题的综合反映,需要采取相应的措施加以防范和治理,这不是技术手段和工具可以简单解决的。

在电子商务领域,涉及客户信誉、商品信息、交易金额等各个方面。信息安全首先体现在电子商务运行系统的安全、稳定,其次是保证交易双方身份的真实、可靠,商品信息、交易信息的完整、准确以及交易过程的可追溯。

概括地讲,信息安全就是根据保护目标的要求和环境的状况,信息网络和信息系统的硬件、软件及其数据需要受到可靠的保护,通信、交易、作业、访问得到有效保障和合理的控制,不受偶然的或者恶意的原因而遭到破坏、更改、泄露,系统连续可靠正常地运行,网络服务不被中断。信息安全的保障涉及网络上信息的保密性、完整性、可用性、真实性和可控性的相关技术和理论,涉及安全体系的建设,涉及安全风险评估、控制、管理、策略制定、制度落实、监督审计、持续改进等方面的工作。

三、信息安全的特点

与一般安全范畴有许多不同的特点,信息安全有其特殊性。第一,信息安全类似于一个人的健康,它是不能完全达到但又需要不断追求的状态,所谓的安全是相对比较而言的。第二,信息安全是一个过程,不是静止不变的。只有将该过程针对保护目标资源不断地应用于网络和其支撑体系,才可能提高系统的安全性。如果停止应用该过程,或者还没有开始实施应用,随着新的破坏攻击技术的不断出现,安全性就会变差。第三,人是信息安全中最重要的角色,由于人的动机、素质、品德、责任、心情等因素,在管理、操作、攻击等方面的不同表现,可能造成信息安全问题。第四,信息安全是一个不断对付攻击的循环过程,攻击和防御是循环中交替的矛盾性角色。防御攻击的技术、策略、管理并不是一劳永逸的,需要更新适应性的发展需要。第五,由于风险是不断变化的,信息安全需要定期对所面临的风险进行评估。

信息安全涉及的内容既有技术方面的问题,也有管理方面的问题,两方面相互补充,缺一不可。技术方面主要侧重于防范、记录、诊断、审计、分析、追溯各种攻击;管理方面则侧重于相应于技术实现采取的人员、流程管理和规章制度。

知识链接:蠕虫的始作俑者——罗伯特·莫里斯

莫里斯蠕虫设计的目的是当网络空闲时,程序就在计算机间"游荡"而不带来任何损害。当有机器负荷过重时,该程序可以从空闲计算机"借取资源"而达到网络的负载平衡。蠕虫病毒这个程序只有99行,利用了Unix系统中的缺点,用Finger命令查联机用户名单,然后破译用户口令,用Mail系统复制、传播本身的源程序,再编译生成代码。

莫里斯的父亲曾从NSA带回一台原始的神秘的密码机器,成为一家人的谈资,激起了他的强烈兴趣。他自己12岁就编出高质量电脑程序,18岁时,就具有在最负盛名的贝尔实验室和哈佛大学当过程序员的赫赫经历。1988年冬天,正在康乃尔大学攻读研究生的莫里斯把蠕虫送进了美国最大的电脑网络——互联网。1988年11月2日下午5点,互联网的管理人员首次发现网络有不明入侵者。它们仿佛是网络中的超级间谍,狡猾地不断截取用户口令等网络中的"机密文件",利用这些口令欺骗网络中的"哨兵",长驱直入互联网中的用户电脑。入侵得手,立即反客为主,并闪电般地自我复制,抢占地盘。

第二节　常见的安全威胁与攻击

一、威胁和攻击

威胁(Threat)是指某个人、物、事件对某一资源的保密性、完整性、可用性或合法使用所造成的潜在危害。威胁可以分成非人为威胁和人为威胁,非人为威胁是指由于硬件故障、环境原因以及非人为直接控制的原因对信息系统造成的威胁,例如火灾、电力中断、地震等。人为的威胁是指由于内部或外部人员的行为对系统造成的潜在危害,例如,攻击、误操作等。在很多时候,攻击是威胁的主要体现方式,某种攻击(Attack)就是某种威胁的实现。

攻击的法律定义是指:攻击仅仅发生在入侵行为完全完成且入侵者已在目标网络内。从提高安全的防御角度出发,更积极的观点是(尤其是对网络安全管理员来说):可能使一个网络受到破坏的所有行为都应称为攻击,即从一个入侵者开始在目标机上工作的那个时刻起,攻击就开始了。

二、信息安全存在的威胁

互联网的脆弱性源自于其良好的开放性和广泛的互联性。从全球范围看,互联网的发展几乎是在无组织的自由状态下进行的。归结起来,针对信息安全的威胁主要有以下几个方面:

(1)人为的无意失误。如管理员、操作员安全配置不当造成的安全漏洞,安全意识不强,忽视定期审计和检查,用户口令位数少,机器没有加保护而被人窃取信息或控制,用户私钥丢失,用户将自己的账号随意转借他人或与别人共享等。

(2)人为的恶意攻击。对手的攻击和计算机犯罪就属于这一类。此类攻击又可以分为以下两种:一种是主动攻击,它以各种方式有选择地破坏信息的有效性和完整性,使网络处于瘫痪或无法正常服务状态;另一类是被动攻击,它是在不影响网络正常工作的情况下,进行截获、窃取、破译以获得重要机密信息。这两种攻击均可对计算机网络造成极大的危害,并导致机密数据的泄露。

(3)软件的漏洞和“后门”。软件的漏洞和缺陷是进行攻击的首选目标。另外,软件的“后门”一般都是软件公司的设计编程人员为了自便而设置的,一般不为外人所知,一旦“后门”洞开,其造成的后果将不堪设想。

(4)非授权访问。即未经同意就使用网络或计算机资源。如:有意避开系统访问控制机制,对网络设备及资源进行非正常使用,或擅自扩大权限,越权访问信息。它主要有以下几种形式:假冒、身份攻击、非法用户进入网络系统进行违法操作、合法用户以未被授权方式进行操作等。

(5)信息泄露或丢失。指敏感数据在有意或无意中被泄露出去或丢失。通常包括:信息在传输中丢失或泄露,如“黑客”们利用电磁泄露或搭线窃听等方式可截获机密信息,或通过对信息流向、流量、通信频度和长度等参数的分析,推出有用信息,如用户口令、账号等重要信息,信息在存储介质中丢失或泄露,通过建立隐蔽隧道等窃取敏感信息等。

(6)破坏数据完整性。以非法手段窃得对数据的使用权,删除、修改、插入或重发某些重要信息,以取得有益于攻击者的响应;恶意添加,修改数据,以干扰用户的正常使用。

(7)拒绝服务攻击。它不断对网络服务系统进行干扰,改变其正常

的作业流程，执行无关程序使系统响应减慢甚至瘫痪，影响正常用户的使用，甚至使合法用户被排斥而不能进入计算机网络系统或不能得到相应的服务。

(8)利用网络传播病毒。通过网络传播计算机病毒，其破坏性大大高于单机系统，而且用户很难防范。

(9)破坏网络、硬件设备、软件的可用性。造成网络系统瘫痪。破坏物理和环境安全，造成停电、设备断接、电路超载、电源破坏等，使系统不正常或停止工作。

如表3-1所示，列出了常见的一些信息安全威胁。

信息安全的威胁　　表3-1

序号	威　胁	症状描述
1	授权侵犯	越权使用未授权资源
2	旁路控制	攻击者发掘系统的安全缺陷或安全脆弱性
3	业务拒绝	资源的合法访问、正常服务被无条件拒绝
4	中间窃听	信息从被监视的通信过程中泄露
5	电磁/射频截获	信息从电子或电磁辐射中被抓取出来
6	非法使用	资源被非授权用户使用或非授权方式使用
7	人员失误	授权用户失误使授权资源被非授权人员获得
8	信息泄露	信息被泄露或暴露给某个未授权的人或实体
9	完整性侵犯	数据被修改、增生或破坏，造成数据不一致
10	截获/修改	通信数据被截获，传输过程中被改变、删除
11	假冒身份	一个实体假装成另一个实体骗取信任和授权
12	媒体废弃	信息被从废弃的媒体中泄露
13	物理侵入	侵入者绕过物理控制获得对系统的访问
14	数据重放	截获的数据拷贝，出于非法目的而被重新发送
15	业务否认	参与通信或交易的一方，否认抵赖所做的事情
16	耗尽资源	某一资源被超负荷地使用，导致正常业务中断
17	业务欺骗	伪造系统骗取合法用户的信任非法使用资源
18	窃取信息	偷盗敏感信息
19	业务流分析	通过研究分析通信业务流模式，形成信息泄露
20	设置陷阱	将某一机关驻留于系统，使相应安全策略失效
21	特洛伊木马	隐含程序，运行合法软件时启动，损害安全
22	病毒感染	传播病毒，损害系统
23	物理侵入	使物理设施失效，断电、毁网、破坏设备等

三、攻击的类型

攻击主要的通道是网络,包括互联网络和内部网络。攻击可以以内部、外部甚至内外勾结等多种形式存在。攻击者的水平可能相差很大,动机也相去甚远。攻击者一般有 3 种类型:一般攻击者(Hacker)、间谍和恶意破坏分子(Spy、Cracker)、内部攻击者(包括内奸)。

1. 一般攻击者

以攻击为乐趣,浏览、扫描系统的漏洞和弱点,伺机发动攻击。他们可能不特别针对你的业务,这类攻击者类似黄蜂,黄蜂的习惯是寻找能进入顶楼的小洞,如果它们不能进入内部,则想方设法进入,一旦能够进入,它们将到处查看可以使用的东西。这类攻击者的攻击行为如下:

(1)寻找接入的方式,非法闯入系统。

(2)进入系统后,到处浏览和挖掘,寻找可利用的资源。

(3)长期潜伏隐藏在系统中,资源一直被非法占用,对合法用户进行干扰和侵略,在不满的情况下可能进行报复。

2. 间谍和恶意破坏分子类型

这类攻击者的典型特征是目标直接指向你。攻击者知道你在做什么,并且很大程度上知道你是怎么做的。攻击者已经研究了你的公司、你的系统、你的员工,甚至可能通过检查你的废纸篓来寻找线索。间谍和恶意破坏分子有特定的目标,为了证实目标的价值和最大限度地降低风险,他们会进行侦察。他们有很多的技术,可以快速地进入和撤离,而且有应对手段以应付可能发生的情况,以便安全逃离。

间谍和恶意破坏分子具有强烈的动机,因为可以得到期望的高额回报或实现个人和组织价值。实施攻击时,也有可能不想从你那儿得到任何东西,而只是破坏而已。他们要否认你完成一些功能的能力;也可能只做一些拒绝服务和破坏正常服务的坏事,或者有更大的阴谋——破坏目标。由于通过互联网可获得的价值越来越大,这类活动也可能越来越普遍,基于金钱而成为间谍的动机将会增加。

3. 内部攻击者以及被外部收买的内部人员(内奸)

这是所有攻击者中最危险的。国内外从事信息安全的专业人士,通过调查逐步认识到,外部入侵事件占到所有安全事件的 20% ~30% ,而 70% ~80% 的安全事件来自于内部。

技术、机会和动机的有利条件,构成了内部攻击者对信息网络的最严

重威胁。实际上，在导致大量的经济损失的计算机系统攻击中，大多数涉及内部人员。有时很难发现内部的入侵者，而他们却就在那儿。当被信任的员工辞职、被解雇时，也可能出现内部威胁。内部人员存在的威胁最严重，主要因为：内部人员最容易接触敏感信息，并且他们的行动非常具有针对性，危害的往往是机构最核心的数据、资源等。此外，各组织的信息安全保护措施都是"防外不防内"，内部人员又对一个机构的运作、结构、文化等情况非常熟悉，导致他们行动时不易被发觉，事后难以被发现。

如表 3-2 所示，列出了主要的攻击者及威胁，表 3-3 列出了内部攻击者的性格特点。

信息时代的攻击者及威胁　　表 3-2

国家安全威胁	信息战士	减小敌国决策空间、战略优势，制造混乱，进行目标破坏
	情报机构	搜集政治、军事、经济信息
共同威胁	恐怖分子	破坏公共秩序、制造混乱、发动政变
	工业间谍	掠夺竞争优势、恐吓、非法窃取
	犯罪团伙	施行报复、实现经济目的、破坏制度
局部威胁	社会型黑客	攫取金钱、恐吓、挑战、获取声望
	娱乐型黑客	以吓人为乐、喜欢挑战、炫耀自己

内部人员攻击的性格特点　　表 3-3

性格特点	描　述
性格内向	IT 从业人士的普遍特征，这对机构的管理带来了巨大的挑战
饱受打击	受家庭和社会的双重问题所扰、藐视权威、玩世不恭
网络癖	这类人的社会生活主要在网上度过
伦理缺陷	黑白不分，没有正确的真理观、价值观
权力欲	总想成为"特殊的"雇员，希望获得特权，在要求得不到满足时有可能引发报复
忠诚度	心怀二心，缺乏忠诚，叛变出卖
冷漠	处在一个谈不上真实感情的网络空间中，导致了"事不关己 高高挂起"的心态

（资料来源：美国政治心理学联合会 Eric. D Saw 和 Jerrold M. Post）。

随着信息技术的发展，攻击者掌握的技术和资源越来越多，攻击的实现越来越容易。并且，基于漏洞的攻击技术往往比修补漏洞的意识和技术发展要快得多。对攻击者本身而言，其在 IT 方面的技术水平的要求也低得多。在20世纪90年代,一个攻击的实现可能需要几天甚至十几天时间,而到了2008年,一个攻击的实现可能只需要几分钟。如图3-1所示,显示了攻击的复杂程度和攻击者技术水平的趋势变化。

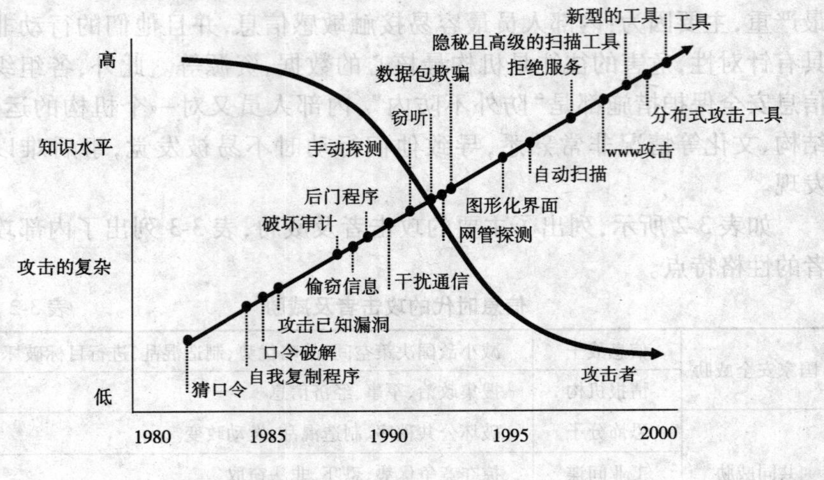

图3-1 攻击复杂度与攻击者的技术水平

四、常见的攻击形式

1. 扫描攻击

扫描攻击包括地址扫描和端口扫描等,通常采用各种端口扫描或漏洞扫描工具,可以获得目标计算机上的一些有用信息,例如机器上打开了哪些端口,开设了哪些服务等。

2. 信息流监视

这是一个在共享局域网环境实际入侵中经常被采用的方法。由于在共享介质的网络上传输数据包会经过每个网络节点,网卡在一般情况下只会接受发往本机地址或本机所在广播地址的数据包,但如果把网卡设置为混杂模式,网卡就会接受所有经过的数据包。基于这样的原理,攻击者使用一个叫Snuffer的嗅探装置(目前已有类似的免费软件)就可以对网络信息流进行监控,从而获得他们感兴趣的内容,例如口令。

3. 口令破解

这是非法访问的一种方式。攻击者通过获得口令文件或口令破解工具进行字典攻击或使用暴力来获得口令,也可以通过猜测或窃听等方式获得口令,从而进入系统进行非法访问。现在的许多网络经济犯罪一般

都是从攻击者通过口令破解来盗用合法用户的账号开始的，因此用户要特别注意自己口令密码的安全性。

4. IP 欺骗

攻击者可以伪装成被信任的 IP 地址等方式来骗取目标的信任。这主要针对 Linux/Unix 下建立起 IP 地址信任关系的主机实施欺骗。在电子商务环境下，IP 欺骗是利用较多的一种方式，攻击者往往通过伪造买家或卖家的方式，欺骗交易的另一方。

5. 重放攻击

攻击者利用身份认证机制中的漏洞，先把别人有用的消息记录下来，过一段时间后再发送出去。

6. 特洛伊木马

把一个能够帮助黑客完成某一特定动作的程序依附在某一合法用户的正常程序中，这时合法用户的程序代码已经被改变，一旦用户触发该程序，那么依附在内的黑客指令代码就会同时被激活，这些代码能够完成黑客早已指定的任务。

7. 拒绝服务攻击

拒绝服务攻击通过使计算机功能或性能崩溃来阻止提供服务。典型的拒绝服务攻击有资源耗尽和资源过载两种形式。当一个对资源的合理请求大大超过资源的支付能力时就会造成拒绝服务攻击。常见的拒绝服务攻击包括 Ping of death、Teardrop、UDP flood、SYN flood、Land 攻击、Smurf 攻击、Fraggle 攻击、电子邮件炸弹等。这些攻击方式有的针对 ICMP 协议，有的针对 UDP 协议，有的针对邮件协议，其共同点都是通过消耗网络带宽，使得其他需要访问的用户无法得到正常的回应。

分布式拒绝服务攻击（DDOS）是 DOS 的特殊形式，是一种分布式、协作化的大规模攻击方式，主要针对比较大的站点。它利用一批受控制的机器向一台目标机器发起攻击，这样来势迅猛的攻击难以防备，具有较大的破坏性。

8. 社会工程

社会工程是一种低技术含量的破坏信息安全的方法，但它其实是高级黑客技术的一种，往往使得处在严密防护之下的系统出现致命的突破口。这种技术利用说服或欺骗的方法，让网络内部的人提供必要的信息，从而获得对信息系统的访问。攻击对象通常是一些安全意识薄弱的公司职员，攻击者可以利用与之交流或其他互动的方式实现。比较经典的例子就是电影里经常有的情节：几个大汉穿着电话公司的制服，坦然抵达某某大厦，说要进机房检查或维修电话。

9. 病毒或恶意代码

病毒（或恶意代码）已经成为对计算机的最大威胁。所谓病毒，是指一段可以执行的程序代码，通过对其他程序进行修改，可以感染这些程序，使得它们成为含有该病毒的一个拷贝。病毒通常含有两种功能：一是感染，二是破坏。目前，通过网络传播的病毒无论是在传播速度、破坏性和传播范围等方面都是单机病毒所不能比的。计算机抗病毒技术发展的同时，病毒也在不断发展，编制者手段也越来越高明，与黑客技术相结合的病毒技术，已经成为目前信息系统最大的威胁。

10. SQL 注入（SQL Injection）

SQL 注入就是用户可以提交一段数据库查询代码，根据程序返回的结果，获得某些他想得知的数据。SQL 注入是从正常提供服务的 Web 端口进行访问，而且表面看起来跟一般的 Web 页面访问没什么区别，所以目前市面的防火墙都不会阻断 SQL 注入的 Web 访问。

通常攻击者可以通过 SQL 注入漏洞得到数据库中保存的管理员账号及密码，然后利用这些账号登录网站的后台管理系统从而进行进一步的入侵。如果使用的是 SQL Server、Oracle 数据库，那么就可以对数据库进行 insert、update、delete、backup 操作。如果权限够，甚至可以通过 SQL Server 数据库自带的扩展存储过程执行 CMD 指令、修改注册表信息。

11. 其他攻击方式

除上述典型的攻击形式外，还有不良信息资源、缓冲区溢出攻击、跨站脚本攻击、源代码泄露、IP 欺骗、中间人攻击等。这些攻击形式都是利用了通信、应用网页等方面的漏洞而实施的攻击。

小案例　用户信息库被窃，大盗落网被判 8 年

2006 年 2 月美国阿肯色州检察官指控 46 岁的莱文与他人一起盗窃了数据管理公司埃克希姆（Acxiom Corp.）公司数据库 10 亿多个记录中的个人信息材料，其中包括姓名、电话号码、住址和电子邮件地址等。莱文还被指控利用解密软件获取密码，并超越权限，进入埃克希姆公司的数据库。莱文因未经授权进入数据库、欺诈和妨碍司法等多项罪名于同年 8 月被定罪。

第三节　网络安全机制

一、ISO 安全体系结构

开放系统互联参考模型(open system interconnection reference model,OSI/RM)是国际标准化组织(ISO)为解决异构网络互联而制定的开放式计算机网络层次结构模型。它的最大特点是将服务、接口、协议这三个概念明确地区别开来。1988 年,为在开放系统互联的环境下实现信息安全,ISO/TC97 技术委员会制定了 ISO 7498-2 国际标准"信息处理系统—开放系统互联—基本参考模型—安全体系结构",为网络安全的研究奠定了基础。我国也制定了国家标准:《GB/T 9387.2 信息开放系统—开放系统互联—基本参考模型第二部分安全体系结构》。这些标准给出了 OSI 参考模型的 7 层协议之上的信息安全体系结构,这是一个普遍适用的安全体系结构,对具体网络环境的信息安全体系结构具有重要指导意义。其核心内容是保证异构计算机进程与进程之间远距离交换信息的安全。这个标准确立了与安全体系结构有关的一般要素。在参考模型的框架内,还构建了一些指导原则与约束条件,从而提供了解决开放系统互联中安全问题的一致性方法。

上述标准对安全服务及相关的安全机制进行了一般的描述,并定义了安全服务和机制在参考模型中的位置。

1. 开放系统互联安全体系结构的几种安全服务

(1)鉴别服务(authentication)。鉴别服务提供了通信中对等实体和数据来源的鉴别。这意味着每当某个实体声称具有一个特定的身份(例如,一个特定的用户名)时,鉴别服务将提供某种方法来证实这一声明是正确的。如利用口令来验证用户提交的身份就是系统提供鉴别服务的一种熟知方法。鉴别是最基本的安全服务之一,是对付假冒攻击的有效方法。

(2)访问控制服务(access control)。访问控制服务提供防止非被授权者使用系统资源的保护。

(3)数据机密性服务(data confidentiality)。数据机密性服务的目的是为了保护系统之间交换的数据,防止因数据被截获而造成信息泄密。机密性可以分为以下 4 类:

①连接机密,即对某个连接上的所有用户数据提供机密。

②无连接机密,即对一个无连接的数据包的所有用户数据提供机密。

③选择字段机密,即对一个协议数据单元中用户数据的一些经选择的字段提供机密。

④信息流安全,即对可能从观察信息流就能推导出的信息提供机密。

(4)数据完整性服务(data integrity)。数据完整性服务可以防止非法用户对正常进行数据交换的数据修改、插入以及在数据交换过程中可能的数据丢失等。完整性服务包括:

①可恢复的连接完整性。该服务对一个连接上的所有用户数据的完整性提供保障,而且对任何服务数据单元的修改、插入、删除或重放都可使之复原。

②无恢复的连接完整性。该服务除了不具备恢复功能之外,其余同前。

③选择字段的连接完整性。该服务提供在连接上传送的选择字段的完整性,并能确定所选字段是否已被修改、插入、删除或重放。

④无连接完整性。该服务提供单个无连接的数据单元的完整性,能确定收到的数据单元是否已被修改。

⑤选择字段无连接完整性。该服务提供单个无连接数据单元中各个选择字段的完整性,能确定选择字段是否被修改。

(5)抗抵赖服务(non-repudiation)。抗抵赖服务的主要目的是保护通信实体免遭来自系统中其他合法实体的威胁,而不是来自未知攻击者的威胁。这种威胁是指参与某次通信交换的一方事后不诚实地否认曾发生过本次交换或交换的内容。抗抵赖服务就是用来对付这种威胁,用于对通信活动进行事后的责任追溯和审计。这种服务能提供无可辩驳的证据来支持此类纠纷的解决。当发方发送信息时,收方能够证明信息源是合法的;当收方接到信息时,发方能够证明信息目的地是合法的。为做到这一点,发方发送信息时要有发方的签名,收方应发收方签名的回执。

抗抵赖服务包括有数据原发证明的抗抵赖和有交付证明的抗抵赖。有数据原发证明的抗抵赖向数据接收者提供数据源的证据,从而可防止发送者否认发送过这个数据。有交付证明的抗抵赖向数据发送者提供数据已交付给接收者的证据,因而接收者事后不能否认曾收到此数据。

2. 开放系统互联参考模型的安全体系结构中的安全保护机制

为了提供上述的安全服务,开放系统互联参考模型的安全体系结构

中提供了下列的安全保护机制：

(1)加密机制。加密是提供数据保密的最常用方法，而且还能部分或全部用于实现其他安全机制。在ISO/OSI参考模型中，除了对话层不提供加密保护外，加密可在其他各层上进行。大多数应用不要求在多个层上加密。加密层的选取主要取决于下面的几个因素：

①如果要求全通信业务流的机密性，那么将选取物理层加密或安全传输手段。足够的物理安全、可信任的路由选择以及在中继上的类似机制能够满足所有的机密性要求。

②如果要求细颗粒度的保护（例如对每个应用提供不同的密钥）和抗抵赖或选择字段的保护，那么将选取表示层加密。在表示层中的加密能提供不带恢复的完整性、抗抵赖及所有的机密性保护。

③如果希望的是所有端系统到端系统通信的机密性保护，或者希望有一个外部的加密设备，那么将选取网络层加密。这能够提供机密性与不带恢复的完整性。

④如果要求带恢复的完整性，同时又具有细粒度保护，那么将选取传输层加密。这能提供机密性、带恢复的完整性或不带恢复的完整性。

(2)数字签名机制。数字签名是解决网络通信中特有安全问题的有效方法。特别是针对通信双方发生争执时可能产生的如下安全问题：否认（发送者事后不承认自己发送过某些数据）、伪造（接收者伪造一份文件，声称它来自发送者）、冒充（网上的某个用户冒充另一个用户接收或发送信息）、篡改（接收者对收到的信息进行部分篡改）。

(3)访问控制机制。访问控制机制被用来实施对资源访问或操作加以限制的策略。这种策略是把对资源的访问只限于那些被授权的用户。

(4)数据完整性机制。数据完整性机制防止数据被假冒、丢失、重发、插入或修改。数据完整性包括两种形式：一种是数据单元的完整性，另一种是数据单元序列的完整性。数据单元序列的完整性是要求数据编号的连续性和时间标记的正确性，以防止假冒、丢失、重发、插入或修改数据。

(5)鉴别交换机制。鉴别交换是以交换信息的方式来确认实体身份的机制。

(6)业务流填充机制。这种机制主要是对抗非法者在线路上监听数据并对其进行流量和流向分析。采用的方法一般由保密装置在无信息传输时，连续发出伪随机序列，使得非法者不知哪些是有用信息，哪些是无用信息。

(7)路由控制机制。在一个大型网络中,从源节点到目的节点可能有多条线路,有些线路可能是安全的,而另一些线路是不安全的。路由控制机制可使信息发送者选择特殊的路由,以保证数据安全。

(8)公证机制。在一个大型网络中,有许多节点或端节点。在使用这个网络时,并不是所有用户都是诚实的、可信的,同时也可能由于系统故障等原因使信息丢失、迟到等,这很可能引起责任问题,为了解决这个问题,就需要有一个各方都信任的实体——公证机构,如同一个国家设立的公证机构一样,提供公证服务,仲裁出现的问题。一旦引入公证机制,通信双方进行数据通信时必须经过这个机构来转换,以确保公证机构能得到必要的信息,供以后仲裁。

安全服务可以是由一种或多种安全机制提供,而有的安全机制又可以用于实现多种服务。如表 3-4 所示,列出了这种对应的关系。如表 3-5 所示为安全服务与 ISO/OSI 参考模型各层的关系。

安全机制与安全服务的关系 表 3-4

安全机制 / 安全服务	加密	数字签名	访问控制	数据完整性	鉴别交换	业务流填充	路由控制	公证
对等实体鉴别	√	√			√			
数据原发鉴别	√	√						
访问控制			√					
连接机密性	√						√	
无连接机密性	√						√	
选择字段机密性	√							
通信业务流机密性	√					√	√	
带恢复的连接完整性	√			√				
不带恢复的连接完整性	√			√				
选择字段的连接完整性	√			√				
无连接完整性	√	√		√				
选择字段的连接完整性	√	√		√				
有数据原发证明的抗抵赖		√		√				√
有交付证明的抗抵赖		√		√				√

注:表中√表示该机制可以提供此安全服务,或与其他机制结合提供安全服务。

安全服务与 ISO/OSI 参考模型各层的关系　　表 3-5

安全服务＼层	物理层	数据链路层	网络层	传输层	会话层	表示层	应用层
对等实体鉴别			√	√			√
数据原发鉴别			√	√			√
访问控制			√	√			√
连接机密性	√	√	√	√			√
无连接机密性		√	√	√			√
选择字段机密性							√
通信业务流机密性	√		√				√
带恢复的连接完整性				√			√
不带恢复的连接完整性			√	√			√
选择字段的连接完整性				√			√
无连接完整性			√	√			√
选择字段的连接完整性							√
有数据原发证明的抗抵赖							√
有交付证明的抗抵赖							√

注：表中√表示该机制可以提供此安全服务。

目前互联网所使用的 TCP/IP 协议是一套业界应用最广的协议，它产生于网络互联的研究和应用实践中。TCP/IP 协议对推动互联网的普及起到了重要作用，尽管它不是 OSI 标准，但却是最流行的商业化协议，是公认的工业标准或事实上的标准。

TCP/IP 协议是一个 4 层结构的网络通信协议组，包括：应用层、传输层、网络层及链路层。由于 TCP/IP 与 ISO/OSI 模型的各层之间存在一定的对应关系，因而可以根据 ISO 7498-2 的安全体系结构框架，将各种安全机制和安全服务映射到 TCP/IP 的协议集中，从而形成一个基于 TCP/IP 协议层的网络安全体系结构，如表 3-6 所示。

TCP/IP 协议模型中提供的安全服务　　表 3-6

安全服务	链路层	网络层	传输层	应用层
对等实体鉴别		√	√	√
数据原发鉴别		√	√	√
访问控制		√	√	√

续上表

安全服务	链路层	网络层	传输层	应用层
连接机密性	√	√	√	√
无连接机密性	√	√	√	√
选择字段机密性				√
通信业务流机密性	√	√		√
带恢复的连接完整性			√	√
不带恢复的连接完整性		√	√	√
选择字段的连接完整性				√
无连接完整性		√	√	√
选择字段的连接完整性				√
有数据原发证明的抗抵赖				√
有交付证明的抗抵赖				√

二、网络层安全协议:IPSec

IPSec(IP security)是一套互联网安全协议,提供了在局域网、专用和公用的广域网(WAN)和互联网上安全通信的能力,使用身份认证、数据完整性检查和数据加密等方法来确保重要信息在网络上传输的安全性。

针对互联网的安全需求,IETF 于 1998 年 11 月颁布了 IP 层安全协议 IPSec。其目标是为 IPv4 提供具有较强互操作能力、高质量和基于密码的安全,在 IP 层实现多种安全服务,包括访问控制、无连接完整性、数据源验证、防重放、机密性(加密)和有限的业务流机密性。

1. 目标和服务

IPSec 由一系列协议组成,构成了应用于 IP 层上网络数据安全的一整套体系结构。IPSec 组件包括安全协议认证头(AH)和封装安全载荷(ESP)、安全关联(SA)、密钥交换(IKE)及加密和认证算法等。IPSec 规定了如何在对等层之间选择安全协议、确定安全算法和密钥交换,向上提供了访问控制、数据源验证、数据加密等网络安全服务。如图 3-2 所示,显示了 IPSec 的体系结构、组件及各组件间的相互关系。

IPSec 在 IP 层提供安全服务,使得一个系统可以选择需要的协议,决定这些服务需要使用的算法,选择提供要求的服务所需要的任何密钥。IPSec 使用 2 个协议来提供安全性:AH 提供的数据包头认证协议和 ESP

封装安全有效载荷加密/认证混合协议。

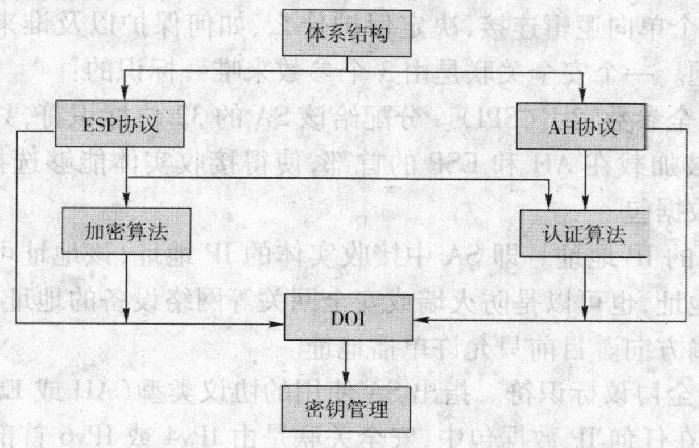

图 3-2 IPSec 文档关系图

对于 ESP 存在 2 种情况:提供验证选项和不提供验证选项。AH 和 ESP 都是数据包访问安全控制描述,用于实现加密密钥发布和安全协议有关的管理。如表 3-7 所示,显示了 AH 和 ESP 协议提供的服务。

IPSec 的 服 务 表 3-7

项　　目	AH	ESP(只加密)	ESP(加密并验证)
访问控制	√	√	√
无连接完整性	√	√	√
数据源的认证	√	√	√
防止重放的数据包	√	√	√
载荷保密性	√	√	√
有线的数据包保密性	√	√	√

2. 安全关联

安全策略(Security Policy,SP)的目的是决定一个组织怎样来保护自己。一般说来,策略包括 2 个部分:总体策略和具体规则。总体策略阐明安全政策的总体思想,而具体规则用于说明什么行为是允许的,什么行为是禁止的。

安全关联(Security Association,SA)是指由 IPSec 提供安全服务的数据流的发送者到接收者的一个单向逻辑关系,用于表示 IPSec 如何为 SA 所承载的数据通信提供安全服务,其方式是使用 AH 或 ESP 之一。一个 SA 不能同时使用 AH 和 ESP 两种保护措施。安全关联是安全策略的具体化和实例化。简单地说,SA 是 2 个应用 IPSec 的实体(如主机和路由器)间的一个单向逻辑连接,决定保护什么、如何保护以及谁来保护通信数据的问题。一个安全关联是由 3 个参数来唯一标识的:

(1)安全参数索引(SPI)。分配给该 SA 的 32 位标识符,只在本地有意义,SPI 被加载在 AH 和 ESP 的首部,使得接收实体能够选择 SA 来处理接收的数据包。

(2)目的 IP 地址。即 SA 中接收实体的 IP 地址,该地址可以是终端用户系统地址,也可以是防火墙或安全网关等网络设备的地址,同时决定了数据传输方向。目前只允许单播地址。

(3)安全协议标识符。指出 SA 使用的协议类型(AH 或 ESP)。

因此,在任何 IP 数据包中,安全关联是由 IPv4 或 IPv6 首部的目的地址和包装的扩展首部(AH 或 ESP)中的 SPI 来唯一标识的。

为了确保互操作性,IPSec 规定了与 SA 相关的两个名义性数据库:安全策略数据库(SPD)和安全关联数据库(SAD)。安全策略数据库指示从一台主机、一个安全网关输入和输出的 IP 数据流的部署方法。安全关联数据库则包括与每一个安全关联相关的参数。另外,它还定义了安全关联选择器的概念,包括一套 IP 及高层协议字段值,使得 SPD 将数据流映射到一个安全关联中。

在每一个 IPSec 的实现中,都要有一个名义上的安全关联数据库 SAD 用于定义与每个 SA 相关联的参数。

在 IPSec 中,安全策略通过逻辑上的安全策略数据库(SPD)来定义、表示和管理维护。在 SPD 中,每个元组都定义了要保护的是什么通信、怎样保护它以及和谁共享这种保护。对于进入或离开 IP 堆栈的每个数据包,都必须检索 SPD 数据库。对于一个 SPD 元组来说,它定义了下述几种行为:

(1)丢弃。表示不让这个包进入或外发。

(2)绕过。表示不对外发的数据包提供安全服务,也不对进入的数据包进行安全服务。

(3)应用。指对外发的数据包提供安全服务,同时认为接收的数据包已经进行过安全处理。对那些定义了“应用”行为的 SPD 元组,它们均会指向一个或一组 SA,表示要将其应用于数据包。

由此可见,IPSec 提供了一种细粒度的方式来区分实施了 IPSec 保护的数据流和被允许旁路的 IPSec 流。SA 能以多种方式产生用户所需的

安全配置,为用户的数据流提供灵活的安全服务。

在 SPD 的最简单形式中,每个元组定义一个 IP 数据流子集及每个数据流指向的一个 SA 指针,在较复杂的形式中,多个元组会指向同一个 SA,或一个元组指向多个 SA。其他具体细节可以参阅相关的 IPSec 文档。

每个 SPD 元组可通过 IP 和叫做选择器(selector)的上层协议字段值的集合来定义。选择器用来建立 IP 数据包到 IPSec 安全策略的映射关系。实际上,这些选择器是用来过滤输出数据包的,目的是将其映射到特定的 SA,以便确定采取相应的安全设施。对于每个 IP 数据包,输出处理一般遵从下面的顺序:

(1)将数据包相应字段的值与 SPD 相比较以找到一个匹配的 SPD 元组,后者将指向 0 个或多个 SA。

(2)由选择器决定该数据包的 SA,如果选择器并不指向任何一个 SA,则必须首先创建 SA;如果这个数据包存在 SA,则确定 SA 和它关联的 SPI。

(3)对数据包进行需要的 IPSec 处理(即 AH 或 ESP 处理)。

3. 传输模式和隧道模式

IPSec 协议(包括 AH 和 ESP)既可用来保护一个完整的 IP 载荷,也可用于某个 IP 载荷的上层协议。这两个方面的保护分别是由 IPSec 两种不同的"模式"来提供的,如图 3-3 所示。

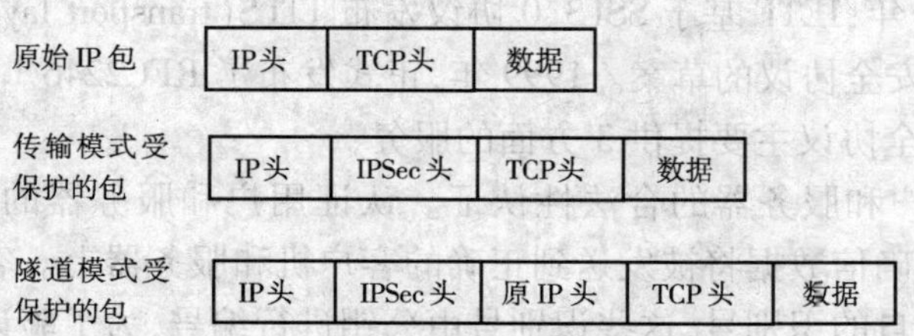

图 3-3　IPSec 的 2 种模式

其中,传输模式用来保护上层协议,而隧道模式用来保护整个 IP 数据包。在传输模式中,IP 头与上层协议之间需插入一个特殊的 IPSec 头,而在隧道模式中,要保护的整个 IP 包都需封装到另一个 IP 数据包里,同时在外部与内部 IP 头之间插入一个 IPSec 头。2 种 IPSec 协议(AH 和 ESP)都能以传输模式或隧道模式工作。

(1)传输模式。在传输模式中,AH 和 ESP 保护的是传输头。在这种模式中,AH 和 ESP 会拦截从传送层到网络层的数据包,并根据具体的配置提供安全保护。传输模式通常只用于端对端的安全保障。以传输模式运行的 AH 协议对数据包中的数据负载及包头中选择部分进行认证。以传输模式运行的 ESP 协议对数据包中的数据负载加密及认证(可选),但不对 IP 包头进行加密和认证。

(2)隧道模式。使用了 IPSec。隧道模式的数据包有 2 个 IP 头:内部头和外部头。其中,内部头由主机创建,而外部头是由提供安全服务的设备添加的。提供安全服务的设备既可以是主机,也可以是一个路由器。IPSec 同时为 AH 和 ESP 定义了隧道模式。以隧道模式运行的 AH 协议对整个数据包的内部包头和外部包头的选择部分进行认证,以隧道模式运行的 ESP 协议对整个数据包(包括包头)实现加密及认证。

三、传输层安全协议:SSL/TLS

1. SSL 概述

1994 年,Netscape 公司开发了 SSL 协议。该协议第一个成熟的版本是 SSL2.0 版,被集成到 Netscape 公司的互联网产品中,包括 Navigator 浏览器和 web 服务器产品等。SSL2.0 协议的出现,基本上解决了 Web 通信协议的安全问题,很快引起了大家的关注。1996 年,Netscape 公司发布了 SSL3.0,该版本增加了对除 RSA 算法以外的其他算法的支持和一些新的安全特性,并且修改了前一个版本中存在的安全缺陷,成为事实上的工业标准。1997 年,IETF 基于 SSL3.0 协议发布 TTLS(transport layer security) 1.0 传输层安全协议的草案。1999 年,正式发布了 RFC2246。

SSL 安全协议主要提供 3 方面的服务:

(1)用户和服务器的合法性认证。认证用户和服务器的合法性,使得它们能够确信数据将被发送到正确的客户机和服务器上。客户机和服务器都有各自的识别号,这些识别号由公钥进行编号,为了验证用户是否合法,安全套接层协议要求在握手交换数据时进行数字认证,以此来确保用户的合法性。

(2)加密被传送的数据。安全套接层协议所采用的加密技术既有对称密钥密码技术,也有公钥密码技术。在客户机与服务器进行数据交换之前,先交换 SSL 初始握手信息。在 SSL 握手信息中采用了各种加密技术,以保证握手信息的机密性和完整性,并且用数字证书进行鉴别。以防止非法用户进行窃取、篡改和冒充。

(3)保护数据的完整性。安全套接层协议采用散列函数和机密共享的方法来提供信息的完整性服务,建立客户机与服务器之间的安全通道,使所有经过安全套接层协议处理的业务在传输过程中能完整、准确无误地到达目的地。

安全套接层协议作为保证计算机通信安全的协议,对通信对话过程进行安全保护。例如,一台客户机与一台主机连接上了,首先是要初始化握手协议,然后就建立了一个 SSL,从对话开始到对话结束,安全套接层协议都会对整个通信过程加密,并且检查其完整性。这样一个对话时段算一次握手,而 HTTP 协议中的每一次连接就是一次握手。因此,与 HTTP 相比,安全套接层协议的通信效率会高一些。下面是一个 SSL 会话的步骤:

①接通阶段。客户通过网络向服务商打招呼,服务商应答。

②密码交换阶段。客户与服务器之间交换双方认可的密码。

③会话密码阶段。客户与服务商之间产生彼此交互的会话密码。

④检验阶段。检验服务商取得的密码。

⑤客户认证阶段。验证客户的可信度。

⑥结束阶段,客户与服务商之间相互交换结束的信息。

按照上述流程,两者间的信息传送就会加密,另外一方收到资料后,再将编码资料还原。即使盗窃者在网络上取得编码后的资料,如果没有会话密钥,就不能获得可读的有用资料。发送时信息用对称密钥加密,对称密钥用非对称算法加密,再把加密消息与被加密的密钥数据包绑在一起传送。接收的过程与发送正好相反,先用接收者的私钥打开对称密钥的加密包,再用对称密钥对消息进行解密。

SSL 协议运行的基点是商家对客户信息保密的承诺。但在上述流程中我们也可以注意到,SSL 协议有利于商家而不利于客户。客户的信息首先传到商家,商家阅读后再传至银行,这样,客户资料的安全性便受到威胁。商家对客户认证是必要的,但整个过程中,缺少了客户对商家的认证。在电子商务的开始阶段,由于参与电子商务的公司大都是一些大公司,信誉较高,这个问题没有引起人们的重视。随着电子商务参与的厂商迅速增加,对厂商的认证问题越来越突出,SSL 协议的缺点完全暴露出来。SSL 协议将逐渐被新的电子商务协议(例如 SET)所取代。

2. SSL 体系结构

SSL 的设计目标是在 TCP 基础上提供一种可靠的端到端的安全服

务,其服务对象一般是 Web 应用。在 SSL 的体系结构中包含两个协议子层,其中底层是 SSL 记录协议层。高层是 SSL 握手协议层。SSL 的协议栈如图 3-4 所示。

SSL 握手协议	SSL 密码更新协议	SSL 报警协议	HTTP
SSL 记录协议			
TCP			
IP			

图 3-4　SSL 的协议栈

SSL 记录协议层的作用是为高层协议提供基本的安全服务,特别是为客户与 Web 服务器的交互提供传输服务的超文本传输协议(HTTP)可以在 SSL 上面运行。3 个更高层协议被定义成 SSL 的一部分:握手协议、密码更新协议和报警协议,这些与 SSL 有关的协议用于管理 SSL 交换。

SSL 中 2 个重要的概念是 SSL 会话(session)和 SSL 连接(connection),这 2 个概念的定义如下:

(1)连接。连接是提供某种类型服务的数据传输(在 OSI 分层模型的定义中)。对于 SSL,这样的连接是点对点的。连接是短暂的,每个连接与一个会话相联系。

(2)会话。SSL 的会话是客户和服务器之间的关联,会话通过握手协议来创建:会话定义了加密安全参数的一个集合,该集合可以被多个连接所共享。会话可以用来避免为每个连接重新进行安全参数协商。

SSL 中利用"会话状态"来表示通信双方通过握手协议协商确定的一组安全参数集合。按照其参数是否启用,会话状态分为 2 种:

(1)待决状态。它包含了当前握手协议协商的压缩、加密和 MAC 算法以及加解密的密钥等参数。

(2)当前操作状态。它包含了当前 SSL 记录协议层正在使用的压缩方法、加密和 MAC 算法以及加解密的密钥等参数。

"待决状态"和"当前操作状态"又分别可以分成"读状态"(read state)和"写状态"(write state),分别表示有关接收操作和发送中使用的参数。例如,读状态中包含解压缩、解密和 MAC 的验证算法以及解密的密钥等;写状态中则包含压缩、加密和 MAC 算法以及加解密的密钥等。

SSL 利用消息的交互来使握手协议的协商结果生效。当通信的一端收到"密码参数修改"消息时,它将"待决状态"中的"读状态"复制到"当

前操作状态”的“读状态”；而客户或者服务器发送“密码参数修改”消息时，将“待决状态”中的“写状态”复制到“当前操作状态”的“写状态”。通过这样的方式，在握手协议结束后，通信的双方交换“密码参数修改”消息，就可以启用最新达成的安全参数来进行通信了。

四、应用层安全协议：SET

安全电子交易 SET（Security Electronic Transaction）是一种电子支付过程标准，由 Visa 和 MasterCard 于 1996 年 2 月合作制订，同时采用 IBM、GTE、Microsoft、Netscape、RSA、SAIC、Terisa、VeriSign 等多个公司的技术，是专为网上支付卡业务安全所制定的标准，用以保护网上支付卡交易的每一个环节。比如，保证电子支付卡交易的安全进行、加密付款信息安全发送等。SET 协议中的核心技术主要有专用密钥（secret key cryptography）技术、公开密钥（public key cryptography）技术、电子数字签名（digital signature）技术、数字信封（digital envelope）技术、电子认证（digital certification）技术以及哈希算法、双重签名等技术。SET 涵盖了信用卡在电子商务交易中的交易协定、信息保密、资料完整及数字签名等。这一标准被公认为全球网际网络的标准，其交易形态将成为 21 世纪电子商务的规范。

1997 年 5 月，SET 标准正式发布，主要由 3 个文件组成：SET 业务描述、SET 程序员指南和 SET 协议描述。这里只介绍涉及多个方面的规约总结。

1. 安全电子商务模型

在一项 SET 交易过程中包括 6 个成员：

（1）卡用户。卡用户是经发行人认可的支付卡持有者。

（2）商家。商家是将货物或服务在网上销售的个人或组织。商家通过 Web 站点或电子邮件向卡用户提供货物和服务的相关信息。

（3）发行人。发行人指参与电子交易的金融机构。发行人向客户提供支付卡，并负责卡用户的消费债务支付。

（4）收单人。商家的金融机构，保证商家接受可信的支付卡，并将获得的支付转发给商家。通常收单人可以接受多种信用卡，并为商家核准卡账号的合法性和信用信息。收单人还负责将支付款项传输到商家账户。在此过程中，发行人将付给收单人一定报酬。

（5）支付网关。这是收单人或指派的第三方所操作的处理商业支付报文的功能。支付网关为了实现核准和支付功能，与 SET 和已经存在的银行卡支付网络相连接。商家在互联网上与支付网关交换 SET 报文，而支付网关与收单人的金融处理系统具有直接或间接的网络连接。

(6) 证书管理机构(CA)。这是向卡用户、商家和支付网关发行 X.509v3公开密钥证书的一个可信任实体。SET 的成功依赖于完成这个功能可用的 CA 基础设施的存在。按照 CA 的层次结构，参加者不需要由根管理机构来直接担保。

其中，发行人通过安全的网络或其他交流渠道与获得者通信，因此不需要用安全的网络技术。其他五部分则需要他们各自的 SET 软件，由于 SET 是一项开放协议，所以任何软件开发者可以为这些机构的任意一方开发兼容的软件，即持卡人软件、商家软件、支付网关软件和认证授权机构软件。

SET 使用综合的密码技术(包括对称密钥加密技术、公钥加密技术与 Hash 函数)以达到安全交易的要求，从而确保交易的安全性和可靠性。虽然多层次的复杂安全技术使所有的五方成员都受益，但很少需要使用者看见它们，并且它们在后台的执行过程是透明的。

2. SET 的特点和提供的服务

SET 具有下面一些特点：

(1) 信息的机密性。在交易信息通过网络传输过程中，SET 保证卡用户的账号和支付信息是安全。SET 防止商家得到卡用户的信用卡号码，这个信息只对发布银行提供。使用 OES 常规加密来提供机密性。

(2) 数据的完整性。卡用户对商家的支付信息包括订购信息、个人信息和支付指示等。SET 保证这些信息的内容在传输时不被修改。使用 SHA 散列代码的 RSA 数字签名提供了信息完整性，特定的报文还要使用 SHA 的 HMAC 来保护。

(3) 卡用户账号的鉴别。SET 使得商家能够验证卡用户的账号是否合法和有效。为了实现这个目的，SET 使用了 X.509v3 数字证书和 RSA 签名。

(4) 商家的鉴别。SET 使得卡用户可以验证商家与金融机构存在某种关系并允许它接受支付信用卡。为了实现这个目的，SET 使用了 X.509v3数字证书和 RSA 签名。

(5) 跨平台的操作性。SET 协议使用的协议和信息格式来保证电子交易操作可以在不同的软硬件平台上正常运行。

与 IPSec 和 SSL/TLS 不同，SET 对每种加密算法只提供一种选择。

这是有道理的，因为 SET 是满足单个需求集合的单个应用，而 IPSec 和 SSL/TLS 要支持一定范围应用。下面通过描述一个交易所要求的事件序列，介绍一下 SET 所提供的服务：

(1)消费者开通账号。消费者提出申请(同时提供相关证件)并从支持电子支付和 SET 的银行(例如 MasterCard 或 Visa)处获得信用卡账号。

(2)消费者收到证书。经过适当的身份验证之后，消费者收到了经过的 X.509v3 数字证书。该证书确定了消费者的 RSA 公开密钥和有效期，它也在消费者的密钥对和其信用卡之间建立了一种由银行保证的关系。

(3)商家拥有自己的证书。接受特定信用卡的商家必须获得 2 个公开密钥的证书：一个用于对报文签名，一个用于密钥交换。商家还需要拥有支付网关的公开密钥书的副本。

(4)消费者提出一项订购。消费者首先通过浏览商家的 Web 站点来选择其所需要的货物或服务；然后，消费者把想要购买的货物或服务清单发送给商家，商家返回货物或服务列表、价格、总价格和订购号码的表格。

(5)商家被验证。除了订购表格之外，商家还必须发送证书的副本。因此，消费者可以验证其是否在与合法的商店进行交易。

(6)发送订购和支付信息。消费者将订单、支付信息以及消费者的证书一起发送给商家。订单是用于确认订购表格中货物的购买，支付信息包含了信用卡的细节，加密成商家不可读的方式。商家可以通过查验消费者的证书证明消费者的合法身份。

(7)商家请求支付认可。商家将支付信息发送给支付网关，请求核准消费者的存款是否足以支付这次购买。

(8)商家确认该项订购。商家将订购的确认信息发送给消费者。

(9)商家提供货物或服务。商家将货物递送给消费者，或者为消费者提供服务。

(10)商家请求支付。请求被发送给支付网关，后者处理所有的支付请求。

3. 双重签名

数字签名在 SET 协议中一个重要的应用就是双重签名。在交易中持卡人发往银行的支付指令是通过商家转发的，为了避免在交易过程中商家窃取持卡人的信用卡信息，避免银行跟踪持卡人的行为，侵犯消费者隐私，但同时又不能影响商家和银行对持卡人所发信息的合理的验证，要求仅当商家同意持卡人的购买请求后，才会让银行给商家付费，SET 协议采用双重签名来解决这一问题。

双重签名的目的是为了连接两个发送给不同接收者的报文。在这种情况下，消费者希望将订购信息（Order Information，OI）发送给商人，将支付信息（Paying Information，PI）发送给银行。商人不必知道消费者的信用卡号码。银行也不必知道消费者订单的细节。但是，如果需要解决争执，要求以一定方式将这两个项目连接起来。这样消费者可以证明这个支付是用于这次订购而不是用于其他某种货物或服务。

假设消费者将2个报文——带有签名的OI和PI发送给商家，接着商家将PI继续传递给银行。如果商家可以截获来自该消费者的另一个OI，则商家可以声明后一个OI是和那个PI一起的而不是原来的OI。为了防止类似问题，消费者分别取得PI的散列数据和OI的散列数据。然后，将这2个散列数据拼接起来，再求拼接后的散列数据。最后，消费者使用其签名私钥对最后的散列数据进行加密，这就是双重签名。

第四节　信息系统安全防御体系

一、信息系统

信息系统往往由若干互联在一起的局域网和远程用户构成，互联的途径往往为广域网（或城域网）。系统中的通信链路可能是专门建设的，也可能是租用的公共线路。相应的，信息安全保护的信息资产就会分布在上述网络中。典型信息系统的构成如图3-5所示。

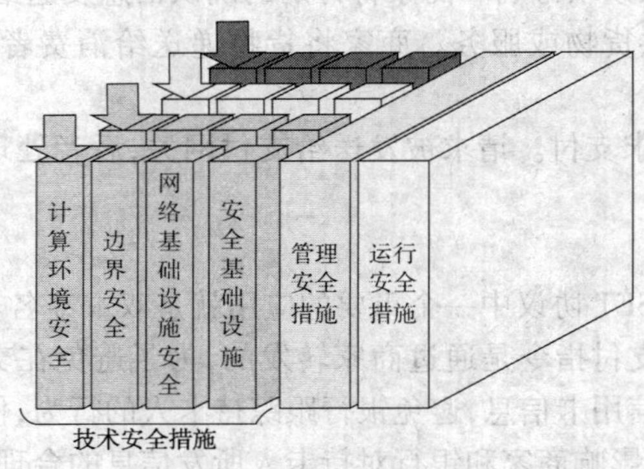

图3-5　信息系统安全防御体系

信息安全涉及网络安全、应用安全和系统安全。

网络安全涉及通信过程的保护，数据由网络的一个端系统传送到另一个端系统，在这个过程中潜在的安全威胁在于：

(1)破坏数据完整性，通过篡改、删除和插入等操作破坏数据完整性。

(2)数据传送途中被未知的人读取内容。

(3)数据来自未知的源地址或不能到达预定的目的地址。

应用安全指装在特定的应用中的安全措施。其目的在于防止以下安全威胁。

(1)非法访问。包括非法用户进入网络或系统，访问应用和合法用户以未授权的方式或非法权限访问应用。

(2)假冒。指攻击者假冒合法用户或管理者，修改或骗取权限及其他关键信息，越权访问应用，取得资源，另外也包括接管合法月户，占用或支配合法用户资源，破坏其他合法用户对应用的正常访问。

(3)重放。攻击者截取有效信息甚至是无法破解的密文，以后在攻击时重新发送该信息，以骗取应用系统的信任，取得正常合法情况下无法访问的资源。

(4)抵赖。指事后否认对应用的访问。

系统安全涉及特定的端系统及其本地用户环境的保护，防止攻击者通过病毒、木马以及黑客渗透等手段破坏系统的可用性，保证信息系统的应用服务稳定、可靠。

为了确保信息系统能够抵御上述威胁，确保网络安全、应用安全和系统安全，需要从信息安全体系、保护局域网、保护基础通信设施、保护边界、建立信息安全基础设施等方面采取措施。

二、信息系统安全体系结构

信息系统安全是多种类型的保护措施相互关联而构成的保障网络安全的整体。建立信息安全保护体系是确保信息系统安全的前提，信息安全体系是用户建设信息安全系统的总框架，在此总框架中规定一些指导原则和约束条件，用以提供解决网络中有关安全问题的一致性方法。一个明确的信息系统安全体系包括明确的安全策略，对网络系统配置安全服务和安全机制进行说明，指明在哪些部位必须配置哪些安全服务和安全机制以及规定如何进行安全管理。安全策略、安全机制、安全服务和安全管理的关系如图 3-6 所示。

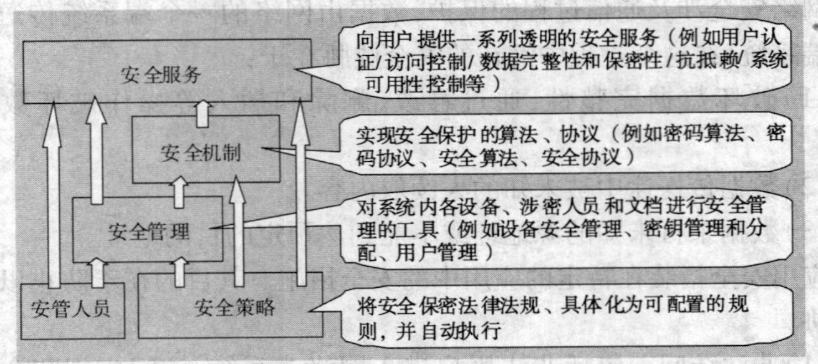

图 3-6　安全策略、安全机制、安全服务和安全管理的关系

安全策略是设计或配置信息系统安全系统的基本依据,安全策略将约束本网络的安全保密法律法规,具体化为可配置的规则,并自动加以执行。

安全管理有非常丰富的内涵,它可以是网络管理的一个重要功能,即在各级管理器和管理代理之间交换与安全有关的管理信息,以便管理器向管理代理分配信息,并实行控制(进而控制被管对象),管理代理收集有关信息,向相应上级的管理者报告所提供的安全服务以及已发生与安全有关的事件;也可以是管理人员利用安全策略对系统内的设备进行管理的工具(例如物理安全设施、系统安全管理、网络设备安全管理、软件和数据库设施的安全管理、密钥管理和分配、用户管理、防病毒、环境安全等),利用它们实行管理的目标是保护宽带网络的安全性,提供集中的网络安全管理、漏洞扫描、病毒防护和网络监控等功能,能实时地监控网络布局和信息流量、监视外来攻击事件、保护系统敏感文件,截获关键报文、产生告警、审计跟踪报告、自动终止恶意连接,保证系统安全运行。

对于信息系统确定的安全策略,需要制定安全机制。安全机制指实现安全功能的特定技术体制和手段,例如各种安全保护的算法、协议,包括对称密钥密码算法、公开密钥密码算法以及身份识别、实体鉴别(认证)、访问控制等。安全算法和安全机制的正确运行要靠安全管理工具来设置和管理其相应的安全参数,所采用的安全机制可以分为针对特定服务的机制和可以覆盖几种或全部服务的机制。

三、保护局域网计算环境

局域网计算环境的安全比较复杂,数据的计算、交换、存储和调用都

是在局域网中进行的，黑客和不法分子常使用的破坏行为就是攻击局域网，以达到他们的非法目的。因此，对局域网计算环境的保护就必须考虑到安全的诸多方面，并实施整体和全面的局域网环境的保护策略。

局域网环境保护所关注的问题是：在用户进入、离开或驻留于用户终端与服务器的情况下，采用信息保障技术保护其信息的可用性、完整性与机密性。保护局域网硬件与软件免受攻击是对付恶意内部攻击者的首道防线，也是对付外部攻击者的最后一道防线。

信息系统中局域网计算环境安全涉及网络的多个层次，归纳起来有局域网物理环境安全、操作系统安全、应用系统安全和各种检测与响应系统。

在局域网计算环境内，用户需要保护内部系统应用和服务器。保护机制应包括在系统计算环境中的多种现有的、新出现的安全服务，如识别与认证（I&A）、访问控制、保密性、数据完整性和不可否认性。常见的局域网保护安全目标有：

（1）建立用户终端、数据库、服务器和应用系统保护机制，以防止拒绝服务、数据未授权泄露和数据更改。

（2）保护操作系统，并充分利用操作系统的安全机制，确保操作系统的自身安全。

（3）保护数据库。对数据库应该实施细粒度访问控制、关键数据加密、重要服务器用单独网段、强制身份鉴别、备份恢复应急措施、安全审计等安全保护措施。

（4）身份认证和数字签名。对于系统重要的服务器、应用系统的访问，应采用统一的身份认证，并对用户访问行为采用抗抵赖措施。

（5）建立入侵检测体系，防止内部局域网受到非法入侵。

（6）具有足够的防止内外人员进行违规操作和攻击的能力。

需要说明的是，上述安全目标并不一定需要同时满足，取决于实际的信息系统应用情况，同时，可能还会有新的安全目标，同样也跟具体的信息系统相关。

四、保护网络和通信基础设施

网络和通信基础设施是信息系统运行的基础，而很多基础设施（尤其是广域网）处于系统无法全部控制的区域中，必须考虑它们的安全。许多信息系统通信基础设施都是使用的租用线路，提供服务的服务商能提供服务保障,但有可能远远达不到所要求的安全等级。因此,广域网络以及为其提供支撑的相关基础设施是必须受到更深层次的保护的。

通信基础设施中有3种不同的通信流:用户通信流、控制通信流和管理通信流。用户通信流是用户通过网络传输的信息,主要为各种应用业务数据信息;控制通信流是在网络设备之间传输的、对建立用户连接非常重要的信息,例如指令;管理通信流是用来配置网络设备或表明网络设备状态的信息,与其相关的协议包括简单网络管理协议(SNMP)、公共管理信息协议(CMIP)、超文本传输协议(HTTP)等,网络管理通信流对于确保网络设备没有被非授权用户改变是非常重要的。

保护基础设施一般使用安全性较高的专线和(或)密码技术来传输系统网络节点之间的数据。此外,还必须确保网络上述三种信息流的机密性、完整性和可用性。

保护网络和基础设施的目标是保证基础设施所支持的关键应用任务和数据资源任务,防止受到拒绝服务的攻击;防止受到保护的信息在发送过程中的时延、误传或未发送;保护数据流分析;保护各种应用系统中的用户数据流;保护网络基础设施控制信息;确信保护机制不受那些存在于其他授权组或区域网络之间的各种无缝操作的干扰。

小案例　郝景龙、郝景文兄弟银行入侵案

1998年6~7月间,被告人郝景龙、郝景文兄弟因经济拮据,计议使用调制解调器通过电话线将自己使用的计算机与银行的计算机系统联通,侵入银行的储蓄网点计算机系统进行盗窃。郝景龙指使郝景文在南京购得调制解调器2只,在扬州购得遥控玩具1只,由郝景龙将其改制成侵入银行计算机系统的装置。郝景文多次到扬州,通过在中国工商银行扬州市分行(以下简称扬州工行)系统数个储蓄所办理存、取款的方式进行观察。8月下旬,郝景文在扬州市郊区双桥乡双桥村王庄村民组,以吕俊昌的名义租赁房屋1间,并在该房内连接电话分机1部。9月7日,郝景文以吕俊昌、王君等16个假名,在中国工商银行邗江县支行白鹤储蓄所开立16个活期存款账户。其间,郝景龙制作、调试了侵入银行计算机系统装置,并向郝景文传授安装方法。9月18日凌晨,郝景文到白鹤储蓄所,想用钢锯锯断窗户上的铁条进入该所安装侵入银行计算机系统装置的一部分,因未锯断,遂用“502”胶水将卷帘门的锁孔堵死,以迫使该所更

换门锁。9月22日凌晨，郝景文又到白鹤储蓄所，使用自配的钥匙打开锁秘密潜入，将侵入银行计算机系统装置的一部分与该所计算机连接。当日上午9时许，郝景龙携带另一部分装置从镇江来到郝景文在扬州租赁的房内。12时许，郝景文到白鹤储蓄所，并与郝景龙取得联系。郝景龙指使郝景文打开侵入银行计算机系统装置的遥控开关。12时32分至12时42分，郝景龙在郝景文租赁的房屋内通过操作计算机，从白鹤储蓄所往来账上分别向以吕俊昌、王君等假名开立的16个活期存款账户各输入存款4.5万元，共计72万元。嗣后，郝景龙、郝景文从12时50分至14时06分，利用银行的通存通兑业务，在扬州工行下设的瘦西湖、国庆北路、史可法路、沿河、解放桥、跃进桥、琼花、仙鹤等8个储蓄网点取款计26万元。当郝景文、郝景龙到汶河储蓄所要求支取4万元时，因该所工作人员要求查验身份证，郝景文、郝景龙唯恐罪行败露，遂逃回镇江市。郝景文分得赃款13.5万元，郝景龙分得赃款12.5万元。案发后，侦查机关追缴赃款232 657.67元以及用赃款购买的计算机主机及万普显示器2台、格兰仕微波炉1台、TCL牌74厘米彩色电视机1台等物，均已发还被窃单位。

五、保护边界

在信息系统中，因为不同的管理目的、应用业务和用户群，形成了信息系统平台不同的网络物理边界和应用逻辑边界。边界是进行内部防护和对抗外部入侵的关键点。常见的边界防护点有不同网段之间的连接点、局域网与广域网的连接点、远程访问点等。

保护边界的目的就是要对流入、流出边界的数据流进行有效的控制和监督。有效地控制措施包括网络边界物理隔离、防火墙、TCP/IP网络密码机、标识和鉴别/访问控制等安全措施。有效的监督措施包括基于网络的入侵检测系统（IDS）、脆弱性扫描器、局域网上的病毒检测器等。这些机制可以单独使用，也可以结合使用，从而对边界内的各类系统提供保护。虽然边界的主要作用是防止外来攻击，但它也可以来对付某些恶意的内部人员，这些内部人员有可能利用边界环境来发起攻击，通过开放后门/隐蔽通道来为外部攻击提供方便。

常见边界保护的安全目标有：

（1）建立网络级物理隔离体系，实现物理隔离（这是一些高敏感度网络必须达到的)。

(2)建立系统的防火墙体系,实现进出网络边界的细粒度访问控制。

(3)建立系统远程访问安全系统,以保卫系统边界远程访问的安全。

(4)建立基于网络级的入侵检测系统防止入侵者的攻击。

(5)建立基于网络的防病毒系统以防止病毒的入侵。

(6)建立系统漏洞扫描系统以改进系统的配置和功能设置。

同样,具体的信息系统可以对上述安全措施进行取舍。

六、支撑性安全基础设施

支撑性安全基础设施是指各类安全措施实施所必需的基础性的安全支撑环境和设施,常见的有:

1. PKI

是基于公共密码体制的一套重要基础支持系统,通过该系统,可以实现有效的网络身份认证、权限控制等安全功能。

2. 密钥管理系统

这是加密系统最重要的支持环节,缺乏有效密钥管理的加密系统是无法使用的加密系统。

3. 安全管理系统

这是对信息系统中所有安全设备进行远程、自动管理的系统。不同种类的信息安全设备要构成为一个有效的信息安全体系,必须依靠安全管理系统,才能够有效地实现统一的安全策略。

4. 应急响应体系

应急响应体系是信息系统运行安全非常重要的一个环节,建立有效的信息安全应急响应系统是确保系统安全、减小损失、防止事件再次发生的有效手段。

案例 木马分11次"驮"走16万

网上支付是否安全?数字证书是否安全?出事后倒霉的只能是用户自己吗?

一、基本案情

涉及金额16余万元、上海发生过的最大的网络盗窃案——"3·10"特大盗窃案日前告破。在上海市警方缜密侦查和云南警方的大力协助下，犯罪嫌疑人白某和葛某在云南昆明落网。蔡先生是上海一家美资软件公司的总经理，在上海工作多年。2005 年，建行的客户经理推荐他办理了一张白金理财卡。在 IT 行业工作的蔡中对网络非常熟悉，早在建行刚开始有网上银行业务的时候就在使用了，后来蔡先生成了签约客户，再后来又办理了数字证书，之后他就经常通过网上银行购物、缴费、转账。

2007 年 3 月 10 日，蔡先生上网查看自己银证通账户情况。然而，令人意想不到的是，原本 16 余万元的账户资金只剩下 36.62 元，蔡先生赶紧登录建行网上银行，但是连续出错，无法查询。

通过拨打客服电话查询，卡内钱款果然被人转走了。2 个账户共计被转走 163 204.5 元(含转账手续费)。

当天，蔡先生向卢湾分局报案，卢湾警方接报后，迅速成立专案组，展开案件侦查工作。在分析案情和银行反馈信息并向被害人了解上网情况后，侦察员进行了综合判断，认为被害人的电脑极有可能被黑客侵入，从而导致账号内存款被盗。侦察员通过查询银行转账记录，查出被盗资金全部转入一个开户在云南昆明的建设银行活期账户内，并已被人取走。警方迅速派人员赶往云南昆明开展侦查工作，在云南警方的大力协助下，侦察员查明犯罪嫌疑人的大致身份以及实施网上盗窃的地点。2007 年 3 月 28 日晚上，专案组在云南警方的配合下，顺利抓获犯罪嫌疑人白某和葛某，并查获了作案用的电脑和部分赃物。

经查，犯罪嫌疑人在网上利用发照片之际，将携带木马程序的病毒植入被害人的电脑，获取被害人的银行账号、密码和认证信息，随后盗取被害人银行账户里的人民币。

二、评析

随着互联网技术的飞速发展，网络已经进入千家万户，从网上购物、网上支付、网上证券交易到交水电费、手机费等这些网上金融活动，有些已经成为了我们日常生活中不可或缺的东西。正是因为我们越来越离不开网络，所以网络安全也就越来越重要。

目前，由于网络盗窃案件时有发生，网络银行的安全性成为人们关注的焦点，一些人利用木马病毒和“钓鱼”网站，获取用户的密码和个人资料，从而盗走用户的存款，那么，一旦人们遇到网络盗窃的情况该如何解决？作为运营机构的银行或者网上支付平台将承担怎样的责任？

此案由于涉及每个消费者的切身利益，一直是媒体和广大用户非常关心的焦点问题。此案不仅涉及金额高、影响广泛，而且很重要的是被盗用户还办理了建行提供的数字证书,就必然引发了人们更多的质疑甚至恐慌——网上支付太不安全了!数字证书也不管用了!出事后倒霉的只能是用户自己!

2006年7~8月间,国内发生了多起网银账户被盗事件,包括工商银行、农业银行等,还有一些受害者专门成立了"工行网银集体受害者联盟",有些媒体的记者还发现网络上到处充斥着办理银行卡、盗取网银的技术,甚至是贩卖制造银行卡设备的帖子。在2007年的"两会"上,网上银行的安全性也引起了全国人大代表的关注。全国人大代表、中国工商银行安徽省分行行长赵鹏表示,如果客户操作无误,而是由于黑客攻击等造成账户损失,应该由银行承担责任。全国人大代表杨新人也认为,发生客户网上被盗事件,如果是由客户的不当操作引起的,应该由客户负责,如果是由于银行管理不善造成的则应由银行来负责。

案例分析题

1. 分析一下,网络银行可能遇到的威胁是什么?
2. 针对网络银行的威胁,有哪些技术机制可以防范这些威胁?
3. 如何建立起银行和客户的信息安全防范体系?
4. 除了技术体系,你认为用户还有什么可以注意的地方?银行还有什么应该防范的地方?

复习思考题

1. 常见的网络和信息的威胁有哪些?攻击有哪些?
2. SSL的安全机制是如何实现的?
3. TCP/IP协议模型中各层提供哪些安全服务?
4. 在ISO/OSI体系结构中,是如何实现网络安全的?
5. 主要的网络安全技术和产品有哪些?
6. 安全防范体系中三保卫一支撑指什么?分别用哪些技术?

参考文献

[1] 闫宏生,王雪莉,杨军.计算机网络安全与防护[M].北京:电子工业出版社,2007.
[2] 张建军,孟雅平.信息安全风险评估探索与实践[M].北京:中国标准

出版社,2005.

[3] 王达. 网管员必读——网络安全[M]. 北京:电子工业出版社,2008.

[4] 闫强,胡桃,吕廷杰. 电子商务安全管理[M]. 北京:机械工业出版社,2007.

[5] 美国白宫. 保护美国的计算机空间——信息系统保护国家计划,2000.

[6] 中华人民共和国国家标准. GB/T 20282—2006《信息安全技术:信息系统安全工程管理要求》[S]. 北京:中国标准出版社

[7] 中华人民共和国国家标准. GB/T 19716—2005《信息安全技术:信息安全管理实用规则》[S]. 北京:中国标准出版社.

[8] 中华人民共和国国家标准. GB/T 18208—2004《信息安全技术:系统安全工程成熟模型》[S]. 北京:中国标准出版社.

[9] 中华人民共和国国家标准. GB/T 21282—2006《信息安全技术:IT 安全管理指南》[S]. 北京:中国标准出版社.

第二篇

第四章 电子商务接入技术

互联网不会等待任何人、任何公司、任何国家，因此你跟不上很快就会被别人超过。

——约翰·钱伯斯，Cisco 公司总裁

【本章导读】

1. 掌握网络接入技术和接入方法。
2. 理解企业内部网的概念和特点。
3. 了解企业内部网与互联网的接入方法。
4. 掌握 VPN 的概念，理解其应用。

引导案例 华硕构建多普达企业内部网

随着市场竞争的日益激烈，提高公司办事效率和及时准确的抓住市场信息已成为各企业迫在眉睫的任务。多普达西安销售公司的网络改造工程，主要是希望通过实施整套网络解决方案，来实现对现有网络的扩展、升级。建设成的网络要能够实现与现有办公网络的高速互联并实现高速无线传输以满足移动办公的需要，同时在数据传输的可靠性、安全性、经济性、移动性、可扩展性等方面，也提出了严格的要求。

华硕为多普达西安销售公司提供了一整套量身定做的网络解决方案，完全满足了多普达企业的期望，即提高企业本身的办事效率，加速企业内信息共享和设备整合以及员工间的沟通,满足移动办公设备的需要。从而超越时间和空间的界限,使企业能够永远走在高速信息时代的前沿。

第一节 网络接入技术概述

网络接入方式的结构,统称为网络的接入技术,是指用于连接网络的最后一段路程。互联网的接入技术很多,常见的有以下几种接入技术:

一、网络接入技术

1. 铜线接入技术

传统铜线接入技术,即借助电话线路,通过调制解调器拨号实现用户接入的方式,速率已达 56kb/s(通信一方应为数字线路接入),但这种速率还远远不能满足用户对宽带业务的需求。虽然铜线的传输带宽有限,但由于电话网非常普及,电话线占全世界用户线的 90% 以上,如何充分利用这部分宝贵资源,采用各种先进的调制技术和编码技术,提高铜线的传输速率,是中、近期接入网宽带化的重要任务。

xDSL 是 DSL(Digital Subscriber Line)的统称,意即数字用户线路,是以铜电话线为传输介质的点对点传输技术。尽管 xDSL 可以包括 HDSL(高速数字用户线)、SDSL(对称数字用户线)、ADSL(非对称数字用户线)、VDSL(甚高比特率数字用户线),但是目前市面上主要流行的还是 ADSL(非对称数字用户线路)和 VDSL(甚高速数字用户线)。VDSL 以其 52Mb/s 的理论速度相对于 ADSL 1.5Mb/s 的理论速度而言,具有绝对的性能优势,但是其高昂的价格也让用户望而却步。它适合于单位用户召开电视电话会议等。DSL 实质是一系列的超级 Modem,它们的传输速率要远远高于普通的模拟 Modem,甚至能够提供比普通模拟 Modem 快 300 倍的兆级传输速率。由于 DSL 使用普通的电话线(不像其他的高速传输技术,如 Cable Modem),所以 DSL 技术被认为是解决"最后一英里"问题的最佳选择之一。其最大的优势在于利用现有的电话网络架构,为用户提供更高的传输速度。

目前,以电话线为传输介质的宽带接入技术主要有以下几种:

(1)HDSL(高速数字用户环路)技术 。HDSL 是数字用户线(DSL)技术中的一种,它采用高速自适应数字滤波技术和先进的信号处理器,进行

线路均衡,消除线路串音,实现回波抑制,不需要再生中继器,适合所有用户环路,设计、安装和维护方便、简捷。HDSL 技术广泛适用于移动通信基站中继、无线寻呼中继、视频会议、ISDN 基群接入、远端用户线单元(RLU)中继以及计算机局域网互联等业务。

(2)ADSL(Asymmetric Digital Subscriber Line)技术 。ADSL 是不对称数字用户环路的简称,是目前电信系统所称的宽带网。即用户线的上行速率和下行速率不同,根据用户使用各种多媒体业务的特点,上行速率较低,下行速率则比较高,特别适合传输多媒体信息业务。它是利用现有的市话铜线进行数据信号传输的一种技术,下行速率在 2 ~ 9Mb/s 之间,上行速率在 640kb/s ~ 1Mb/s 之间,终端设备主要是一个 ADSL 调制解调器。ADSL 的基本原理是将传统电话线没有充分利用的双绞线的带宽充分利用起来,传统电话线仅使用 4k 的带宽,而双绞线的带宽至少可以达到 10M,可以同时实现网络连接与语音通信,即 ADSL 使用电话话音以外的频率来传输数据,而且不会影响通话的质量和网络下载速度,用户在浏览互联网的同时可以打电话或发传真,即使 ADSL 出现设备故障也不影响普通电话业务。ADSL 不仅具有 HDSL 的优点,而且在信号调制数字相位均衡、回波抑制等方面采用了更先进的器件和动态控制技术。ADSL 技术有利于充分利用铜缆资源,保护已有投资,能够在正常开通现有话音业务的同时提供宽带业务。

目前,市面上电信、铁通等都在经营 ADSL 业务,在他们经营的业务中,分为虚拟拨号 ADSL 和固定 IP ADSL,在带宽上也分有等级:512k、1M、2M 等。对于普通的家庭用户,电信提供 512k 的虚拟拨号 ADSL,铁通提供 2M 的虚拟拨号 ADSL。对于非营运性的家庭用户,电信提供 512k 的虚拟拨号 ADSL,铁通提供 2M 的虚拟拨号 ADSL。

(3)VDSL(超高速数字用户环路)技术。VDSL 和 ADSL 技术相似,也是一种非对称的数字用户环路技术,采用频分复用方式,将 POTS、ISDN 以及 VDSL 的上、下行信号放在不同的频段传输,但 VDSL 比 ADSL 的传输速率更高,是高速的 ADSL。VDSL 采用 CAP、DMT 和 DWMT 等编码方式,在一对普通电话双绞线上提供的典型速率为上行 1.5 ~ 2.3Mb/s,下行 12.96 ~ 55.2Mb/s(目前最高达到 155Mb/s),速率比 ADSL 高约 10 倍,但传输距离比 ADSL 也低得多,典型的传输距离为 0.3 ~ 1.5km。由于 VDSL 的传输距离比较短,因此特别适合于光纤接入网中与用户相连接的“最后一英里”,并且要求光网络单元(ONU)尽量与用户接近,其系统配置图与 ADSL 类似，存在于用户与本地 ONU 之间。VDSL 可同时传送多种宽带业务，如高清晰度电视（HDTV）、清晰度图像通信以及可视化计算等。

（4）SDSL（对称数字用户线）技术。SDSL 技术与 HDSL 类似，可以在 2 个方向上（上行和下行）传送 1.544Mb/s 的带宽（它利用一对铜双绞线）。一对铜双绞线的使用使其传送距离受到限制，SDSL 应用的传送范围为 3km 左右。它可在小范围的应用上找到位置，如住宅电视会议或远端 LAN 接入等。

（5）IDSL（ISDN DSL 综合数字业务用户环路）技术。IDSL 技术也与 HDSL 相同，它可以提供 ISDN 的基本速率（2B + D）或基群速率（30B + D）的双向业务，但 IDL 与 ISDN 完全不同，ISDN 是交换技术，ISDL 是网络技术。其不同于 ISDN 的最大特性是交换数据不通过交换机。

2. 混合光纤同轴（HFC）接入技术

为了解决终端用户通过普通电话线入网速率较低的问题，人们一方面通过 xDSL 技术提高电话线路的传输速率，另一方面尝试利用目前覆盖范围广、最具潜力、具有很大带宽的 CATV 网络。HFC（Hybrid Fiber Coaxial）网是指光纤同轴电缆混合网，它是一种新型的宽带网络，采用光纤到服务区，而在进入用户的“最后一英里”采用同轴电缆。最常见的也就是有线电视网络，它比较合理有效地利用了当前的先进成熟技术，融数字与模拟传输为一体，集光电功能于一身，同时提供较高质量和较多频道的传统模拟广播电视节目、较好性能价格比的电话服务、高速数据传输服务和多种信息增值服务，还可以逐步开展交互式数字视频应用。

HFC 接入技术就是以现有的 CATV 网络为基础，采用模拟频分复用技术，综合应用模拟和数字传输技术、射频技术和计算机技术所产生的一种宽带接入网技术。HFC 技术可以统一提供 CATV、话音、数据及其他一些交互业务，如数字电视和 VOD 等，750MHz 以上频段暂时保留以后使用。终端用户要想通过 HFC 接入，需要安装一个用户接口盒（UIB），它可以提供三种连接：使用 CATV 同轴电线连接到机顶盒（STB），然后连接到用户电视机；使用双绞线连接到用户电话机；通过 Cable Modem 连接到用户计算机。

由于 CATV 网络覆盖范围已经很广泛，而且同轴的带宽比铜线的带宽要宽得多，因此 HFC 是一种相对比较经济、高性能的宽带接入方案，是光纤逐步推向用户的一种经济的演变策略，尤其是在有线电视网络比较发达的地区,HFC是一种很好的宽带接入方案。HFC网是目前世界上公认的解决信息高速公路"最后一英里"宽带接入网的最佳方案。HFC综合网可以提供电视广播(模拟及数字电视)、影视点播、数据通信、电信服务(电话、传真等)、电子商贸、远程教学与医疗以及增值服务(电子邮件、电子图书馆)等极为丰富的服务内容。

传统的有线电视网只能实现单向传输,经过改造后可以实现双向传输。其终端设备是一个电缆调制解调器,它是利用有线电视网作为接入网的接入设备。有线电视电缆传输速率下行最高可达36Mb/s,上行最高可达10Mb/s。目前我国有许多地区的有线电视网也开通了这项服务。

3. Home PNA 接入技术

Home PNA全名是Home Phone Line Networking Alliance,它是1998年6月由全球多家知名的通信及晶片大厂共同制订的利用电话线在小范围内搭建局域网的电话网络标准,执行的网络标准是IEEE 802.3标准的局域网标准。Home PNA技术的出现其中一个主要目的就是解决最后几百米的互联网高速接入,实质就是一种变种的ADSL,Home PNA设备就是一套简单的ADSL局端和用户端设备,只是速度相对标准ADSL慢一些,传输距离更短一些。目前速率可以达1Mb/s,距离可达400m。解决互联网接入的模型一般是这样:ISP通过光纤或者其他方式将高速互联网接口连到小区,通过Home PNA局端设备(小区网络中心)和客户端设备在小区内通过小区住户的电话线连接成一个局域网,然后通过Home PNA设备上的共享上网服务功能为用户提供高速上网连接。目前Home PNA已经获得了多家大IT企业包括AMD、IBM、AT&T、HP、3Com等的支持。

4. DDN 数字专线技术

对于上网计算机较多的企业用户,可以采用DDN和帧中继的互联网的接入方式。DDN(Digital Data Network)即数字数据网,是利用光纤、数字微波或卫星等数字信道,提高永久或半永久性电路,以传输数据信号为主的信号网络。它区别与传统模拟电话专线,其显著特点是数字专线,传输质量高,时延小,通信速度可以根据需要在2.4kb/s~2Mb/s之间选择。用DDN方式接入互联网,传输速率可以达到64kb/s~2Mb/s。DDN是采用数字传输信道传输数据信号的通信网,可提供点对点、点对多点透明传输的数据专线,为用户传输数据、图像、声音等信息。

DDN专线就是市内或长途的数据电路,电信部门将它们出租给用户做资料传输使用后,它们就变成用户的专线,直接进入电信的DDN网络,因为这种电路是采用固定连接的方式,不需经过交换机房,所以称之为固定 DDN 专线。现在我们常见的固定 DDN 专线按传输速率可分为14.4k、28.8k、64k、128k、256k、512k、768k、1.544M(就是常说的 T1 线路)及 44.763M(T3)九种目前 DDN 可达到的最高传输速率为 155Mb/s,平均时延≤450μs。

因为 DDN 的主干传输为光纤传输,采用数字信道直接传送数据,所以传输质量高。采用专线连接的方式而不必选择路由,直接进入主干网络,所以时延小、速度快,14.4k 的 DDN 绝对比 14.4k 的拨号上网快很多。该业务采用点对点或点对多点的专用数据线路,特别适用于业务量大、实时性强的用户。

5. 帧中继技术

帧中继(Frame Relay)是在 OSI 的第二层上用简化的方法传送和交换数据单元的一种网络互联技术。它的传输率从 19.2kb/s ~ 2Mb/s。帧中继主要运用在企业局域网之间的互联以及局域网联入互联网,它是一种经济、方便、灵活、投资少的一种企业级的网络解决方案。

6. 无线接入技术

无线接入技术是指在终端用户和交换局端间的接入网部分全部或部分采用无线传输方式,为用户提供固定或移动的接入服务的技术。作为有线接入网的有效补充,它有系统容量大、话音质量与有线一样、覆盖范围广、系统规划简单、扩容方便、可加密码或用 CDMA 增强保密性等技术特点,可解决边远地区、难于架线地区的信息传输问题,是当前发展最快的接入网之一。目前,无线接入技术已较为广泛地应用于农村、城镇,在水利电力、工矿等专网中也得到一定程度上的应用。

无线接入的方式有很多,如微波传输技术(包括一点多址微波)、卫星通信技术、蜂窝移动通信技术(包括 FDMA、TDMA、CDMA 和 S-CDMA)、CTZ、DECT、PHS 集群通信技术、无线局域网(WLAN)、无线异步转移模式(WATM)等,尤其是 WLAN 以及刚刚兴起的 WATM 将成为宽带无线本地接入(WWLL)的主要方式。与有线宽带接入方式相比,虽然无线接入技术的应用还面临着开发新频段、完善调制和多址技术、防止信元丢失、时延等方面的问题,但它以其特有的无须铺设线路、建设速度快、初期投资小、受环境制约不大、安装灵活、维护方便等特点将成为接入网领域的新生力量。

7. 电力线接入技术

随着互联网应用的不断扩展和各种新技术的出现，电力线通信开始应用于高速数据接入和室内组网，通过电力线载波方式传送语音和数据信息，把电力网用于网络通信，以节省通信网络的建设成本。电力线通信是接入网的一种替代方案。现有线路资源主要有：电话线、有线电视网和电力线。电话线和有线电视网的接入线路资源归传统的运营商所拥有，而且相对于电力线而言，其线路覆盖范围要小得多。在国内，除了特别偏僻的山区外，电力线几乎无所不在，在每个家庭的每个房间，至少都有一个以上的电源插座，这对开展接入业务而言非常方便。

8. 光纤接入技术

所谓光纤接入网(OAN)就是采用光纤传输技术的接入网，泛指本地交换机或远端模块与用户之间采用光纤通信或部分采用光纤通信的系统。通常，OAN指采用基带数字传输技术并以传输双向交互式业务为目的的接入传输系统，将来应能以数字或模拟技术升级传输宽带广播式和交互式业务。光纤由于其容量大、保密性好、不怕干扰和雷击、重量轻等诸多优点，正在得到迅速发展和应用。主干网线路迅速光纤化，光纤在接入网中的广泛应用也是一种必然趋势。光纤接入技术实际就是在接入网中全部或部分采用光纤传输介质，构成光纤用户环路(FITL)，或称光纤接入网(OAN)，是实现用户高性能宽带接入的一种方案。

9. 以太网宽带接入技术

以太网是在20世纪80年代发展起来的一种局域网技术，由于其具有使用简便、价格低、速率高等优点，很快成为局域网的主流。随着千兆以太网(GbE)的成熟和万兆以太网(10GbE)的出现，以及低成本地在光纤上直接架构GbE和10GbE技术的成熟，以太网开始进入城域网和广域网领域。如果接入网也采用以太网将形成从局域网、接入网、城域网到广域网全部是以太网的结构。采用与IP一致的统一的以太网帧结构，各网之间无缝连接，中间不需要任何格式转换，将可以提高运行效率、方便管理、降低成本。

以太网技术的实质是一种2层的媒质访问控制技术，可以在5类线上传送，也可以与其他接入媒质相结合，形成多种宽带接入技术。以太网与电话铜缆上的VDSL相结合，形成EoVDSL技术；与无源光网络相结合，产生EPON技术；在无线环境中，发展为WLAN技术。以太网是目前使用最广泛的局域网技术。由于其简单、低成本、可扩展性强、与IP网能够很好结合等特点，以太网技术的应用正从企业内部网络，向公用电信网领域迈进。以太网接入是指将以太网技术与综合布线相结合，作为公用电信网的接入网，直接向用户提供基于 IP 的多种业务的传送通道。

二、网络接入方式

互联网服务提供商 ISP(Internet Service Provider)，是指为互联网用户提供互联网接入服务及相关技术支持的公司，是广大用户进入互联网的入口和桥梁。目前我国的 ISP 是中国电信、联通、网通、铁通等。

互联网服务提供商(ISP)包括互联网内容提供商(ICP)和互联网接入服务商(IAP)。互联网内容提供商提供内容服务，如网页制作、门户网站等。互联网接入提供商专门从事互联网接入服务及有限的信息服务，国内的 IAP 有新网(China DNS. com)、东方网景(east. net. cn)、北京电信(bta. net. cn)等。互联网的接入方式很多，从用户的角度出发，大致有以下几种联入方式：

1. 普通电话拨号上网

其基本原理是，将数字信息通过调制解调器转为模拟信号，然后通过电话线进行传输，接收方再通过调制解调器将模拟信号转为数字信号，从而完成数据通信的过程。上网速度理论上可以达到 33.6(上传)~56(下载)kb/s，缺点是上网速度较慢，而且易受电话线路通信质量的影响。

2. ADSL 上网

ADSL(Asymmetric Digital Subscriber Line)是不对称数字用户环路的简称，是目前电信系统所称的宽带网。它是利用现有的市话铜线进行数据信号传输的一种技术，下行速率在 2 ~ 9Mb/s 之间，上行速率在 640kb/s ~ 1Mb/s之间，终端设备主要是一个 ADSL 调制解调器。ADSL 的基本原理是将传统电话线没有充分利用的双绞线的带宽充分利用起来，传统电话线仅使用 4K 的带宽，而双绞线的带宽至少可以达到 10M，可以同时实现网络连接与语音通信，即使 ADSL 出现设备故障也不影响普通电话业务。ADSL 适用于人口密度大、高层建筑多、网络节点密集的地段，具有系统结构简单，使用维护方便，性能价格比高的特点。

3. ISDN 上网

ISDN(Integrated Services Digital Network)是综合业务数字网的简称，又称一线通，它是由电话综合数字网演变而来的。ISDN 有 2 个信道，可以全部用于接入互联网，也可以仅用一个信道接入。如果 2 个信道同时

使用，则数据传输速率为 128kb/s，一个信道使用时数据传输速率为 64kb/s，此时另一个信道作为普通电话使用。

4. DDN 上网

DDN（Digital Data Network）就是数字数据网，是利用数字信道来传输数据信号的数字数据网。目前全国各地的电信系统都普遍开通了这项服务。DDN 利用数字信道提供半永久性连接线路以联入互联网，是一种全透明、全数字、优质的传输介质，其传输速率是 64kb/s ~ 2Mb/s。

5. 局域网共享上网

比如校园网通过光纤联入互联网，而学校内部的电脑可以共享这根光纤上网，光纤局域网内的传输速率范围是 10 ~ 100Mb/s。

6. 有线电视电缆上网

传统的有线电视网只能实现单向传输，经过改造后可以实现双向传输。终端设备是一个电缆调制解调器，它是利用有线电视网作为接入网的接入设备。有线电视电缆传输速率下行最高可达 36Mb/s，上行最高可达 10Mb/s。

7. 光纤上网

光纤是一种直径为 50 ~ 100μm 的特殊传输介质，一般由石英玻璃或塑料制成，外裹一层折射率较低的材料，多根光纤连在一起，就组成了光缆。光纤通信网才是真正意义上的宽带网，传输速度最快、单根光纤的传输速度可以达到 100Mb/s ~ 10Gb/s，而且相当稳定，唯一缺点就是价格较高。

8. 无线接入上网

无线接入上网分为 2 种：

一种是固定接入，如微波、卫星和短波等。微波接入的典型方式是建立卫星地面站，租用通信卫星的信道与上级 ISP 通信，其单路最高速率为 27kb/s，可多路复用，其优点是不受地域的限制。卫星通信传输技术是利用卫星通信的多址传输方式，为全球用户提供大跨度、大范围、远距离的数据通信。利用专用的短波设备也可以接入互联网，且接入速率和距离都较理想。由于短波有绕射力，因此这种技术适用于在城市及市郊作中远距离联网。

另一种是移动接入，利用手机上网除了可以进行网页浏览、收发电子邮件等常规互联网服务外，还可以发送短信息、下载铃声、下载屏保等，传输速率约 9.6kb/s。

第二节　企业内部网(Intranet)

企业内部网(Intranet)也称为企业网,是基于互联网技术的企业内部网,是互联网技术在企业局域网(LAN)或广域网(WAN)上的应用。Intranet通过简单的浏览界面,方便的提供诸如E-mail、文件传输(FTP)、电子公告和新闻、数据查询等服务,并且可与互联网连接实现企业内部网上用户对互联网的浏览、查询,同时对外提供信息服务,发布本企业信息。

一、Intranet的应用

Intranet的应用发生了2次跨时代的飞跃,从第一代的信息共享与通信应用,发展到第二代的数据库与工作流应用,进而进入以业务流程为中心的第三代Intranet应用。

1. 信息共享与通信

第一代Intranet将互联网的应用搬到机构组织内部,实现信息共享和快捷通信。

信息共享实现了高效、无纸的信息传输。信息共享应用不仅将大量的文件、手册转换成了电子形式,从而减少了印刷、分发成本和传播周期,而且也营造了开放的企业文化。通过Intranet,领导可以直接与员工交流,及时了解和掌握企业运作和市场营销情况。

通常,信息共享应用是一组采用HTML编制的静态Web页面,其中包含丰富的多媒体信息,页面之间通过超链接实现透明的浏览和切换。这些信息可以根据用户的身份和需要动态的产生或定制。与传统的媒体相比,Intranet的信息共享应用不仅范围广、价格便宜、更新及时,更重要的是媒体丰富和可以按需点播。

Intranet的通信应用可分为共同工作和独立工作2种方式。共同工作方式不管参与者是否在同一地点,他们必须在同一时间一起工作,这类应用的目的在于增强合作和交流的效率,常见的共同工作通信方式有:日程安排、电话会议、视频会议、电子系统、白板系统及交谈(Chat)系统。独立工作方式则不关心参与者在何时何地进行工作,常见的独立工作通信方式有:电子邮件、讨论组、支持小组工作的文档编辑工具等。

2. 数据库与工作流应用

随着Intranet应用的深入,静态的信息共享已不能满足用户需求,于

是开始尝试将传统的MIS系统向Intranet上搬迁,这就是以数据库应用和工作流为主的第二代Intranet应用。

这一代Intranet应用的技术特点是Web和数据库的结合。在传统的MIS系统中,数据库的存取一般需要专门的用户端软件,检索所得的结果难以为大多数用户所接受。通过通用网关接口CGI(Common Gateway Interface)将WWW与数据库结合起来后使存取本身和结果都变得更加容易。WWW提供的友善、统一和易用的界面,使更多的用户乐意去访问数据库。由于用户使用的是统一的WWW浏览器界面,而不是各种各样的用户端软件,所以数据库的管理和支持人员可以集中精力于数据库建设上,而不用过多关心对用户端的支持。这样,对于一个机构来说,原来不同部门之间不同应用与数据库的互联、转换、培训和使用等问题也就迎刃而解了。

3. 以业务流程为中心的应用

Intranet技术虽然给机构的信息化建设带来了巨大的活力,但仍然不能使现代企事业摆脱这样的尴尬:一方面单位对IT的投资越来越大,另一方面预期的效益总不能兑现。导致IT技术不能发挥其潜在效能的主要原因是,传统MIS系统仅使人工作业自动化,但并未改变原有的工作和管理方式。简单地对现有流程自动化,无论采用何种技术,都只会加剧混乱的程度。

解决这个问题的唯一途径是将新的管理理念和Intranet技术有机结合起来,对现有业务流程进行重新分析、重组、优化和管理,以顾客为中心将流程中和每一项工作综合成一个整体,使之顺畅化和高效化,以协调内部业务关系和活动,提高对外界变化的反应能力,改善服务质量,降低经营和管理成本。这就是第三代以业务流程为中心的Intranet应用。

所谓业务流程,是指与顾客共同创造价值的相互衔接的一系列活动,也称为价值流。业务流程几乎包含了企事业单位所有运行操作,按内容可分为客户关系管理、供应链、知识及决策管理等。业务流程具有时间、成本、柔性、客户满意度等可测量和分析的指标,因此,单位的业绩可由业务流程的指标来体现。无论是分析流程还是重新设计,均可对流程的指标进行测量和评价。这些指标的定义、测量、收集和分析是控制业务流程的关键技术。

以业务流程为是中心的第三代Intranet集成了多种先进的IT技术,例如:基于Web的多层客户/服务器技术、数据库(DW)、计算机电话集成技术（CTI）、分布对象技术（DOT）、安全和保密术等。

二、Intranet 的特点

1. 开放性和可扩展性

由于采用了 TCP/IP、FTP、HTML、Java 等一系列标准，Intranet 具有良好的开放性，可以支持不同计算机、不同操作系统、不同数据库、不同网络的互联。在这些相异的平台上，各类应用可以相互移植、相互操作，使它们有机地集成为一个整体。在此基础上，应用的规模也可以增量式扩展，先从关键的小的应用着手，在小范围内实施取得效益和经验后，再加以推广和扩展。

Intranet 的开放性和可扩展性使之成为构筑级信息公路的主流。对内，Intranet 可将机构内部各自封闭的局域网信息孤岛联成一体，实现机构组织的信息交流、资源共享和业务运作；对外，可方便地接入互联网成为全球信息网的成员，实现与世界的信息交流和电子商务。

2. 通用性

Intranet 的通用性表现在它的多媒体集成和多应用集成 2 个方面。在 Intranet 上，用户可以利用图、文、声、像等各类信息，实现机构组织所需的各种业务管理和信息交流。

Intranet 从客户终端、应用逻辑和信息存储 3 个层次上支持多媒体集成。在客户端，Web 浏览器允许在一个程序里展现文本、声音、图像、视频等多媒体信息；在应用逻辑层，Java 提供交互的、三维的虚拟现实界面；在信息存储层，面向对象数据库为多媒体的存储和管理提供了有效的手段。

利用 TCP/IP、Web、Java 和分布式面向对象等开放性技术，Intranet 能支持不同内容应用在不同平台上的集成，这些应用可运行在同一机构组织的不同部门，也可运行在不同机构组织之间。

3. 简易性和经济性

Intranet 的性能价格比远高于其他的通信方式，这主要体现在其网络基础设施的费用投入较少。由于采用开放的协议和技术标准，大部分机构组织的现存平台，包括网络和计算机，均可继续利用。

作为 Intranet 的基本组成，Web 服务器和浏览器不仅价格较低，而且安装配置简易。作为开发语言，HTML 和 Java 等容易掌握和利用，使开发周期缩短。另外，Intranet 的可扩展性不仅支持新系统的增量式构造，从而降低开发风险，而且支持与现存系统的接口和平滑过渡，可充分利用已

有资源。

其超文本界面标准统一，操作简易友善，超链接使用户只要简单的操纵鼠标就可浏览和存取所需的信息。由此，对用户的培训可以大大简化。

Intranet 的简易性和经济性不仅表现在开发和使用上，而且也表现在管理和维护上。由于 Intranet 采用瘦客户机方式，其客户端部存在程序代码，所以维护更新和管理可以方便地在服务器上进行。另外，由于 Intranet 开发和维护技术要求简单，可以让更多部门甚至个人参与开发，从而降低了 IT 人员的负荷和数量。

三、Intranet 与互联网互联

Intranet 通过防火墙与互联网相连，内部可以采用三层交换机和两层交换机进行构建（如图 4-1 所示）。Intranet 的组网技术和局域网技术相同，可以采用 IEEE 802.3、802.4、802.5 等系列标准，数据传输率可以达到 100Mb/s 和 1 000Mb/s。

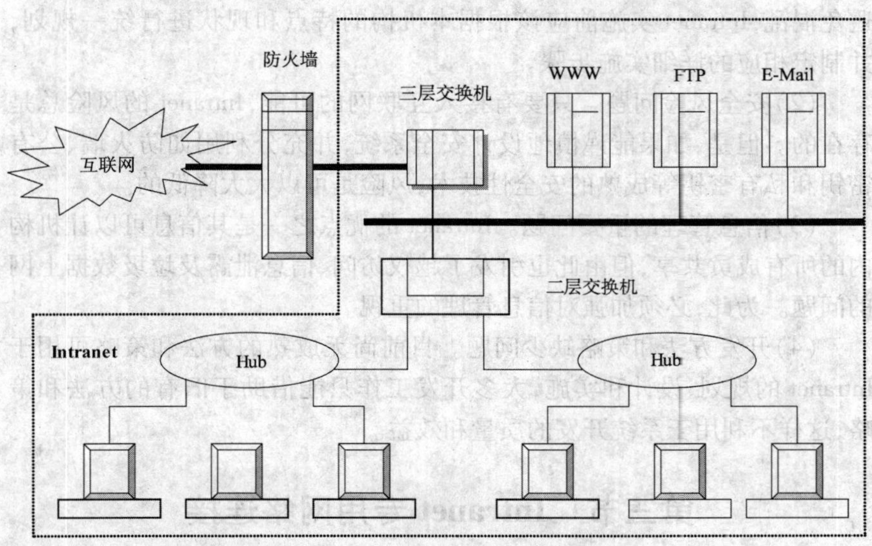

图 4-1　Intranet 硬件系统构成

Intranet 使用的操作系统主要有 Unix、Linux、Windows NT、Windows 2000 Server 等。Unix、Linux 操作系统在安全性能、稳定性上要比 Windows NT、Windows 2000 Server 好一些，但 Windows 2000 Server 的使用较为方

便,其提供IIS,可以方便地组建互联网。与Unix相比,其最大的优势在于使用图形用户界面。

Intranet可以通过Modem和电话线路、ISDN适配器和ISDN线路、电缆调制解调器、数字用户线路(DSL)、DDN网络或X.25网络,连接到互联网服务提供商(Internet Service Provider,ISP)。应用最广泛的接入方式是电话拨号、ISDN、ADSL和DNN等。ISP的作用一是为用户接入互联网提供服务,二是为用户提供各种类型的信息服务,例如电子邮件服务、信息发布代理服务、广告服务等。

四、Intranet存在的问题

虽然Intranet具有传统MIS系统和LAN无可比拟的优点,但由于Intranet的发展仍处于初级阶段,不少方面尚未成熟,其存在的问题主要表现在以下几个方面:

(1)规划不足的问题。由于Intranet的简易性和经济性,诱使各类机构和企业在无缜密规划的情况下纷纷仓促上马,以致造成失控状态。为避免混乱,Intranet实施前应该根据本机构的特点和现状进行统一规划,并制定相应的详细实施步骤。

(2)安全风险问题。只要有接入互联网的可能,Intranet的风险总是存在的。但是,如果能谨慎地设计安全系统,并充分利用如防火墙、公有密钥和私有密钥等成熟的安全性技术,风险是可以大大降低的。

(3)信息管理的重要问题。Intranet的优点之一是其信息可以让机构内的所有成员共享,但由此也引发了越权访问、信息泄露及垃圾数据上网的问题。为此,必须加强对信息管理的重视。

(4)开发方法和策略缺少问题。目前尚无成熟的方法和策略可用于Intranet的规划、设计和实施,大多开发工作只能借助于旧有的方法和策略,这样不利用于系统开发的质量和效益。

第三节 Intranet专用网络连接

一、VPN的概念和分类

虚拟专网是虚拟私有网络(Virtual Private Network,VPN)的简称,虚拟专用网被定义为通过一个公用网络(通常是互联网)建立一个临时的、

安全的连接，是一条穿过混乱的公用网络的安全、稳定的隧道。虚拟专用网是对企业内部网的扩展。目前，能够用于构建 VPN 的公共网络包括互联网和服务提供商(ISP)所提供的 DDN 专线(Data Digit Network Leased Lind)、帧中继(Frame Relay)、ATM 等，构建在这些公共网络上的 VPN 将给企业提供集安全性、可靠性和可管理性于一身的私有专用网络。

虚拟专用网可以帮助远程用户、公司分支机构、商业伙伴及供应商同公司的内部网建立可信的安全连接，并保证数据的安全传输。通过将数据流转移到低成本的网络上，一个企业的虚拟专用网解决方案将大幅度地减少用户花费在城域网和远程网络连接上的费用。同时，这将简化网络的设计和管理，加速连接新的用户和网站。另外，虚拟专用网还可以保护现有的网络投资。随着用户的商业服务不断发展，企业的虚拟专用网解决方案可以使用户将精力集中到自己的生意上，而不是网络上。虚拟专用网可用于不断增长的移动用户的全球互联网接入，以实现安全连接；可用于实现企业网站之间安全通信的虚拟专用线路，用于经济有效地连接到商业伙伴和用户的安全外联网虚拟专用网。虚拟专用网能提供如下功能：

(1)加密数据，以保证通过公网传输的信息即使被他人截获也不会泄露。

(2)信息认证和身份认证，保证信息的完整性、合法性，并能鉴别用户的身份。

(3)提供访问控制，不同的用户有不同的访问权限。

根据 VPN 所起的作用，可以将 VPN 分为 3 类：Access VPN、Intranet VPN 和 Extranet VPN。

1. Access VPN(远程访问虚拟专网)

在该方式下远端用户拨号接入到用户本地的 ISP，采用 VPN 技术在公众网上建立一个虚拟的通道到公司的远程接入端口。这种应用既可适应企业内部人员移动和远程办公的需要，又可用于商家提供 B2C(企业对客户)的安全访问服务。

2. Intranet VPN

在公司远程分支机构的 LAN 和公司总部 LAN 之间的 VPN。通过互联网这一公共网络将公司在各地分支机构的 LAN 连到公司总部的 LAN，以便公司内部的资源共享、文件传递等，可节省 DDN 等专线所带来的高额费用。

3. Extranet VPN

Extranet VPN 在供应商、商业合作伙伴的 LAN 和公司的 LAN 之间的 VPN。由于不同公司网络环境的差异性,该产品必须能兼容不同的操作平台和协议。由于用户的多样性,公司的网络管理员还应该设置特定的访问控制表 ACL(Access Control List),根据访问者的身份、网络地址等参数来确定其相应的访问权限,开放部分资源而非全部资源给外联网的用户。

二、VPN 结构与基本协议

VPN 为了解决网络通信安全和节省网络通信的开销,其总体使用形式如图 4-2 所示。

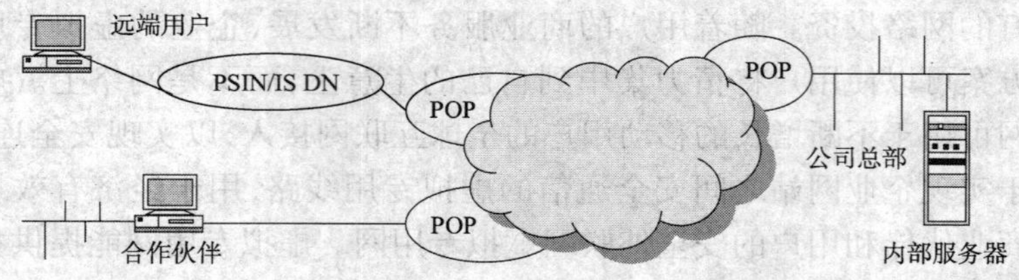

图 4-2 VPN 的使用

在图 4-2 中通信的双方为了保证通信的安全均需要建立安全网络通道,只有在建立安全网络通道的前提下才能保证通信的安全。在这个总体形势上,根据其应用的目的和实施的环境,有许多变种的 VPN 结构。从 VPN 的结构上容易发现,VPN 的安全是建立在安全通道的基础之上,安全通道的建立是否可靠直接影响整个系统的安全,也影响系统的效率。建立安全通道所使用的安全协议,根据其用途和建立在 OSI 拓扑结构中的层次不同,一般有 IPSec、L2TP、PPTP、SOCKS v5、SSL 几种安全协议供选择。

实现 VPN 的关键技术主要包括:

1. 安全隧道技术(Secure Tunneling Technology)

通过将待传输的原始信息经过加密和协议封装处理后再嵌套装入到另一种协议的数据包送入网络中,像普通数据包一样进行传输。经过这样的处理,只有源端和宿端的用户才能对隧道中的嵌套信息进行解释和处理,而对于其他用户而言只是无意义的信息。这里采用的加密和信息结构变换相结合的方式,而非单纯的加密技术。

2. 用户认证技术(User Authentication Technology)

在正式的隧道连接开始之前需要确认用户的身份,以便系统进一步

实施资源访问控制或者用户授权(Authorization)。用户认证技术是相对比较成熟的一类技术,因此可以考虑对现有技术的集成。

3. 访问控制技术(Access Control Technology)

由 VPN 服务的提供者与最终网络信息资源的提供者共同协商确定特定用户对特定资源的访问权限,以此实现基于用户的细粒度访问控制,以实现对信息资源的最大限度的保护。

三、VPN 的隧道协议

VPN 区别于一般网络互联的关键在于隧道的建立,然后数据包经过加密后,按隧道协议进行封装、传送以确保安全性。因此,对于构建 VPN 来说,网络隧道(Tunnel)技术是个关键技术。它主要利用网络隧道协议来实现两个网络协议之间的传输,网络隧道技术涉及 3 和网络协议:网络隧道协议、隧道协议下面的承载协议和隧道协议所承载的被承载协议。

当前有 2 种类型的隧道协议,一种是二层隧道协议,用于传输二层网络协议,它主要应用于构建 Access VPN ;另一种是三层隧道协议,用于传输三层网络协议,它主要应用于构建 Intranet VPN 和 Extranet VPN。

1. 二层隧道协议

在数据链路层实现数据封装的协议叫第二层隧道协议。二层隧道协议主要有三种。一是微软、Ascend、3COM 等公司支持的 PPTP(Point to Point Tunneling Protocol,点对点隧道协议),Windows NT 4.0 以上版本中有支持。二是 Cisco、北方电信等公司支持的 L2F(Layer 2 Forwarding,二层转发协议),在 Cisco 路由器中有支持。三是由 IETF 起草,微软 Ascend、Cisco、3COM 等公司参与的 L2TP(Layer 2 Tunneling Protocol,二层隧道协议)结合了上述 2 个协议的优点,将很快地成为 IETF 有关二层隧道协议的工业标准。

1996 年,Microsoft 和 Ascend 等在 PPP 协议的基础上开发了 PPTP,它集成于 Windows NT Server 4.0 中,Windows NT Workstation 和 Windows 9.X 也提供相应的客户端软件。PPP 支持多种网络协议,可把 IP、IPX、AppleTalk 或 NetBEUI 的数据包封装在 PPP 包中,再将整个报文封装在 PPTP 隧道协议包中,最后,再嵌入 IP 报文或帧中继或 ATM 中进行传输。PPTP 提供流量控制,减少拥塞的可能性,避免由包丢弃而引发包重传的数量。PPTP 的加密方法采用 Microsoft 点对点加密(MPPE, Microsoft Point-to-Point Encryption)算法,可以选用较弱的 40 位密钥或强度较大的

128 位密钥。

1996 年，Cisco 提出 L2F(Layer 2 Forwarding)隧道协议，它也支持多协议，但其主要用于 Cisco 的路由器和拨号访问服务器。1997 年年底，Microsoft 和 Cisco 公司把 PPTP 协议和 L2F 协议的优点结合在一起，形成了 L2TP 协议。L2TP 支持多协议，利用公共网络封装 PPP 帧，可以实现和企业原有非 IP 网的兼容。该协议还继承了 PPTP 的流量控制，支持 MP(Multilink Protocol)，把多个物理通道捆绑为单一逻辑信道。L2TP 使用 PPP 可靠性发送(RFC1663)实现数据包的可靠发送。L2TP 隧道在两端的 VPN 服务器之间采用口令握手协议 CHAP 来验证对方的身份。L2TP 受到了许多大公司的支持。

L2TP 的优点在于对用微软操作系统的用户来说很方便，因为微软已把它作为路由软件的一部分。PPTP/L2TP 支持其他网络协议，如 Novell 的 IPX，NetBEUI 和 Apple Talk 协议，还支持流量控制。它通过减少丢弃包来改善网络性能，这样可减少重传。

L2TP 的缺点在于它将不安全的 IP 包封装在安全的 IP 包内，它们用 IP 帧在 2 台计算机之间创建和打开数据通道，一旦通道打开，源和目的用户身份就不再需要，这样可能带来问题。它不对 2 个节点间的信息传输进行监视或控制。PPTP 和 L2TP 限制同时最多只能连接 255 个用户。端点用户需要在连接前手工建立加密信道，认证和加密受到限制，没有强加密和认证支持。PPTP/L2TP 最适合用于远程访问虚拟专用网。

2. 三层隧道协议

用于传输三层网络协议的隧道协议叫三层隧道协议。三层隧道协议并非是一种很新的技术，目前主流的是 GRE 和 IPSec。

GRE(generic routing encapsulation，通用路由封装)协议是对某些网络层协议(如 IP 和 IPX)的数据包进行封装，使这些被封装的数据包能够在另一个网络层协议(如 IP)中传输。GRE 是 VPN(virtual private network)的第三层隧道协议，在协议层之间采用了 Tunnel(隧道)的技术。隧道是一个虚拟的点对点的连接，在实际中可以看成仅支持点对点连接的虚拟接口，这个接口提供了一条通路使封装的数据包能够在这个通路上传输，并且在一个隧道的两端分别对数据包进行封装及解封装。一个报文要想在隧道中传输，必须要经过加封装与解封装 2 个过程。

IPSec(Internet Protocol Security)是 IETF 提供互联网安全通信的一系列规范，它提供私有信息通过公用网的安全保障。IPSec 适用于目前的版

本 IPv4 和下一代 IPv6。由于 IPSec 在 TCP/IP 协议的核心层——IP 层实现,因此可以有效地保护各种上层协议,并为各种安全服务提供一个统一的平台。IPSec 协议是现在 VPN 开发中使用的最广泛的一种办议。IPSec 的基本目的是把密码学的安全机制引入 IP 协议,通过使用现代密码学的方法支持保密和认证服务,使用户能有选择地使用,并得到所期望的安全服务。

在公用网络上构建 VPN 传输私有数据,网络安全性是个很重要的问题。在 VPN 应用中应用了一系列的网络安全技术,如网络防火墙、应用 IPSec 进行隧道上的网络数据加密、进行 L2TP 隧道端的相互验证等,使得在公用网络上传输的私有网络数据的安全性得到了保证。

知识链接:SSL VPN

SSL 通过加密方式保护在互联网上传输的数据安全性,它可以自动应用在每一个浏览器上。这里,需要提供一个数字证书给 Web 服务器,这个数字证书需要付费购买,相对而言,给应用程序设立 SSL 服务是比较容易的。如果应用程序本身不支持 SSL,那么就需要改变一些链接,这只与应用程序有关。对于出现较大信息量的情况,建议给 SSL 进行加速以避免流量瓶颈。通常 SSL 加速装置为热插拔装置。

VPN 则主要应用于虚拟连接网络,它可以确保数据的机密性并且具有一定的访问控制功能。过去,VPN 总是和 IPSec 联系在一起,因为它是 VPN 加密信息实际用到的协议。IPSec 运行于网络层,IPSec VPN 则多用于连接两个网络或点到点之间的连接。

大量理论可以证明 SSL 的独特性以及 VPN 所能提供的安全远程访问控制能力。到目前为止,SSL VPN 是解决远程用户访问敏感公司数据最简单最安全的解决技术。与复杂的 IPSec VPN 相比,SSL 通过简单易用的方法实现信息远程连通。任何安装浏览器的机器都可以使用 SSL VPN,这是因为 SSL 内嵌在浏览器中,它不需要像传统 IPSec VPN 一样必须为每一台客户机安装客户端软件。这一点对于拥有大量机器(包括家用机,工作机和客户机等等)需要与公司机密信息相连接的用户至关重要。人们普遍认为它将成为安全远程访问的新生代。

SSL VPN 的价值包括许多方面,最主要的是提高访问控制能力,安全易用以及高额的投资回报率。

案例　Intranet 带给 ANE 第二个“黄金季节”

一、ANE 公司简介

ANE 公司是一家总部设在纽约的大型跨国制药公司。该公司在美国以外的20多个国家设有生产子公司，在50多个国家设有销售分支机构和办事处。经过近10年的发展，该公司业绩取得极大发展，其股票在纽约证券交易所上也有不俗的表现。

二、ANE 公司利用 Intranet 及互联网的发展

虽然公司业绩逐年增长，但作为公司的首席执行官（CEO）的 Calvin 先生，却有着某种危机感。这种危机感主要来自于管理难度的增大所带来的管理成本的上升。由于公司的规模不断扩张，为了管理和协调公司与各相关利益主体的关系，Calvin 和其他一些高层主管不得不频繁穿梭于世界各地；同时组织规模的扩大也带来员工与管理层的沟通问题。传统的管理方式带来的是效率的低下和管理成本的不断攀升，所有这些都将对公司的战略目标构成威胁。

Calvin 在组织公司人员进行分析论证和接受一家著名管理咨询公司的建议的基础上，作出决定，公司应当从完善企业内部网络（Intranet）着手，利用互联网的优势，变传统的管理为数字化管理，为公司的发展服务。

由于 ANE 以前也曾建有简单的企业内部网，在此基础上搭建 Intranet 平台并不困难，不久公司的 Intranet 便正式投入广泛的使用。ANE 公司利用互联网，不仅实现了总公司与各子公司、分公司及办事处的联网，而且与供应商、分销商也建立了网络联系。公司的采购成本、销售成本下来了，公司的内部沟通更迅捷了。Calvin 先生也不必再为一些并不太重要的事情而亲自而出马了，只要轻点鼠标，利用 E-mail 等形式就能与有关人员进行及时信息交流与沟通，从而可以将更多的精力放在计划、组织和决策上。值得一提的是自从建立 Intranet 后，公司获得了一些意想不到的收获，那便是来自公司内部员工和公司客户的建议与意见。近年来公司采取的许多重大的革新举措，很大程度上是来自于对这些信息的分析与提炼。

如今 ANE 公司正处于发展的第二个“黄金季节”（第一个“黄金季

节”来自于5年前公司在研制一种攻克癌症的配方上取得的突破性进展),Calvin先生正在构想建立网上销售系统,直接面向客户和消费者,建立B2B和B2C的电子商务模式,树立自己的品牌,如果能够取得成功,公司的业绩将会有很大的提高。

案例分析题

1. ANE公司是如何利用互联网技术推动企业发展的?
2. 上网查找相关资料,找出其他公司利用互联网改变公司盈利状况的实例。

复习思考题

1. 简述网络接入技术有哪些?
2. 简述网络接入方式有哪些?
3. Intranet的含义和特点是什么?
4. VAN的概念是什么?有哪几种类型的VAN?
5. 实现VPN的关键技术有哪些?
6. 何谓二层隧道协议?当前有哪些二层隧道协议?
7. 何谓三层隧道协议?当前有哪些三层隧道协议?

参考文献

[1] 石磊. 电子商务的网络技术[M]. 北京:中国水利水电出版社,2005.
[2] 谢晓尧. 电子商务网络协议的形式化分析理论与应用[M]. 北京:科学出版社,2008.
[3] 张与鸿. 电子商务网络实施技术[M]. 北京:中国水利水电出版社,2007.
[4] 谢希仁. 计算机网络[M]. 北京:电子工业出版社,1999.

第五章 电子商务信息处理技术

一个成功的决策，等于90%的信息加上10%的直觉。

——美国企业家 S. M. 沃尔森

【本章导读】

1. 掌握电子商务中的信息流模型、传统商务信息流程和电子商务的信息流程。

2. 熟悉网络数据库技术的基本结构、特点。

3. 了解 Web 数据挖掘技术及其在电子商务中的应用。

4. 了解智能代理技术的主要实现方法。

引导案例 信息处理技术在 Firstar 银行中的应用

美国 Firstar 银行使用 Marksman 数据挖掘工具，根据客户的消费模式预测何时为客户提供何种产品。Firstar 银行市场调查和数据库营销部经理发现：公共数据库中存储着关于每位消费者的大量信息，关键是要透彻分析消费者投入到新产品中的原因，在数据库中找到一种模式，从而能够为每种新产品找到最合适的消费者。Marksman 能读取 800 ~ 1 000 个变量并且给它们赋值，根据消费者是否有家庭财产贷款、赊账卡、存款证或其他储蓄、投资产品，将它们分成若干组，然后使用数据挖掘工具预测何

时向每位消费者提供哪种产品。预测准客户的需要是美国商业银行的竞争优势。

第一节　电子商务中的信息流

进入电子商务时代，商业活动同以前相比最大的区别在于以信息流为中心而不再是以商流为中心，商业企业组织、营销渠道和业务流程都已发生了深刻变革。商流、物流、信息流是商品流通中的三大主要流，商品要实现流通，三者一个都不能缺少。但是，在不同的时期，三流在商品流通中的重要性也是不同的，在某一个时期，其中必有一个流是主要的，我们称其为“主导流”。商品流通中以何种流为主导流，反映了社会经济发展的水平，也是一个时代商务活动的特点表现。

以物流为“主导流”的农业社会是商品经济不发达的社会，生产者生产出来的产品首先是自己消费，为交换而生产的产品在社会总产品中的比重不大。农业社会的信息传播不发达，整个社会没有正式的、高效的信息传播渠道，商品生产和流通的信息是靠以往市场供求状况得到的。当生产者将自己多余的农产品或其他产品拿到市场上销售时，大多数情况下并没有事先得到市场需求信息，能否顺利销售要靠运气。在这种商业活动中，既没有信息作为先导，也没有买卖协议作为保证。因此，这样的商品流通既不是以信息流为主导，也不是以商流为主导的，而是直接以物流为主导。换句话说，生产者首先进行的是物流，生产者把产品运到市场，但能否实现交易有很大的不确定性，商流是跟在物流后面的行为，信息流是在物流的行进中发生的。农业社会的商品流通的特点是，由于有了物流，才有信息流和商流的发生，物流带动商流和信息流。所以，物流是农业社会的主导流，是商品流通中的决定性因素，没有物流，也就没有商流和信息流，但是有了物流，商流未必发生。

以商流为“主导流”的工业社会是商品经济发达的社会，生产者为交换而生产，产品的去向成为关键。为了能使生产的产品销售有保证，生产者需要在产品生产之前就签订销售协议，商流成为商品流通中的主导流，商流带动物流。信息流在商品流通也是很重要的，信息沉在一定程度上为商流的进行指明了方向，但是由于科技发展水平的限制，工业社会的信息化程度不高，信息流还不能完全成为商流的先导。开辟商路、实现商流是工业社会的主要任务，于是商人奔波于全世界寻找商机，政府也积极地为本国商人打开国外市场而努力,甚至不惜动用武力。工业社会的商品流通特点是商流带动物流,但商流可以与物流分开,可以有大量没有物流的商流。一批产品的所有权可以不断转移,但是实际物流只发生一次。现代国民生产总值的统计以商流为计算依据,而不是物流,商流在工业社会具有重要的意义,物流附属于商流,例如期货交易可以不产生实物的交割,买卖双方在交割时只要按当前的市场价支付一个与原先合同价格不同的差额即可完成交易。

以信息流为"主导流"的信息社会,信息传播和信息技术和手段得到了空前的发展,网络和计算机的普及产生了电子商务,通过电子商务进行交易,信息流成为三流中的"主导流"。在电子商务环境下,信息流是交易的先导,交易者从网络信息平台中寻找商机和交易对象,通过网络进行充分的交流和谈判,信息流成为商流的前提,引导着商流的实现。由于信息的充分和沟通的便利,寻找交易对象变得容易,成交的概率大大增加了,商流比过去更加发达。在电子商务环境下,商流可以在网上实现,交易的成本也在不断的下降,也对商流的发展起到了促进作用。同时,信息流对物流的支配作用也在加大,物流不再仅仅依附于商流,而是在信息流和商流共同支配下以更经济更便捷的路线进行流动。

从物流为主导到商流为主导再到信息流为主导,反映了商品流通从原始到现代的演变,反映了商品流通效率的提高,这些变化对流通企业自身必然会产生深刻的变革。

电子商务是信息流、资金流、物流的整合统一,其基础是信息的采集、沟通和共享,可是如果信息不能做到准确、权威、可靠,信息流不畅通,那么无疑会影响企业开展电子商务的效果。而电子商务中的信息流就处于一个极为重要的地位,它贯穿商品交易过程始终,在一个更高的位置对商品流通的整个过程进行控制,记录整个商务活动的流程,是分析物流、导向资金流、进行经营决策的重要依据。

一、信息流

企业商务活动就是企业之间、企业内部各部门之间及企业与消费者之间关于商品、交易等信息的交换过程。信息以各种方式,依附于一定的载体在发送者和接收者之间流动,信息的收集、加工、存储、传播、利用和反馈活动构成信息流的形成和管理过程。

企业从引进技术、设备、原材料到产品卖给顾客的过程中,形成物流

和资金流,并构成了与其相对应的信息流。在企业生产和经营中信息流反映物流和资金流的状态,调控物流和资金流的数量、方向、速度、目标,使之按一定的目的和规则运动,如图 5-1 所示。

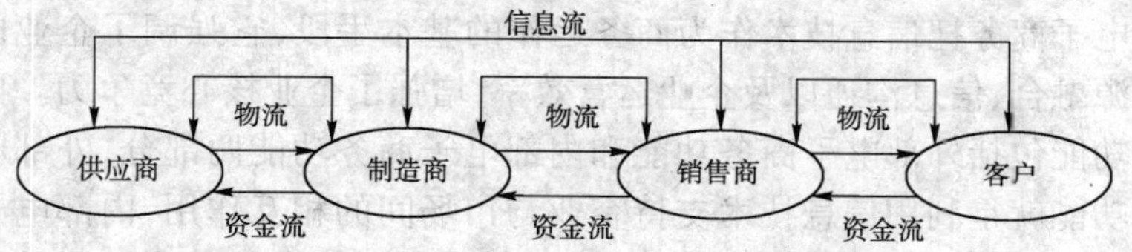

图 5-1　信息流资金流物流之间的关系

信息流的主体是信息,信源、信道、信宿是构成信息流的三大要素。信源是信息的发送者,信宿是信息的接收者。信源和信宿没有绝对的区分界限,按照角色可以是上下游企业、企业各个部门、消费者及政府、银行等第三方。信道即信息的传递渠道,是信息流中最重要的要素,决定信息处理和流通的效率。

企业的网络结构和通信技术构成信息传播的基础。同时信息传递的高效健康需要信息技术和企业管理相结合,通过自动化、职能化的流程管理实现信息在各环节之间持续、快速地流动。

二、电子商务中的信息流模型

电子商务信息流是指电子商务信息通过计算机网络途径进行传输的运动过程,是对商品运动状态的直接反映。它包括电子商务信息的产生、收集、传播、运用与反馈的过程。概括地说,电子商务信息流是指商品或劳务信息的正反馈和负反馈的矛盾运动过程。

1. 电子商务信息流产生的原因

商务信息产生的根本原因,在于商品或劳务的销售是“惊人的一跳”。供给和需求均衡,它要求供给信息和需求信息对称,这样就自然产生了供给和需求信息传输与反馈运动,形成商务信息的连续或非连续的运动。因而,商品或劳务的运动就需要反映自身的商务信息。商务信息同商品经济同生共长。与传统商务信息流所不同的是,在电子商务条件下,信息流在商品和劳务的运动过程中占据了主导地位,成为商流、物流、货币流的先导和基础,从而电子商务的信息流就主导了这一商务模式。究其原因,这是因为,在电子商务条件下,网络成为了信息的载体,使虚拟经济得以存在和发展,导致供给信息的正反馈和需求信息负反馈发生并能够双向流动，从而使需求与供给达到均衡，极大地缩小了传统商务条件下"惊人的一跳"的时空距离，促进了商品（劳务）同货币的换位。

2. 电子商务信息流模型分析

电子商务把信息技术作为商务运作的基本手段，它强调了企业内外部资源融合、信息沟通以及企业运营效率，增强了企业核心竞争力。电子商务功能包括外部电子商务功能和内部电子商务功能两部分，外部电子商务功能就是利用信息技术支持企业与市场间的相互作用，内部电子商务功能是利用信息技术支持企业内部的运作过程。其模型亦分为外部信息流和内部信息流，外部信息流以 EDI 方式实现企业间的信息流动和以互联网方式实现企业与消费者之间的信息流动，内部信息流由 Intranet 构成，实现组织内部的自上而下或自下而上的信息流以及横向信息流。

（1）企业内部的电子商务信息流分析。企业内部信息流反映出企业内部的生产管理状况，包括横向与纵向两种流动方式：纵向信息流是指自上而下或自下而上的信息流，自下而上流动的信息描述了建立在日常商务活动上的企业内部的状况流程，例如，当一笔业务出现时，信息源于组织的最底层，然后流向上级不同的部门；自上而下流动的信息主要是一些关于战略目标和指导性的信息，一般是从上级某一点向下级部门流动。横向信息流是在企业各功能部门间流动的。

以网络为基础的电子商务给传统的企业组织形式带来了猛烈的冲击。它打破了传统职能部门依赖于分工与协作完成整个任务的过程，而形成了并行工作的思想。在电子商务的构架里，除了市场部和销售部可以与客户打交道外，企业其他的职能部门一改过去间接接触的状况，也能够通过电子商务网络与客户频繁接触。

在电子商务的条件下，原来各工作单元之间的界限被打破，重新组成了一个直接为客户服务的工作组。这个组直接与市场接轨，以市场的最终效果衡量自己的生产流程的组织状况，衡量各组织单元之间协作的好坏。实际上，这已经发展为一种新的管理模式，企业间的业务单元不再是封闭式的金字塔式层次结构，而是网络状的相互沟通、相互学习的网状结构。

在这种架构下，企业组织信息传递的方式由单向的"一对多"到双向的"多对多"转换，信息无需经过中间环节就可以达到沟通双方的目的，工作效率明显提高。这种组织结构的管理模式有如下 2 个特点：

①电子商务构造了企业的内部网、数据库，所有的业务单元可以很快

通过网络直接、快捷地交流，管理人员之间沟通的机会大大增加，组织结构处于分布化和网络化状态。

②电子商务使得中间管理人员获得更多的直接信息。他们在企业管理决策中发挥的作用更大，从而实现了扁平化的组织结构。

在企业内部，一般利用 Intranet 创造垂直和横向信息流，使信息在组织内自由流动，提高企业内部的工作效率。它以一种多快好省的方式来实现企业内部的信息流动（如图 5-2 所示）。

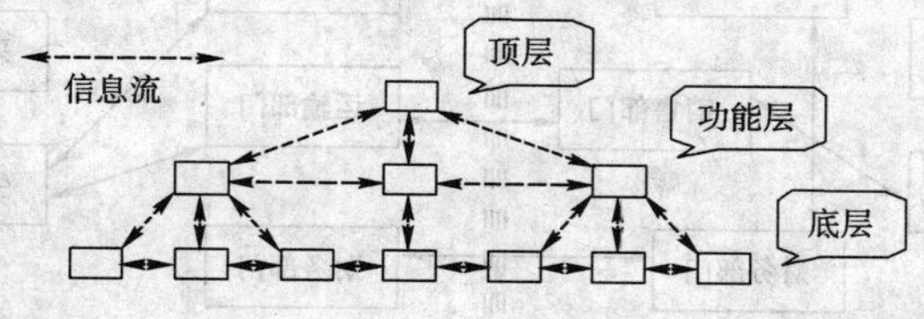

图 5-2　企业内部信息流

（2）企业外部电子商务信息流分析。企业外部的电子商务功能实际上是将整个供应链看作一个“虚拟市场”，它把商务活动涉及的产品制造者、服务提供者、批发商、零售商和顾客联系在一起。要做到这一点，企业必须应用信息技术来保证信息在这些成员间的自由流动，以支持其计划、设计、生产、销售和服务等各项功能的实现。由于交易对象的不同，电子商务主要分为两种类型，即企业与企业之间的电子商务（B2B）和企业与消费者之间的电子商务（B2C）。这 2 种类型的电子商务信息流实现方式各不相同，并且各具特点。

一个完整的 B2B 电子商务信息流包括了一个买主从供货商那里购买商品的解决方案。电子商务的功能被利用来生成无缝的物质和服务的链条，它们协同工作来满足用户的需要。

企业中的信息流分为两个不同的方向。一个是有关管理的信息在公司各组织间上下流动，这是为了企业的计划和行动以及设置目标和报表，这叫做企业信息的纵向流动。纵向信息流发生在企业内部。另一个是信息随着订单、货物及资金的流动。例如，确认材料、对销售的记录以及订购新材料，这是信息的横向流动。发生在企业之间的是横向信息流。

传统的方法通过普通邮件在组织之间传递的纸面单证信息流是这样的：当买方向卖方发出采购订单时，相关的数据需要从内部数据库中提取出来并打印到纸面上（硬拷贝），这些纸面单证通过几个中间步骤后最终传递到卖方那里。卖方收到以信件或传真方式发来的信息，这些信息由一个数据录入人员用手工输入至接收方的内部管理信息系统中。这一过程产生了大量冗余的劳动力成本和时间消耗。同时，信息的手工复制还增加了出错的危险。

通过 EDI、互联网或 Extranet，这些手工操作可完全省去，所有信息通过网络传输，构成高度自动化的电子商务流程（如图 5-3 所示）。

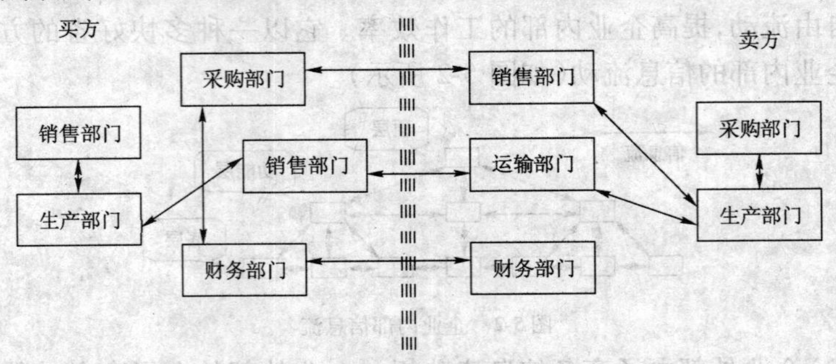

图 5-3　企业间信息流

B2C 电子商务面向最终消费者，利用互联网的互动性、全球性、个性化的特点，为企业的最终顾客提供更直接、更具个性化、更有竞争力的网络服务。目前企业与消费者间的信息交流主要有 3 个层次：

①通过互联网上的 WWW 来实现网上检索、导购、撮合和促销，这种信息流一般是单向的，实质上完成的是广告功能。

②企业与顾客之间通过双向信息流来完成的信息交流与信息反馈。

③信息流伴随着电子货币流，并有认证中心支持（如图 5-4 所示），实现企业与顾客之间直接通过网络完成营销的全过程。

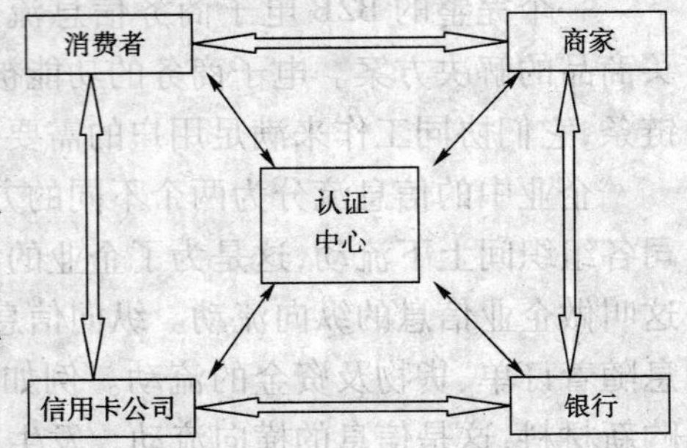

图 5-4　认证中心对交易的支持

要使 B2C 电子商务信息流有效地流动，真正实现网上购物的全过程，商家必须有一套相应的信息管理系统作保障，通过这个系统接受订单、配货发货、记录客户资料、解决客户可能会发生的技术问题，不需要进行人工转接之类的过程。

（3）网络中介交易市场的信息流分析。由于 Web 技术的出现，众多企业纷纷在互联网上建立自己的网站，不仅仅进行企业形象宣传和产品介绍，还希望能够和自己产品的最终用户进行直接交易，通过减少中间环

节的交易费用，降低产品价格，来吸引最终用户。因此，去掉交易中介，进行产品直销成为交易主体的共同愿望。但是，实际上，借助互联网进行产品销售，是不可能取消交易中介的。只能是一些不适于电子商务交易的旧中介逐渐消失，但同时还会产生新的交易中介，没有这些新的交易中介，通过互联网进行产品销售只能是局部的、个别行业和个别企业的一种交易方式，而不可能发展成为普遍现象。

网络商品中介交易是通过网络商品交易中心即虚拟网络市场进行的商品交易。目前，网络中介交易市场主要有三种类型，即专门为企业间提供交易场所的B2B网站、为企业与消费者提供交易场所的网站和消费者与消费者之间的拍卖网站。在这些交易过程中，网络商品交易中心以互联网为基础，利用先进的通信技术和计算机软件技术，将商品供应商、采购商和银行紧密地联系起来，为客户提供市场信息、商品交易、仓储配送、货款结算等全方位的服务（如图5-5所示）。

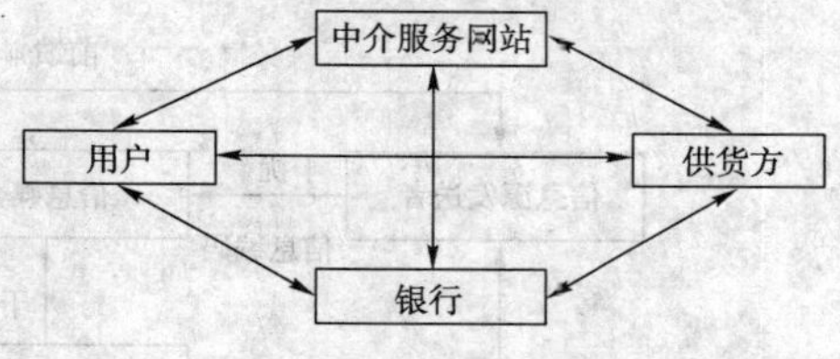

图5-5　中介交易的信息流

3．信息流在电子商务中的地位及作用

电子商务由信息流、资金流、物流等要素组成。在电子商务活动中，进行着三流的整合和统一，信息流在电子商务中起着重要的作用。

（1）信息流是电子商务活动的基础。信息流最重要，它能在更高的层次上对商务活动进行控制和监督，对资金流、物流的正常运动起媒介和桥梁作用，调节和控制资金流与物流，使之按照既定的经营目标运行。

（2）信息流是电子商务中虚拟企业沟通的渠道。在网络环境下，传统的价值链发生了较大的变化，形成了许多虚拟企业。虚拟企业实质上是利用信息的传播手段，把不同地区的现有资源组合成为一种超越空间、统一经营的实体。它的特点是在企业功能上不完整、组织结构上非永久及地域上分散的情况下，通过信息的集成和管理，发挥资源的整体效益，增强企业的竞争能力。虚拟企业之间的沟通联系，主要靠信息的流动去进行。

（3）信息流提高了电子商务活动的效率。电子商务打破了地域的限制，简化了商品的流通环节，提高了交易效率，缩短了信息流动的时间，使生产和消费更为贴近。信息流可以降低成本、增加机会、提高服务效率，并降低物流、资金流的传输和处理的成本。

(4)信息流等信息资源是电子商务活动中竞争的重要手段。电子商务改变了企业的竞争环境,为了在竞争中取得优势,企业必须了解新环境的商务特点。利用信息流可以建立良好的客户关系,提高市场拓展能力。电子商务使不同国家和企业在发展中能站在同一起跑线上,它改变了以往的市场准入条件,可以使中小企业依靠信息从市场中获得更大的利润。

三、传统商务信息流与电子商务信息流运动过程的比较分析

1. 传统商务信息流的运动过程

商务信息的运动过程,是指商务信息从发送者移动到接收者手中的正向运动,以及接收者对商品信息的反向运动的统一,如图5-6所示。

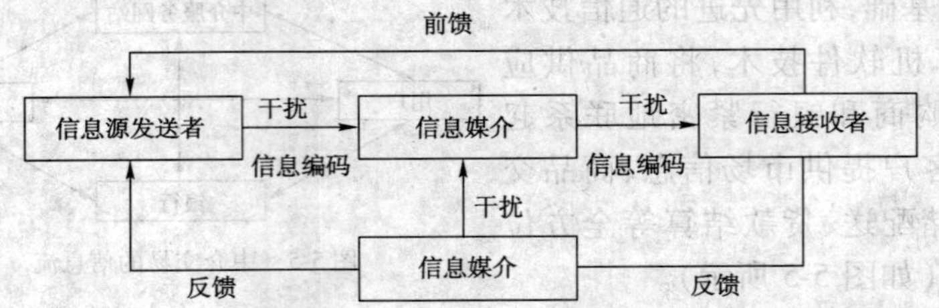

图5-6　传统商务信息流特征示意图

上述商务信息运动过程实际上主要包括几个要素,分别是:

(1)信息源或发送者。即企业准备向外传递的信息。

(2)信息编码。把企业向外传递的信息处理为可以被接收的形式,如文字,图形或声音语言等。

(3)信息媒介。即信息传递途径,商务信息传播途径通常分为两大类:人身传播媒体和大众传播媒体。

(4)信息解码。即消费者或用户(信息接收人)对企业传递来的信息符号进行解释的过程,亦即理解过程。

(5)信息接收者。是对传递的信息感兴趣的人或组织,包括目标市场上的现实购买者和潜在购买者,他们的主要任务是"解码"和作出反应,即使用信息。

(6)前馈。即企业在传递信息之前,通过市场调研,了解信息接收者的有关信息;包括他们需要哪些信息,对各种信息的接收状况、理解能力等,从而选择和确定准确的信息、表达方式及传输的具体途径,增强信息传输效果。

(7)反馈。即企业接收方了解所传递信息的效果,以促使评价传播过程是否理想,是否对对策作出调整。

(8)干扰或噪声。即传播过程中影响传播效果的各和因素。为提高信息传输的效果,企业在传递信息过程中应当防范可能发生的干扰或噪声,诸如竞争性同类信息的干扰,媒体使用不当造成的干扰等。

2. 电子商务信息流运动过程及特征

相对于传统的商务信息流,电子商务信息流发生了许多新的变化,具有了一些新特征,如图5-7所示。

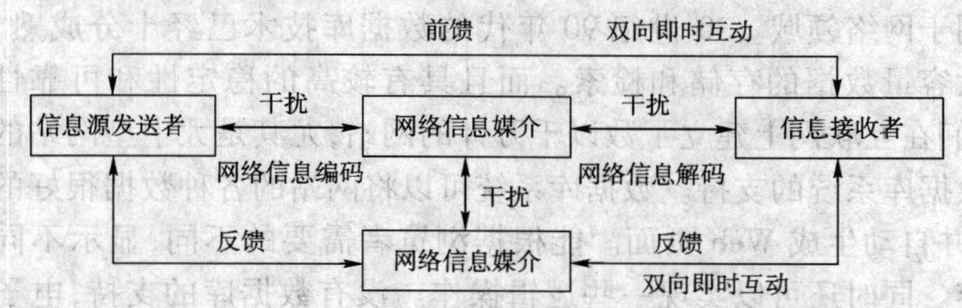

图5-7 电子商务信息流特征示意图

通过图5-6和图5-7的比较,我们可以看到,电子商务信息流除具有某些传统商务信息流运动的特征外,还主要具有以下特征:

(1)双向即时互动。传统商务信息流的流动是单向的。信息从信息源流向接收者,信息接收者被动接受信息,而且信息发送者对信息的前馈和后馈内容有限。电子商务信息的流动则是双向的。因为信息要以网络媒体为平台,在网络上产生和传递。信息接收者变被动接收信息为主动寻找信息,甚至还直接生产信息。他们和信息发送者进行即时互动的沟通和交流。这时,信息发送者和接受者的界限变得模糊而具有同一性。

(2)"推拉"互动的信息供需。传统商务信息的传输一般采用的是"推"式策略,即信息发送者在固定的时间,采用一定的传播媒体发布固定的信息;信息接收者对信息内容、接受信息的时间和地点的选择性受到局限,甚至没有选择余地。如电视广告,信息发送者一般是在固定的时间向一定范围的接收者传播固定的内容。电子商务信息流则不同,它不仅保留了"推"的策略,更多的结合"拉"式策略,让信息接收者主动寻找自己所需要的信息,并且参与到信息的生产过程之中,能够随意选择时间、地点(联网终端)来接受信息,这样,个性化的信息需求不仅能够得到有效满足,而且信息发送者可以为接收者定制信息。

(3)多媒体传播。电子商务信息网络媒体综合了其他媒体的各种优点,既可传播文字、图形,又可传播声音、影像等。此外,网络动画等新的传播形式也是传统商务信息传播所无法比拟的。

第二节　网络数据库技术

一、网络数据库概述

为了有效地组织、存储、管理和使用网上的信息,数据库技术被普遍地应用于网络领域。20 世纪 90 年代的数据库技术已经十分成熟,可以支持大容量数据的存储和检索。而且具有较高的稳定性和可靠性。如今,人们在互联网上建立了数以千万计的网站,尤其是大中型网站的后台都有数据库系统的支持。数据库系统可以将网站的各种数据很好的组织起来,并自动生成 Web 页面。能根据浏览者需要的不同,显示不同的页面内容。同时还可以实现一些逻辑操作。没有数据库的支持,电子商务网站将无法正常的运行。

Web 和数据库的结合是 Web 技术与数据库技术二者发展的共同趋势,基于 Web 的网络数据库的工作模式是一种 B/S(浏览器/服务器)模式,即数据库系统在后台数据库服务器上运行,对数据进行安全存储和快速检索;Web 服务器在前台运行,当客户机提出一个查询请求的时候,Web 服务器运行一个应用程序对数据库进行操作,并把结果传送给客户机,客户机的浏览器得到数据后将最终结果显示给用户。

总之,网络数据库(Web 数据库)就是指把数据库技术引入到互联网的 Web 系统中,借助于 Web 技术将存储于数据库中的大量信息及时发布出去;而 Web 站点则借助于成熟的数据库技术对网站的各种数据进行有效管理并实现用户与网络中的数据库进行实时动态数据交互。Web 数据库,其实质是在传统的关系数据库技术之上,融合最新网络技术、数据库技术、存储技术和检索技术为一体,完全基于互联网应用的数据库结构和数据模型的新型数据库。

二、网络数据库的基本结构及特点

典型的 Web 数据库系统有一个 Web 浏览器作为用户界面,一个数据库服务器用作信息存储和一个连接两者的 Web 服务器(如图 5-8 所示)。用户使用 Web 浏览器访问 Web 页,通过 Web 页上显示的表格与数据库

进行交互操作。典型的交互操作包括读取页、单击链接、列表框选择以及查询和输入数据域。从数据库获取的信息能以文本、图像、表或多媒体对象的形式在 Web 页上展现。

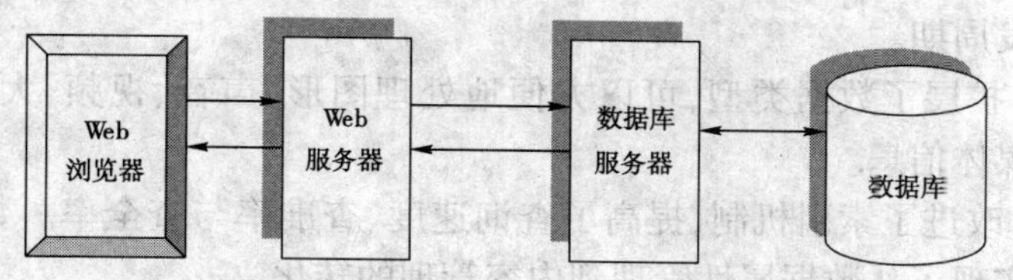

图 5-8　Web 数据库系统的基本结构

Web 的实现主要依赖于下列 3 种技术：

(1)一种统一的 Web 资源命名方案(如:URLs)存取 Web 网上已命名资源的超文本协议(例如:HTTP),在 Web 资源间便利地导航(例如:HTML)。URLs(统一资源标识)是定位和访问互联网上对象的标准。它可以指定服务器、Web 页、电子邮件地址、文件、新闻组、文章或其他对象。

(2)HTTP(超文本传输协议)是 Web 服务器用来和 Web 浏览器交谈的语言。它的主要函数是 get 和 put。HTTP 具有无状态和异步的特点,所以处理大量用户请求信息时比面向会话协议快得多。

(3)HTML(超文本标记语言)是人们用来生成 Web 页的标准说明性语言。HTML 以 SGML(标准通用标记语言)为模型,用标签来表明文档的不同部分。目前 HTML 已经发展到 4.0 版,从早期单纯的、静态的页面向复杂的、动态的方向发展,增强了交互性和嵌入功能性。数据库技术将数据组织起来进行结构化的存储,提供检索手段、完整性约束以及安全性机制。大多数的数据库产品都支持 SQL(该结构化查询语言已在第三章进行了详细讨论)和 ODBC(Open Database Connection,微软开发的一类 API)。

与传统数据库相比,Web 数据库采用了很多新技术,在功能方面有很多突破。它的主要特点如下:

(1)Web 数据库可以容纳一切信息资源,既可以包含结构化的信息资源,又可以包含非结构化的资源。它能存储和管理各种非结构化数据,对传统数据库的功能有重大突破。

(2)数据库结构灵活,采用字表多维处理、变长存储。在数据格式上支持现有的国际标准(ISO 2709、MARC、CCF)和我国国家标准(GB 2901、CCFC)格式。并且支持多种元数据方案(例如,著名的 Dublin Core meta-data)。

(3)Web 数据库支持 Active X、XML 等新的编程工具，支持快速开发复杂事务处理系统的应用程序。从而简化了系统开发和管理的难度，缩短了开发周期。

(4)扩展了数据类型，可以方便地处理图形、声音、视频、大文本、动画等多媒体信息。

(5)改进了索引机制，提高了查询速度、查准率与查全率。数据库查询机制实现了从数据属性管理到内容管理的转化。

三、网络服务器与数据库服务器的连接技术

1. CGI 技术

CGI 是最早的 Web 数据库连接技术，几乎所有的 Web 服务器都支持 CGI。程序员可以选择任何一种语言，如 C、C++、Delphi、Visual Basic 或 Perl 来编写 CGI 程序。

CGI 是一个位于服务器和外部应用程序之间的通信程序，CGI 程序可以与 Web 浏览器进行交互，并可以通过数据库的调用接口与数据库服务器进行通信。例如，CGI 程序可以从数据库服务器中获取数据，并转化为 HTML 页面，然后由 Web 服务器发送给浏览器；也可以从浏览器获得数据，并存入指定的数据库中。按照应用环境的不同，CGI 可以分为标准 CGI 和 WinCGI 两种。

标准 CGI 通过环境变量或者命令行参数来传递 Web 服务器获得的用户请求信息，Web 服务器与浏览器之间的通信采用标准输入/输出方式。当 Web 服务器接收到浏览器发来的 CGI 请求时，首先对该请求进行分析，并设置所需的环境变量或命令行参数，然后创建一个子进程启动 CGI 程序。CGI 程序执行完毕后，利用标准输出将执行结果返回 Web 服务器。CGI 的输出类型可以是 HTML 文档、图形/图像、文本或声音等。

标准 CGI 采用标准输入/输出进行数据通信，但许多 Windows 环境的编程工具(如 Visual Basic 和 Borland Delphi 等)不支持标准输入/输出方式，因此就无法用这些工具来开发基于标准 CGI 的应用程序。WinCGI 也称为间接 CGI 或缓冲 CGI。这种方法在(不支持标准输入/输出的)CGI 程序和 CGI 接口之间插入一个缓冲程序，该缓冲程序与 CGI 接口之间用标准输入/输出进行通信；CGI 程序则采用临时文件(缓冲区)，而不是标准输入/输出进行数据通信。

WinCGI 最主要的特点是:Web 服务器与 CGI 程序之间的数据交换是通过缓冲区,而不是通过标准输入/输出进行的。显然,CGI 程序是作为独立的外部应用程序来执行的,它与 Web 服务器上的其他进程竞争处理器资源,因此导致运行速度缓慢。此外,用 CGI 开发 Web 应用是相当困难的,程序员不仅要掌握 HTML 语言,还要精通低级编程语言。每个 CGI 程序必须用某个特定数据库服务器专用的 SQL 语言来手工编写数据库接口程序,故可移植性较差。

2. WebAPI 技术

WebAPI 通常以动态链接库(DLL)的形式提供,是驻留在 Web 服务器上的程序,它的作用与 CGI 相似,也是为了扩展 Web 服务器的功能。目前最著名的 WebAPI 有 Netscape 的 NSAPI、Microsoft 的 ISAPI 等。各种 API 均与其相应的 Web 服务器紧密联系在一起。

用 NSAPI 或 ISAPI 开发的程序,性能大大优于 CGI 程序,这些 API 应用程序是与 Web 服务器软件处于同一地址空间的 DLL,因此所有的 HTTP 服务器进程能够直接利用各种资源,这显然比调用不在同一地址空间的 CGI 程序所占用的系统时间要短。程序员可以利用 AFI 分别开发 Web 服务器与数据库服务器的接口程序。

WebAPI 的出现解决了 CGI 的低效问题,但用 API 编程比开发 CGI 程序更加困难。开发 API 程序需要多线程、进程同步、直接办议编程等知识。

为了解决复杂与高效之间的矛盾,Netscape 与 Microsoft 均为各自的 Web 服务器提供了基于 API 的高级编程接口。Netscape 提供的是 LiveWire,Microsoft 提供的是 IDC(互联网 Database Connector)。

Netscape 的 LiveWire 是一个通用的 Web 开发环境,而不仅仅是数据库访问接口。LiveWire 的编程语言是 JavaScript,它提供了一个 database 对象,该对象的方法可用来操作关系数据库。当一个应月程序要连接数据库服务器时,LiveWire 就建立一个 database 对象。每个应用程序只能有一个数据库对象。

用 database 对象的 connect 方法可连接数据库服务器.例如:database. connect(“ORACLE”、“OraSvr”、“system”、“manager”、“MyDB”)可连接到 Oracle 数据库服务器 OraSvr 上 system/manager 用户的 MyDB 数据库实例上。

LiveWire 提供了几种显示数据库查询结果的方法。其中,最简单而且最快的是用 database 对象的 SQLTable 方法。SQLTable 方法以 HTML 表的形式返回 SQL 语句的查询结果。

事务是一组数据库操作的集合,这些操作要么一起成功,要么一起失败。操作的提交或回退是一同生效的。事务处理的概念对维护数据的完整性和一致性是十分重要的。尽管各种数据库服务器事务处理的实现方法有所不同,LiveWare 提供了统一的事务处理接口。主要是数据库更新语句(insert、update 和 delete)要在事务控制之下完成。database 对象的 beginTransaction、commitTransaction 和 rollbackTransaction 方法分别用来启动、提交和回退事务。

多媒体数据(图像、声音、文本、动画等)以二进制大对象(BLOB)的形式存入数据库。LiveWire 有两种处理二进制数据的方法,第一种是把文件名存入数据库,而文件实体放在数据库外;第二种是直接用 BLOB 类型的字段存储多媒体数据,再通过 LiveWire 提供的 BLOB 方法来访问这些数据。

LiveWire 仅仅支持 Netscape Enterprise/Fast Track Server,而不支持其他的 Web 服务器。

Microsoft 的 IDC 是 Microsoft Web 服务器 IIS(Internet Information Server)的一个动态链接库,它通过 ODBC 接口访问各种数据库。IDC 包含 2 种类型的文件:IDC 脚本文件(*.idc)和 HTML 模板文件(*.htx)。

IDC 脚本文件(*.idc)用来控制数据库访问,其中包括数据库名、用户名、口令和 SQL 语句等数据库连接参数,以及与此 IDC 文件对应的 HTML 模板文件(*.htx)的存储路径。

HTML 模板文件(*.htx)是实际 HTML 文档的模板,它以直观的方法说明怎样将查询到的数据插入 Web 页面。模板中可以有静态文字、图形/图像或其他 HTML 页面元素。对数据库服务器的每一次查询都需要一个 IDC 脚本文件(*.idc)和一个 HTML 模板文件(*.htx)。脚本文件必须存储在 Web 服务器上,而模板文件则可以存储在 Web 服务器能够访问到的任何地方。

IDC 的处理流程大致如下:Web 服务器 IIS 对浏览器传来的 URL 字符串进行分析,如果当前 URL 以“IDC”结束,就说明这是一个 IDC 请求,于是将其传给 IDC 接口模块,IDC 将依次读取脚本文件并与数据库服务器进行通信;IDC 模块从数据库服务器得到查询结果后,通过指定的模板文件而得到一个实际的 HTML 文档;然后将该文档交给 Web 服务器 IIS,

由 IIS 将 HTML 文档返回 Web 浏览器。

IDC 不仅可以从数据库中查询数据，也可以向数据库中存储数据。与 LiveWire 类似，IDC 仅仅支持 Microsoft 的 IIS，而不支持其他的 Web 服务器。

3. ASP 技术

从 IIS 3.0 开始，微软推出了 ASP(ActiveX Server Page)。它是微软公司的新一代开发动态网页的技术，具有开发简单、功能强大等优点，可以非常直观、简易地实现复杂的 Web 应用。

ASP 是一个 Web 服务器端的开发环境，利用它可以产生和运行动态的、交互的、高性能的 Web 服务应用程序。

ASP 属于 ActiveX 技术中的 Server 端技术。与常见的在 Client 端实现动态页的技术如 Java applet、ActiveX Control、VBScript、JavaScript 等不同，ASP 中的命令和 Script 语句都是由服务器来解释执行的，执行结果产生动态生成的 Web 页面并送到浏览器；而 Client 端的 Script 命令则是由浏览器来解释执行。

ASP 通过后缀名为. asp 的 ASP 文件来实现(如图 5-9 所示)，一个 ASP 文件相当于一个可执行文件，因此必须放在 Web 服务器上有可执行权限的目录下。

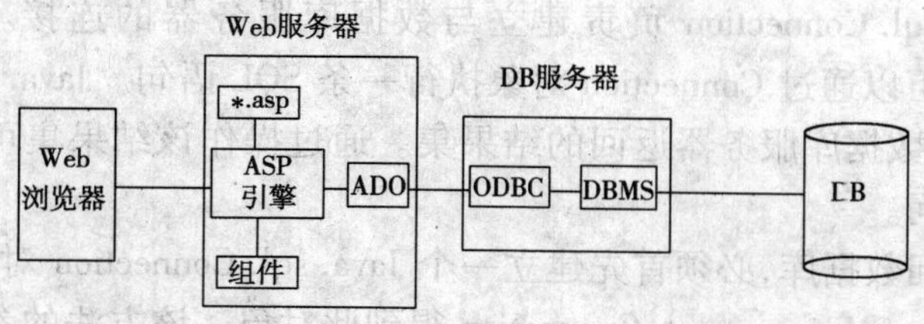

图 5-9　ASP 实现原理

当浏览器向 Web Server 请求调用 ASP 文件时，就启动了 ASP。Web Server 开始调用 ASP，将被请求的. asp 文件从头读到底，执行每一个命令，然后动态生成一个 HTML 页面并送到浏览器。ASP 文件的制作和 HTML 类似，且和 HTML 开发集成，可以在同一个过程完成。通过 ASP 内置的对象、服务器组件(Server Component)可以完成非常复杂的任务，而且用户还可以自己开发或利用别人开发的服务器组件完成专门的任务。

4. Java/JDBC 技术

JDBC 技术是 Java Database Connectivity 的缩写，它是 JavaSoft 公司设计的 Java 语言的数据库访问 API。

最初的 Java 语言并没有数据库访问能力。JDBC 是第一个支持 Java 语言的标准的数据库 API,其目的在于使 Java 程序与数据库服务器的连接更加方便。在功能方面 JDBC 与 ODBC 相同,它给程序员提供了统一的数据库访问接口。

JDBC 访问数据库的过程是这样的:用户通过浏览器从 Web 服务器上下载含有 JavaApplet 的 HTML 页面。如果其中的 JavaApplet 调用了 JDBC,则浏览器运行的 JavaApplet 直接与指定的数据库建立连接。

JDBC 是一个与数据库系统独立的 API,它包含 2 部分:JDBC API 和 JDBC Driver API。JDBC API 提供了应用程序到 JDBC Driver Manager 的通信功能。

此外,JavaSoft 公司还提供了一个特殊的驱动程序(JDBC—ODBC 桥),该软件支持 JDBC 通过现有的 ODBC 驱动程序访问数据库服务器。JavaSoft 公司认为,通过 JDBC—ODBC 桥访问数据库不会造成明显的性能下降。

JDBC API 提供了一系列 Java 类接口,其中:Java. sql. DriverManager 负责处理 JDBC 数据库驱动程序的加载和卸载。DriverManager 类作为 JDBC 的管理层,负责寻找并装载与 URL 指定的数据库相符的 JDBC 驱动程序,该驱动程序与远程数据库相连,返回一个 Java. sql. Connection 对象。

Java. sql. Connection 负责建立与数据库服务器的连接。Java. sql. Statement 可以通过 Connection 对象执行一条 SQL 语句。Java. sql. ResultSet 表示从数据库服务器返回的结果集。通过操作该结果集可实现对数据库的访问。

要访问数据库,必须首先建立一个 Java. sql. Connection 对象,可以通过调用 DriverManager. get. Connection 得到此对象。该方法的参数是一个 URL,它唯一指定了要访问的数据库。

目前 JDBC 已经得到许多软件商的支持,包括 Oracle、Sybase、Borland 和 IBM 等。大多数流行的数据库系统都已推出了自己的 JDBC 驱动程序。

以上所述的 4 种技术都能实现 WWW 与数据库的连接,但它们的工作原理不尽相同。CGI 和 WebAPI 技术是将 Web 服务器与某一进程或 API 相连,该进程或 API 再将得到的结果转化为 HTML 文档,并返回 Web 服务器,然后由 Web 服务器把得到的 HTML 文档传给浏览器。就是说,与数据库服务器的通信是由 Web 服务器完成的。虽然 API 技术比 CGI 技术提高了效率,但仍然没有克服编程复杂的困难。

为了解决高效与复杂之间的矛盾,Netscape 和 Microsoft 等公司分别

推出了 LiveWire 和 IDC 等基于 API 的高级编程接口，从而大大降低了程序实现的难度。

ASP 技术可以看成是基于 API 编程接口的进一步提高，它是新一代的开发动态网页的技术。JDBC 技术与上述几种技术有很大不同，这里，由（Java 兼容的）Web 浏览器将嵌入 HTML 文档中的 JavaApplet 直接下载到客户机上运行。也就是说，与数据库服务器的通信是由 Web 浏览器直接完成的。

我们必须清醒地认识到，WWW 技术是 20 世纪 90 年代初才问世的，Web 数据库更是近几年才发展起来的新技术，目前的标准化程度很低，各软件商推出的产品和技术大多互不兼容。CGI 是得到普遍遵守的规范，但 CGI 程序实现难度大且运行效率低下，因此缺乏生命力，它必然要被新的标准所取代。WebAPI 技术提高了程序运行效率，但用 API 编程比用 CGI 更困难。另外，由于各种不同的 API 互不兼容，用某种 API 编写的程序只能在特定的 Web 服务器上运行，使用范围受到极大限制。ASP 技术虽然解决了直接用 API 编程带来的困难，提高了软件开发效率，但仍有待优化。值得关注的是 JDBC 技术，它借鉴了 ODBC 成功的经验，并且可以直接利用现有的 ODBC 驱动程序访问数据库。JavaSoft 公司推出 JDBC 之后，得到绝大多数数据库商家的支持，随着 Java 语言在 WWW 中发挥的作用日益显著，相信 JDBC 会取代 CGI 而成为新的标准。

第三节　Web 数据挖掘

随着 WWW 的迅速发展和电子商务的崛起，通过 Web 产生的信息量以惊人的速度增长，并且需求广泛，如何从海量的数据中提取有用信息，迫切需要一种新的技术能自动地从 Web 资源上发现、抽取和过滤信息，以实现对 Web 信息的挖掘。

一、数据挖掘概述

知识链接：SAS 软件

SAS（Statistical Analysis System）是由美国 NORTH CAROLINA 州立大学 1966 年开发的统计分析软件。1976 年 SAS 软件研究所（SAS INSTITUTE INC。）成立，开始进行 SAS 系统的维护、开发、销售和培训

工作。期间经历了许多版本,并经过多年来的完善和发展,SAS系统在国际上已被誉为统计分析的标准软件,在各个领域得到广泛应用。

SAS是一个模块化、集成化的大型应用软件系统。它由数十个专用模块构成,功能包括数据访问、数据储存及管理、应用开发、图形处理、数据分析、报告编制、运筹学方法、计量经济学与预测等。SAS系统基本上可以分为4大部分:SAS数据库部分、SAS分析核心、SAS开发呈现工具、SAS对分布处理模式的支持及其数据仓库设计。SAS系统主要完成以数据为中心的4大任务:数据访问、数据管理、数据呈现、数据分析。

数据挖掘(DM,Data Mining)是从大量的、不完全的、有噪声的、模糊的、随机的数据中提取隐含在其中的、人们事先不知道的、但又是潜在、有用的信息和知识的过程。随着信息技术的高速发展,人们积累的数据量急剧增长,动辄以兆兆字节计算,如何从海量的数据中提取有用的知识成为当务之急。数据挖掘就是为顺应这种需要而发展起来的数据处理技术。

人们把原始数据看作是形成知识的源泉,就像从矿石中采矿一样。原始数据可以是结构化的,如关系型数据库中的数据,也可以是半结构化的,如文本、图形、图像数据,甚至是分布在网络上的异构型数据。发现知识的方法可以是数学的,也可以是非数学的,可以是演绎的,也可以是归纳的。发现了的知识可以被用于信息管理、查询优化、决策支持、过程控制等,还可以用于数据自身的维护。因此,数据挖掘是一门广义的交叉学科,它包含了数据库、人工智能、统计学、可视化、并行计算等不同领域。

数据挖掘是指一个完整的过程,该过程从大型数据库中挖掘先前未知的、有效的、可实用的信息,并使用这些信息作出决策或丰富知识。数据挖掘过程大致分为3部分:数据准备、数据挖掘以及结果的解释和评估。如图5-10所示。

二、Web数据挖掘概念和分类

互联网是到目前为止世界上最丰富和最密集的信息来源,在海量的、异构的Web信息资源中,蕴藏着具有巨大潜在价值的知识。所以人们迫

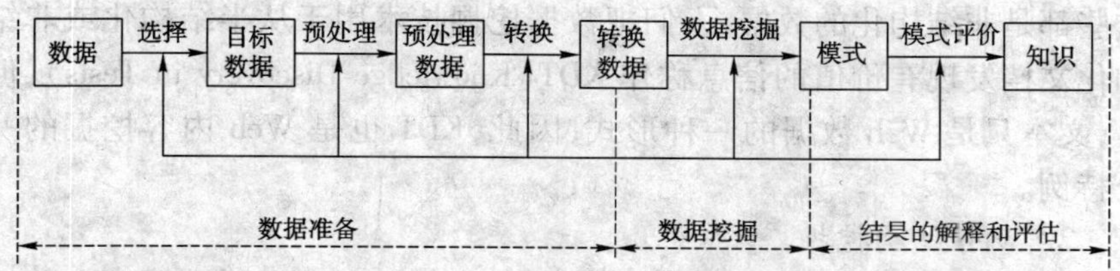

图 5-10 数据挖掘的过程和基本步骤

切需要找到这样的工具,能够从 Web 上快速、有效的发现资源,发现隐含的规律性内容,提高 Web 信息的利用效率,解决数据的应用质量问题。Web 数据挖掘就是为顺应这种需要而发展起来的数据处理技术。

Web 数据挖掘是指在 WWW 上挖掘有趣的、潜在的、蕴藏的信息以及有用的模式这样一个过程。原始数据可以是结构化的(如关系数据库中的数据),也可以是半结构化的(如文本、图形、图像数据),甚至是分布在网络上的异构型数据。Web 上的数据不同于传统的数据库的数据,它具有半结构化等特点。因此,面向 Web 的数据挖掘比面向单个数据仓库的数据挖掘要复杂得多。

根据挖掘的对象不同对 Web 数据挖掘可分为:Web 内容挖掘、Web 结构挖掘、Web 使用记录挖掘。如图 5-11 所示给出了 Web 数据挖掘的分类图。

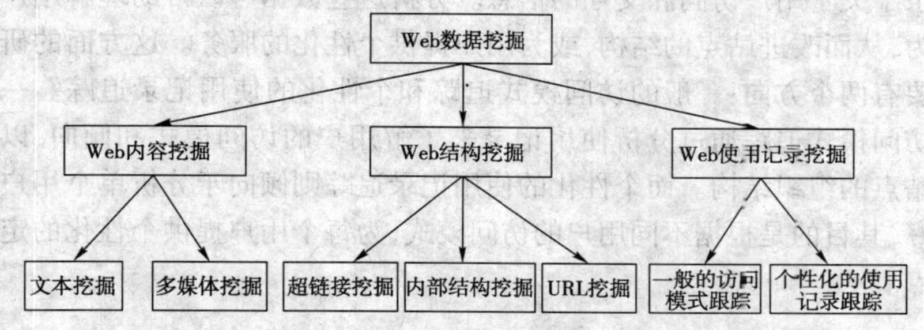

图 5-11 Web 挖掘的分类

1. Web 内容挖掘

Web 内容数据挖掘是从 Web 数据中抽取知识,以实现 Web 资源的自动检索,提高 Web 数据的利用效率。Web 数据分布范围很广,有 FTP 上的、Gopher 中的、数字图书馆中的,还有企业自己 Web 网站上的,也有隐形的私人数据和动态查询的结果。数据的形式也是多样化,除了文本外还有图形、声音等。因此,多媒体数据挖掘也是 Web 内容数据挖掘之一。

这些都是非结构化的数据，人们把数据挖掘技术用于从半结构化或非结构化文档发现有价值的信息称作 KDT(Knowledge Discovery in Tests)，但是，文本只是 Web 数据的一种形式，因此，KDT 也是 Web 内容挖掘的一个特例。

2. Web 结构挖掘

Web 结构挖掘是从 WWW 的组织结构和链接关系中推导知识。由于文件之间的相连，WWW 能够提供除了文件内容以外的有用信息。目前 Web 的结构挖掘主要是针对链接结构模式。这种思想源于引文分析，即通过分析一个网页链接和被链接数量以及对象来建立 Web 之间的链接结构模式。这种模式可以应用于网页的归类，并且可以由此获取有关不同网页间相似度及关联度的信息。这种基于链接结构的 Web 结构挖掘还有助于用户找到相关主题的权威站点和网页，对网络资源检索结果的排序也有很大的意义。另外，每个 Web 内部也有或多或少的结构，通过对 Web 内部结构的研究，发现可以利用给定的 Web 页面的集合得出一定的规则，寻找到相关的其他页面。

3. Web 使用记录挖掘

Web 使用记录挖掘的主要目标则是从 Web 的访问记录中抽取感兴趣的模式。WWW 中的每个服务器都保留了访问日志(Web Access Log)，记录了关于用户访问和交互的信息。分析这些数据可以帮助理解用户的行为，从而改进站点的结构，或为用户提供个性化的服务。这方面的研究主要有两个方向：一般的访问模式追踪和个性化的使用记录追踪。一般的访问模式追踪通过分析使用记录来了解用户的访问模式和倾向，以改进站点的组织结构。而个性化的使用记录追踪则倾向于分析单个用户的偏好，其目的是根据不同用户的访问模式，为每个用户提供个性化的定制站点。

三、Web 数据挖掘在电子商务中的应用

电子商务的出现改变了传统的商务模式，也改变了销售商与客户的关系。客户选择余地的扩大使得他们更加关注商品的价值，而不像以前首先考虑品牌和地理因素。因此对销售商而言尽可能的了解客户的爱好、价值取向，才能在竞争中立于不败之地。数据挖掘技术可以有效地帮助销售商理解客户行为，提高站点的效率。在电子商务网站的设计、客户关系管理(CRM)、网络营销等方面得到广泛的应用。

1. 数据挖掘在电子商务网站设计中的应用

数据挖掘可以得出诸如:什么样的客户喜欢这个站点、客户通过什么样的访问路径达成交易以及客户访问站点的频率等信息,从而优化网站的结构提高网站的访问量,吸引更多的客户。对于改进网站设计、定制个性化页面、判断站点效率有着重要帮助。

2. 数据挖掘在 CRM 中的应用

客户关系管理(Customer Relationship Management,CRM)是指使以客户为中心的企业业务流程自动化并使之得以重组,它致力于企业与其客户的交流方式,实施于企业的市场经营、销售、服务与技术支持等与客户有关的领域。其核心思想是将企业的客户(包括最终客户、分销商和合作伙伴)作为最重要的企业资源。通过完善的客户服务和深入的客户分析来满足客户的需求,保证实现客户的终生价值。它要求企业从"以产品为中心"的模式向"以客户为中心"的模式转移。

在 CRM 中数据挖掘过程由于看待问题角度不同有 2 种描述:以技术为中心的数据挖掘过程和以商业为中心的数据挖掘过程。以技术为中心的数据挖掘过程主要描述从技术角度进行数据清理、集成、选择、变换等数据处理,使用智能方法提取数据模式,依据兴趣度度量,识别有价值模式,最后使用可视化和知识表示技术,向客户提供挖掘的知识。以商业为中心的数据挖掘过程主要描述从业务问题角度进行数据定义和投资回报率(Rate of Investment,ROI)定义,在此基础上进行数据挖掘描述/预测模式的应用,并预测 ROI,根据结果选择配置挖掘模式并测试实际 ROI。

CRM 的焦点是自动化并改善与销售、市场营销、客户服务和支持等领域的与客户关系有关的商业流程。它的目标是缩减销售周期和销售成本、增加收入、寻找扩展业务所需的新市场和渠道以及提高客户的满意度、盈利价值和忠诚度。电子商务下的 CRM 是在传统的基础上利用信息技术发展起来的一种崭新的应用。在电子商务环境下,CRM 可以更好的了解和满足客户的需求,培养客户的忠诚度,从而维持更长久的关系。

(1)客户的获取。在大多数的商业领域中,业务发展的主要指标包括新客户的获取能力。企业的市场部门人员可以采用传统的方法来发展新客户,如开展大规模广告活动;也可以根据所了解的目标客户群,将他们分类,然后进行直销活动。但是当数据量增大时,即使有丰富经验的市场人员想要选择出相关的人口调查属性的筛选条件也会变得很困难,随着客户数量的不断增长和每位客户的细节因素增多,要得出这样的行为模式的复杂度也同样增大。而数据挖掘技术可以帮助完成潜在客户的筛选工作。

首先从一份潜在的客户名单开始,列出可能对企业的产品或服务感兴趣的消费者的信息,通过调查和处理对这些信息进行数据扩展,并和一些外部信息匹配,使之更适合数据挖掘分析。然后进行市场试验活动,根据所需要预测的客户行为在一定范围内对客户进行试验,记录下客户的反馈,称之为"反应行为模式"。剔除无反应行为和反应行为类别中重复的数据后,在确定细节粒度的基础上,利用数据挖掘技术构建出 N 元反应行为预测模型。根据这个模型,可以将潜在的客户排序,以便找出那些对企业的产品或服务最感兴趣的客户。

(2)客户的保持。随着行业中的竞争越来越激烈和获得一个新客户的开支越来越大,保持原有客户的工作也越来越有价值。在 CRM 的实施中,企业通过预测,找出可能会流失的客户,并分析出主要有哪些因素导致他们想要离开,在此基础上,有针对性地挽留那些有离开倾向的客户。利用数据挖掘技术,可以通过挖掘大量的客户信息来构建预测模型,较准确地找出易流失客户群,并制定相应的方案,最大限度地保持住老客户。

(3)客户的细分。细分是指将一个大的消费群体划分为一个个细分群体的动作,同属一个细分群的消费者彼此相似,而隶属于不同细分群的消费者被视为是不同的。通过 CRM 的实施,将产生细分的客户群,企业根据客户提出的要求和实际所做不断地改善产品和服务,从而使企业不断提高使该客户群满意的能力。

数据挖掘技术中的聚类分析技术能够被运用来从客户信息数据库中发现不同的客户群,并且用购买模式来刻画不同客户群的特征,以达到细分客户群的目的。

根据客户数据特点,一般可采用聚类技术中的 K 平均算法来进行划分。其原理为将含原始客户信息的数据库划分成 K 个聚簇,然后采用一定的算法使得同一簇中的对象是"相似的",而不同簇中的是"相异的"。

3. 数据挖掘在网络营销中的应用

网络营销是指利用互联网技术,最大限度地满足客户需求,以达到开拓市场、增加盈利目标的经营过程。它从传统营销的以产品销售为中心的"4P"(Product、Price、Place、Promotion)转向以满足客户需求为中心的"4C"(Customer、Cost、Convenience、Communication)。数据挖掘在确定网

络营销目标、制定网络营销计划等方面有着广泛的应用。

推荐系统(Recommender System),就是向客户推荐商品或提供信息来引导客户购买什么商品。它可以是根据其他客户或是此客户以往的购买行为预测其未来的购买行为,模拟销售人员帮助客户完成购买过程。推荐的形式包括向客户推荐商品,提供个性化的商品信息、及其他客户的喜好等。广义而言,推荐技术使得网站更具个性化(网站会调整某些信息来迎合不同的客户)。推荐系统应具备如下作用:

(1)将浏览者转变为购买者。有时人们只是看看网站的内容而没有购买的意思。推荐系统可以帮客户找到他们感兴趣的、愿意买的商品。

(2)交叉营销。交叉营销就是指通过与客户交流,向现有的客户提供新的产品和服务的营销过程。企业与其客户之间的商业关系是一种持续的不断发展的关系,通过不断地相互接触和交流,客户得到了更好、更贴切的服务质量,企业则因为增加了销售量而获利(基于客户已经购买的商品,推荐客户购买一些相关的商品,并建立忠诚度)。客户往往愿意到那些最能满足自己需求的网站购物。

用数据挖掘技术对交叉营销做分析时应包括3个步骤。一是对个体行为进行建模,即用数据挖掘的算法对数据进行分析,然后产生预测模型,在交叉营销分析中,对每一种交叉营销的情况都要建一个模型;二是用预测模型对数据进行评分,即计算不同客户数据在不同模型公式中的结果,最后将产生一个得分矩阵,矩阵的每一行代表一位客户,每一列代表一种交叉营销的情况;三是对得分矩阵进行最优化处理,目的是选择出最适合客户的服务。

目前,基于Web的商业交易成为电子商务飞速发展的关键因素,Web提供了一种新的交易平台,它所产生的交易速度和便利使传统的商务活动跨越了地域的限制。另一方面,涉及客户端的电子商务活动也正在进行着巨大的革新。如果能够跟踪客户在Web上的浏览行为并进行模式分析,将会缩短企业与客户之间的距离,让电子商务企业更了解自己客户的需求,有针对性地开展电子商务活动。由于电子商务涉及的数据量大、类型多、模型复杂,以及应用系统的分布性和异构性都使得对数据的分析相当困难,而网络信息挖掘技术恰恰就是从具有上述特征的数据中发现规律的技术,因此把网络信息挖掘技术应用于电子商务是势在必行的。

第四节 智能代理技术

一、智能代理概述

智能代理(Intelligent Agent,IA)技术最早出现在人工智能领域。一般认为,广义的智能代理包括人类、物理世界中的移动机器人和信息世界中的软件机器人;狭义的智能代理则专指信息世界中的软件机器人,它是代表用户或其他程序,以主动服务的方式完成一组操作的机动计算实体。在互联网上,智能代理(或简称代理)是指搜集信息或提供其他相关服务的程序。

二、智能代理技术在电子商务中的应用

如图 5-12 所示,现阶段,智能代理技术在电子商务中的应用要表现在以下几个方面:

1. 合作筛选

合作筛选即是将用户的购买习惯同其他消费者的购买倾向相比较后进行推荐,它已被 Amazon. com 等大牌电子商务站点采用。当顾客在该站点浏览或选择了一种商品后,在 Web 页面的一方会显示出一个清单,显示其他顾客在浏览或选择了该商品后还浏览了或者说更倾向于选择哪些其他的商品。这种技术使得时间有限的顾客可以在琳琅满目的商品中寻找合适的商品,既节约了时间同时也获得了高价位的信息。

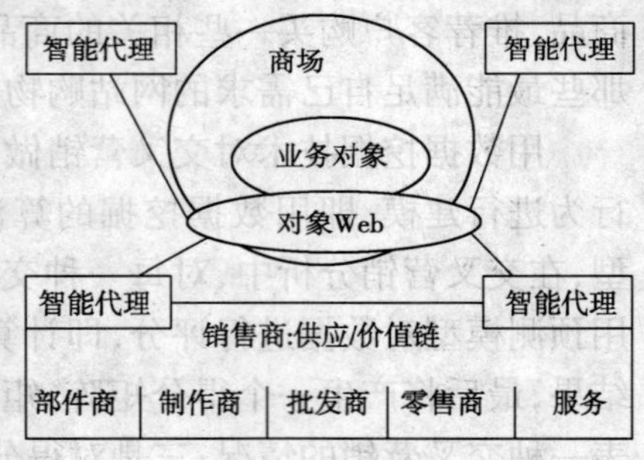

图 5-12 应用智能代理的电子商务结构

2. 比较代理

其典型应用是在 Web 上为消费品进行筛选或监测拍卖、在竞价时提醒用户等。比较代理技术在电子商务中的应用在国外已经用得很广,国内近年来也出现了运用该技术的网站,如打折网(http://www. dazhela. com)就是一个典型的比较购物站点。其运作方式就是根据用户的特殊需求(比如价格、品牌等)同时搜索多个网站,最终找到符合用户条件的物品所在的站点,从而使顾客受益。

3. 利用推技术进行营销

许多公司正在使用代理技术来更有效和更高效地找到连接在互联网上的客户,推技术就是为了这种需要而发展的。它能够通过点传送的形式(与广播形式相对照)把信息传送给最终用户,这种发送可以通过自动收报、屏保、桌面上的某个窗口来进行。企业运用推技术可以把重要的信息发送到内部员工(通过 Intranet)或是供应链上的伙伴企业(通过 Extranet),首先应用这一系统的一个例子是 Point Cast Network。Point Cast 通过屏保的方式发送用户选择的新闻,这些新闻和信息来自于全球 700 个高质量的信息源,并在 45 个渠道进行传送。当前,推技术已经成为营销中很更要的一个概念,如果能够得到负责任的、专业的、考虑周到的使用,推技术能为企业培养很好的客户关系。

此外,从智能代理和电子商务的特性来看,智能代理在电子商务中还存在着一些潜在的应用。

1. 帮助企业开辟新的地区市场

IA 能在不同时区不间断地工作,同时还能用各种程序设计所使用的语言进行交流,因此,IA 应用于电子商务将有助于企业在更广泛的地区营销其产品,而没有必要雇佣会使用多国语言的销售人员,也不用销售和支持人员昼夜进行工作就能提供 24 小时服务。

2. 实现面向客户的价值链模式

价值链可以帮助企业找到沿产品生命周期向前或向后发展的机会,从而提高企业的效率,改进产品的质量。面向客户的价值链模式,充分展现了电子商务在价值链中的作用。电子商务可以成为客户和企业价值链交流的桥梁。在这种交流和监控过程中,IA 承担了不受时空限制的中介职责,成为连接价值链各个环节的纽带。同时,电子商务能够有效集成构造在价值链基础上的供应链,在更大范围内实现价值增值。

3. B2B 交易谈判

电子商务的交易谈判过程进一步描述了用户和商户之间的信息交流过程(如图 5-13 所示),这个过程表明商户需要实时回答各种问题,特别是应付有关价格和数量的磋商要求。IA 可以在电子商务中代表商户对交易商品的价格和

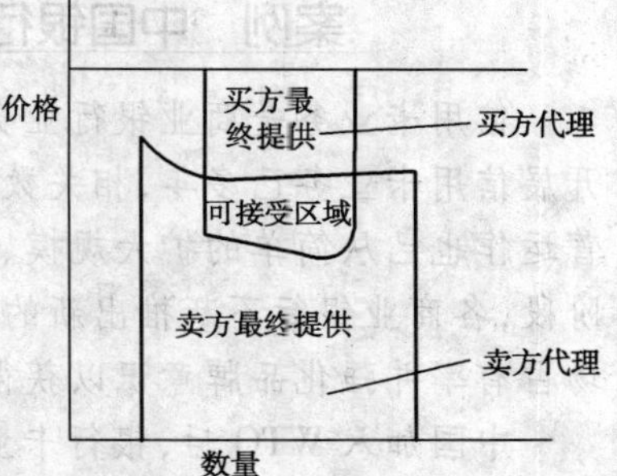

图 5-13　智能代理在交易谈判中的应用

数量进行磋商，买方代理和卖方代理分别代表买卖双方。

买卖双方借助于电子商务所构造的虚拟谈判室对交易的价格和数量进行磋商，最终在可接受区域的某点达成共识而成交。买方代理将有一个明确的价格和数量的预期值范围，高于或低于这个预期值范围都不会产生采购行为。这个预期值范围类似于人们购买商品的心理预期值范围，即用户可接受的心理价位范围。同样，卖方代理也有他的预期值范围，每个代理都知道他自己的参数，但不知道其他代理的预期值范围。最后，只有在双方都可接受的区域，双方才能达成协议而成交。

IA 在 B2B 交易谈判系统的应用中受到 3 个显著的因素的影响：一是智能代理的界面风格；二是外部智能代理接近数据的安全性；三是精确和可靠地用于智能代理的磋商模型。因此，设计一个好的应用 IA 的电子交易谈判系统面临着极大的挑战。

知识链接：图灵

阿兰·麦席森·图灵(Alan Mathison Turing)，英国数学家、逻辑学家，被称为人工智能之父。1931 年图灵进入剑桥大学国王学院，毕业后到美国普林斯顿大学攻读博士学位，二战爆发后回到剑桥，后曾协助军方破解德国的著名密码系统 Enigma，帮助盟军取得了二战的胜利。他是计算机逻辑的奠基者，许多人工智能的重要方法也源自于这位伟大的科学家。他对计算机的重要贡献在于他提出的有限状态自动机也就是图灵机的概念，对于人工智能，它提出了重要的衡量标准“图灵测试”，如果有机器能够通过图灵测试，那他就是一个完全意义上的智能机，和人没有区别了。

案例　中国银行广东分行数据仓库应用

信用卡业务是商业银行业务中非常重要的一部分，中国的商业银行开展信用卡业务已多年，相关数据积累相对完备且真实，信用卡业务的经营运作也已从简单的扩大规模、以量取胜阶段进入到成熟竞争、以质取胜阶段，各商业银行不断推出新的服务品种和花样繁多的增值服务，提高市场占有率并强化品牌意识以获得利润。

中国加入 WTO 后，银行卡业务将在 3～5 年内对外资银行开放，而银行卡业务不依赖于分支机构的特点将使中国的商业银行信用卡业务面临

更加严酷的竞争。信用卡业务竞争本质上就是客户的竞争，而且是优质客户的竞争。针对客户发现、客户提升、客户保持、市场细分、忠诚度、贡献度、个性化服务乃至个人信用风险等一系列围绕客户关系的新问题，支持日常运作的信用卡生产系统是面向柜员和交易的日常营运和客户服务基础设施，无法提供众多分析、决策型用户对大量历史数据同时进行突发的、复杂的决策分析，而建立一套以客户为中心的信用卡业务分析系统则是实现上述命题的必要可行手段。

在这种情况下，中国银行广东分行引入了海波龙的 Hyperion Intelligence，希望通过利用 Hyperion Intelligence 应用实现这样的目标：建立一套以客户为中心的信用卡业务分析系统，方便企业各级工作人员获取各类信息，实现对成本收益、风险控制、绩效评估、客户管理、营销战略等决策目标的支持，并达到风险管理和控制、客户关系管理与个性化服务、商户分析与市场策略、费用控制与利润分析 4 大应用目标。

信用卡业务分析系统构建在企业级数据仓库基础上，它整合了银行内部信用卡相关的所有重要数据，通过对数据进行快速而准确的分析和挖掘以及提供全方位、多层次的辅助决策支持手段，帮助银行领导在短时间内对市场变化及趋势作出更好的战略性商业决策，以挖掘重点客户、提高服务质量、减少运作成本，为银行带来有利的市场竞争优势。实现这一思想的技术基础包括数据仓库技术、数据挖掘技术、联机分析技术(OLAP)以及先进的决策支持与报表工具。具体地，在硬件层面，系统采用 1 台 IBM RS6000M80 小型机分 2 个逻辑分区，1 个逻辑分区作为数据存储服务器和 ETL 服务器，1 个逻辑分区作为应用服务器和 Web 服务器，这些服务器通过局域网连接各类相关的分析客户端；在软件层面，系统采用 DB2 UDB 作为数据存储和管理软件，ETL 开发工具采用 UNIX SHELL 结合 DB2 SQL Procedure，前端数据分析工具使用 Hyperion Intelligence。

前端工具使用的 Hyperion Intelligence，在商业智能技术和产品中，处于领先水平。Hyperion Intelligence 提供丰富的信息展现能力：强大的查询功能，灵活的报表设计和编辑功能，并且提供多项 OLAP 引擎扩展功能。同时，海波龙强大的数据推拉(Pull/Push)技术，特别是其服务器端的分析任务计划调度、基于 Web 的报表分发、客户端零管理等功能，为用户搭建出高效的数据分析环境。

系统结合信用卡业务的特点，对信用卡业务信息的分析涉及客户信息分析、交易信息分析、商户信息分析、透支风险信息分析、综合信息分析以及财务信息分析等,全面地覆盖了信用卡业务的关键性内容。分析产生的各种分析报表、图表、统计数据等以直观友好的形式呈现于最终用户面前。

具体来说,系统提供如下功能:

一、客户关系管理与个性化服务

根据客户的风险度和消费能力进行分类;根据客户的消费行为进行分类;根据客户的个人特征(年龄、性别、职业、收入等)进行分类;根据客户的喜好制订客户服务计划,提供个性化服务。

二、风险管理和控制

对客户信用级别进行科学评估;挖掘分析风险因素,归纳和总结产生坏账的原因和种类;监控客户的异常消费行为,减少恶意透支和欺诈行为;及时提供止付名单;基于原有客户的信息分析,有针对性发展新客户。

三、商户分析与市场策略

分析商户行业的客户群、消费特征;根据商户种类和给银行带来利润的状况进行归类分析,有针对性地发展商户;分析客户和商户的特定联系,有计划地推出满足不同客户群的营销计划;根据客户的交易变化情况,制订相关的捆绑销售计划。

四、费用控制与利润分析

利润分析、比较;收入与费用的结构和比例分析;发卡行的经营指标分析、考核;发卡行的经营管理分析。

具体的分析应用包括:客户分析、特约商户分析、透支风险分析、授权交易分析、交易动态分析、业务发展分析、效益综合分析,还有国际卡分析功能和金卡分析功能。

中国银行广东省分行所实施的信用卡业务分析系统解决方案,在借鉴吸收业界先进技术以及国外同类成功应用经验的同时,也针对我国商业银行具体发展状况特别是中国银行的信用卡业务特点进行了大量的本地化工作,特别是核心信用卡数据仓库数据模型,在设计过程中充分采纳经验丰富的业务专家的意见,并参考分析了数例国际知名数据仓库厂商的商业银行企业数据仓库数据模型原型,确保了系统的先进性和实用性。

自 2002 年初正式推出以来,该系统已成为中国银行广东省分行信用

卡业务相关人员进行决策分析和经营管理的有效支持工具。一方面，通过对客户信息的分析，识别出给银行带来更多利润并且信用好的客户，对这些客户提供更多更好的服务；另一方面，对信用差的客户，则想办法防止其坏账呆账行为，降低风险。除此之外，还找出那些使用了银行其他服务，却没有使用信用卡服务的客户，并针对具有较好潜在利润的客户群体设计促销活动，将这些客户吸引到银行来，进行交叉销售，这样既拓展了信用卡业务，又降低了促销成本。

案例分析题

1. 什么是数据仓库？构建数据仓库的目的什么？
2. 结合案例，谈谈企业该如何利用信息技术提高自身的核心竞争力？

复习思考题

1. 分析电子商务信息流产生的原因。
2. 电子商务信息流与传统商务信息流的运动过程有何异同？
3. 分析电子商务信息模型的特点。
4. 什么是网络数据库？它有何特点？
5. 网络数据库的基本结构有哪些？开发网络数据库依赖于哪些基础技术？
6. 什么是 Web 数据挖掘？它在电子商务中有哪些应用？
7. 分析智能代理技术在电子商务中的应用。

参考文献

[1] 陈莉，焦李成. Intenet/Web 数据挖掘研究现状及最新进展[J]. 西安电子科技大学学报(自然科学版)，2001，(2).

[2] 肖立英，李建华. Web 日志挖掘技术的研究与应用[J]. 计算机工程，2002，(7).

[3] 胡国胜. 智能代理在电子商务中的应用研究[J]. 软科学，2003，(1).

[4] 李相华. 电子商务中智能代理的应用分析[J]. 山东省青年管理干部学院学报，2007，(5).

[5] 周宁. 信息资源数据库[M]. 武汉：武汉大学出版社，2001.

第六章　电子商务安全技术

成功的秘诀有三条：第一，尽量避免风险，保住本金；第二，尽量避免风险，保住本金；第三，坚决牢记第一、第二条。

——巴菲特

【本章导读】

1. 熟悉防火墙、入侵检测、审计、数字证书、完整性保护等安全保障技术的内容及特点。
2. 熟悉 PKI/CA 体系在电子商务中的应用。
3. 了解病毒的特点、防病毒的主要技术手段。

引导案例

2003 年 11 月 14 日，甘肃省破获首例利用邮政储蓄专用网络，进行远程金融盗窃的案件。这起发生在定西一个乡镇的黑客案件，值得我们多方面关注。10 月 5 日 13 时 12 分，定西地区临洮县太石镇邮政储蓄所的营业电脑一阵黑屏，随即死机。营业员不知何故，急忙将刚刚下班尚未走远的所长叫了回来。所长以为电脑出现了故障，向上级报告之后，没太放在心上。17 日，电脑经过修复重新安装之后，工作人员发现打印出的报表储蓄余额与实际不符。经过对账发现，5 日 13 时发生了 11 笔交易、总计金额达 83.5 万元的异地账户系虚存（有交易记录但无实际现金）。当

储蓄所几天之后进一步与开户行联系时，发现存款已经分别于6日、11日被人从兰州、西安两地取走37.81万元，他们意识到了问题的严重性，于10月28日向临洮县公安局报了案。县公安局经过初步调查，基本认定这是一起数额巨大的金融盗窃案。经查，此案为一名为张少强的青年所为，张少强今年29岁，毕业于邮电学院，案发前仅是会宁县邮政局的系统维护人员，谈不上精通电脑和计算机网络技术。而邮政储蓄网络的防范措施不可谓不严：邮政储蓄使用的是专用的网络，和互联网物理隔绝；网络使用了安全防火墙系统；从前台分机到主机，其中有数道密码保护。究竟是什么原因，能让张少强如此轻易得手。分析整个案例，不难看出，是管理上存在的漏洞、工作人员安全意识的淡薄，才造成了如此严重的局面。

第一节　电子商务的网络安全技术

由于互联网所存在的诸多不安全因素，使得网络使用者必须采取相应的网络安全技术来堵塞安全漏洞，保证提供通信服务的安全性。在电子商务领域，由于信息的发布、交易的实施、厂商信息的完整、支付等都是在网络环境中开展的，因此，在网络方面的保护措施是整个系统顺利运行的基本要求。

网络安全的基本技术主要包括网络加密技术、防火墙技术、网络地址转换技术、身份验证技术、网络防病毒技术、检测审计技术等。由于在网络章节中已经对防火墙、入侵检测等作为网络节点的设备进行和介绍，本节着重对不作为网络节点的网络安全技术进行阐述。

一、防火墙

防火墙技术是建立在现代通信网络技术和信息安全技术基础上的应用性安全技术，越来越多地应用于专用网络与公用网络的互联环境之中，尤其以接入互联网网络应用最广。

1. 防火墙的概念

防火墙（Firewall）是指位于两个不同的网络之间（如企业内部网络和互联网之间）的软件或硬件设备的组合，对两个网络之间的通信进行控制，通过强制实施统一的安全策略防止对重要信息资源的非法存取和访问以达到保护系统安全的目的，如图6-1所示。

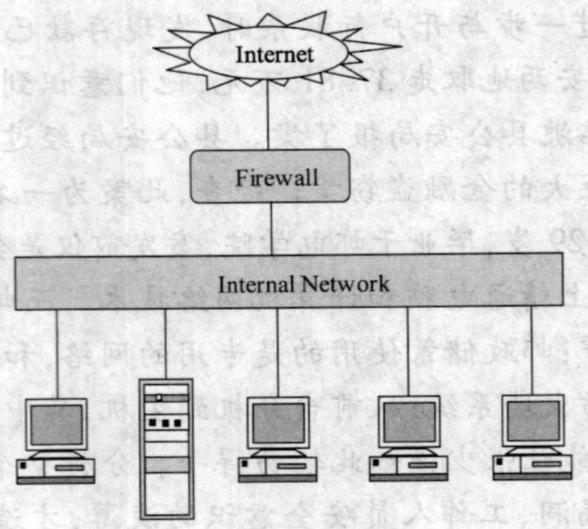

图 6-1 防火墙的概念

在逻辑上，防火墙是一个分离器，是一个限制器，也是一个分析器，有效地监控了内部网和互联网之间的任何活动，保证了内部网络的安全。

在这里，防火墙是放置在两个网络之间的一组组件，具有下列性质：

(1) 只允许本地安全策略授权的通信信息通过。

(2) 双向通信信息必须通过防火墙。

(3) 防火墙本身不会影响正常信息的流通。

2. 防火墙的主要功能

防火墙的主要功能如下：

(1) 禁止某些信息或未授权的用户访问受保护的网络，过滤不安全的服务和非法用户，如 Finger、NFS 等，并限制某些用户或严格控制的站点的信息被非法使用。

(2) 控制对特殊站点的访问。防火墙可以允许受保护网的一部分主机被外部网访问，而另一部分被保护起来。例如，受保护网中的 Mail、FTP、WWW 服务器等可被外部网访问，而其他访问则被禁止。

(3) 作为网络安全的集中监视点，防火墙可以记录所有通过它的访问，并提供统计数据，具有较强的审计和报警能力，并具有严格的自我保护措施。

防火墙是保护网络安全的一种技术，所有的从内部到外部或从外部到内部的通信流量都必须通过防火墙。只有经过安全策略允许的通信流量，才能通过防火墙。有两种基本策略：没有授权认可的服务都被禁止；不受授权限制的服务都被允许。前一条策略拒绝一切未经认可的服务，防火墙封锁所有的信息流，逐一完成每项许可的服务。后一条策略允许

一切没有被禁止的服务，防火墙转发所有信息，逐一删除被禁止的服务。

3. 防火墙的基本类型

首先先给出与防火墙有关的几个概念：

(1)(数据)包。在互联网上进行通信时的基本信息单位。

(2)(数据)包过滤。设备对进出网络的数据流以数据包为单位进行有选择的控制与操作。包过滤操作一般在选择路由的同时对数据包进行过滤操作。通常是对从互联网网络到内部网络的包以及从内部网络到外部网络的包进行过滤。用户可设定相应的安全规则，指定允许哪些类型、哪里的数据包可以流入或流出内部网络，而哪些类型的数据包的传输应被阻断。

(3)非军事区(DMZ 区)。为了增加一层隔离区，而在外部网络与内部网络之间增加的一个网络区域。

(4)代理服务器。代表内部网络用户与外部网络服务器进行信息交换的应用程序。它将已验证(如用户是否有权使用代理服务器、请求是否符合安全策略等)的内部用户的请求送达外部服务器，同时将外部服务器的响应再回送给用户。

目前有各种各样的防火墙，但就其处理的数据对象来说，可分为包过滤、应用代理防火墙、状态检测防火墙 3 种类型。包过滤防火墙是处理通过网络的 IP 包的信息，实现对进出网络的信息流的控制；应用层网关防火墙是通过对应用服务的代理，按照安全策略对进出网络的连接或应用服务进行过滤，它的处理对象是各种不同的应用服务。

(1)包过滤防火墙。根据一套建立的规则，检查每一个通过的网络包，或者丢弃，或者放行，称之为包过滤防火墙。

本质上，包过滤防火墙是多址的，也就是说它有 2 个或 2 个以上网络适配器或接口。例如，作为防火墙的设备可能有两块网卡(NIC)，一块连到内部网络，一块连到公共的互联网。防火墙的任务，就是作为“通信警察”，指引包的去向和截住那些有危害的包。包过滤防火墙检查每一个传入包，查看包中的基本信息(源地址和目的地址、端口号、协议等)。然后，将这些信息与设立的规则相比较。如果规则要求阻断 telnet 连接，而包的目的端口是 23 的话，那么该包就会被丢弃；如果规则允许传入 Web 连接，而目的端口为 80，则包就会被放行。

①使用包过滤防火墙的优点包括：防火墙对每条传入和传出网络的包实行控制。每个 IP 包的字段都被检查，例如源地址、目的地址、协议、

端口等。防火墙将基于这些信息,再通过事先设定的过滤规则对数据包进行过滤。包过滤防火墙逻辑简单,价格便宜,对网络性能的影响较小,有较强的透明性,易于安装和使用。

②使用包过滤防火墙的缺点包括:配置基于包过滤方式的防火墙,需要对 IP、TCP、UDP、ICMP 等各种协议有深入的了解,否则容易出现因配置不当带来的问题;过滤判别的只有网络层和传输层的有限信息,因而各种安全要求不能得到充分满足。由于数据包的地址及端口号都在数据包的头部直接连接,不提供用户的鉴别机制。

(2)状态/动态检测防火墙。状态/动态检测防火墙,跟踪通过防火墙的网络连接和包。这样的防火墙可以使用一组附加的标准,以确定是否允许和拒绝通信。它在使用了基本包过滤防火墙的通信基础上应用一些技术做到这点。

当包过滤防火墙见到一个网络包时,这个包是孤立存在的,没有防火墙所关心的历史或未来。允许和拒绝包的决定完全取决于包自身所包含的信息,如源地址、目的地址、端口号等。如果包中没有包含任何描述它在信息流中的位置的信息,则该包被认为是无状态的,它仅是存在而已。

与包过滤防火墙不同,一个有状态包检查防火墙跟踪的不仅仅是包中包含的信息,为了跟踪包的状态,防火墙还记录有用的信息以帮助识别包,例如已有的网络连接、数据的传出请求等。

例如,如果传入的包中含有视频数据流,而防火墙可能已经记录了有关信息,是有关位于特定 IP 地址的应用程序最近向发出包的源地址请求视频信号的信息。如果传入的包是要传给发出请求的相同系统,防火墙进行匹配,包就可以被允许通过。

一个状态/动态检测防火墙可以截断所有传入的通信,而允许所有传出的通信。因为防火墙跟踪内部出去的请求,所有按要求传入的数据被允许通过,直到连接被关闭为止。只有未被请求的传入通信被截断。

跟踪连接状态的方式取决于包通过防火墙的类型:如果是 TCP 包,当建立起一个 TCP 连接时,通过的第一个包被标有包的 SYN 标志。通常情况下,防火墙丢弃所有外部的连接企图,除非已经建立起某条特定规则来处理它们。对内部的试图连到外部主机,防火墙注明随后在两个系统之间的包,直到连接结束为止。在这种方式下,传入的包只有在它是响应一个已建立的连接时,才会被允许通过。

如果是UDP包，则比TCP包简单，因为它们不包含任何连接或序列信息，只包含源地址、目的地址、校验和携带的数据。这种信息的缺乏(例如缺少源端口和目的端口等)使得防火墙确定包的合法性很困难，因为没有打开的连接可利用，以测试传入的包是否应被允许通过。可是，如果防火墙跟踪包的状态，就可以确定。对传入的包，若所使用的地址和UDP包携带的协议与传出的连接请求匹配，该包就被允许通过。和TCP包一样，没有传入的UDP包会被允许通过，除非它是响应传出的请求或已经建立了指定的规则来处理。对其他种类的包，处理方法与UDP包类似。防火墙仔细地跟踪传出的请求，记录所使用的地址、协议和包的类型，然后对照保存过的信息核对传入的包，以确保这些包是被请求的。

①状态/动态防火墙的优点：具有检查IP包的每个字段的能力，并遵从基于包中信息的过滤规则，识别带有欺骗性源IP地址。

②状态/动态检测防火墙的缺点：状态/动态检测防火墙唯一的缺点就是所有这些记录、测试和分析工作可能会造成网络连接的某种迟滞，特别是在同时有许多连接激活的时候，或者是有大量过滤网络通信的规则存在时。可是，硬件速度越快，这个问题就越不易察觉，而且防火墙的制造商一直致力于提高他们产品的速度。

(3)应用程序代理防火墙。应用程序代理防火墙实际上并不允许在连接的网络之间直接通信，而是接受来自内部网络特定用户应用程序的通信，然后建立与公共网络服务器单独的连接。网络内部的用户不直接与外部的服务器通信，所以外部服务器不能直接访问内部网的任何一部分，如图6-2所示。

另外，如果不为特定的应用程序安装代理程序代码，这种服务是不会被支持的，不能建立任何连接。这种建立方式拒绝任何没有明确配置的连接，从而提供了额外的安全性和控制性。

例如，一个用户的Web浏览器可能在80端口，但经常可能是在8080端口，连接到了内部网络的HTTP代理防火墙。防火墙然后会接受这个连接请求，并把它转到所请求的Web服务器。这种连接和转移对该用户来说是透明的，因为它完全是由代理防火墙自动处理的。代理防火墙通常支持的一些常见的应用程序有：HTTP、HTTPS/SSL、SMTP、POP3、IMAP、NNTP、TELNET、FTP、IRC。

应用程序代理防火墙可以配置成允许来自内部网络的任何连接，也可以配置成要求用户认证后才能建立连接。要求认证的方式只为已知的

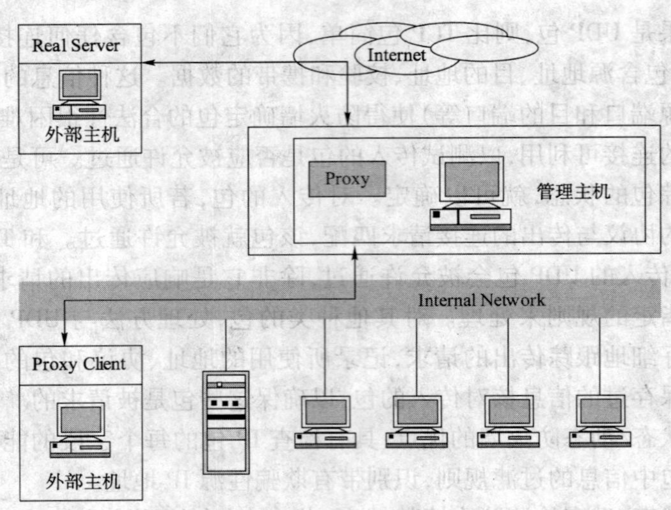

图 6-2 应用程序代理防火墙

用户建立连接，这种限制为安全性提供了额外的保证。如果网络受到危害，这个特征使得从内部网络发动攻击的可能性大大减少。使用应用程序代理防火墙的优点有：

①应用程序代理能够让网络管理员对服务进行全面控制，因为应用代理限制了命令集并决定哪些内部主机可以被该服务访问。

②网络管理员可以完全控制提供哪些服务，因为没有特定服务的代理就表示该服务不提供。

③防火墙可以被配置成唯一的可被外部看见的主机，这样可以保护内部主机免受外部主机的进攻。

④应用程序代理有能力支持可靠的用户认证并提供详细的注册信息，另外，用于应用层的过滤规则相对于包过滤防火墙来说更容易配置和测试。

⑤代理工作在客户机和真实服务器之间，完全控制会话，所以可以提供很详细的日志和安全审计功能。

使用应用程序代理防火墙的缺点有：

①要求用户改变自己的行为，或者在访问代理服务的每个系统上安装特殊的软件。

②每个应用程序都必须有一个代理服务程序来进行安全控制，每一种应用升级时，代理服务程序一般也要升级。

知识链接：瑞星防毒墙的性能参数

配置 说明参数	防毒墙要求
硬件配置	
操作系统描述	要求采用国内领先的检测过滤技术，并具有专门的安全操作系统、硬件安全平台
吞吐量	不小于400M
并发连接数	不小于512 000个
每秒建立连接速度	不小于5 000个
http最大杀毒吞吐	120(Mb/s)
http延迟(ms)	500ms
端口数量	4个10/100/1000BASE－TX端口
平均无故障间隔时间MTBF	不少于60 000小时
功能	
平台功能要求	整合式安全平台，应具有网关病毒扫描、防火墙、VPN、入侵检测、网页过滤等功能
多种接入模式	透明模式（网桥）、路由模式、混合模式，透明模式支持两路透明网桥，并且在不更改MAC地址信息的情况下对数据包进行转发
接口模式	接口要求支持PPPoE拨号模式、DHCP模式等接入方式、支持策略路由和多出口等
查杀病毒能力	支持SMTP、POP3、FTP、HTTP、MSN和IMAP协议的病毒查杀
防病毒要求	所投产品必须为国有品牌，并且对所有软、硬件具有完全自主知识产权，包括：杀毒引擎、硬件操作系统等。以防范国内广泛传播的病毒。杀毒引擎要求公安部测试95分以上的防毒软件的引擎。必须采月先进的OOT引擎技术，具有独有的行为模式分析（BMAT）和脚本判定（SVM）两项查杀病毒技术，可以实现对未知病毒进行检测
	查杀病毒70万种以上
	自带恶意网站和病毒URL过滤
	分协议指定杀毒文件大小：对通过HTTP、FTP、SMTP、POP3和MSN五种协议传输的数据分别指定查杀文件的大小
	50种以上的蠕虫过滤
防火墙功能基本要求	状态包过滤、MAC地址绑定、双向网络地址变换、访问时间控制、ADSL＋PPPoE、DHCP、QOS功能等
应用协议的分析	通用协议：FTP、HTTP、IMAP、POP3、SMTP、SOCES5； IM协议：Jabber/g-talk、MSN、QQ、Skype to phone、Yahoo； 远程控制协议：vnc； P2P协议：BT、Edonkey/Emule、迅雷

二、入侵检测

1. 入侵检测系统基本功能

入侵检测系统(IDS,Intrusion Detection System)通过抓取网络上的所有报文,分析处理后,报告异常和重要的数据模式和行为模式,使网络安全管理员了解网络上发生的事件,并能够采取行动阻止可能的破坏。

入侵检测具有监视、分析用户和系统的行为,识别攻击行为,对异常行为进行统计、进行审计跟踪、识别违反安全法规的行为,使用诱骗服务器记录黑客行为等功能,使系统管理员可以较有效地监视、审计、评估自己的系统。

入侵检测系统的基本功能包括:

(1)监视、分析用户及系统活动。

(2)检测出正在发生的攻击活动,并给出及时响应或报警。

(3)发现并跟踪攻击活动的范围和后果。

(4)诊断并发现攻击者的入侵方式和入侵地点,并给出解决建议。

(5)收集并记录入侵的活动证据。

针对网络入侵检测的 IDS,其主要功能包括攻击识别、事件响应、策略检验以及策略改进等。这意味着 IDS 不仅是网络安全管理员用来防范网络入侵的日常工具,也是支持网络安全管理决策的辅助手段。由于 IDS 可以采集网络信道中传输的数据和/或网络中重要的被保护服务器中的运行数据,因此它提供的数据不仅可以让安全管理员判定是否有网络入侵存在,而且可以让安全管理员判定网络的安全策略是否合适(即该保护的是否都考虑到了),以及网络的安全策略是否得到落实(即该保护的是否都保护到了)。IDS 系统不仅针对外部的入侵者,而且还可以对网络内部用户的行为进行监控,防止出现内部的攻击者,或者从内部节点对外部网络进行的攻击。

2. 入侵检测系统的基本组成

入侵检测系统的组成如图 6-3 所示,可以分成数据采集模块、入侵分析引擎模块、响应处理模块、管理配置模块和相关的辅助模块。各模块的功能如下:

(1)数据采集模块。为入侵分析引擎模块提供分析用的数据。如操作系统的审计日志、应用程序日志、系统生成的校验和数据以及网络数据包等。

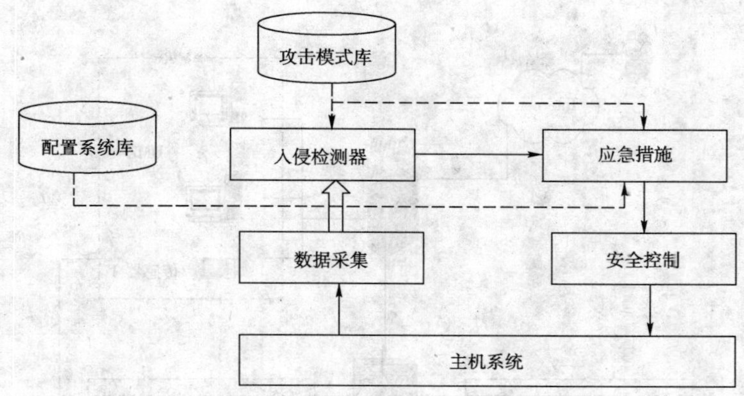

图 6-3　简单入侵检测系统示意图

(2)入侵分析引擎模块。依据辅助模块提供的信息(如攻击模式),按照一定的算法对收集到的数据进行分析,从中判断出是否有入侵行为出现并产生入侵报警。该模块是入侵检测系统的核心模块。

(3)管理配置模块。是为其他的模块提供配置服务,是入侵检测系统中的模块与用户的接口。

(4)响应处理模块。在发生入侵后,预先为系统提供紧急的措施,如关闭网络服务、中断网络连接及启动备份系统等。

(5)辅助模块。协助入侵分析引擎模块工作,为它提供相应的信息,如攻击模式、网络安全事实和网络安全策略等。

3. 入侵检测系统的部署

入侵检测一般以旁路方式部署在网络中,通过对网络通信流量的监听,采集相关的数据包并进行分析,实现对网络各类行为或状态的处理。如图 6-4 所示,无论是基于行为的入侵检测系统还是基于状态的入侵检测系统,一般都由 3 个部分构成:

(1)Sensor。收集系统中表示可能导致资源误用、不正当访问和恶意活动的信息,如抓获网络中的所有数据包。

(2)Scanner。收集系统的静态配置信息中可能包括的恶意代码、访问控制配置、服务配置、授权配置、账号策略和已知脆弱性。

(3)Analyzer。分析器接受传感器和/扫描器收集的数据,进行信息分析处理,导出有关潜在的、过去的或将来的入侵行为信息。

4. 入侵检测技术的发展

随着对各类入侵技术的研究逐步深入,基于入侵检测技术,并结合访

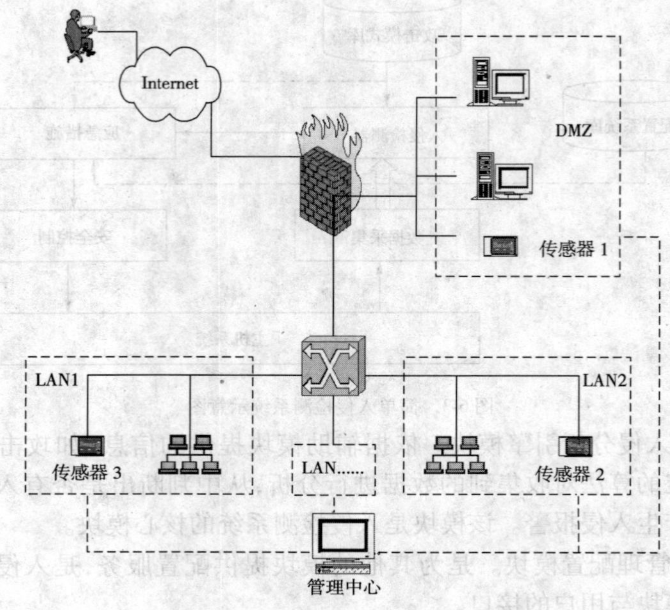

图 6-4　入侵检测系统部署示意图

问控制、阻断技术的应用，在原有入侵检测系统（IDS）上，又逐步出现了入侵防御系统（IPS）、统一威胁管理（UTM）等产品。

入侵防御系统（IPS）是指部署在网络系统边界，以存储——转发的方式传输网络数据，并根据定义好的安全策略在网络入侵行为进入被保护网络之前进行阻断和报警的信息安全产品。IPS 是在原有 IDS 基础上，增加阻断功能。它基于对网络行为或状态的检测结果，增加了响应的能力，能够根据策略中定义为阻断的事件准确阻断网络行为。IPS 与 IDS 在基本实现原理、监测模型等方面大致相同，但在网络的部署中，则是以串联方式连接在网络中。

统一威胁管理设备（UTM，Unified Threat Management）是指通过安全策略的统一部署，融合防火墙、IDS、VPN、反病毒等多种安全产品的安全防护能力，能针对利用网络进行非法活动、网络资源滥用等威胁，实现深层控制的网关安全设备。UTM 是 IDS 产品的扩展，一般而言，一个 UTM 产品至少集成了访问控制、入侵检测、防病毒等多种安全功能，实现网络边界的访问。同样，UTM 是以串联方式连接在网络中的。

三、安全审计技术

审计是记录用户使用计算机网络系统进行所有活动的过程，它是提高安全性的重要工具。它不仅能够识别谁访问了系统，还能指出系统正被怎样地使用。对于确定是否有网络攻击的情况，审计信息对于确定问题和攻击源很重要。同时，系统事件的记录能够更迅速和系统地识别问题，并且它是后面阶段事故处理的重要依据，为网络犯罪行为及泄密行为提供取证基础。另外，通过对安全事件的不断收集与积累并且加以分析，有选择性地对其中的某些站点或用户进行审计跟踪，以便对发现或可能产生的破坏性行为提供有力的证据。

1. 安全审计的功能

安全审计主要实现：

（1）通过事后的安全审计来检测和调查安全策略执行的情况以及安全遭到破坏的情况。

（2）监督可疑用户，取消可疑用户的权限，调用更强的保护机制，去掉或修复故障网络以及系统的某个或某些失效部件。

根据安全审计对象的不同，可以分成3个层次：

第一层是网络层审计。在网络的边界设置信息审计系统，通过对进出网络通信内容的还原、备份与审计，可在一定程度上防止网内机密信息的流出和网外不良信息的流入，并为网上泄密事件的追查提供有力的技术手段。主要利用防火墙的审计功能、网络监控与入侵检测系统来实现。

第二层是系统的安全审计，主要是利用各种操作系统和应用软件系统的审计功能实现，包括用户访问时间、操作记录、系统运行信息、资源占用等。主要利用操作系统的审计功能、专用的主机审计产品、日志分析产品等实现。

第三层是对信息内容的安全审计，是信息保护的技术。

采用各层次的安全审计措施是网络安全系统的重要组成部分。而对审计数据的维护是其重要内容之一，建议网络系统建立安全审计中心或审计小组，对所有各层次的审计数据进行统一处理与管理。

2. 安全审计事件

ISOHEC 10164—4中定义了所有管理告警通用的参数，包括通知标识符、相关的通知、额外的信息以及额外的文本等。安全审计主要针对以下5种事件产生告警：

(1)完整性破坏。指出未授权的修改、插入或删除数据的事件。安全报警原因的可能值是:复制信息、信息的丢失、信息修改的检测、顺序混乱的信息和不希望的信息。

(2)违规操作。指明不能获得的信息、违法行为或一些服务的不正确调用的事件。安全报警原因的可能值是:拒绝服务(故意阻止服务的合法使用)、超出服务、过程出错和未陈述原因。

(3)物理侵入。指明对物理资源有可疑攻击的事件。安全报警原因的可能值是:损害电缆(对通信介质的物理破坏)、入侵检测(非法进入某个站点或损害设备)和未陈述原因。

(4)安全服务或机制的侵犯。指明一个安全服务或机制检测到潜在的攻击的事件。安全报警原因的可能值是:鉴别失败、破坏机密性、抗抵赖的失败、未授权的访问企图和未陈述原因。

(5)时间区域的侵犯。指明在不希望的或禁止的时间里发生某些事的事件。安全报警原因的可能值是:延迟的信息(接到信息的时间比预定时间要晚)、密钥过期(使用过期的密钥)和上班时间外的活动(在不希望的时间里使用资源)。

安全报警的安全参数指明了由初始受管客体发觉的警报的意义。可能值是:不确定、危险、主要、次要、警告。

3. 网络安全审计产品的部署

网络安全审计产品的部署如图 6-5 所示。一般由审计事件收集器(探头)、审计事件处理器(控制台)组成。探头记录网络行为,并将数据传送给控制台,控制台根据相关模型分析网络数据,并提交分析结果。

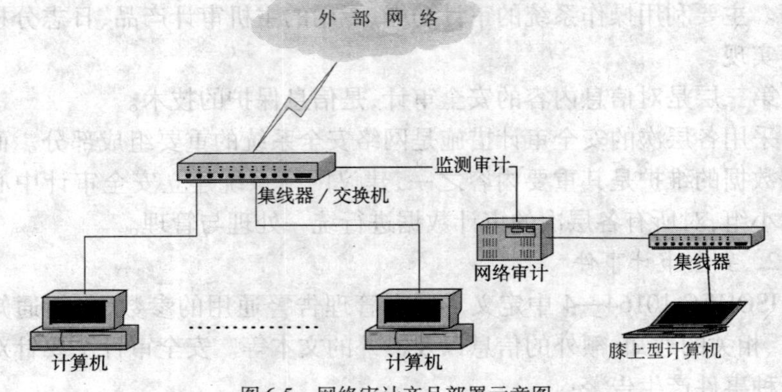

图 6-5 网络审计产品部署示意图

四、漏洞检测技术

1. 漏洞检测原理

对于网络信息系统的安全而言，仅仅具有事后追查或实时报警功能的安全检测装备是不够的，还需要具备系统安全漏洞扫描能力的事先检查型安全工具。系统漏洞检测又称漏洞扫描，就是对重要网络信息系统进行检查，发现其中可被攻击者利用的漏洞。不管攻击者是从外部还是从内部攻击某一网络系统，攻击机会都是由于利用该系统的已知漏洞而得到的。因此安全扫描技术应该用于黑客入侵和攻击网络系统之前。

漏洞检测是基于已经发现的各类漏洞，根据漏洞的表现形式(某个端口，或某种服务)，利用预先设定的程序，对系统的相关配置进行验证的过程。通过漏洞检测，可以发现系统是否存在已知的漏洞，为安全管理做准备。

从目前已经发现的漏洞状况来看，主要可以分成网络协议漏洞和主机系统。

(1)网络传输和协议的漏洞。攻击者利用网络传输时对协议的信任以及网络传输的漏洞进入系统。例如，IP 欺骗和信息腐蚀就是利用网络传输时对 IP 和 DNS 的信任；而网络嗅探器则利用了网络信息明文传送的弱点。另外，攻击者还可利用协议的特性进行攻击。例如，对 TCP 的序列号攻击，而 UDP 既没有握手机制也没有序列号，更容易假冒。攻击者还可以设法避开鉴别过程，或通过假冒(如源地址)而混过鉴别过程。此外，DNS、WHOIS、FINGER 等服务也会泄露出许多对攻击者有用的信息。例如，用户地址、电话号码等。

(2)主机系统的漏洞。指操作系统、数据系统的漏洞。攻击者可以利用这些漏洞，如服务进程的 BUG、配置错误等进行攻击。任何提供服务的主机都有可能存在这样的漏洞，它们常被攻击者用来获取对系统的访问权。由于软件的 BUG 不可避免，这就为攻击者提供了各种机会。另外软件实现者为自己留下的后门(陷阱)，也为攻击者提供了机会。

早期的漏洞扫描程序是专门为 Unix 系统编写的，随后情况就发生了变化。较早出现并产生影响的扫描工具当属 1995 年发布的 Satan，这个工具也被当时的黑客利用，来寻找网络的漏洞。随着互联网在中国的迅猛发展，网络安全问题日益引起人们的重视。国内一些研究机构也开始了网络漏洞扫描技术的研究，但与国外相比较，还有很大的差距。

2. 漏洞检测技术分类

漏洞检测技术通常采用两种策略，即被动式策略和主动式策略。被动式策略是基于主机的检测，对系统中不合适的设置、脆弱的口令以及其他同安全策略相抵触的对象进行检查；而主动式策略是基于网络的检测，通过执行一些脚本文件对系统进行攻击，并记录它的反应，从而发现其中的漏洞。漏洞检测的结果实际上就是对系统安全性的一个评估，它指出了哪些攻击是可能的，因此成为安全方案的一个重要组成部分。

根据所采用的技术特点，漏洞检测技术可分为以下几类：

(1)针对应用的检测技术。此类技术采用被动的、非破坏性的办法来检查应用软件包的设置，发现安全漏洞。一般而言，应用方面的漏洞主要来自于软件编制过程中的不完善、软件架构不合理、软件安全机制设置不完整等原因。例如，常见的 SQL 注入、跨站脚本攻击等就是由于代码不合理造成的。

(2)针对主机的检测技术。此类技术采用被动的、非破坏性的办法对系统进行检测。通常，它涉及系统的内核、文件的属性、操作系统的补丁等问题。这种技术还包括口令解密，把一些简单的口令剔除。因此，这种技术可以非常准确地定位系统存在的问题，发现系统漏洞。

(3)针对文件的检测技术。此类技术采用被动的、非破坏性的办法检查系统属性和文件属性，如数据库、注册号等。通过信息文摘算法，对文件的加密数进行检验。其基本原理是消息加密算法和 Hash 函数。如果函数的输入有一点变化，那么其输出就会发生大的变化，这样文件和数据流的细微变化都会被感知。这些算法加密强度极大，不易受到攻击，并且其实现是运行在一个闭环上，不断地处理文件和系统目标属性；然后产生检验数，把这些检验数同原来的检验数相比较，一旦发现改变就通知管理员。

(4)针对网络的检测技术。此类技术采用积极的、非破坏性的办法来检验系统是否有可能被攻击而崩溃。它利用了一系列的脚本对系统进行攻击，然后对结果进行分析。网络检测技术常被用来进行穿透实验和安全审计。这种技术可以发现系统平台的一系列漏洞，也容易安装。但是，它容易影响网络的性能。

第二节　电子商务的信息安全技术

信息安全技术主要涉及信息获取的安全、信息传输的安全、信息存储

的安全3个方面。

一、身份鉴别

身份验证(Identification)是用户向系统出示自己身份证明的过程。鉴别是对网络中的主体进行验证的过程。身份验证是信息获取安全的第一道屏障。通常有3种方法验证主体身份。一是只有该主体了解的秘密,如口令、密钥;二是主体携带的物品,如智能卡和令牌卡;三是只有该主体具有的独一无二的特征或能力,如指纹、声音、视网膜或签字等。也就是俗话说的"你有什么?你知道什么?你是什么?"

1. 口令机制

口令是相互约定的代码,只有用户和系统知道。口令有时由用户选择,有时由系统分配。通常情况下,用户先输入某种标志信息,比如用户名和ID号,然后系统询问用户口令,若口令与用户文件中的相匹配,用户即可进入访问。口令有多种,有的是一次设定,一定时间内有效;有的是一次性口令,即系统生成一次性口令的清单,第一次时必须使用X,第二次时必须使用Y,第三次时用Z……还有基于时间的口令,即访问使用的正确口令随时间变化,变化基于时间和一个秘密的用户钥匙。这样口令每分钟都在改变,使其更加难以猜测。

2. 智能卡

访问不但需要口令,也需要使用物理智能卡,在允许其进入系统之前检查是否允许其接触系统。智能卡一般由微处理器、存储器及输入、输出设施构成。微处理器可计算该卡的一个唯一数(ID)和其他数据的加密形式。ID保证卡的真实性,持卡人就可访问系统。为防止智能卡遗失或被窃,许多系统需要卡和身份识别码(PIN)同时使用。若仅有卡而不知PIN码,则不能进入系统。智能卡比传统的口令方法更安全,但其携带不方便,且开户费用较高。目前的智能卡还可以包含PKI机制,可以把密钥和数字证书嵌入智能卡。

3. 主体特征鉴别

利用个人特征进行鉴别的方式具有很高的安全性。目前已有的设备包括:视网膜扫描仪、声音验证设备、手型识别器、指纹识别等。

二、加密

加密技术是通过一定的加密算法,对传出或存储中的信息实施保护的方法。通过加密算法处理后的信息,对未授权人员而言,是不可读懂的信息。

加密又分为通信加密和存储加密。通信加密目的是对传输中的数据流信息加密,以防止通信线路上的窃听、泄露、篡改和破坏。信息加密过程是由形形色色的加密算法来具体实施的,它以很小的代价提供很牢靠的安全保护。在多数情况下,信息加密是保证信息保密性的唯一方法。据不完全统计,到目前为止,已经公开发表的各种加密算法多达数百种。

1. 通信链路加密

对于在两个网络节点间的某一次通信链路,在消息被传输之前进行加密,在接受节点对接收到的消息进行解密。有时,在到达目的地之前,一条消息可能要经过多个节点或多个通信链路的传输。链路之间的通信加密可以防止对通信业务进行分析。

2. 端到端加密

端到端加密允许数据在从源点到终点的传输过程中始终以密文形式存在。采用端到端加密,消息在被传输到达终点之前不进行解密,因为消息在整个传输过程中均受到保护,所以即使有节点被损坏也不会使消息泄露。

端到端加密系统通常不允许对消息的目的地址进行加密,这是因为每一个消息所经过的节点都要用此地址来确定如何传输消息。由于这种加密方法不能掩盖被传输消息的源点与终点,因此它对于防止攻击者分析通信业务是脆弱的。

3. 数据存储加密

对存储在系统或数据库中的核心信息实施加密。通过某种算法,对原文件进行变化,达到非授权人员无法获得信息本质的目的。常见的有,对数据库中的口令字段实施加密、对访问控制列表(ACL)实施加密存储。

三、完整性保护技术

目前,对于动态传输的信息,许多协议确保信息完整性的方法大多是收错重传、丢弃后续包的办法,但黑客的攻击可以改变信息包内部的内容,所以应采取有效的措施来进行完整性控制。在通信层面,完整性保护的措施包括报文鉴别、校验和、消息完整编码 3 种方式。

1. 报文鉴别

与数据链路层的 CRC 控制类似,将报文名字段(或域)使用一定的操

作组成一个约束值,称为该报文的完整性检测向量(Integrated Check Vector,ICV)。然后将它与数据封装在一起进行加密,传输过程中由于侵入者不能对报文解密,所以也就不能同时修改数据并计算新的ICV,这样,接收方收到数据后解密并计算ICV,若与明文中的ICV不同,则认为此报文无效。

2. 校验和

一个最简单易行的完整性控制方法是使用校验和,计算出该文件的校验和值并与上次计算出的值比较。若相等,说明文件没有改变;若不等,则说明文件可能被未察觉的行为改变了。校验和方式可以查错,但不能保护数据。

加密校验和是指将文件分成小块,对每一块计算CRC校验值,然后再将这些CRC值加起来作为校验和。只要运用恰当的算法,这种完整性控制机制几乎无法攻破。但这种机制运算量大,并且昂贵,只适用于那些完整性要求保护极高的情况。

3. 消息完整性编码(Message Integrity Code,MIC)

使用简单单向散列函数计算消息的摘要,连同信息发送给接收方,接收方重新计算摘要,并进行比较,验证信息在传输过程中的完整性。这种散列函数的特点是任何两个不同的输入不可能产生两个相同的输出,因此,一个被修改的文件不可能有同样的散列值。单向散列函数能够在不同的系统中高效实现。

在信息内容方面,完整保护主要利用PKI体系,采取数字摘要的方式实施。

四、备份与恢复

备份的目的是当需要时,尽可能快地全盘恢复运行计算机系统所需的数据和系统信息。备份不仅在网络系统硬件故障或人为失误时起到保护作用,也在入侵者非授权访问或对网络攻击及破坏数据完整性时起到保护作用,同时亦是系统灾难恢复的前提之一。

数据备份操作有3种方式:一是整盘备份,即将所有文件写入备份介质;二是增量备份,只备份那些上次备份之后更改过的文件,是最有效的备份方法;三是差分备份,备份上次全盘备份之后更改过的所有文件,其优点是只需两组介质就可恢复最后一次全盘备份的介质和最后一次差分备份的介质。

在确定备份的指导思想和备份方案之后，要选择安全的存储媒介和技术进行数据备份，有“冷备份”和“热备份”两种。热备份是指“在线”的备份，即下载备份的数据还在整个计算机系统和网络中，只不过传到另一个非工作的分区或是另一个非实时处理的业务系统中存放。“冷备份”是指“不在线”的备份，下载的备份存放到安全的存储媒介中，而这种存储媒介与正在运行的整个计算机系统和网络没有直接联系，在系统恢复时重新安装，有一部分原始的数据长期保存并作为查询使用。热备份的优点是投资大，但调用快，使用方便，在系统恢复中需要反复调试时更显优势。热备份的具体做法是：可以在主机系统开辟一块非工作运行空间，专门存放备份数据，即分区备份；另一种方法是，将数据备份到另一个子系统中，通过主机系统与子系统之间的传输，同样具有速度快和调用方便的特点，但投资比较昂贵。冷备份弥补了热备份的一些不足，两者优势互补，相辅相成，因为冷备份在回避风险中还具有便于保管的特殊优点。

在进行备份的过程中，备份软件主要实现以下功能：保证备份数据的完整性，并具有对备份介质的管理能力；支持多种备份方式，可以定时自动备份，还可设置备份自动启动和停止日期；支持多种校验手段（如字节校验、CRC 循环冗余校验、快速磁带扫描），以保证备份的正确性；提供联机数据备份功能；支持 RAID 容错技术和图像备份功能。

第三节　防病毒机制

一、计算机病毒概述

1. 计算机病毒的定义

“计算机病毒”是利用计算机软硬件的脆弱性和计算机体系结构本身的缺陷编制的具有特殊功能的程序。具有传染性、流行性以及针对性。

从广义上定义，凡能够引起计算机故障、破坏计算机数据的程序统称为计算机病毒。依据此定义，诸如逻辑炸弹、蠕虫、木马等均可称为计算机病毒。在国内，研究者从不同角度给出了计算机病毒的定义。一种较为广泛的定义是：计算机病毒就是能够通过某种途径潜伏在计算机存储介质（或程序）里，当达到某种条件时即被激活的具有对计算机资源进行破坏作用的一组程序或指令集合。

美国计算机安全专家 Fred Cohen 1989 年把计算机病毒定义为：“病

毒程序通过修改(操作)而传染其他程序,即修改其他程序使之含有病毒自身的精确版本或演化版本,变种或其他的病毒繁衍体。病毒可以看作是攻击者愿意使用的任何代码的携带者。病毒中的代码可经由系统或网络进行扩散,从而强行修改程序和数据”。这一定义具有一定的狭义性,但是比较实用。

1994 年我国正式颁布实施了《中华人民共和国计算机信息系统安全保护条例》,在条例第二十八条中明确指出:“计算机病毒是指编制或者在计算机程序中插入的破坏计算机功能或者毁坏数据,影响计算机使用,并能自我复制的一组计算机指令或者程序代码。”此定义具有法律性、权威性。

计算机病毒种类繁多,各自具有不同的特征,从计算机病毒的定义可以看出传染性和破坏性是其最基本的特征,其次,计算机病毒还具有隐蔽性、可触发性、未授权性等一系列共性,具体如下:

(1)寄生性(依附性)。计算机病毒是一种特殊的计算机程序,不是以独立的文件形式存在,而是寄生在合法的程序中,这些合法的程序可以是系统引导程序、可执行程序、一般应用程序等。病毒所寄生的合法程序被称作病毒的载体,也称为病毒的宿主程序。病毒程序嵌入到宿主程序中,依赖于宿主程序的执行而生存,这就是计算机病毒的寄生性。

(2)传染性。计算机病毒的传染性是指计算机病毒会通过各种渠道从已被感染计算机扩散到未被感染的计算机。正常的计算机程序一般是不会将自身的代码强行连接于其他程序之上的。而病毒却能使自身的代码强行传染到一切符合其传染条件的未受到传染的程序之上。是否具有传染性是判别一个程序是否为计算机病毒的最重要条件。

(3)隐蔽性。计算机病毒在发作之前,必须能够将自身很好地隐蔽起来,不被用户发觉,这样才能实现进入计算机系统,进行广泛传播的目的。计算机病毒的隐藏性表现为传染的隐蔽性与存在的隐蔽性。传染的隐蔽性指的是大多数病毒在进行传染时一般不会有外部表现,使人非常不易察觉。病毒程序存在的隐蔽性指的是,计算机病毒一般是具有很高编程技巧、短小精悍的程序,通常附在正常程序中或磁盘较隐蔽的地方,也有个别以隐藏文件形式出现。

(4)潜伏性。计算机病毒的潜伏性是指病毒程序为了达到不断传播破坏系统的目的,一般不会在传染某一程序后立即发作,否则就暴露了自身。通常,一个编制精巧的计算机病毒程序,可以在几周、几个月甚至几年内隐藏在合法文件中，对其他系统进行传染，而不被人发现。潜伏性越好，其在系统中的存在时间就越长，病毒的传染范围就越大。

计算机病毒的潜伏性也具有两种表现。第一种表现是指病毒程序不用专用检测程序是检查不出来的；第二种表现是指计算机病毒的内部往往有一种破坏触发机制，不满足触发条件时，计算机病毒除了传染外不进行任何破坏。

(5)可触发性。因某个特征或数值的出现，诱使病毒实施感染或进行攻击的特性称为可触发性。

(6)破坏性。所有的计算机病毒都是一种可执行程序，而这一可执行程序又必然要运行，所以对系统来讲，所有的计算机病毒都存在一个共同的危害，即降低计算机系统的工作效率，占用系统资源，其具体情况取决于入侵系统的病毒程序。同时计算机病毒的破坏性主要取决于计算机病毒设计者的目的，可以彻底破坏系统的正常运行，也可以只是作一些无意义的炫耀。虽然并非所有的病毒都对系统产生极其恶劣的破坏作用，但有时几种本来没有多大破坏作用的病毒交叉感染，也会导致系统崩溃等重大恶果。

(7)产生的必然性。计算机病毒存在的理论依据来自于冯·诺依曼的结构及信息共享理论，从理论上讲如果要彻底消灭病毒，只有摒弃冯·诺依曼结构及信息共享理论，显然，此二者都是无法摒弃的。

(8)非授权性。一般正常的程序是用户是可见的、透明的。而病毒具有正常程序的一切特性，却隐藏在正常程序中，当用户调用正常程序时窃取到系统的控制权，先于正常程序执行，病毒的动作、目的对用户是未知的，是未经用户允许的。

2. 计算机病毒的分类

从第一个病毒出世以来，究竟有多少种病毒，说法不一。计算机病毒的分类方法有许多种，因此，同一种病毒可能有多种不同的分类，下面介绍几种常用的分类方法。

(1)按照计算机病毒攻击的操作系统分类：

①攻击 DOS 系统的病毒，即侵入 DOS 系统环境，针对 DOS 内核而编制的病毒，这类病毒出现最早、变种也最多。

②攻击 Windows 系统的病毒，由于 Windows 系统是目前使用最多的操作系统，因此目前针对这类系统的病毒也最多。

③攻击 Unix 系统的病毒，攻击 Unix 操作系统的计算机病毒相对来

讲，为数不多，传播效率低，不易流行。

④攻击 OS/2 系统的病毒。

⑤攻击嵌入式操作系统的病毒。随着掌上电脑、手机各种便携电子设备的出现，Palm、EPOC 等嵌入式操作系统也未能幸免于难。一种名为“自由 A ”的特洛伊木马，是目前已知的第一个在 Palm 操作系统平台上发作的病毒。

(2)按照计算机病毒的链接方式分类：

计算机病毒必须在隐蔽自身的同时被系统“合法”地调用执行，这一点是通过计算机病毒与系统内可被执行的文件建立链接来实现的。计算机病毒程序链接的对象是系统内可被执行的文件，根据计算机病毒对这些文件的链接形式不同来划分病毒，可分为如下 4 类：

①源码型病毒。该病毒攻击高级语言编写的程序，在高级语言所编写的程序编译前插入到源程序中，经编译成为合法程序的一部分。这种病毒与用户的合法程序结合紧密，使得清除工作十分困难。由于这种病毒要求设计者对所要侵入的高级语言源程序的掌握程度非常高，编写困难，并且可被感染的程序对象也比较有限，因而，这种病毒并不多见。往往隐藏在大型程序中，一旦被侵入，破坏性也是非常大的。

②入侵型病毒。这种病毒是将自身嵌入到攻击目标中，代替宿主程序中不常用到的堆栈区或功能模块，而不是链接在它的首部或尾部。该病毒的特点与源码型病毒类似，难以编写，一旦侵入程序体后也较难消除，往往只能用破坏宿主程序的方法来清除病毒程序，这种病毒能够传染的对象也受到一定的限制。

③外壳型病毒。寄生在宿主程序的前面或后面，并修改程序的第一个执行指令，使病毒先于宿主程序执行，这样随着宿主程序的使用而传染扩散。这种病毒最为常见，易于编写，传染的对象不受限制，传染性很强。但因为这种病毒引起宿主程序长度的变化，所以也容易被检测出来，一般测试文件的大小即可知。黑色星期五病毒就属于此种类型。

④操作系统型病毒。这种病毒在运行时，用自己的逻辑模块取代操作系统的部分合法程序模块。根据病毒自身的特点，被取代的操作系统合法模块在整个操作系统中的地位和作用以及病毒对操作系统模块的取代方式等诸因素的不同，这类病毒的结构、破坏性以及传染速度都有很大差异，具有很强的破坏力，可导致整个系统的瘫痪。如针对操作系统引导程序的大麻病毒、巴基斯坦智囊病毒等就是典型的操作系统型病毒。

(3)三类特殊的病毒。

根据广义的病毒定义,逻辑炸弹、特洛伊木马和蠕虫都属于计算机病毒,但是这三类病毒与通常所说的病毒相比,又具有一定的特殊性。

①逻辑炸弹。是指修改计算机程序,计算机程序在某种特殊条件下按某种不同的方式运行。逻辑炸弹也是由程序员插入其他程序代码中间的,但并不进行自我复制。

②特洛伊木马。泛指那些内部包含有为完成特殊任务而编制的代码的程序,一种潜伏执行非授权功能的技术。木马本身不进行自我复制。木马程序是一个表面上看起来无害的程序或命令,但当被用户执行后,会执行一些恶意操作,如修改数据库、删除文件等。除此之外,有很多木马程序是隐藏在机器中,使机器可以被他人远程控制。这种远程控制程序可以被称为后门工具,一般都采用 client/server 的模式。

③计算机蠕虫程序。是一种通过某种网络媒介(电子邮件、TCP / IP 等)使自身从一台计算机复制到其他计算机的程序。与病毒在文件之间进行传播不同,它们是从一台计算机传播到另一台计算机,从而感染整个系统。蠕虫程序在计算机之间进行传播时很少依赖(或者完全不依赖)人的行为,蠕虫程序不进行直接的破坏,不像一般病毒那样感染文件,只是在计算机内存中精确地自我复制,并向网络上尽可能多的计算机发送自身的拷贝,这种自我复制每时每刻都在高速进行,当内存中蠕虫运行的进程数量增多到一定程度后,可能会耗尽系统资源,使系统不堪重负而崩溃,造成严重危害。

3. 计算机病毒的发展历程

随着计算机技术的发展,操作系统不断更新换代和反病毒技术的不断推动,计算机病毒也在不断发展,有一种观点认为其发展历程可以粗略的划分为以下 4 个阶段。

第一阶段可以认为在 1986 ~ 1989 年之间,是计算机病毒的萌芽和滋生时期。这一阶段的计算机病毒具有如下的一些特点:

(1)病毒攻击的目标比较单一,或者是传染磁盘引导扇区,或者是传染可执行文件。

(2)病毒程序主要采取截获系统中断向量的方式监视系统的运行状态,并在一定的条件下对目标进行传染。

(3)病毒传染目标以后的特征比较明显,如磁盘上出现坏扇区,可执行文件的长度增加、文件建立日期、时间发生变化等。这些特征容易被人

工或查毒软件所发现。

第二阶段是在1989~1991年之间，这一阶段的计算机病毒具有如下特点：

(1)病毒攻击的目标趋于混合型，即一种病毒既可以传染磁盘引导扇区，又可能传染可执行文件。

(2)病毒传染目标后没有明显的特征。

(3)病毒程序往往采取了自我保护措施，例如加密技术、反跟踪技术、隐蔽技术，制造障碍，增加人们分析和解剖的难度，同时也增加了软件检测、解毒的难度。加密技术是一种防止静态分析的技术，分析者在不执行病毒的情况下，不能阅读加密过的病毒程序。反跟踪技术使得分析者无法动态跟踪病毒的运行。隐蔽技术是与计算机病毒检测技术相对应的，一般来说，有什么样的检测技术就会有什么样的隐蔽技术。采用隐蔽技术的病毒进入内存后，计算机用户不能轻易发现其存在。例如，4096病毒感染文件时，文件长度增加4096字节，但是当用户用dir命令看时，由于病毒获得了系统的控制权，用户看到的还是原来长度、日期的文件。

(4)出现了许多病毒变种，这些变种比原病毒具有更强的隐蔽性和破坏性。

第三阶段从1992~1995年，这一时期是病毒的成熟发展阶段，病毒开始向多维化方向发展，即传统病毒传染的过程与病毒自身运行的时间和空间无关，而新型的计算机病毒则将与病毒自身运行的时间，空间和宿主程序紧密相关，无疑增加了计算机病毒检测和消除的难度。多态病毒、伴随病毒等都是这一时期出现的。

(1)伴随型病毒。伴随病毒通过创建一个新的扩展文件把自己附着在一个可执行文件上。具有代表性的是“金蝉”病毒，感染.exe文件时生成一个和.exe同名的扩展名为.com的伴随体；感染.com文件时，改原来的.com文件为同名的.exe文件，再产生一个原名的伴随体，文件扩展名为.com。这样，在系统加载文件时，病毒就取得控制权。这类病毒的特点是不改变原来的文件内容、日期及属性，解除病毒时只要将其伴随体删除即可。

(2)多态病毒。是指采用特殊加密技术编写的病毒，加密的病毒经常隐藏其特征，每次感染可执行文件时，都产生一个解密程序，生成不同的病毒特征，所以在多态病毒的不同样本中，甚至不存在连续2个字节是相同的，从而避开反病毒软件。多态病毒是一种混合型病毒，既能感染引导区又能感染程序区。

(3)出现了一些能生产病毒的软件工具,只要是具备一点计算机知识的人,利用病毒生成工具就可以轻易地制造出算法各异、功能各异的计算机病毒。

第四阶段是20世纪90年代中后期,随着Windows操作系统的流行、远程网、远程访问服务的开通,病毒表现出如下特征:

(1)产生了许多以Windows平台为特定目标的计算机病毒,包括一些针对像Windows 95这种32位操作系统的计算机病毒,其机制更为复杂,它们利用保护模式和API调用接口工作,解除方法也比较复杂。

(2)1996年,随着Windows office软件的流行,宏病毒广泛传播。宏病毒是使用某个应用程序自带的宏编程语言编写的病毒,与以往的病毒不同,宏病毒冲破了在单一平台上传播的局限,容易编写,容易传播。

(3)病毒流行面更加广泛,突破了地域的限制。1996年下半年随着国内互联网的大量普及和E-mail的使用,病毒出现了通过E-mail扩散的增长趋势,出现了大量夹杂于E-mail中的word宏病毒、蠕虫病毒,甚至邮件本身就是一个病毒。这一时期的病毒最大的特点是利用互联网作为其主要传播途径。

(4)病毒综合具有多种特性,如梅莉莎病毒就兼具宏病毒、蠕虫、电子邮件病毒的特性。

二、计算机病毒的结构

计算机病毒是人为编制的一种计算机程序,这种程序有其自身的结构特点。计算机病毒程序一般包括3个功能模块:病毒的引导模块、传染模块、破坏(或表现)模块,下面分别加以描述。

1. 病毒的引导模块

引导模块的作用是当病毒的宿主程序开始工作时将病毒程序从外存引入内存,使其与宿主程序独立,并且使病毒的传染模块和破坏模块处于活动状态,以监视系统运行。当出现满足激发条件的情况时,病毒就会按设计者的企图向系统发动进攻。某些病毒程序的引导模块还负责将分别存储的病毒程序连接在一起,进行重新装配,构成完整的病毒体,使其投入运行。

2. 病毒传染模块

传染模块负责将病毒传染给其他计算机程序,使病毒向外扩散。病

毒的传染模块由两部分组成:病毒传染的条件判断部分和病毒传染程序主体部分。其中,条件判断部分负责判定被传染对象是否具备被传染条件,传染程序主体部分负责将病毒的再生体与宿主程序连接,完成病毒传染工作。

3. 病毒破坏(表现)模块

该模块是病毒的核心部分,体现了病毒制造者的意图。由于恶作剧型病毒没有明显的破坏意图,病毒带来的破坏性较小,所以这类病毒的破坏模块可被称为表现模块。病毒的破坏模块也是由两部分组成:病毒破坏的条件判断部分和破坏程序主体部分。条件判断部分时刻判断运行过程中是否出现了满足病毒触发条件的情况,如某一特定日期、某一特定的用户键组合,当条件满足时,病毒才调用破坏程序的主体部分。病毒破坏程序的主体部分负责实施病毒的表现或破坏工作,如删除数据、改写文件、发出异常声音或图像等。

需要说明的是,并不是所有的计算机病毒都由这3大模块组成,有的可能没有引导模块(如"维也纳病毒"),有的可能没有破坏模块(如"巴基斯坦"病毒),有的病毒3个模块之间的界限并不明显。

三、计算机病毒防治技术

网络防病毒技术包括预防病毒、检测病毒和消除病毒3种技术。

1. 预防病毒技术

它通过自身常驻系统内存,优先获得系统的控制权,监视和判断系统中是否有病毒存在,进而阻止计算机病毒进入计算机系统和对系统进行破坏。技术手段包括:加密可执行程序、引导区保护、系统监控与读写控制(如防病毒卡)等。

2. 检测病毒技术

它是通过对计算机病毒的特征来进行判断的侦测技术,如自身校验、关键字、文件长度的变化等。病毒检测一直是病毒防护的支柱,然而随着病毒的数目和可能的切入点的大量增加,识别古怪代码串的进程变得越来越复杂,而且容易产生错误和疏忽。因此,最新的防病毒技术应将病毒检测、多层数据保护和集中式管理等多种功能集成起来,形成多层次防御体系,既具有稳健的病毒检测功能,又具有客户端/服务器数据保护能力,也就是覆盖全网的多层次方法。

3. 消除病毒技术

它通过对计算机病毒的分析,开发出具有杀除病毒程序并恢复原文件的软件。大量的病毒针对网上资源和应用程序进行攻击,这样的病毒存在于信息共享的网络介质上,因而要在网关上设防,在网络入口实时杀毒。对于内部病毒,如客户机感染的病毒,通过服务器防病毒功能,在病毒从客户机向服务器转移的过程中杀掉,把病毒感染的区域限制在最小范围内。

网络防病毒技术的具体实现包括对网络服务器中的文件进行扫描和监测,工作站上则采用防病毒芯片和对网络目录及文件设置访问权限等。防病毒必须从网络整体考虑,从方便管理人员的工作着手,通过网络环境管理网络上的所有机器,检查病毒情况;利用在线报警功能,网络上每一台机器出现故障、病毒侵入时,网络管理人员都能及时知道,从管理中心处予以解决。

网络防病毒技术是相对的,并不能封杀所有的病毒。对于出现的新类型的病毒,网络防病毒技术有可能出现滞后的现象,因此及时更新病毒库是必不可少的。

四、计算机病毒防治对策

1. 计算机病毒发作症状

计算机病毒发作时,通常会出现以下情况,根据这些症状,我们就能尽早地发现和清除它们。

(1)电脑运行比平常迟钝。

(2)程序载入时间比平常久。

(3)对一个简单的工作,磁盘似乎花了比预期长的时间。

(4)不寻常的错误信息出现。

(5)由于病毒程序的异常活动,造成对磁盘的异常访问,当你没有存取磁盘时,磁盘指示灯却亮了,表示电脑这时已经受到病毒感染了。

(6)系统内存容量忽然大量减少。

(7)磁盘可利用的空间突然减少。

(8)可执行程序的大小改变了。

(9)由于病毒可能通过将磁盘扇区标记为坏簇的方式把自己隐藏起来,磁盘坏簇会莫名其妙地增多。

(10)程序同时存取多部磁盘。

(11)内存内增加来路不明的常驻程序。

(12)文件、数据奇怪的消失。

(13)文件的内容被加上一些奇怪的资料。

(14)文件名称、扩展名、日期、属性被更改。

(15)打印机出现异常。

(16)死机现象增多。

(17)出现一些异常的画面或声音。

异常现象的出现并不表明系统内肯定有病毒,仍需进一步检查。

病毒技术与反病毒技术存在着相互对立、相互依存的关系,在彼此较量中不断发展,当然,从总体上,反病毒技术要滞后于病毒技术。计算机病毒的防治技术可以分成4个方面,即检测、清除、免疫和预防。

2. 计算机检测的常用方法

计算机感染病毒后,会引起一系列变化,检测正是以此为依据的。在病毒与反病毒的长期斗争中,病毒与反病毒技术都在不断发展提高,但病毒对反病毒技术永远都是超前的,从而使反病毒软件不可能检测到所有未知病毒。病毒检测常用的方法有:比较法、校验和法、搜索法、分析法、行为监测法、软件模拟法及感染实验法等。

(1)比较法。比较法是进行原始的或正常的特征与被检测对象的特征比较。由于病毒的感染,会引起文件长度和内容、内存以及中断向量的变化,从这些特征的比较中可以发现异常,从而判断病毒的有无。比较法的好处是简单、方便,不需专用软件。缺点是无法确认计算机病毒的种类名称。另外,可能会存在以下问题:变化可能是合法的或是偶然因素造成,有些病毒感染文件并不带来文件长度的改变,这就需要进一步的分析或采用其他的检测手段。

(2)病毒校验和法。计算出正常文件的程序代码的校验和,并保存起来,可供被检测对象对照比较,以判断是否感染了计算机病毒。这种技术可侦测到各式的计算机病毒,包括未知病毒,但误判率高,无法确认病毒种类,无法侦测隐形计算机病毒。

(3)搜索法。搜索法是用每一种计算机病毒体含有的特定字符串对被检测的对象进行扫描。如果在被检测对象内部发现了某一种特定字节串,就表明发现了该字节串所代表的计算机病毒。特征串选择的好坏,对于病毒的发现具有决定作用。当特征串选择得很好时,发现病毒的几率很高,即使对计算机病毒了解不多的人也能用它来发现计算机病毒。但是如何提取特征串,则需要足够的有关知识。搜索法也有自身的一些缺点,如被扫描的文件很长时,扫描所花时间也越多;不容易选出合适的特征串;计算机病毒代码库未及时更新时,无法识别出新的计算机病毒;不易识别变形计算机病毒等。不管怎样,搜索法仍被病毒检测软件广泛采用,是今天使用最为普遍的计算机病毒检测方法。

(4)分析法。分析法的使用人员主要是反计算机病毒的技术专业人员。专业人员借助自己掌握的关于计算机及病毒的广泛知识及专用工具,分析计算机是否染毒,确认计算机病毒的类型,搞清楚病毒体的大致结构,从中提取特征识别用的字节串或特征字,用于增添到计算机病毒代码库或详细分析计算机病毒代码,制定相应的防杀计算机病毒方案:由于很多计算机病毒采用了自加密、反跟踪等一些隐蔽技术,使得计算机病毒的分析工作经常是冗长和枯燥的。对计算机病毒的分析是计算机病毒检测工作中不可缺少的重要环节。

(5)行为监测法。由于病毒在感染及破坏时都表现出一些共同行为,而且比较特殊,这些行为在正常程序中比较罕见,因此可通过监测这些行为来检测病毒的存在与否。该方法不仅可检测已知病毒,而且可预报未知病毒,但是有可能误报,而且不能确定病毒名称,使用有一定难度。

(6)病毒行为软件模拟法。软件模拟法专门用来对付多态病毒,多态病毒在每次传染时都通过加密变化其特征码,使得搜索法失效。该方法监视病毒运行,待病毒自身密码破译后,再进行代码的分析。

(7)感染实验法。该法利用了病毒最重要的基本特性——感染特性。检测时,先运行可疑系统中的程序,再运行一些确切知道不带毒的正常程序,然后观察这些正常程序的长度和检验和,如果发现有变化,可断言系统中有病毒。

病毒的清除是指将染毒文件的病毒代码摘除,使之恢复为可正常运行的健全文件:病毒消除可手工进行,也可用专用软件杀毒。无论哪种方式,都是一种危险的操作。因为完全将病毒代码从染毒信息中摘除而不破坏原来的内容是困难的,弄不好会使原来的信息遭到彻底破坏无法恢复。而且,如果染毒过程中已将原始信息覆盖或破坏,则可能导致无法恢复。

防范网络病毒的过程实际上就是技术对抗的过程,随着病毒繁衍和传播方式变化,反病毒技术必须不断调整。网络防病毒应该利用网络的优势,使防病毒逐渐成为网络安全体系的一部分,防杀结合,重在预防,并

把防病毒、防黑客、灾难恢复等几个方面综合考虑，形成一整套安全机制，才能最有效地保障整个网络的安全。

小案例　台湾黑客对某政府网站的攻击

1999 年 8 月，某政府网站运行的系统是 SunOS，版本比较旧。当时大陆黑客出于对李登辉"两国论"谬论的愤慨，为谴责李登辉的分裂行径，于 8 月某日，一夜之间入侵了数十个台湾政府站点。台湾黑客采取了报复行动，替换了这个网站的首页。经该站技术人员分析，在该系统上实际存在至少 4 个致命的弱点可以被黑客利用。其中有 2 个 RPC 守护进程存在缓冲区溢出漏洞，一个 CGI 程序也有溢出错误。对这些漏洞要采用比较特殊的攻击程序。但台湾黑客并没有利用这些比较高级的攻击技巧，而是从一个最简单的错误配置进入了系统。原来，其缺省账号 info mix 的密码与用户名相同！这个用户的权限足以让台湾黑客对 Web 网站为所欲为。从这件事情可以看出，我们有部分系统管理员不具备最起码的安全素质。

第四节　电子商务中的 PKI/CA 应用

公共密钥基础设施（Public Key Infrastructure）是应用公钥密码技术提供信息安全及信任服务的基础设施。利用 PKI/CA 可以实现加密传输、身份认证、数字签名、抗抵赖等安全机制。在电子商务环境下，PKI/CA 已经成为保证交易合法性、准确性、完整性的一项重要手段。

一、对称密钥密码体系与公钥密码体制

对称密钥密码体制又称单钥密码体制，它的加密密钥和解密密钥是相同的，其原理如图 6-6 所示。这种加密算法运算速度快，适合于加解密传输中的信息。比较著名的单密钥算法是美国的数据加密标准（DES 算法），该标准由 IBM 公司研制，美国商业部所属的国家标准局（NBS）于 1977 年正式批准并作为美国联邦信息处理的标准。虽然美国已经宣布这种算法不再作为美国加密的标准，但这种算法已经广泛应用于世界各地的商业中。单密钥密码体制的缺陷是通信双方在进行通信前必须通过一个安全信道事先交换密钥，这在网络应用中是不现实的，而且单密钥体制无法保证信息的不可抵赖性。

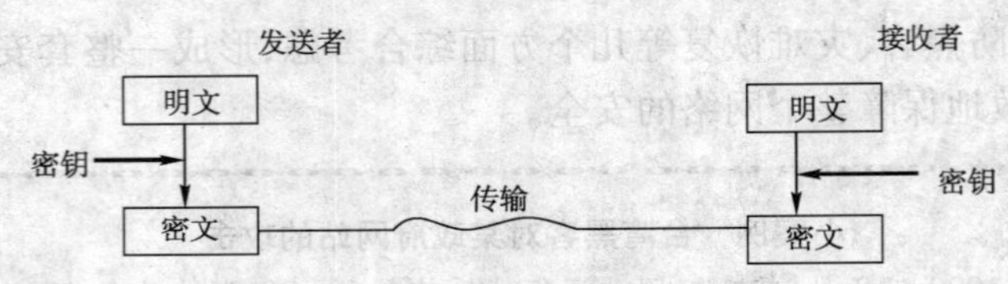

图 6-6　对称密钥密码体制实现原理图

公开密钥密码体制又称为非对称密钥密码体制。所谓公钥体制就是加密密钥和解密密钥不同(即非对称加/解密方式,如图 6-7 所示),并且从其中一个很难推断出另一个。这样,我们可以将其中一个密钥公开(称为公钥),另一个密钥由用户自己保存(称为私钥)。假如甲想和乙通信,只要甲能找到乙的公钥,用乙的公钥将信息加密,传递给乙,然后乙用自己的私钥解密信息,这样即使加密后的信息误传递给他人,或被他人截获,也不用担心信息的泄露。同样的道理,乙若想向甲证实信息是自己发送的,那么他只需将信息用自己的私钥加密,然后传递给甲,甲用乙的公钥解密信息,若信息能够解开并验证一致,则证明该信息是乙发送的,而且事后这条信息也是不可抵赖的,因为只有乙才能加密信息,其他人(包括甲)是无法伪造这条信息的,尽管他们能读懂这条信息。

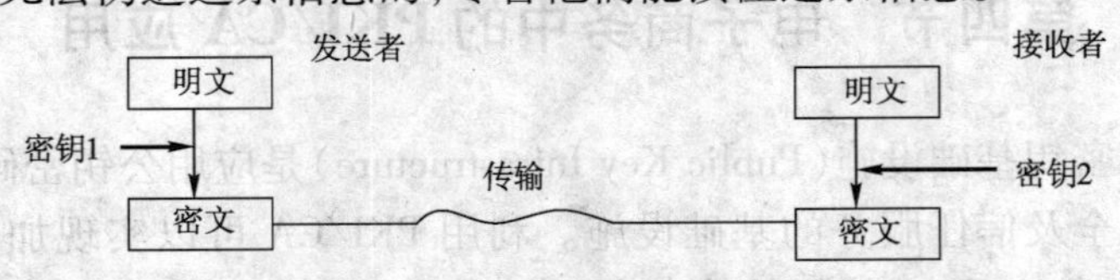

图 6-7　公钥密码体制实现原理图

二、PKI 的组成与基本要素

PKI/CA 是信息安全的基础设施,可以解决网上身份认证、信息的完整性和不可抵赖性等安全问题,为网络应用(如浏览器、电子邮件、电子交易、自动化办公)提供可靠的安全服务,为整个组织提供安全的基本框架。

PKI 的构成如图 6-8 所示。对于 PKI 的理解,可以从以下几个角度来认识:

(1)PKI 是 CA 认证、数字证书、数字签名以及相关的安全应用组件模块的集合体。

(2)PKI 是一个体系,人们可以在这个体系下开展相互信任的作业和交易。

(3)PKI 是一种机制,能够实现不见面的身份认证、密钥传递和信息保密。

(4)PKI 的最重要角色是被信任的营运中心,提供信任服务、保障安全、承担责任的是权威、公正的第三方(即 CA)认证中心。

(5)PKI 可以确认身份的真实性、交易和作业的不可抵赖性,同时可以实现信息的保密性和不可篡改性,建立基于身份认证的访问权限控制。

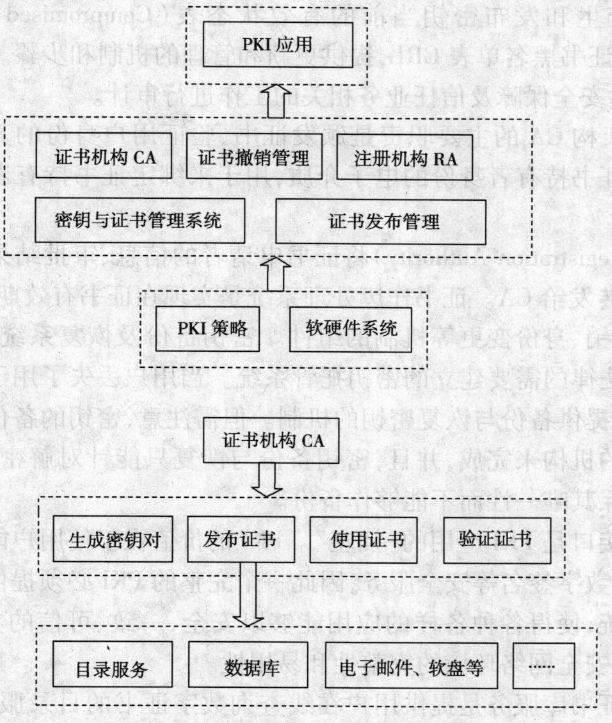

图 6-8 PKI 构成框图

PKI 的核心是信任关系的管理。第三方信任和直接信任是所有网络安全产品实现的基础。所谓第三方信任是指两个人可以通过第三方间接地达到彼此信任。当两个陌生人都和同一个第三方彼此信任并且第三方也担保他们的可信度时,这两个陌生人就可以做到彼此信任。在电子商务领域,第三方信任是必要的。

当在 PKI 中,CA 是关键角色,信任关系都是通过 CA 来建立和传递的。一个完整的 PKI/CA 包括:认证机构(CA)、审批受理中心(RA)、审批受理点(RAT)、数字证书库服务、密钥备份及恢复系统、证书作废系统、

应用接口、证书更新系统、公证服务系统、时间戳服务系统10大组成部分。CA的主要功能包括:

(1)生成和认证密钥对,签署、发布和管理公钥证书即数字证书。

(2)建立并维护本体系内数字证书库、证书的当前状态库。

(3)提供密钥交换标准(算法、协议、格式)。

(4)提供密钥恢复业务(仅对加密密钥)。

(5)产生和发布密钥当前的有效状态表(Compromised Key Lists, CKL)以及证书黑名单表CRL,提供更新和管理的机制和步骤。

(6)对安全保障及信任业务相关的工作进行审计。

认证机构CA的主要职责是颁发证书、验证用户身份的真实性。证书是证明证书持有者身份的电子介质,用于来绑定证书持有者身份和其相应公钥。

RA(Registration Authority)将证书申请者的信息、审批结果安全发送到RA,再转发给CA。证书作废处理系统是实现在证书有效期内,处理证书作废、撤销、身份变更等机制的组件。密钥备份及恢复系统,是根据用户或国家法律的需要建立的密钥托管系统。当用户丢失了用于解密数据的密钥时,提供备份与恢复密钥的机制。但需注意,密钥的备份与恢复必须由可信的机构来完成,并且,密钥备份与恢复只能针对解密密钥,签名私钥为确保其唯一性而不能够作备份。

应用接口是PKI应用的"插座"。PKI的价值在于使用户能够方便地使用加密、数字签名等安全服务,因此一个完整的PKI必须提供良好的应用接口系统,使得各种各样的应用能够以安全、一致、可信的方式与PKI交互,确保安全网络环境的完整性和易用性。

数字证书库服务是提供用户在线查询数字证书的目录服务,它包括证书目录服务、黑名单服务、证书在线状态查询、自动管理历史密钥等功能。它是在线认证中不可缺少的环节。

证书更新系统是为了对证书有效期即将期满的证书进行自动更新的服务,系统负责自动提示和通知证书用户,及时更新证书。有关证书更新的策略与各个CA的证书策略有关,有的需要物理认证,有的只要在网上认证。

公证服务系统是为客户交易中的争议提供举证,通过验证数字签名等,提供有关的证据。时间戳服务系统主要是提供公正的、标准时间标识,嵌入到交易和作业的数据记录中, 等于打上时间戳。

三、数字证书

ITU-T 发布的 X.509 目录服务标准定义了一个由 X.500 目录向其用户提供的鉴别服务框架，给出了基于使用公开密钥证书的可选鉴别协议。

X.509 的核心是与每个用户联系的公开密钥证书。这些用户证书由某些可信任的证书机构（CA）创建，并放在安全的目录服务器中。目录服务器本身并不负责公开密钥的生成、颁发或管理，而仅提供一个便于用户访问和获取证书的地方。颁发者在证书上的数字签名，保证了证书在传递、存储过程中不会被篡改，即使被篡改也会被发现，即证书的颁发过程无需额外的保护。所以，X.509 证书是一种由发布者数字签名的用于绑定某公开密钥和其持有者身份的数据结构。

如图 6-9 所示给出了 X.509 证书的一般格式。证书包括如下要素：

（1）版本。默认是第 1 版。如果提供了颁发者唯一标识符或主体唯一标识符，则为第 2 版。如果出现一个或多个扩展，那么是第 3 版。

（2）序列号。在颁发证书中的一个具有唯一性的整数值，与该证书有明确关联。

（3）签名算法标识符。用来签名证书的算法以及一些相关的参数。

（4）颁发者名字。创建和签名该证书的 CA 的 X.500 名字。

（5）有效期。由两个日期组成，即证书的有效起始时间和结束时间。

（6）主体名。该证书指向的用户名。也就是该证书对持有相应私钥的主体的公钥进行认证。

（7）主体公开密钥信息。主体的公钥、使用该密钥的算法的标识符以及算法的相关参数。

（8）颁发者唯一标识符。当 X.500 用在不同实体上时，用来唯一标识 CA 的可选位串字段。

（9）主体的唯一标识符。当 X.500 用在不同实体上时，用来唯一标识主体的可选位串字段。

（10）扩展。一组单个或多个扩展字段，扩展仅在第 3 版中加入。

（11）签名。覆盖证书的其他所有字段，它包含用 CA 私钥加密的其他字段的散列码。该字段还包括签名算法标识符。

除了在证书上自身注明的有效期外，证书撤销列表 CRL 是另一种证书有效期控制机制。证书颁发者定期发布 CRL，CRL 上面列出了所有曾由它颁发但当前已被撤销的证书号。证书的使用者依据 CRL 即可验证某证书是否已被撤销。同证书一样,CRL 也由颁发者的数字签名来确保其权威性和完整性。

每个 CA 都必须维护一个列表,其中包含所有由 CA 发出的已撤销但没有过期的证书,包括发给用户的和发给其他 CA 的证书。这些列表应该在对应的目录中发布。

目录中公布的每个证书撤销列表(CRL)都由发布者签名,如图 6-10 所示,它包括颁发者的名字、列表的更新时间、下一个 CRL 的计划颁发时间和各个撤销证书的条目。每个条目都由证书序列号和证书撤销日期组成。由于序列号在 CA 内是唯一的,所以可以用序列号来标识证书。

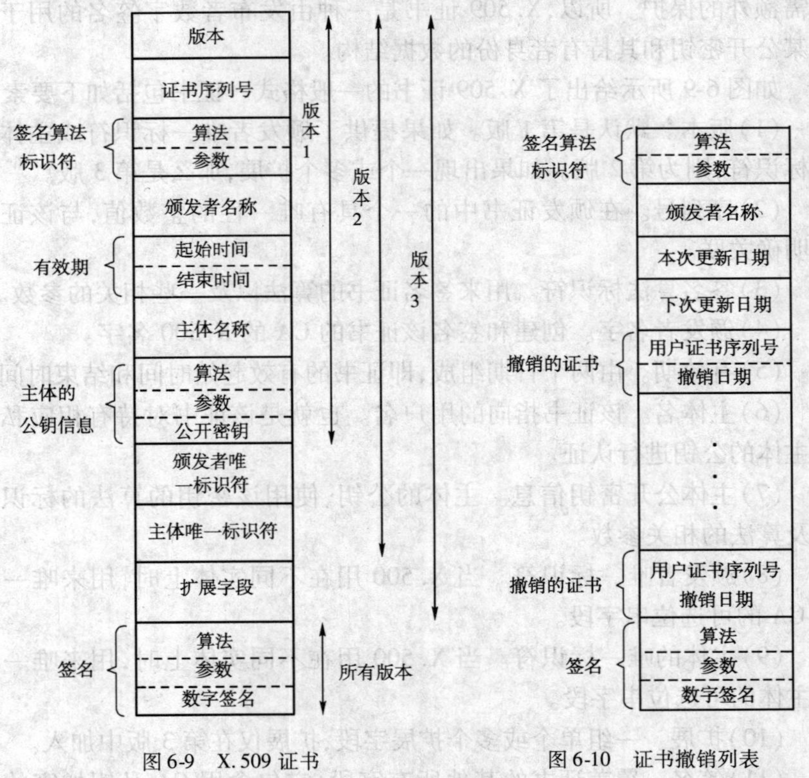

图 6-9　X.509 证书　　　　图 6-10　证书撤销列表

四、电子商务中的 PKI/CA 的应用

1. 身份认证

CA 中心办法的数字证书,包含了用户的公钥、用户姓名及用户的其

他信息，是用户唯一的标识性物质。它解决了公钥发放问题，而公钥的拥有者是身份的象征，对方可以据此验证身份。另一方面，CA 中心对含有公钥的证书进行数字签名，一方面使证书无法伪造，另一方面以其自身的公正性确认数字证书的合法性。上述特点，使得数字证书（或载有数字证书的载体，如 USB Key、智能卡等）可以作为用户身份鉴别的方式。

以数字证书作为身份验证的过程就是通信的一方出示其拥有的数字证书，由通信的另一方验证证书的合法性。一旦确认证书的合法性，则认可证书的拥有者。证书合法性验证可以是检查数字证书的颁发者签名，也可以是由证书颁发者（CA 中心）确认，还可以是通过查询 CA 中心的 CRL 列表比较。

2. 数据加密

加密信息的发送过程如图 6-11 所示。发送者用会话密钥对明文进行加密，同时将会话密钥用接收方的公钥加密；然后将两个加密后的包捆绑在一起，发给接收方。

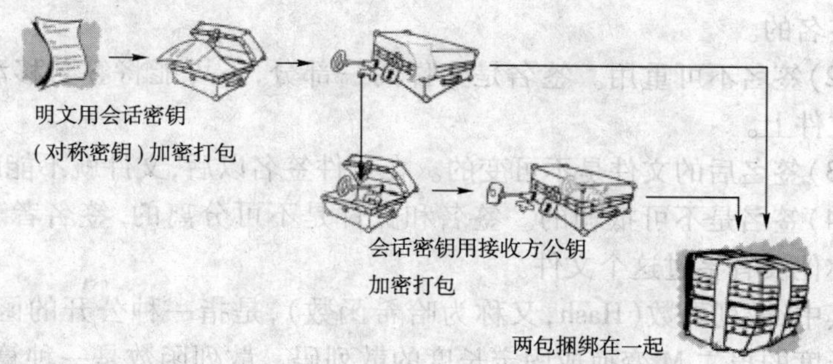

图 6-11　加密信息发送

加密信息的接收过程如图 6-12 所示。接收者接收到两个密文数据包后，首先用自己的私钥对会话密钥进行解密，得到会话密钥；然后用会

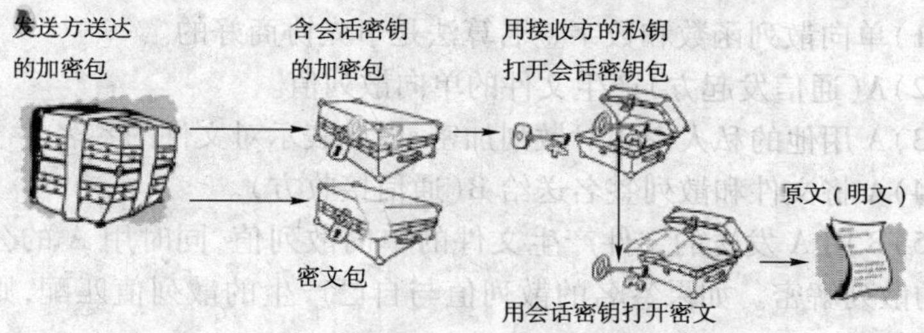

图 6-12　加密信息接收

话密钥对收到的密文进行解密，得到原文。

上述这两个过程中，数字证书实际承担了对会话密钥进行加密处理的功能。当然，发送者也可以直接通过自己的私钥（或接收者的公钥）对明文进行加密，发送给接收者；接收者在收到密文后，使用发送者的公钥（或接收者的私钥）对密文进行解密，得到原文。

3. 数字签名

签名的作用是认证、核准和生效。数字签名就是在网络环境中实现对文件发送方认证、核准的过程。数字签名通过一个公开的验证算法来验证，数字签名的签名算法至少要满足以下条件：签名者事后不能否认；接受者只能验证；任何人不能伪造（包括接受者）；双方对签名的真伪发生争执时，有第三方进行仲裁。

将数字证书与单向散列函数一起使用，可以实现对文件的数字签名，它体现了以下几个方面的保证：

(1)签名是可信的。签名使文件的接收者相信签名者是慎重地在文件上签名的。

(2)签名不可重用。签名是文件的一部分，不可能将签名移动到不同的文件上。

(3)签名后的文件是不可变的。在文件签名以后，文件就不能改变。

(4)签名是不可抵赖的。签名和文件是不可分离的，签名者事后不能声称他没有签过这个文件。

其中，散列函数（Hash，又称为哈希函数），是指一种公开的函数，将任意长度的报文 M 变换成固定长度的散列码。散列函数是一种算法，算法的输出内容成为报文摘要，报文摘要唯一地对应原始报文。签名的原理如图 6-13 所示。

数字签名的基本协议包括以下几个过程：

(1)单向散列函数和数字签名算法是事先协商好的。

(2)A（通信发起方）产生文件的单向散列值。

(3)A 用他的私人密钥对散列加密，以此表示对文件的签名。

(4)A 将文件和散列签名送给 B（通信接收方）。

(5)B 用 A 发送的文件产生文件的单向散列值，同时用 A 的公钥对签名的散列解密。如果签名的散列值与自己产生的散列值匹配，则签名是有效的。

上述过程，通信接收方可以通过对散列值的匹配，以判断信息确实是

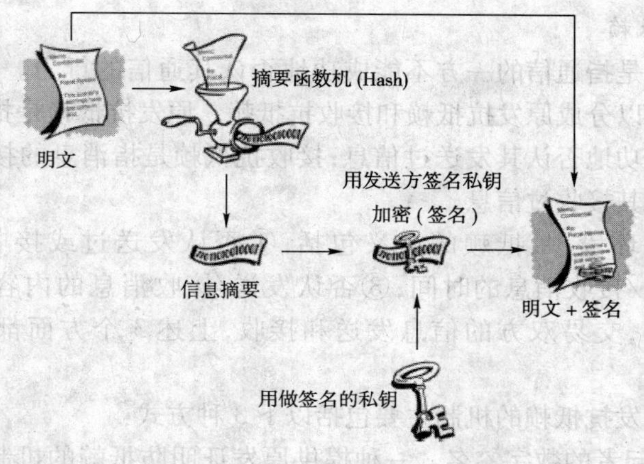

图 6-13　数字签名原理

A 发送的。

如果将公钥密码体制和对成密码体制结合使用,不仅可以实现数字签名,还可以保证实现数字加密,从而实现信息传送的保密性、真实性、完整性和不可否认性,其过程如下所示:

(1)A 准备好要传送的数字信息(明文)。

(2)A 对数字信息进行哈希(Hash)运算,得到一个信息摘要。

(3)A 用自己的私钥(SK)对信息摘要进行加密得到 A 的数字签名,并将其附在数字信息上。

(4)A 随机产生一个加密密钥(DES 密钥),并用此密钥对要发送的信息进行加密,形成密文。

(5)A 用 B 的公钥(PK)对刚才随机产生的加密密钥进行加密,将加密后的 DES 密钥连同密文一起传送给 B。

(6)B 收到 A 传送过来的密文和加过密的 DES 密钥,先用自己的私钥(SK)对加密的 DES 密钥进行解密,得到 DES 密钥。

(7)B 然后用 DES 密钥对收到的密文进行解密,得到明文的数字信息,然后将 DES 密钥抛弃(即 DES 密钥作废)。

(8)B 用 A 的公钥(PK)对 A 的数字签名进行解密,得到信息摘要。

(9)B 用相同的哈希算法对收到的明文再进行一次哈希运算,得到一个新的信息摘要。

(10)B 将收到的信息摘要和新产生的信息摘要进行比较,如果一致,说明收到的信息没有被修改过。

4. 抗抵赖

抗抵赖是指通信的一方不能成功地否认其通信的行为。根据对象，抗抵赖又可以分成原发抗抵赖和接收抗抵赖。原发抗抵赖是指消息的发送方不能成功地否认其发送过信息；接收抗抵赖是指消息的接收方不能成功地否认其接收过信息。

在网络环境中，抵赖的含义包括：①否认发送过或接收过消息；②否认发送/接收消息的时间；③否认发送/接收消息的内容。在电子商务环境下，交易双方的信息发送和接收，上述3个方面都是非常重要的。

实现原发抗抵赖的机制主要包括以下3种方式：

(1)发起者的数字签名。一种提供原发证明防抵赖的机制是发起者进行了数字签名对数据项，并将签名传递给接收者。数字签名组成了主要的证据，数字签名后被接收者保存。若以后发生发起者否认数据项原发的事件，接收者可以向对方出示保存的数字签名，作为无可辩驳的证据。

(2)可信第三方的数字签名。采用可信第三方的数字签名代替发起者自己的数字签名。可信第三方可以看作是发起者的担保。通过这一机制，发起者传递数据项给可信第三方，可信第三方对数据项、发起者身份和所有其他必需的信息(如时间戳的串联)产生一个数字签名(称为对数据的可信第三方的数字签名)。这个签名成为证据，被传送给接收者，用于验证和储存。

时间戳可包含在签名里头，为接收者提供一个发起者的确定时间。

(3)在线可信第三方。另一种机制包含了可信第三方如何插入到发起者和接收者之间的通信路线中。可信第三方只是简单地捕捉和储存足够证据，以支持解决未来有关通信数据的起源的争执。这种证据通常包括数据的副本或摘要、发起者身份和时间戳等。

可信第三方实现的方式如图6-14所示。

实现接收抗抵赖的机制主要采用接收者签名确认的机制，其原理如图6-15所示。

这种情况下，接收者产生一个确认信息，送回给发起者，或者发送给第三方，由第三方确认、保存。这个确认信息包含了以下信息的一个数字签名：①被传递的数据项的副本或内容摘要：②其他需要的证据，如传递时间。签名必须由接收者或担保接收者的可信第三方生成。

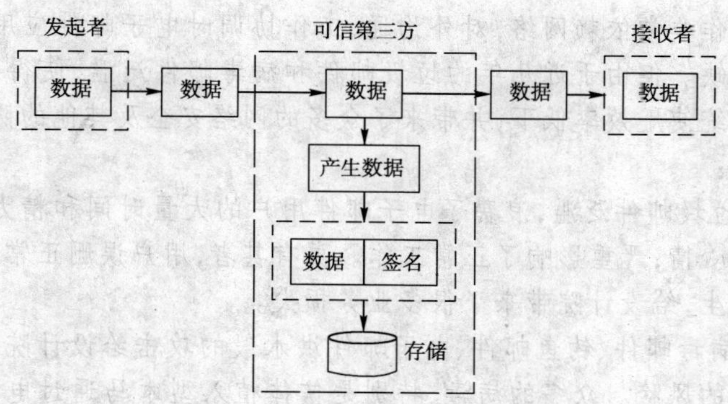

图 6-14　在线可信第三方——证据存储

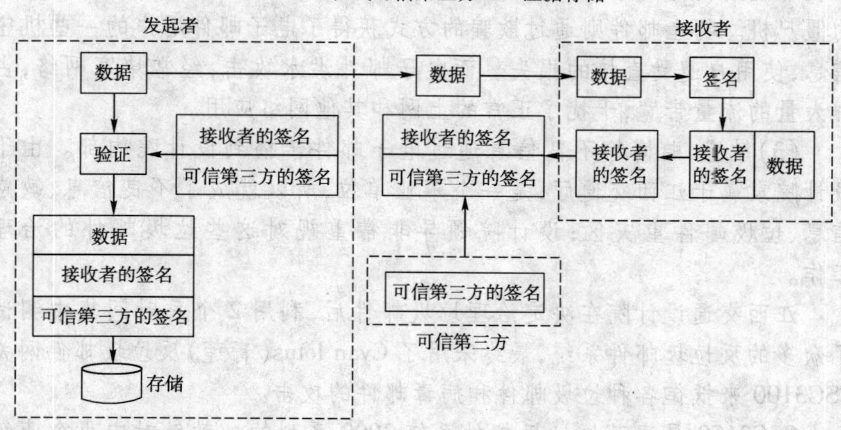

图 6-15　使用接收者的签名的传递证明防抵赖

案例　江西省交通设计院安全防护

江西省交通设计院成立于 1975 年 10 月，隶属于江西省交通厅。是一个集路桥、港航、市政工程、交通工程(含房建)勘察与设计、工程咨询、工程监理、工程总承包等为一体的综合型国家甲级设计院。研究院配套专业，设备先进。装备有现代化的全站型电子速测仪、红外测距仪、GPS 全球卫星定位系统、24 道信息增强型地震仪、大型工程复印机、晒图机、激光照排印刷系统以及以图形工作站为主的网络系统，全部实行了 CAD 设计与 100% 的电脑绘图，并继续向计算机智能化和集成设计方面迈进。

同许多大型的设计研究机构一样，江西交通设计院的信息化程度高，员工的工作非常依赖网络，对外沟通、工作协调时电子邮件应用频繁，并且不可或缺。但由于近几年的垃圾邮件和病毒邮件泛滥，使得研究院电子邮件系统使用效率低下，并带来了众多的网络安全及其他的隐患，主要表现如下：

（1）垃圾邮件泛滥，浪费了电子邮件用户的大量时间和精力，并影响了用户的心情，严重影响了正常工作。更有甚者，用户误删正常邮件的情况时有发生，给设计院带来了很多业务损失。

（2）病毒邮件、钓鱼邮件、电子邮件洪水般的攻击给设计院的网络带来了相当的风险。众多的病毒、特别是信体植入型木马通过电子邮件进入设计院的内部网络，造成蠕虫泛滥、部分计算机沦为外部不法组织控制的僵尸机。钓鱼邮件则通过欺骗的方式获得了电子邮件用户的一些机密信息，使用户遭受直接的损失。而电子邮件洪水攻击，经常堵塞网络，占用大量的流量带宽，干扰了正常的上网和其他网络应用。

（3）敏感、赌博等不良信息通过电子邮件传播到设计院内部。由于设计院隶属于江西交通厅，是一个事业单位，所以就成了不良信息、敏感信息、垃圾邮件重灾区；设计院领导非常重视对这些垃圾邮件的治理工作。

江西交通设计院在决定治理垃圾邮件后，利用 2 个月时间集中测试了众多的反垃圾邮件系统，最终采用了 Cyan lotus（青莲）反垃圾邮件网关 CSG3100 来抵御各种垃圾邮件和病毒邮件的攻击。

CSG3100 是青莲反垃圾邮件系统 3000 系列的一款针对中小企业级用户的专业网关型产品，它拥有 CSG 系列产品全部的反垃圾邮件和病毒邮件功能，不仅能够对接收的电子邮件进行过滤，也能够提供外发电子邮件的过滤与审计。

CSG3100 有效集成了 Cyan lotus 专利的 5 项独特技术和 10 项通用技术，分别通过协议层和内容层、整合 18 个反垃圾邮件引擎对电子邮件进行过滤。有效的应对多各种垃圾邮件的泛滥、攻击。在协议层，CSG3100 主要通过合格性检查和行为分析技术来判断，效率非常高，基本上识别绝大部分的群发垃圾邮件行为；内容层则通过深度检测的方式，从信头、信体、附件内容层面，并结合内部信誉评价体系来综合判定一封电子邮件是否正常。

CSG3100 集成了两层病毒引擎，一层为通用病毒查杀系统，主要应对蠕虫等普通病毒，另一层主要是针对信体植入型木马等特殊病毒和恶意

代码;并且启用了URL反向解析验证以及内部信誉评价体系和内容检测技术,可有效识别钓鱼邮件,避免用户被欺骗。而CSG3100值得自豪的Cyan lotus过程化处理平台和专用操作系统,可以轻松抵御电子邮件的洪水攻击,并且在协议层就予以丢弃、阻断,保证网络带宽不受影响。

江西交通设计院经常收到的一些敏感信息类电子邮件,大部分以图片形式存在,所以仅仅依靠文本内容识别是难以甄别的;而CSG3100应用了Cyan lotus的Cyananti - pic多维图片识别技术,高效的过滤了包含敏感信息的图片,包括信体和附件型的图片。另外,对非法宗教的垃圾邮件,设置了转发报警信箱,使得管理人员第一时间获得有关情况。

江西交通设计院的部署方式是NAT转换方式部署,将CSG3100安装在防火墙后,将防火墙的25端口映射到CSG3100,使得CSG3100不仅对接收的电子邮件进行过滤,同时对外发的电子邮件也进行审查、过滤。经过几个月的应用,深得用户满意,垃圾邮件识别率在98.2%左右,而误报率达到网关设计的0.01%以下。

案例分析题

1. 结合材料分析江西省交通设计院邮件问题的原因是什么?应采用什么样的方法解决?

2. 通过这则材料阐述一下网络信息安全的重要性,在日常网络中我们如何保护自己的网络?

参考文献

[1] Ross J. Anderson,蒋佳等译. 信息安全工程[M]. 北京:机械工业出版社, 2003.

[2] 张世永. 网络安全原理与应用[M]. 北京:科学出版社,2003.

[3] 上海市信息化办公室. CIO教程[M]. 上海:上海科学技术出版社,2003.

[4] 中国信息安全产品测评认证中心. 信息安全理论与技术[M]. 北京:人民邮电出版社,2003.

[5] 戴敏, 孙月光. 信息边界安全及我国的对策[J]. 世界电信. 1999, 4:16-19.

[6] 王娜,方滨兴,罗建中,等."5432战略":国家信息安全保障体系框架

研究[J]. 通信学报, 2004,7.

[7] 曲成义. 六大要素支撑我国信息安全保障体系 [J]. 网络信息安全, 2005,(3).

[8] 祝恩、殷建平. 计算机中的安全问题[J]. 计算机科学, 2000,(27 增刊).

第三篇

GONGCHENGPIAN

第七章　网络与综合布线工程

项目不是在结束时失败,而是在开始时失败。

——项目管理培训班上最常用的教师用语

【本章导读】

1. 掌握网络系统集成、网络需求分析、综合布线、信息系统的概念。

2. 熟悉网络系统集成的作用、网络需求分析的步骤、电子商务对传统企业的挑战与机会。

3. 掌握电子商务传统企业向电子商务企业发展的阶段、电子商务对企业变革和创新的影响,能够分析新经济时代的企业电子商务战略和企业战略。

引导案例　某大型制造业企业集团的网络结构

信息系统网络经过多年发展,由早期以IBM大型机为中心的SNA网络发展成为今天的以ATM交换机为核心设备构造的网络。以ATM骨干网为中心,集团各单位的局域网或网络设备互联,并通过此网络基础设施为集团公司级应用系统和厂级应用系统提供通信保证。集团主干网的拓扑图如图7-1所示。

从网络结构上看,集团网络的核心层是由5台Cisco Catalyst 8540组

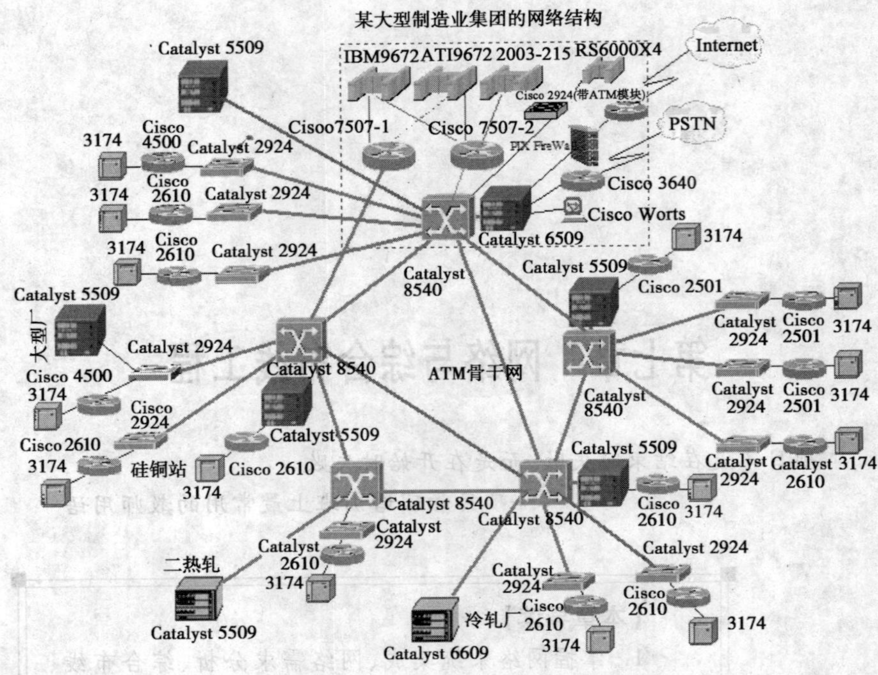

图 7-1　某大型制造业集团的网络结构

成的，这些设备连接成环状，同时冷轧厂的 8540 还与硅钢厂的 8540 和 Cisco 7507（即 IBM 大型机间接上连）的 8540 之间直接连接，此部分可以称为集团网络的核心层，即集团网络的 ATM 骨干网；在核心层之下，与各单位连接的部分可以称之为主干网接入层，这部分包括的设备比较多，主要是接入各单位的局域网到核心层，接入层每个单元的拓扑结构是树形。因此从总体上看，集团网络的结构是一个核心的 ATM 环下面连接众多树形局域网。

集团主干网的配置有如下几个方面的特点：

（1）主干网以光纤为基本链路进行连接，带宽主要包括 622M 和 155M 两种，既有单模光纤也有多模光纤。

（2）以配置 ATM 模块的 Cisco Catalyst 8540、6509、5509、2924 交换机为主要互联设备；早期互联是通过 LANE 方式，后期配置 PVC，也就是目前全网既有 LANE 也有 PVC。

（3）VLAN 划分在早期是全网划分的，目前这种全网 VLAN 仍存在，并没有按照组织机构或者二级接入单位或者业务单元进行划分。

(4)ATM 主干网以承载 IP 业务为主;路由协议全网采用 EIGRP 协议。

(5)访问控制列表只做了少量配置;装有 Cisco Works 2000 网管系统。

第一节 网络系统集成导论

一、网络系统集成要解决的问题

1. 网络系统集成概述

集成即集合、组合、一体化,也就是以有机结合、协调工作、提高效率、创造效益为目的,将各个部分组合成为全新功能的、高效和统一的有机整体。系统集成则是指在系统工程科学方法的指导下,根据用户需求,优选各种技术和产品,整合用户原有系统,提出系统性的应用方案,并按照方案对组成系统的各个部件或子系统进行综合集成,使之成为一个经济高效的系统。笔者认为网络系统集成是指:根据应用的需要,将硬件设备、网络基础设施、网络设备、网络系统软件、网络基础服务系统、应用软件等组织成为一体,使之成为能够满足设计目标、具有优良性能价格比的计算机网络系统的全过程。计算机网络系统集成有 3 个主要层面:技术集成、软硬件产品集成和应用集成,如图 7-2 所示。

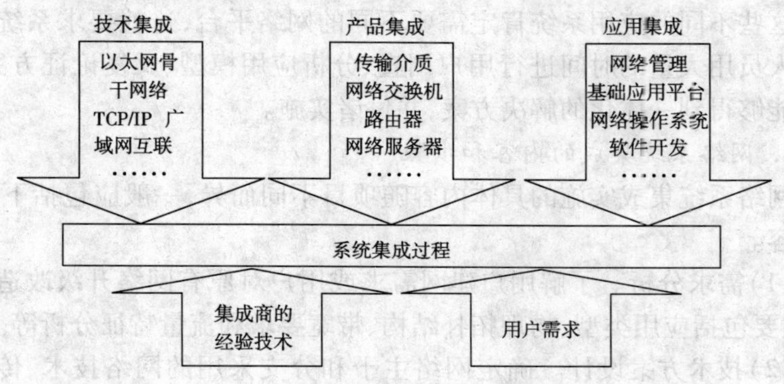

图 7-2 网络系统集成的 3 个层面

系统集成绝不是指各种硬件和软件的堆积,系统集成是一种在系统整合、系统再生产过程中为满足客户需求的增值服务业务,是一种价值再创造过程。一个优秀的系统集成商不仅关注各个局部的技术服务,而且更注重整体系统的、全方位的无缝整合与规划。

2. 为什么需要网络系统集成

(1)技术集成的需要。数十年的计算机与网络技术发展史,使得计算机网络与通信技术产生了许多分支。各种网络通信技术层出不穷,仅最近几年出现的就有全双工式交换以太网、三层交换、ATM、千兆以太网、虚拟专用网(VPN)、ADSL以及混合网、异构网、宽带远程互联系统等。由于网络技术体系纷繁复杂,使得建网单位、普通网络用户和一般技术人员难以掌握和选择。这就要求必须有一种熟悉各种网络技术的角色,完全从客户应用和业务需求入手,充分考虑技术发展的变化,去帮助用户分析网络需求,根据用户需求特点去选择所采用的各项技术,为用户提供解决方案和网络系统设计方案,这个角色就是系统集成商。

(2)产品集成的需要。每一项技术标准的诞生都会带来一大批丰富多样的产品。每个公司的产品都自成系列且功能和性能上存在差异。事实上,几乎没有一个网络专业制造公司能为用户解决从方案到应用的一揽子问题。系统集成商则不同,他们不应当是某个公司产品的代理,因此会根据用户的实际应用需要和费用承受能力为用户进行软硬件设备选型与配套、工程施工等产品集成。

(3)应用集成的需要。用户需求互不相同、各具特色,决定了会有许多面向不同行业、不同规模、不同层次的网络应用,比如Intranet/Extranet/互联网 应用、数据/话音/视频一体化、ERP / CIMS 应用、工控自动化网等。这些不同的应用系统肯定需要不同的网络平台,这就要求系统集成技术人员用大量的时间进行用户调查、分析应用模型、反复论证方案,使用户能够得到一体化的解决方案,并付诸实施。

3. 网络系统集成的内容和步骤

网络系统集成实施的具体内容随项目不同而异,一般应包括下述12项内容。

(1)需求分析。了解用户建网需求或用户对原有网络升级改造的要求,主要包括应用类型、物理拓扑结构、带宽要求和流量特征分析等。

(2)技术方案设计。确定网络主干和分支采用的网络技术、传输介质和拓扑结构排列,以及网络资源配置和接入外网的方案等。

(3)产品选型。根据技术方案进行设备选型,包括网络设备选型和服务器设备选型。

(4)网络设计。根据产品选型进行网络细化设计。

(5)设备结构。系统设备、产品的采购及进口代理。

(6)综合布线系统与网络工程施工。综合布线系统设计、组织施工、网络设备的互联与调试等。

(7)软件平台配置。确定网络基础应用平台方案,以及网络操作系统、数据库系统、网络基础服务系统的安装配置。

(8)网络系统测试。包括网络设备测试、综合布线系统测试和网络运行测试。

(9)应用软件开发。根据用户要求做开发,也可以外购,并在外购软件基础上做二次开发。这是可选项,约半数以上的系统集成商不做软件,当然要看用户的要求和他们对系统集成概念的理解。

(10)用户培训。包括3类对象,即领导、网络和数据库管理员、网络业务用户。

(11)网络运行技术支持。在网络工程完成后,根据双方协议执行,技术支持是有偿的,而且一般不超过1年,最多不超过3年。

(12)产生各类技术文档,协助用户验收鉴定等。

系统集成的实施步骤如图7-3所示。

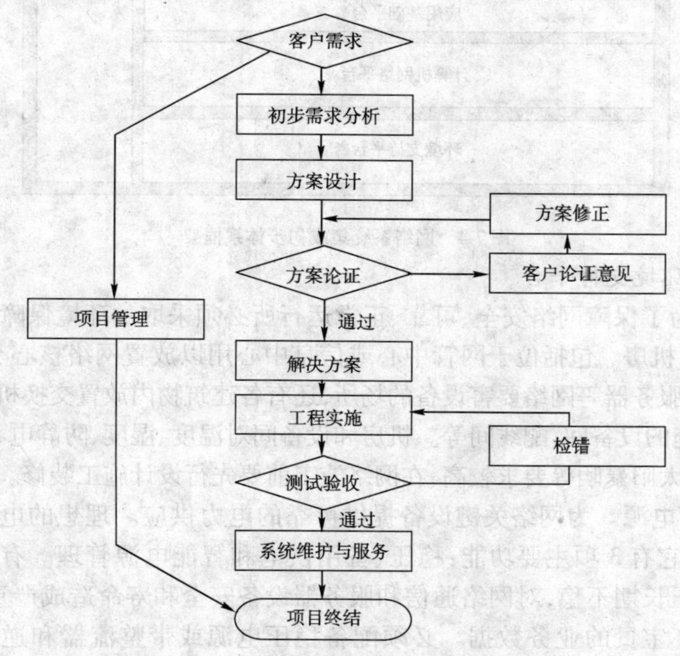

图7-3 系统集成的实施步骤

二、网络系统集成的体系框架

网络系统集成绝对是一门综合学科。除了技术因素外还有很多管理因素。要想真正地帮助用户实现信息化,必须深入了解和切入用户业务和管理,建立网络应用模型,根据应用模型设计切实可行的系统方案并实施。在这个过程中,需要方方面面的人才,比如公关人员、项目管理人员、系统分析员、网络工程师、施工人员和应用工程师等。在这里,我们将从系统工程的角度提出系统集成的初步体系框架,如图 7-4 所示,并对其各个组成部分作简单描述。

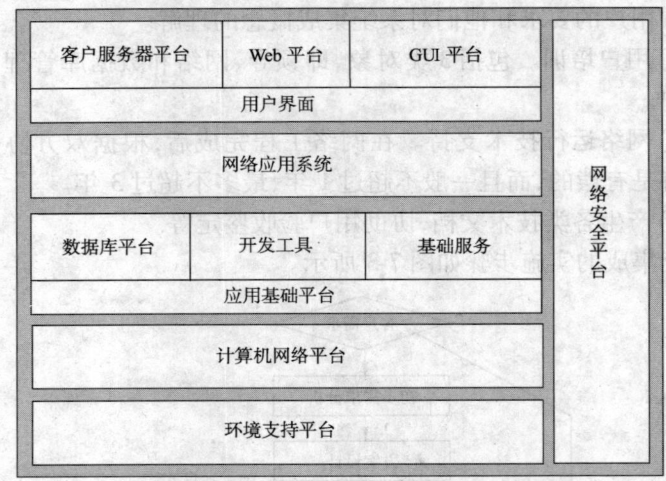

图 7-4　网络系统集成初步体系框架

1．环境支持平台

指为了保障网络安全、可靠、正常运行所必须采取的环境保障措施。

(1)机房。包括位于网管中心或信息中心用以放置网络核心交换机、路由器、服务器等网络要害设备的场所,还有各建筑物内放置交换机和布线基础设施的设备间、配线间等。机房和设备间对温度、湿度、防静电、防电磁干扰、防太阳暴晒等要求较高,在网络施工前要先行设计施工装修。

(2)电源。为网络关键设备提供可靠的电力供应。理想的电源系统是 UPS,它有 3 项主要功能:稳压、备用供电和智能电源管理。有些单位供电电压长期不稳,对网络通信和服务器设备安全和寿命造成严重威胁,甚至破坏宝贵的业务数据。必须配备稳压电源或带整流器和逆变器的 UPS,断电时 UPS 会调用一个值守进程,保存数据现场并使设备正常关

机。一个良好的电源系统是网络可靠运行的保证。

2. 计算机网络平台

(1)网络传输基础设施。指以网络联通为目的铺设的信息通道,根据距离、带宽、电磁环境和地理形态的要求,可以是室内综合布线系统、建筑群综合布线系统、城域网主干光缆系统、广域网传输线路系统、微波传输和卫星传输系统等。

(2)网络通信设备。指通过网络基础设施连接网络节点的各类设备,通称网络设备,包括网络接口卡(NIC)、集线器(HUB)、交换机、三层交换机、路由器、远程访问服务器(RAS)、Modem 设备、中继器、收发器、网桥和信关等。

(3)网络服务器硬件和操作系统。服务器是组织网络共享核心资源的宿主设备。网络操作系统则是网络资源的管理者和调度员。二者又是构成网络基础应用平台的基础。

(4)网络协议。网络中的节点之间要想正确地传送信息和数据,必须在数据传输速率、顺序、数据格式及差错控制等方面有一个约定或规则,这些用来协调不同网络设备间信息交换的规则称作协议。网络中每个不同的层次都有很多种协议,如数据链路层著名 CSMA/CD 协议,网络层有著名的 IP 协议集以及 IPX/SPX 协议等。系统集成技术人员只要弄通几种主要协议就够了。

(5)外部信息基础设施的互联和互通。大约在 1995 年,网络建设还停留在信息孤岛阶段,各单位、各行业建立了很多物理上互不联通、应用上互不相容的网络,行政方面的条块分割更使这种建设恶性膨胀。互联网 的出现彻底改变了这种局面,今天,互联互通已成为建网的出发点之一,几乎所有的网络系统集成项目都能遇到内联(Intranet)和外联(Extranet)问题。中国国家信息基础设施现在虽然还很落后,但发展较快。遗憾的是,除了 CERNET(中国教育科研网)外,绝大部分网络接入和网络带宽都由中国电信控制管理。

知识链接:RJ45 插头

RJ45 插头又名 8 针水晶头(如图 7-5 所示),指的是由 IEC (60) 603-7 标准化、使用由国际性的接插件标准定义的 8 个位置(8 针)的模块化插孔或者插头。IEC (60)603-7 是 ISO/IEC 11801 国际通用综合布线标准的连接硬件的参考标准。

ISO/IEC 11801 标准关于连接硬件需求的规定是：

(1)信息插座连接处的物理尺寸参考 IEC（60）603-7 的 8 针“RJ45”标准。

(2)信息插座的电缆端接导体数量为 8，由于标准被广泛采用，因此使用 6 针或者 4 针接插件（比如 RJ11）从此不被通用解决方案支持。RJ45 接线有通常 2 种方法，分别为 T568B 和 T568B。

①T568B：8 针/8 线，白橙、橙、白绿、蓝、白蓝、绿、白棕、棕。

②T568A：8 针/8 线，白绿、绿、白橙、蓝、白蓝、橙、白棕、棕。

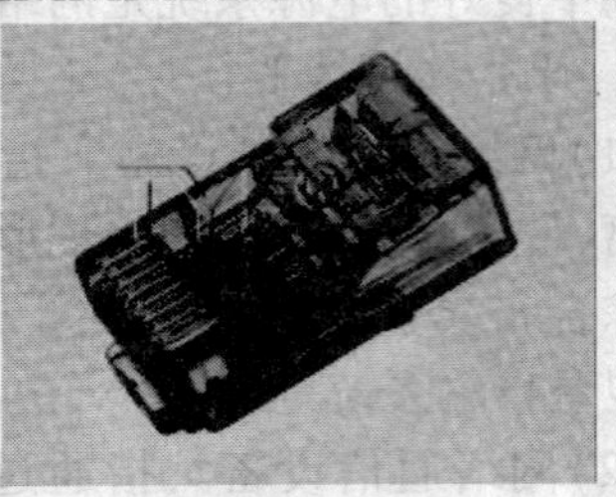

图 7-5

3. 应用基础平台

(1)数据库平台。迄今为止，数据库系统仍然是支撑网络应用的核心。小到人事工资档案管理、财务系统，中到全国联机售票系统，大到集团公司的数据仓库、全国人口普查和气象数据分析，数据库都担当着主要角色。可以这么说：哪里有网络，哪里就有数据库。网络数据库平台由 3 部分组成：RDBMS、SQL 服务程序和数据库工具。

目前比较流行的数据库有：Oracle 8i、Sybase ASE 12.0、Microsoft SQL Server7.0、IBM DB2 等服务器产品。

(2)Internet/Intranet 基础服务。是指建立在 TCP/IP 协议和 Internet/Intranet 体系基础之上，以信息沟通、信息发布、数据交换和信息服务为目的的一组服务程序，包括电子邮件（E-mail）、WWW（Web）、文件传送（FTP）、域名（DNS）等服务。今天，每当这组服务程序投入正常运行，就基本标志着网络工程的结束。

(3)网络管理平台。根据所采用网络设备的品牌和型号的不同而不同，但大多数都支持 SNMP 协议，建立在 HP Open View 网管平台基础上。为了网管平台的统一管理，习惯上大家都在一个网络中尽量使用一家网络厂商的产品。

(4)开发工具。是指为建造具体网络应用系统所采用的软件通用开发工具，主要有 3 类。

①数据库开发工具。根据具体应用层次又分为通用数据定义工具、数据管理工具和表单定义工具，如 PowerBuilder 和 JetForm 等。

②Web 平台应用开发工具。包括 HTML/XML 标准文档开发工具(如 FrontPage2000)、Java 工具(Java Shop)和 ASP 开发工具(如 Microsoft InterDev)等。

③标准开发工具。如 Delphi、Visual Basic、Visual C++等。

4. 网络应用系统

是指以网络基础应用平台为基础,系统集成商为建网单位开发或建网单位自行开发的通用或专有应用系统,如财务管理系统、ERP-II 系统、项目管理系统、远程教学系统、股票交易系统、电子商务系统、CAD/CAM 系统和 VOD(视频点播)系统等。网络应用系统的建立,表明网络应用已进入成熟阶段。

5. 用户界面

在网络中,基础服务程序和网络应用系统程序一般都处于服务器端。用户端的操作界面有 3 种情况。

(1)客户/服务器(C/S)平台界面。应用系统程序分为客户端和服务端两部分,分别可定义各自的操作系统平台。客户端主要承担界面交互、查询请求和显示结果,服务端则处理客户端请求并返回结果。每次软件升级都要分别更换(安装)服务端和客户端,如果客户端工作站数目很多,真会累死人的。

(2)Web 平台界面。又称浏览器/服务器(B/S)平台界面。其特点是:任凭服务端千变万化,客户端只要安装 IE 或 Netscape 浏览器就行了。软件升级,服务端一次完成,是将来的发展方向。

(3)图形用户界面(GUI)

即 Windows 95/98/2000 系列操作系统下运行的基于视窗的任务界面,与 Windows 单机版没什么区别,仅把服务端作为文件系统,且 API 调用较多。与 Windows 95/98/2000 操作系统捆绑太紧,离开 Windows 便无法运行。

6. 网络安全平台

网络安全贯通系统集成体系框架的各个层次。网络的互通性和信息资源的开放性都容易使不法分子钻空子。不断增长的网络外联应用,使得安全更让人放心不下。作为系统集成商,在网络方案中一定要给用户提供明确的、翔实的解决方案,但也得提醒用户,安全和效率永远是最大的矛盾。网络安全的主要内容是防信息泄露和防黑客入侵,主要措施如下:

(1)在应用层,通过用户身份认证来授予用户对资源的访问权,其手段是在网络中开通证书服务器,或使用微软的证书服务。该层安全级别最低。

(2)在网络层,使用防火墙技术来分割内外网,使用包过滤技术跟踪和隔离有不良企图者。该层安全级别中等。

(3)在数据链路层,使用信道或数据加密传输技术来传送主要信息,但密钥可能被破译。该层安全级别较高。

(4)在物理层,实施内外网物理隔离。该层安全级别最高,但不能访问互联网,常用于军方的网络。

第二节　网络需求分析与方案设计

通过前面有关网络的介绍,我们已经对网络系统集成的作用对象有了一个较清晰的了解。从这一节开始,将按照系统集成项目开展的自然顺序,从技术理念和工程实践入手,深入探讨网络系统集成技术。

时代不同了,在网络系统集成这个领域,过去那种靠关系、靠暗箱操作赢得合同的机会越来越少了,取而代之的是网络项目招标这种方式。要想赢得用户青睐,除了公司整体技术和经济实力、良好的资质和成功的项目案例外,能够整合出一套过硬的具有高可行性、高性价比、用户适用性强的网络方案,不仅能够反映网络集成商的技术水平,往往也是赢得合同的关键。一套漂亮的网络设计方案体现了网络工程师对网络技术、应用集成、网络设备和项目费用管理的综合驾驭能力。

当然,做方案的目的是把它变成现实。网络方案决定着网络工程的成败,如果网络技术方案出差错,比如,采购部门根据方案中设备清单采买的设备无法协同工作,就会造成难以挽回的损失。可见,网络集成方案的分析设计也是网络工程实施成功的基础和前提。

知识链接:甘特图(Gantt chart)

甘特图又叫横道图,它是以图示的方式通过活动列表和时间刻度形象地表示出任何特定项目的活动顺序与持续时间。它是在第一次世界大战时期发明的,以亨利·劳伦斯·甘特的名字命名。

他制定了一个完整地用条形图表进度的标志系统。由于甘特图形象简单,在简单、短期的项目中,甘特图都得到了最广泛的运用。

亨利·劳伦斯·甘特是泰勒创立和推广科学管理制度的亲密的合作者,也是科学管理运动的先驱者之一。甘特非常重视工业中人的因素,因此他也是人际关系理论的先驱者之一。

一、网络需求分析

需求分析是从软件工程学引入的概念，是关系一个网络系统成功与否最重要的砝码。如果网络系统应用需求及趋势分析做得透，网络方案就会“张弛有度”，系统框架搭得好，网络工程实施及网络应用实施就相对容易得多；反之，如果没有就需求与用户达成一致，“蠕动需求”就会贯穿整个项目始终，并破坏项目计划和预算。大家清楚，网络项目是资金占用高、贬值频率快的工程，贵在速战速决。如果用户遭受失败或受网络项目长期拖累，系统集成公司也好不到哪儿去。因此，要把网络应用的需求分析作为网络系统集成中至关重要的步骤来完成。应当清楚，需求分析尽管不可能立即得出结果，但它却是网络整体战略的一部分。

需求分析阶段主要完成用户网络系统调查，了解用户建网需求，或用户对原有网络升级改造的要求。这包括综合布线系统、网络平台、网络应用的需求分析，为下一步制定网络方案打好基础。

需求分析是整个网络设计过程中的难点，需要由经验丰富的系统分析员来完成。

1. 需求调查

需求调研与分析的目的是从实际出发，通过现场实地调研，收集第一手资料，取得对整个工程的总体认识，为系统总体规划设计打下基础。

(1)网络用户调查。就是与网络未来的有代表性的直接用户进行交流，尤其是旧网络改造项目，这个环节尤为重要。用户群并不能从技术角度描述需求，但我们可把用户需求归纳为以下几个方面：

①网络延迟与可预测响应时间。比如，用户希望5分钟内从FTP服务器下载一个100MB的文件、希望从流文件服务器接收31帧/秒的视频等，就是延迟度量指标。又如，在基于事务的应用系统（如火车售票系统）中，信息检索的可预测响应时间是很重要的参数。

②可靠性/可用性。即系统不停机运行。

③伸缩性。网络能否适应用户不断增长的需求。

④高安全性。保护用户信息和物理资源的完整性，包括数据备份、灾难恢复等。

概括起来，系统分析员对网络用户调查可通过填写调查表来完成，如表7-1所示。

网络用户调查表示例　　表 7-1

用户服务需求	目前需求/服务描述
地点	售票大厅
用户数量	24
今后 3 年增长期望值	24
延迟/响应时间需求	票务检索≤0.5 秒、售票打印处理<2 分钟
可靠性/可用性	365 天×24 小时不停机运行
安全性	数据安全、链路安全
可伸缩性	
其他	

(2)应用调查。用户建立网络归根结底是为了应用,不同的行业有不同的应用要求。应用调查就是要弄清用户建网的真正目的。一般的应用,从单位 OA 系统、人事档案、工资管理到企业 MIS 系统、电子档案系统、ERP 系统,从文件信息资源共享到 Intranet/互联网信息服务和专用服务,从单一 ASCII 数据流到音频(如 IP 电话)、视频(如 VOD 视频点播)多媒体流传输应用等。只有对用户的实际需求进行细致的调查,并从中得出用户应用类型、数据量的大小、数据的重要程度、网络应用的安全性及可靠性、实时性等要求,才能据此设计出切合用户实际需要的网络系统。

一般而言,经过多年的信息化建设,建网单位往往已经有了一定的计算机系统和网络基础,这时需按对方的网络化水平和财力区分对待,对于不能满足未来 3 年需要的原有信息设施,应建议用户推翻重建,反之可提出在原有网络设施上升级或扩充的思路。对于用户即将选择的行业应用软件,或已经在用的外购业务应用系统,需了解该软件对网络系统服务器或特定网络平台的系统要求。

应用调查的通常做法是由网络工程师、网络用户或 IT 专业人员填写应用调查表。设计和填写应用调查表要注意颗粒度,如果不涉及应用开发,则不要过细,只要能充分反映用户比较明确的主要需求没有遗漏即可。如表 7-2 所示。

(3)地理布局勘察。对建网单位的地理和人文布局进行实地勘察是确定网络规模、网络拓扑结构、综合布线系统设计与施工等工作不可或缺的环节。主要包括以下几项内容:

应 用 调 查 表　　表 7-2

专业部门	人数(工作点)	业务内容及第三方业务应用软件	业务产生的结果数据	需要网络提供的服务
财务部	35	结算、账务处理、固定资产管理、税务处理(用有财务软件)	总账、明细账、财务报表等数据,每年发生业务约 8 000 笔	数据要求万无一失。有关领导可实时查看账目。需要高可用性
档案室	7	纸介质档案及底图、电子文档、CAD 电子图档管理及企业网内服务	需保存 30 年之久的珍贵共享档案数据库,共约 17 000 份,200G 字节	需要海量存储,需要高宽带。需要安全认证
设计部	58	产品研发、CAD、产品试验	CAD 图档、设计文档	软件、设计资源、信息资源共享,需要图书及标准资料查询阅读。需要共享设计软件的 License E-mail
市场营销部门	11	市场推广,传统营销与电子商务并存,销售费用结算、合同管理	客户资料数据、产品资料、销售记录	电子商务系统(企业内部网和互联网协同),与财务部费用结算系统挂接 E-mail

①用户数量及其位置是网络规模和网络拓扑结构的决定因素。对于楼内局域网,应详细统计出各层每个房间有多少个信息点,所属哪些部门,网络中心机房(网络设备间)在什么位置(如表 7-3 所示),对于园区网/校园网,则重点应放在各个建筑物的总信息点数上,如表 7-4 所示,布线设计阶段再进行详细的室内信息点分析。

某公司用户信息点调查表示例

表 7-3

部　门	层　次	信息点数
总经理办公室	8	2
市场部	8	20
产品开发部	7、8	34

校园用户信息点调查表示例

表 7-4

楼　宇	层　数	信息点数
教学楼	9	250
实验楼	4	34
办公楼	5	51

②建筑群调查。包括建筑物群的位置分布,估算建筑物和建筑物之间的最大距离以及建筑物中心点(设备间)与网络中心所在的建筑物之间的距离,中间有无马路、现成的电缆沟、电线杆等。将其作为网络整体

拓扑结构、骨干网络布局、尤其是综合布线系统需求分析与设计的最直接依据,如图7-6所示。

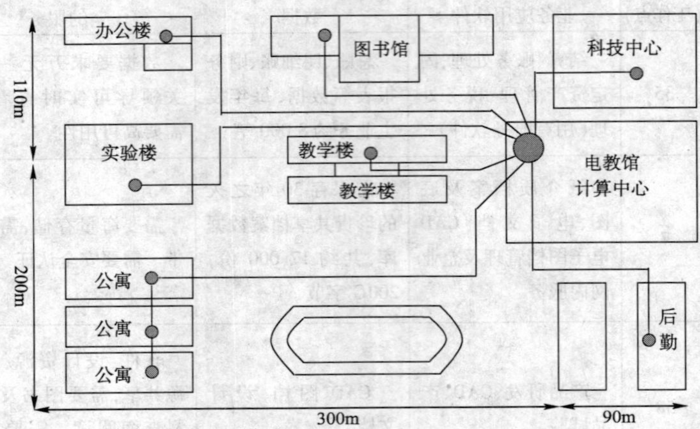

图7-6 某学院校园网建筑群位置丈量示意图

③在建筑物局部,最好能找到主要建筑物的图纸,绘制分层图,以便于确定网路局部拓扑结构和室内布线系统的走向与布局以及采用什么样的传输介质,如图7-7所示。

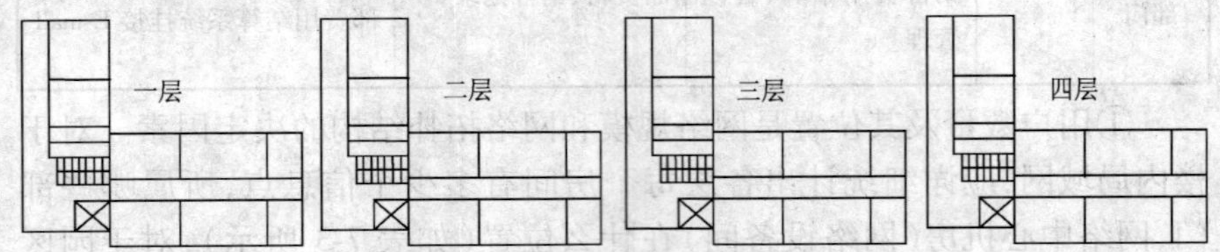

图7-7 建筑物室内布局示意图

(4)用户培育。需求分析离不开用户的参与。一般企业和政府学校机关都有负责信息化建设的部门或IT专门人员,如果没有,就要让对方指定,然后用较短的时间进行信息网络化知识培育。有了对方IT人员的参与,双方才能建立交流的基础。

比如,企业经常把如何预估未来业务发展、如何对现行业务流程进行合理的分析等问题推给系统集成商。诚然,系统集成商为企业提供服务,应该了解企业各方面的需求,但系统集成商不是企业的领导,他们不可能真正理解每家企业的某些特殊需要,有些设计与现有流程不匹配是难免的。企业业务人员习惯性的思维方式以及权利和利益的再分配等问题,都有可能对系统集成商的服务造成影响和困扰。从这里我们可以看出,

将新的网络环境与传统业务更好的结合是企业 IT 部门的职责，应该利用企业 IT 人员自身的有利条件，使他们在精通计算机技术的同时成为业务管理的能手。如果不能以合理的方式让用户的 IT 人员参与系统的集成项目，那么即使企业信息系统得以实施，其应用效果也不会理想。

2. 应用概要分析

通过对应用调查表进行分类汇总，抽丝剥茧，从网络系统集成的角度进行分析，归纳出对网络设计产生重大影响的一些因素，进而使网络方案设计人员清楚这些应用需要一些什么样的服务器，需要多少，网络负载和流量如何平衡分配等。就目前来说，网络应用大致有以下几种典型的类型：

(1)互联网/Intranet 网络公共服务。

①WWW/Web 服务

②E-mail 电子邮件系统。

③FTP(公用软件、设计资源文件服务)。

④电子商务系统。

⑤公共信息资源在线查询系统。

(2)数据库服务。

①关系数据库(RDBMS)系统。为很多网络应用(如 MIS 系统、OA 系统、企业 EPR 系统、学籍考绩管理系统、图书馆系统等)提供后台的数据库支持，如 Oracle、Sybase、IBM DB2、My-SQL Server 等。

②非结构化数据库系统。为公文流传、档案系统提供后台支持，如 Lotus Domino、MS Exchange Server 等。

(3)网络专用服务系统应用类型。

①公共专用服务。VOD 视频点播系统、电视会议系统等。

②部门基础服务。包括 DNS 服务、SMNP 网管平台等。

③信息安全平台。CA 证书认证服务、防火墙等。

3. 详细需求分析

(1)网络费用分析。曾经有一位用户发出“网络是金子堆出来的!”这样的感慨。此话当真！构成网络主体的网络通信设备和服务器资源设备等硬件，可以说是“一分价钱一分货”。事实上，每个网络方案都是在满足一定的网络应用需求的前提下，网络性能与用户方所能承受的费用之间折中的产物。

首先要设法弄清建网单位的投资规模，即为建网络所能够投入的经费额度，投标标底，或费用承受底线。投资规模会影响网络设计、施工和服务水平。就网络项目而言，用户都想在经济方面最省、工期最短，从而获得投资者和单位上级的好评。事实上，即使竞争再激烈，系统集成商也要赚钱。所以，应该让用户懂得：降价是以网络性能、工程质量和服务为代价的，一味杀价往往带来的是垃圾工程，最后吃亏的还是用户。

网络工程项目本身的费用主要包括以下方面：

①网络设备硬件：交换机、路由器、集线器、网卡等。

②服务器及客户机设备硬件：服务器群、海量存储设备、网络打印机、客户机等。

③网络基础设施：UPS 电源、机房装修、综合布线系统及器材等。

④软件：网管系统、网络操作系统、数据库、外购应用系统、网络安全与防病毒软件、集成商开发的软件等。

⑤远程通信线路或电信租用线路费用。

⑥系统集成费用：包括网络设计、网络工程项目集成和布线工程施工费用。

⑦培训费和网络维护费。

只有知道用户对网络投入的底细，才能据此确定网络硬件设备和系统集成服务的"档次"，产生与此相配的网络规划。

对于系统集成商的利润，一般包括硬件差价、系统集成费和软件开发费用 3 部分。外购软件本身没有利润。硬件价格透明度高，利润微薄，除非你是大系统集成商，厂商巴结你，给你很高的折扣额（所以集成商越大越好做）。因此，系统集成费（外购软硬件的 9% ~15%）和软件开发费占用整个网络项目的绝大部分。

（2）网络总体需求分析。通过以上的用户调研，综合各部门人员（信息点）及其地理位置的分布情况，结合应用类型以及业务密集度的分析，大致分析估算出网络数据负载、信息包流量及流向、信息流特征等元素，从而得出网络带宽要求，并勾勒出网络所应当采用的网络技术和骨干拓扑结构，确定网络总体需求框架。

①网络数据负载分析。根据当前的应用类型，网络数据主要有 3 种级别：第一，MIS/OA/Web 类应用，数据交换频繁但负载很小；第二，FTP（文件传输）/CAD/位图文档传输，数据发生不多而负载较大，但无同步要求，容许数据延迟；第三，流式文件，如 RM/RAM/会议电视/VOD 等，数据随即发生且负载巨大，而且需要图像声音同步。数据负载以及这些数据在网络中的传输范围决定着要选择多高的网络带宽，选择什么样的传输介质。

②信息包流量及流向分析。主要为应用“定界”，即为网络服务器指定地点。分布式存储和协同式网络信息处理是计算机网络的优势之一。把服务器群集中放置在网管中心有时并不是明智的做法，很明显的缺点就有二个：其一，信息包过分集中在网管中心子网以及那几块可怜的网卡上会形成拥塞；其二，天灾人祸若发生在网管中心，数据损失严重，不利于容灾。分析信息包的流向就是为服务器定位提供依据。比如：财务系统服务器，信息流主要在财务部，少量流向领导子网，可以考虑放在财务部。

③信息流特征分析。主要包括：信息流实时性要求、有无信息最大响应时间和延迟时间的要求、信息流的批量特性（如每月数据定时上报等）、信息流交互特性、信息流时段性等特征描述。

④拓扑结构分析。可从网络规模、可用性要求、地理分布和房屋结构诸因素来分析。比如，建筑物较多，建筑物内点数过多，交换机端口密度不足，就需要增加交换机的个数和连接方式。网络可用性要求高，不允许网络有停顿，就要采用双星结构。再比如，一个单位分为两处，业务必须一体化（1998～2000 年国内的大学合并风潮造成这种状况颇多），就要考虑特殊连接方式的拓扑结构。如图 7-8 所示。

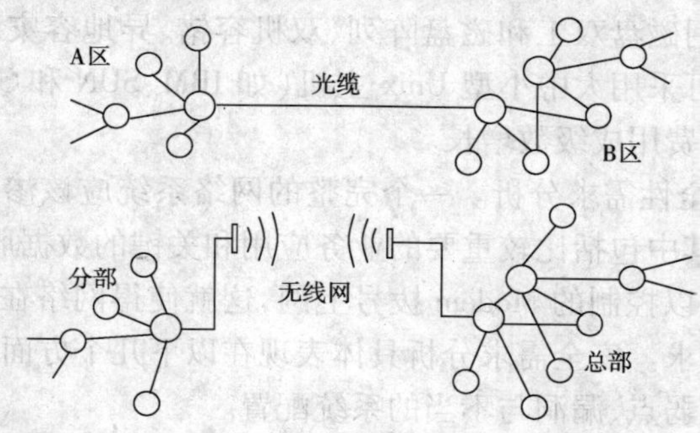

图 7-8　特殊拓扑结构

⑤网络技术分析选择。一些特别的实时应用（如工业控制、数据采样、音频、视频流等）需要采用面向连接的网络技术。面向连接的网络技术能够保证数据实时传输。传统技术如 IBM Token Bus，现代技术如 ATM 等都可较好实现面向连接的网络。除此之外，应选择当前主流的网络技术，如千兆以太网、快速/交换式以太网等技术。

（3）综合布线需求分析。通过对用户实施综合布线的相关建筑物进行实地考察，由用户提供建筑工程图，全面了解相关建筑物的建筑结构，分析施工难易程度,并估算大致费用。需了解的其他数据包括:中心机房的位置、信息点数、信息点与中心机房的最远距离、电力系统供应状况、建筑接地情况等。

综合布线需求分析主要包括3个方面:

①根据造价、建筑物距离和带宽要求确定线缆的类型和光缆的芯数:6类和超5类线较贵,5类线价格稍低。单模光缆传输质量高距离远,但模块价格昂贵;光缆芯数与价格成正比。

②根据调研中得到的建筑群间距离、马路隔离情况、电线杆、地沟和道路状况,对建筑群间光缆布线方式进行分析,为光缆采用架空、直埋还是地下管道铺设找到直接依据。

③对各建筑物的规模信息点数和层数进行统计,用以确定室内布线方式和管理间的位置。建筑物楼层较高、规模较大、点数较多时,宜采用分布式布线。

(4)网络可用侧口可靠性需求分析。证券、金融、铁路、民航等行业对网络系统可用性要求最高,网络系统的崩溃或数据丢失会造成巨大损失,而宾馆和商业企业次之。可用性要求需要有相应的网络高可用性设计来保障,如采用磁盘双工和磁盘阵列、双机容错、异地容灾和备份减灾措施等,另外还可采用大中小型 Unix 主机(如 IBM、SUN 和 SGD)但这样做的结果会导致费用成级数增长。

(5)网络安全性需求分析。一个完整的网络系统应该渗透到用户业务的方方面面,其中包括比较重要的业务应用和关键的数据服务器,公共互联网出口或难以控制的 Modem 拨号上网,这就使得网络在安全方面有着普遍的强烈需求。安全需求分析具体表现在以下几个方面:

①分析存在弱点、漏洞与不当的系统配置。

②分析网络系统阻止外部攻击行为和防止内部职工违规操作行为的策略。

③划定网络安全边界,使企业网络系统和外界的网络系统能安全隔离。

④确保租用电路和无线链路的通信安全。

⑤分析如何监控企业的敏感信息,包括技术专利等信息。

⑥分析工作桌面系统安全。

为了全面满足以上安全系统的需求,必须制定统一的安全策略,使用可靠的安全机制与安全技术。安全不单纯是技术问题,而是策略、技术与

管理的有机结合。

二、网络系统方案设计

需求分析完成后,应产生成文的需求分析报告,并与用户交互、修改,最终应该经过由用户方组织的评审,评审过后,根据评审意见,形成最终的需求分析报告。有了需求分析报告,网络系统方案设计阶段就会从容得多。这个阶段包括确定网络总体目标、网络方案设计原则、网络总体设计、网络拓扑结构、网络选型和网络安全设计等内容。

网络总体目标和设计原则是:

1. 确立网络总体实现的目标

网络建设的总体目标应明确采用哪些网络技术和网络标准,构筑一个满足哪些应用的、多大规模的网络。如果网络工程分期实施,应明确分期工程的目标、建设内容、所需工程费用、时间和进度计划等。

不同的网络用户其网络设计目标大相径庭。除应用外,主要限制因素是投资规模。任何设计都会有权衡和折中,计算机网络设备性能越好,技术越先进,成本就越高。网络设计人员不仅要考虑网络实施的成本,还要考虑网络运行成本,有了投资规模,在选择技术时就会有谱。

2. 总体设计原则

计算机信息网络关系到现在和将来用户单位网络信息化水平和网上应用系统的成败,在设计前对主要设计原则进行选择和平衡,并排定其在方案设计中的优先级,对网络的设计和工程实施将具有指导意义。

(1)实用性原则。计算机信息设备、服务器设备和网络设备在技术性能逐步提升的同时,其价格却在逐年下降,不可能也没必要实现所谓"一步到位"。所以,网络方案设计中应把握"够用"和"实用"原则,网络系统应采用成熟可靠的技术和设备,达到实用、经济和有效的结果。

(2)开放性原则。网络系统应采用开放的标准和技术,如 TCP/IP 协议、IEEE 802 系列标准等。其目的有二:第一,有利于未来网络系统扩充;第二,有利于在需要时与外部网络互通。

(3)高可用性/可靠性原则。前面提到过,对于像证券、金融、铁路和民航等行业的网络系统应确保很高的平均无故障时间和尽可能低的平均故障率。在这些行业的网络方案设计中,高可用性和系统可靠性应优先考虑。

(4)安全性原则。在企业网、政府行政办公网、国防军工部门内部网、电子商务网站以及 VPN 等网络方案设计中应重点体现安全性原则，确保网络系统和数据的安全运行。在社区网、城域网和校园网中，安全性的考虑相对较弱。

(5)先进性原则。建设一个现代化的网络系统，应尽可能采用先进而成熟的技术，应在一段时间内保证其主流地位。网络系统应采用当前较先进的技术和设备，符合网络未来发展的潮流。比如，目前较主流的千兆以太网和全交换以太网，几乎没有人再去用 FDDI 和 Token Ring 了。但太新的技术，一是不成熟，二是标准还不完备不统一，三是价格高，四是技术支持力量跟不上，还是小心不要碰它为妙。

(6)易用性原则。核心网络系统必须易于处理、安装和使用；网络系统必须具有良好的可管理性，并比在满足现有网络应用的同时，为以后的应用升级奠定基础。网络系统还应具有很高的资源利用率。

(7)可扩展性原则。网络总体设计不仅要考虑到近期目标，也要为网络的进一步发展留有扩展的余地，因此需要统一规划和设计。网络系统应在规模和性能两方面具有良好的可扩展性。由于网络产品标准化程度较高，因此可扩展性要求基本不成问题。

第三节　综合布线系统工程

一、结构化布线系统简介

随着计算机和通信技术的飞速发展，网络应用成为人们日益增长的一种需求，结构化布线是网络实现的基础，它能够支持数据、语音及图形图像等的传输要求，成为现今和未来的计算机网络和通信系统的有力支撑环境。

知识链接：弱电与建筑智能化

弱电一般是指直流电路或音频、视频线路、网络线路、电话线路，直流电压一般在 32V 以内。家用电气中的电话、电脑、电视机的信号输入(有线电视线路)、音响设备(输出端线路)等用电器均为弱电电气设备。

强电和弱电从概念上讲，一般是容易区别的，主要区别是用途的不同。强电是用作一种动力能源，弱电是用于信息传递。

国家标准《智能建筑设计标准》(GB/T 50314—2006)对智能建筑定义为“以建筑物为平台,兼备信息设施系统、信息化应用系统、建筑设备管理系统、公共安全系统等,集结构、系统、服务、管理及其优化组合为一体,向人们提供安全、高效、便捷、节能、环保、健康的建筑环境”。

结构化布线系统与智能大厦的发展紧密相关。智能大厦具有舒适性、安全性、方便性、经济性和先进性等特点,一般包括:中央计算机控制系统、楼宇自动化控制系统、办公自动化系统、通信自动化系统、消防自动化系统、保安自动化系统、结构化布线系统等,它通过对建筑物的4个基本要素(结构、系统、服务和管理)以及它们内在联系最优化的设计,提供一个投资合理、同时又拥有高效率的优雅舒适、便利快捷、高度安全的环境空间。结构化布线系统正是实现这一目标的基础。

1. 定义与特点

结构化布线系统是一个能够支持任何用户选择的语音、数据、图形图像应用的电信布线系统。系统应能支持语音、图形图像、数据多媒体、安全监控、传感等各种信息的传输,支持UTP、光纤、STP、同轴电缆等各种传输载体,支持多用户多类型产品的应用,支持高速网络的应用。

结构化布线系统具有以下特点:

(1)实用性。能支持多种数据通信、多媒体技术及信息管理系统等,能够适应现代和未来技术的发展。

(2)灵活性。任意信息点能够连接不同类型的设备,如微机、打印机、终端、服务器、监视器等。

(3)开放性。能够支持任何厂家的任意网络产品,支持任意网络结构,如总线形、星形、环型等。

(4)模块化。所有的接插件都是积木式的标准件,方便使用、管理和扩充。

(5)扩展性。实施后的结构化布线系统是可扩充的,以便将来有更大需求时,很容易将设备安装接入。

(6)经济性。一次性投资,长期受益,维护费用低,使整体投资达到最少。

2. 结构化布线系统与传统布线系统的对比

对于一座建筑物或建筑群,它是否能够在现在或将来始终具备最先进的现代化管理和通信水平,最终要取决于建筑物内是否有一套完整、高

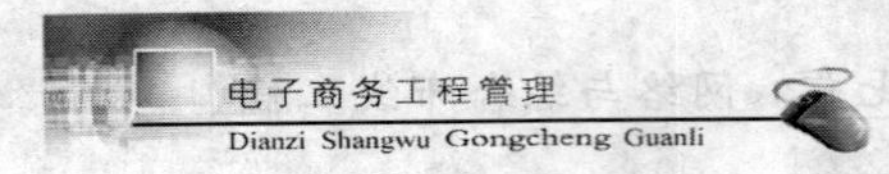

质和符合国际标准的布线系统。在传统布线系统中,由于多个子系统独立布线,并采用不同的传输媒介。这就给建筑物从设计到今后的管理带来一系列的隐患。

(1)在线路路由上,各专业设计之间过多的牵制,使得最终设施的管道错综复杂,要多次进行图纸汇总才能定出一个妥协的方案。

(2)在布线时,重复施工,造成材料和人员的浪费。

(3)各弱电系统彼此相互独立、互不兼容,造成使用者极大的不便。

(4)设备的改变、移动都会使最终用户无法改变原有的布线,无法适应各自的需求。这就要求用户对布线系统进行重新设计施工,造成不必要的浪费和损坏,难于维护和管理,同时在扩展时给原建筑物的美观造成很大的影响。

因此说,原有的布线方式不具备开放性、兼容性和灵活性。如表7-5所示为结构化布线系统与传统布线系统的比较。

结构化布线系统与传统布线系统的比较 表7-5

	结构化布线系统	传统布线系统
传输介质	以双绞线传输	电话使用专用的电话线
	单一的传输介质	电脑及网络使用同轴电缆
	电话和电脑可互用	电脑电话线不能共用
	单一插座可接一部电话机和一个终端	电脑和电话之插座不能互用
不同系统的处理方式	从配线架到墙上插座完全统一,适合不同电脑主机和电话系统使用	线路无法共用也无法通用
	提供IBM、DEC、HP等系统的连接以及ETHERNET、TPDDI	使用移动电话和电脑时必须要重布线
	电脑终端机、电话机和其他网络设备的插座可互用且完全相同	不能互用
	移动计算机设备,电话设备十分方便	不方便

二、方案设计

网络结构化布线系统设计方案是根据网络需求所提供的信息点大概部署情况以及听取用户的意见和结合相关国家和国际标准的基础上完成的。

1. 设计依据与技术规范

(1)国际安装与设计规范:

①ANSI/EIA/TIA—568A 商用建筑通信布线标准。

②ANSI/EIA/TIA－569 商用建筑通信布线线槽及空间标准。

③ANSI EIA/TIA－606 商用建筑通信布线管理标准。

④ANSI EIA/TIA－607 商用建筑通信布线接地标准。

⑤ISO/IEC 11801 用户楼宇通用布线标准。

⑥TIA/EIA TSB—67 商用建筑通信布线测试标准。

⑦IEEE802 标准、100BASE—TX 标准。

(2)国内安装与设计规范：

①《中国建筑电气设计规范》。

②《工业企业通信设计规范》。

③《结构化布线系统设计总则》。

④《建筑与建筑群综合布线系统工程设计规范》(修订本)。

⑤《建筑与建筑群综合布线系统工程施工及验收规范》(修订本)。

2. 设计目标

(1)符合最新 ISO/IEC 11801 和 ANSI EIA/TIA 568A 国际标准，充分保证计算机网络高速、可靠的信息传输要求。

(2)能在现在和将来适应技术的发展，实现数据通信、语音通信和图像传递。

(3)除去固定于建筑物内的线缆外，其余所有的接插件都应是模块化的标准件，以方便将来有更大的发展时很容易地将设备扩展进去。

(4)能满足灵活应用的要求，即任一信息点能够连接不同类型的计算机或其他设备。

(5)能够支持 10M/100Mb/s 的数据传输，可支持以太网、快速以太网、令牌环网、ATM、FDDI、ISDN 等网络及应用。

(6)使用户自己容易地、标准地排除网络的故障，保证了在管理和支配整个系统中的最高效率。

3. 设计原则

该布线系统设计中遵循以下原则：

(1)兼容性。布线系统的首要特性是它的兼容性，所谓兼容性是指其设备或程序可以用于多种系统中的性能。

以往，为一幢大楼或一个建筑群内的话音和数据线路布线时，往往是采取不同厂家生产的电缆线、配线插座以及接头等。例如用户交换机通常采用双绞线，计算机系统通常采用粗同轴电缆。这些不同的设备使用不同的配线材料构成网络。而连接这些不同配线的接头、插座及端子板也各不相同,彼此不相容。一旦需要改变终端机或电话机位置时,就必须铺设新的缆线,安装新的插座和接头。

知识链接:光纤

光纤是光导纤维的简写,是一种利用光在玻璃或塑料制成的纤维中的全反射原理而达成的光传导工具。光导纤维由前香港中文大学校长高锟发明。

微细的光纤封装在塑料护套中,使得它能够弯曲而不至于断裂。通常,光纤的一端的发射装置使用发光二极管(Light Emitting Diode, LED)或一束激光将光脉冲传送至光纤,光纤另一端的接收装置使用光敏元件检测脉冲。

在日常生活中,由于光在光导纤维的传导损耗比电在电线传导的损耗低得多,光纤被用作长距离的信息传递。

多数光纤在使用前必须由几层保护结构包覆,包覆后的缆线即被称为光缆。光纤外层的保护结构可防止周遭环境对光纤的伤害,如水、火、电击等。光缆由光纤、缓冲层及披覆等组成。光纤和同轴电缆相似,只是没有网状屏蔽层。光缆中心是光传播的玻璃芯。在多模光纤中,芯的直径是15~50μm,大致与人的头发的粗细相当。而单模光纤芯的直径为8~10μm。芯外面包围着一层折射率比芯低的玻璃封套,以使光纤保持在芯内。再外面的是一层薄的塑料外套,用来保护封套。光纤通常被扎成束,外面有外壳保护。纤芯通常是由石英玻璃制成的横截面积很小的双层同心圆柱体,它质地脆,易断裂,因此需要外加一保护层。

利用光导纤维进行的通信叫光纤通信。一对金属电话线至多只能同时传送1 000多路电话,而根据理论计算,一对细如蛛丝的光导纤维可以同时通100亿路电话!铺设1 000km的同轴电缆大约需要500吨铜,改用光纤通信只需几公斤石英就可以了。

光纤按传输点模数类分单模光纤(Single Mode Fiber)和多模光纤(Multi Mode Fiber)。单模光纤的纤芯直径很小,在给定的工作波长上只能以单一模式传输,传输频带宽,传输容量大。多模光纤是在给定的工作波长上,能以多个模式同时传输的光纤。与单模光纤相比,多模光纤的传输性能较差。

结构化综合布线系统将语音信号、数据信号与临近设备的图像信号的配线经过统一的规划和设计,采用相同的传输介质、信息插座、交连设

备、适配器等,把这些性质不同的信号综合到一套标准的布线系统中。由此可见,这个系统比传统布线系统大为简化,这样可节约大量的物质、时间和空间。

在使用时,用户可不用定义某人工作区的信息插座的具体应用,只把某种终端设备(如个人计算机、电话、视频设备等)接入这个信息插座,然后在管理间和设备间的交连设备上做相应的跳线操作,这个终端设备就被接入到自己的系统中。

(2)系统性。在建筑物相关楼层的任一区域均有输出端口,使得在连接和重新布置工作终端时,无需另外布线。

(3)重组性。在不改变布线结构的情况下,能够重新组织网络拓扑结构。

(4)标准化。整个建筑物内的输出端口及相应配线电缆必须统一,以便能够平稳地连接所有不同种类的网络和终端。为了便于管理、维护和扩充,布线系统的设计采用国际标准及有关安全性标准,并结合具体要求进行。

(5)模块化。尽量采用积木式标准接插件,以确保可管理和可扩展性。

(6)先进性。采用先进的概念、技术、方法和设备,既保证当前使用要求,又具有较大发展潜能。

(7)安全性。

三、布线系统的组成

从功能上看,综合布线系统包括工作区子系统、水平子系统、管理子系统、垂直干线子系统、设备间子系统、楼宇间子系统。如图 7-9 所示。

1. 工作区子系统

工作区子系统指所有安装信息插座的区域,由信息插座和到终端设备的连线组成。通过插座既可以接入电话也可以连接数据终端或其他传感器及弱电设备。工作区子系统布线要求相对简单,这样就容易移动、添加和变更设备。本项目工作区子系统全部采用 AMP 双孔 RJ45 信息插座,内部采用 AMP 超 5 类信息模块产品,可同时满足数据和语音的要求。

以一个有 8 栋大楼的综合布线工程为例,这个机构布线环境是现有信息点约 160 多个,分布在 8 栋建筑物内。分别为 1、2、3、4、5、6、7 和 8 号楼。中心机房设置在 1 号楼,从 1 号楼的中心机房铺设了 5 根六芯多

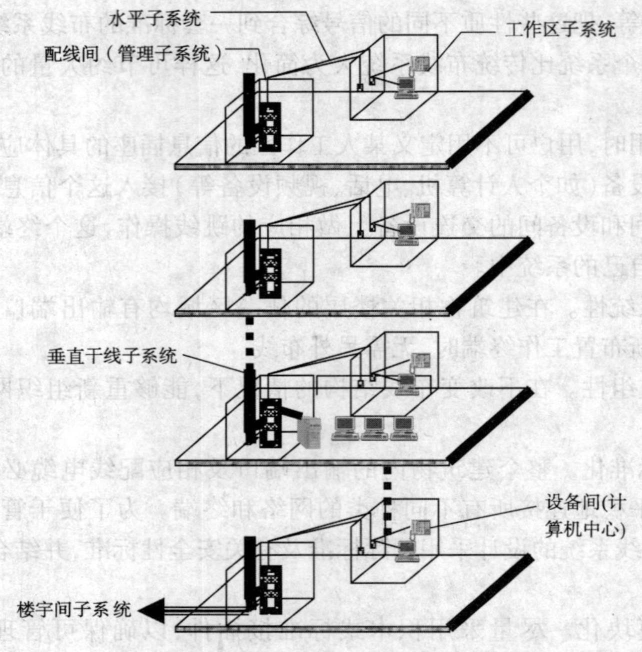

图 7-9　布线系统的组成

模光纤与 2、3、4、5、8 号楼相连。6 号楼由于信息点数量较少，通过双绞线连入 4 号楼的楼层交换机。7 号楼的用户则直接接入 8 号楼的楼层交换机。子系统应覆盖所有用户实际使用区域，为满足办公环境信息高速传输的具体情况，数据点全部采用超 5 类非屏蔽信息模块，使用带防尘盖的双口插座面板。

2. 水平子系统

水平子系统由建筑物各管理间至各工作区之间的电缆构成。水平子系统的作用是将垂直干线子系统的线路延伸到工作区子系统。水平布线距离应不超过 90m，信息口到终端设备和配线架之间连接线之和不超过 10m。为了满足高速率数据传输，水平线全部采用 AMP 超 5 类非屏蔽双绞线，可以传输各种 72V 以下直流电压和相应频率以内的弱电信号，包括电话、计算机、楼宇自控设备的控制广播信号、视频监视信号和各种弱电传感信号等。

3. 管理子系统

管理子系统连接水平电缆和垂直干线。是综合布线系统中关键的一环，常用设备包括快接式配线架、理线架，跳线和必要的网络设备。下面

案例中在方案充分利用原布线系统的配线间将各信息点统一集中管理，最终通过楼宇间光纤连接到中心机房。如表7-6所示。

从表7-6可以看出，根据大楼布线的特点及方式，案例在1、2、3、4、5、8号大楼内都设有配线间，即管理区子系统，以方便对网络的管理并提高网络结构的灵活性。管理区子系统由子配线架IDF及各楼层交换机组成，数据IDF采用AMP 24口模块式UTP配线架，用于和设备间子系统及工作区子系统的连接。

某大楼的配线间分布表　　　　表7-6

序　号	大楼编号	数　量	地　点
1	1号楼	1	4楼
2	2号楼	1	4楼
3	3号楼	1	1楼
4	4号楼	1	3楼
5	5号楼	1	4楼
6	6号楼		
7	7号楼		
8	8号楼	1	2楼

4. 垂直干线子系统

垂直干线子系统由连接设备间与各层管理间的干线构成，其任务是将各个楼层管理间的信息，传递到设备间并送至最终接口。是把各分层配线架与主配线架相连。用主干电缆提供楼层之间通信的通道，使整个布线系统组成一个有机的整体。主干布线要采用星形拓扑结构，接地应符合EIA/TIA 607规定的要求。垂直干线的设计必须满足用户当前的需求，同时又能适应用户今后的要求。垂直干线子系统用于设备间子系统和管理区子系统之间的连接。本设计中，各楼层配线间的距离满足超5类非屏蔽双绞线(UTP)距离必须小于100m的布线要求。

5. 设备间子系统

设备间子系统是整个布线系统的中心单元，是集中化设备区，连接系统公共设备，如PBX、局域网(LAN)、主机、建筑自动化和保安系统及通过垂直干线子系统连接至管理子系统。

EIA/TIA569标准规定了设备间子系统的设备布线。它是布线系统最主要的管理区域，所有的信息资料都由电缆或光纤电缆传送至此。

6. 楼宇间子系统

同样，在上例中，8幢大楼之间的联网形成了楼宇间子系统。由于1

号楼为整个网络的信息中心,并且考虑到楼距及将来应用的发展,从1号楼的中心机房铺设了5根6芯多模光纤与2、3、4、5、8号楼相连。6号楼由于信息点数量较少,通过双绞线连入4号楼的楼层交换机;7号楼的用户则直接接入8号楼的楼层交换机。多模光纤在距离不超过250米的条件下可达到网络千兆位的传输速率,充分满足目前及将来应用的需求。在系统使用初期,可以使用一对光纤用于传输业务网数据,一对光纤用于传输网络信息,为将来系统向更高级的系统升级作了适当的预留,也是为了容错性的要求。

四、管线方案

原则上尽量利用已经铺好的管路,对不满足布线要求的管路,需要新铺管的部位,应尽可能减少对建筑环境的破坏。

管理子系统是整个配线系统的重要单元,它的布放、选型及环境条件的考虑是否恰当,都直接影响到将来信息系统的正常运行和使用的灵活性,室内照明应不低于150LX,室内应提供UPS电源配电盘,以保证网络设备运行及维护的供电。

每个电源插座的容量应不小于300W,管理子系统(配线室)应尽量靠近弱电井旁,而弱电竖井应尽量在大楼的中间,以方便布线并节省投资。

设备室的环境条件如下:

(1)温度保持在8℃~27℃之间。

(2)湿度应保持在30%~50%之间。

(3)通风良好,室内无尘。

五、屏蔽布线

安全要求较高或者涉密的计算机网络要采用屏蔽布线系统。采用屏蔽系统是为了保证在有干扰环境下系统的传输性能。抗干扰性能包括2个方面,即系统抵御外来电磁干扰的能力和系统本身向外插射电磁干扰的能力,对于后者,欧洲通过了电磁兼容性测试标准EMC规范。实现屏蔽的一般方法是在连接硬件外层包上金属屏蔽层,以滤除不必要的电磁波。现已有STP及SCTP两种不同结构的屏蔽线供选择。

屏蔽布线系统需要注意以下问题:

1. 接地问题

屏蔽系统的屏蔽层应该接地。在频率低于1MHz时,一点接地即可。

当频率高于1MHz时,EMC认为最好在多个位置接地。通常的做法是在每隔波长1/10的长度处接地,且接地线的长度应小于波长的1/12。如果接地不良(接地电阻过大、拦地电位不均衡等),会产生电势差,这样,将构成保证屏蔽系统性能的最大障碍和隐患。

2. 系统整体性

屏蔽电缆不能决定系统的整体EMC性能。屏蔽系统的整体性取决于系统中最弱的元器件(如跳接面板、连接器信息口、设备等)。因此,若屏蔽线在安装过程中出现裂缝,则构成子屏蔽系统中最危险的环节。

案例1 上海港散杂货码头信息化需求和设计

一、上海港散杂货码头生产管理信息化的背景和应用

上海港信息系统建设始于1980年,经过了从单项应月到综合系统开发应用,从小型机到客户/服务器系统结构、开放系统结构。从PC单机应用到各单位建设局域网乃至局域网与广域网网际连接应用的发展历程。80年代前期,先后在件杂货、集装箱、散货二类装卸作业码头中进行有计划、系统的试点开发工作并取得成功。特别是高阳(件杂货综合管理系统)、军工路(集装箱管理系统)的试点工作,为全港信息系统建设起到了示范和推进作用。

80年代末期,进行全局自上而下的系统开发应用,在生产管理、财务、基建、计划统计、OA、能源、计量等方面普及应用。90年代后期,上海港信息系统建设加速发展,全局应用面拓宽,效益显著。1998年上海港港口网络建成开通,全港23个生产经营性公司的局域网和局网络实现互联互通,上海港网站进入国际互联网,全港信息系统的应用迈上新台阶。已经投入运行的上海港生产管理系统项目主要是以上海港港口网络为平台,建成一个以船舶动态信息和货物动态信息为核心的、具有实时处理特征的生产管理信息系统,并与外部实现电子数据交换和信息共享的信息服务系统。它主要包括9大系统:计划管理子系统;综合调度子系统;统计分析子系统;集装箱管理子系统;货源管理子系统;基层生产调度管理子系统;动态实时监控子系统;系统管理子系统;人力资源劳动管理信息系统。2008年,上海港完成了网络和应用升级,具体功能如图7-10所示。

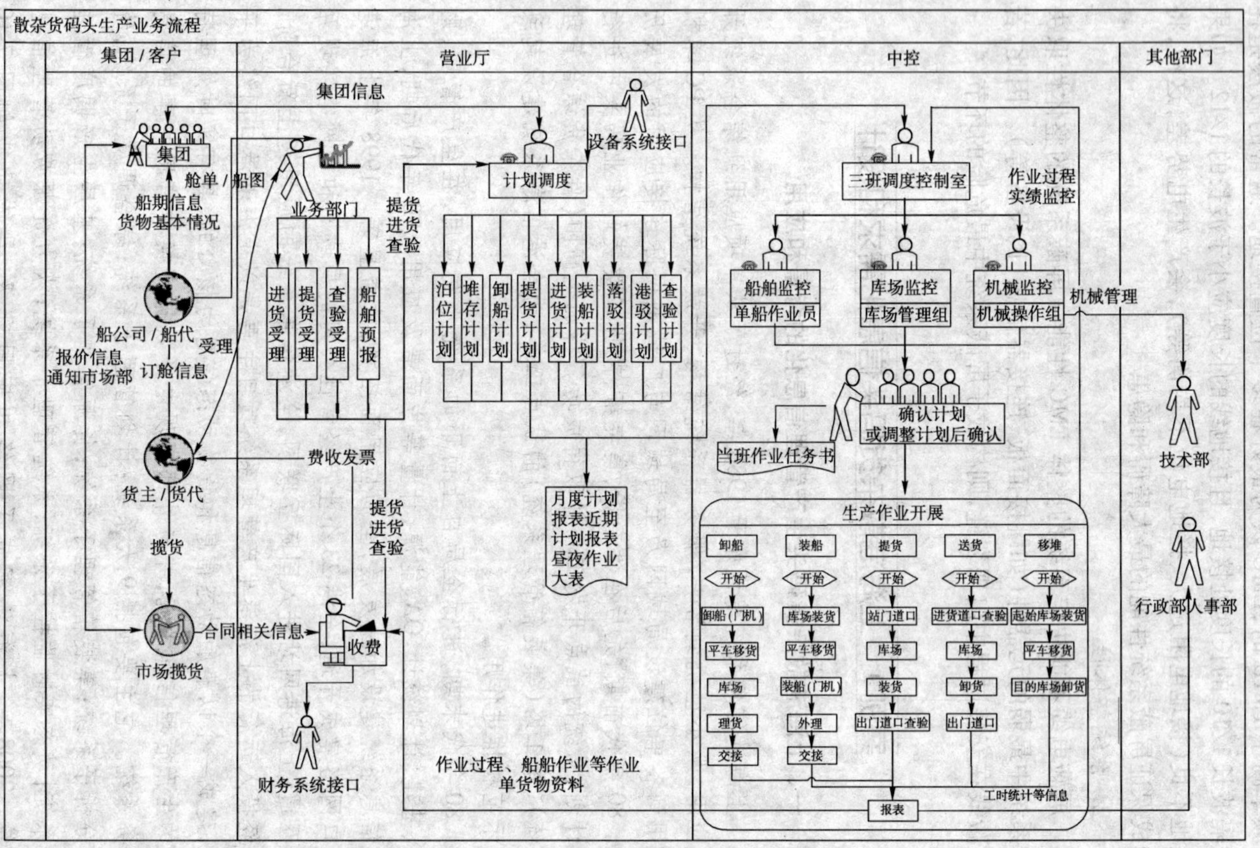

图 7-10　上海港网络和应用升级

二、上海港散杂货生产管理信息系统总体框架结构设计

1. 系统应用层次结构设计

散杂货港口生产管理信息化与港口其他相关业务和管理的信息化在设计上是一体的。因此在总体框架结构上是一个整体。而生产管理信息化又是这个整体中最重要的组成部分。如图7-11所示。

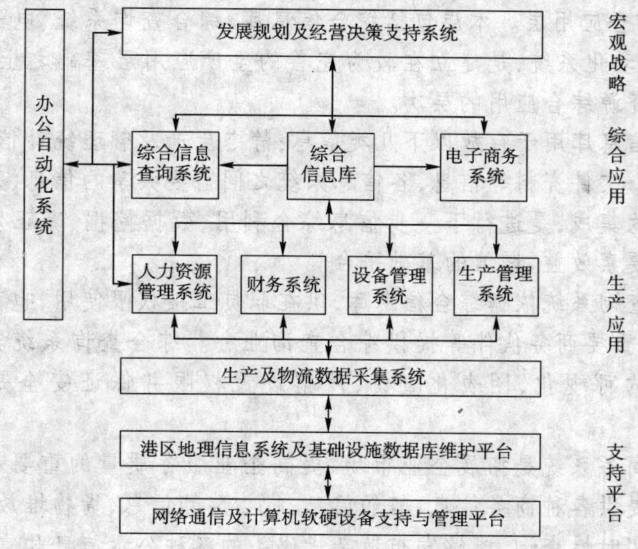

图7-11　上海港散杂货信息系统层次结构图

港口信息系统分为4层,分别是支撑平台层、生产应用层、综合应用层、宏观战略层。

(1)支撑平台层。物理支撑平台主要指网络通信及计算机软硬件设备支持与管理平台,包括港务公司计算机主机房、计算机网络通信线缆和网络交换系统、各科部室计算机及辅助设备、信息采集设备等,是散杂货码头信息系统的运作物理载体。散杂货码头作为覆盖较大地理区域的企业,其泊位、库场等以及与之相关的船舶、货物等的管理、生产、规划离不开空间信息,因此地理信息系统(GIS)应作为散杂货码头信息系统的基础平台,是生产管理信息分系统、生产保障管理信息分系统等的设计和运行背景。

(2)生产应用层。本层基本覆盖散杂货码头日常生产、物流、管理业务的各领域,是散杂货码头各职能科部室日常管理和生产的辅助工具。

港口生产管理信息化的关键之一是基础信息采集体系，为保证基础信息采集的一次性准确录入，设计一套包含多种信息采集技术的信息采集系统是信息化发挥效益、正常运作的基础和保证。生产业务管理信息系统包括：生产管理信息分系统、生产保障管理信息分系统、计划财务管理信息分系统、人力资源管理信息分系统，它们是港口信息化的实际应用层，是信息化的基础信息来源，也是最核心的层次。

(3)综合应用层。本层包括综合信息库、综合查询系统、电子商务系统、办公自动化系统，是建立在较为完善的生产应用层基础之上的、实现企业信息资源综合应用的层次。

综合信息库用于存放以下几类信息：静态生产及管理统计信息，各种规章、制度、文件资料等信息，各信息系统之间需要共享的信息，是各信息系统信息的集成，是进行下一步信息综合利用、数据挖掘、真正发挥信息这个生产要素效益、增值的基础平台。

综合查询系统依据综合信息库，供在职员工按权限使用，也可按权限为大客户、重要商务伙伴等提供综合查询业务。综合查询系统实现全港各类信息的可视化、图表化查询，严格设置权限并保证安全是至为关键的。

电子商务系统是拓展企业市场、提高企业服务质量的重要手段。能够为客户提供各种商务信息、船舶信息、货物装卸信息、货物堆放信息、提货信息等实时性查询，能够发布散杂货码头的各种公示信息和宣传信息，提供网上商务洽谈、合同协议签订、网上费用支付等功能。电子商务系统面向国内外互联网用户，在散杂货码头信息系统内部必须得到生产应用层的货运生产与管理信息系统的支持。

办公自动化系统是企业信息化中一个关键连接链，除提供公文流转签发功能、各种办公文件资料等原始信息外，更多的是依赖综合信息库和综合查询系统，实现全港综合信息的按权限的推送。

(4)宏观战略层。为公司领导提供服务，在准确的公司运营信息、历史统计信息的支持下，通过数据分析模型群、预测模型群、决策支持模型群、知识库、推理系统等，为公司领导进行公司重大经营活动的决策、企业发展规划决策等提供决策支持。

2. 系统网络结构设计

为保证满足散杂货码头各业务信息系统对数据采集、传输、交换、共享和处理的要求，网络拓扑结构及主要配置的设计如图7-12所示。网络

拓扑结构设计方案主要体现了如下思想：

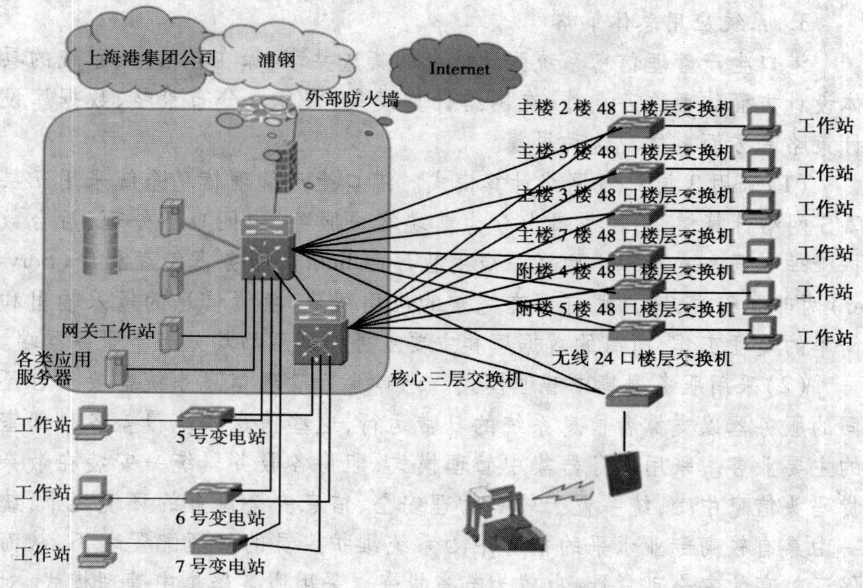

图7-12　罗泾二期散杂货码头网络拓扑结构图

(1)内外分层，保证信息安全。从逻辑上看，散杂货码头网络分为内外2层，外层网主要满足码头对外信息发布，通过上海国际港务集团与船公司或船代进行信息交换、向大客户提供实时信息服务，开展企业到企业(B2B)的电子商务活动等功能。内部网主要支撑码头内部信息链的管理以及与集团进行信息交换。内、外部网之间采用防火墙机制相隔离。这种结构能较好地保证码头生产经营信息处理的安全。

(2)互为备份的拓扑，保证传输速度。从拓扑结构上看，公司网络由主干网和部门子网组成。主干网以光缆为通信介质，采用互为备份拓扑结构；部门子网以双绞线为通信介质，采用星形结构。主干网为千兆以太网，各部门子网接入速度100兆。这种结构能以最小的投入取得满意的传输速度。

(3)主域控制，保证统一管理。从网络管理角度看，该网络由1台网管服务器和若干功能服务器组成。网管服务器负责整个公司网络资源的统一管理，主要包括：IP地址的分配、用户账号管理、网络监控、入侵扫描等。功能服务器主要负责各业务数据库系统的管理，包括计划财务服务器、生产和管理服务器、综合信息库服务器、办公自动化服务器、电子商务服务器。这种结构保证了网络资源的统一管理和数据资源的专业管理。

3. 系统应用总体策略

港口生产管理信息系统强调信息的集成共享，除在各信息、系统的具体设计方面体现这一点外，在网络计算模式、服务器分布策略、数据库设计策略等方面也体现这种思想。

(1)采用3层C/S网络计算模式。港口生产管理信息系统采用三层C/S网络计算模式，在逻辑上分为前端客户服务、中间事务处理、后台数据管理3层。在物理上由客户应用程序(Client)、服务器管理程序(Server)两部分组成，客户端有一套完整的应用程序，负责信息的输入输出和简单的处理工作，所有的数据库和主要业务处理活动均分布于服务器端。

(2)采用服务器集中管理模式。港口生产管理信息系统需要7台不同的服务器以支撑各信息系统的日常运行，这些信息系统覆盖各科部室的主要业务。采用服务器集中管理模式，即将各服务器统一安装在散杂货码头信息中心，统一置于较高物理安全、信息安全设置的环境之下，统一由具有较高专业水平的信息中心系统维护人员的管理配置之下，从而保证较高的安全可靠性，也较为节省投资。采用服务器集中管理模式，对于散杂货码头基础数据网络的安全性、可靠性等要求较高。

(3)采用数据库集中设计共享策略。港口生产管理信息系统的各子系统及其他业务管理系统所涉及的数据库，将本着统一设计、分权限共享的设计策略。所有的系统用到的数据都只有一个统一的出口。采用数据库集中共享设计策略，使得企业数据一致性能够得到充分的保障。

(4)采用模块化组件设计应用策略。港口生产管理信息系统总体设计面向适宜于信息化的优化业务流程和信息流程。按照上海港散杂货码头管理体制现状，管理人员和生产人员所需使用的系统功能往往无法处于某个分系统或子系统范畴内，而需要跨若干个分、子系统使用不同的模块。对于这些情况，要求港口生产管理信息系统采用模块化组件设计应用策略。

港口生产管理信息系统的模块化组件设计应用策略，要求在各分系统、子系统的详细设计和程序设计过程中，各模块具有统一规范的输入输出接口，具有统一规范的数据库操作流程。各模块对应一个相对独立的业务功能，应可独立于子系统、分系统运行。

结合数据库集中设计共享策略、模块化组件设计应用策略，港口生产管理信息系统的系统管理员将可以针对某一个业务人员的具体业务

功能需求,将不同的功能模块组合在一起,由一个专为该业务人员所制作的菜单式界面将这些功能的调用链接起来,从而满足不同的应用需求。

案例2 某办公楼布线方案设计

某单位新建办公大楼,地上10层、地下2层,总计12层,建筑总面积为2.98万平方米。大楼内共有4个弱电间(Ⅰ、Ⅱ、Ⅲ、Ⅳ弱电间)。其中Ⅱ弱电间、Ⅳ弱电间,供综合布线走线使用。

全楼的信息处理机房设在大楼第六层,位于Ⅱ弱电间旁边。程控机房设在大楼第一层,位于Ⅳ弱电间旁边。保安监视设在大楼第一层大厅总值班室。

设计内容如下:

一、信号种类及设计要求

1. 传输信号种类

要求在综合布线上传输的信号种类为:数据、语音、图像等信号。

2. 设计要求

根据信息系统整体规划,新建办公大楼根据楼层各房间的功能不同,设置每个房间的工作区信息点数量和各楼层监控点的数量。每个房间内的工作区提供一个双孔信息插座,分别支持数据、语音信号的传输,又能支持多媒体信号传输。

二、选择器件原则

根据以上需求,选用产品全面、技术成熟、性能优越的综合布线。数据系统从端到端采用全5类连接硬件产品,以保证信息传输达到155Mb/s,支持ATM、多媒体等宽带传输技术;语音系统选用能传输10Mb/s速率的产品,以保证低速网络信息的传输和通信;监控系统采用5类产品,以保证高品质图像的传输。

1. 信息插座

(1)选用5类信息模块,支持100Mb/s高速数据传输。

(2)选用3类信息模块,支持10Mb/s以下速率的数据和语音传输。

2. 水平线缆

(1)选用优质的4对5类双绞电缆支持高速数据传输和监控图像信号。

(2)选用优质的4对3类双绞电缆支持语音传输。

3. 干线线缆

(1)选用6芯室内光纤作为数据干线,支持高速数据传输。

(2)选用100对3类大对数电缆,作为语音系统的干线,支持语音传输。

4. 配线架

在各楼层配线间和主配线间分别选用100对、300对、900对墙上型配线架,连接和管理数据系统、语音系统、监控系统的信息传输。

三、设计方案说明

1. 工作区

根据要求,考虑到用户目前的需求和将来的发展以及各层、各房间、各主管部门、业务部门的业务需求,整个大楼共设数据点1 146个,语音点1 087个,监控点86个。

2. 水平子系统

选用优质的5类4对非屏蔽双绞电缆,传输速率达155/622Mb/s,可支持当前及未来的数据系统和监控系统的需求。同时选用4对3类非屏蔽双绞电缆支持低速数据系统和语音系统。

3. 干线子系统

为减少线缆占用空间,选用大对数双绞电缆和光缆,分别作为语音系统和数据系统的干线。

根据新办公楼的具体特点,有2个弱电间供布线使用,故各弱电间内的大对数电缆和光缆分别从Ⅱ弱电间和Ⅳ电间引至第六层的信息处理机房和第一层的程控交换机房。

方案考虑到某行业业务工作的重要性,为保证其数据的安全可靠和今后计算机网络的易于管理,在每层弱电间的配线柜内均设1个光纤配线架(100A),由1根6芯光纤,引至六层计算机房的光纤主配线架上与网络设备连接。每根光缆使用4芯,备用2芯,构成一个高档的网络管理系统。

100对大对数电缆通过各层管理单元经过各自的弱电间引至一层程

控机房，其中Ⅱ弱电间电缆在一层经过走线槽到程控机房。

4. 管理区

根据大楼的具体特点，在每层均有2个配线间，在配线间内分别有综合布线的弱电间。两个配线间内设置相应的100对和300对配线架，连接水平电缆和干线电缆，同时通过跳线和网络设备互联。另外，在每层配线间内均设置光纤配线架，使各层的网络设备与计算机房网络设备互联，构成整个大楼的高速数据通信网。各层管理配线架通过大对数电缆连接到程控交换机房，与电话交换机联通，构成大楼内部和外部的通信，保证大楼内的信息畅通。

5. 设备间

程序机房设在第一层，计算机房设在第六层。在一层安放多组900对配线架，端接垂直大对数电缆，管理整个大楼的电话通信。计算机房安装机柜式光纤配线架，端接各层汇集的光纤并与Xylan Omni—9WX交换机连接，通过主机管理整个大楼的局域网，构成大楼内高速信息系统；同时通过Cisco 7000路由器与各省市厅局进行通信，管理、调度、传递全国某行业系统信息。

6. 监视保安系统

楼宇监控系统基本由3部分组成；闭路电视监视系统、电子巡更系统和防盗报警系统。

(1)闭路电视监视系统。在大厦各主要出入口设有监视器，在指定时间内，若有紧急情况发生，监视器自动开启并录像。

在大楼的大堂、多功能厅、会议室内，楼梯口和车库安装彩色监视器(带云台)可在总控室对其进行操作。

在电梯轿箱内安装针孔式监视器，在不影响美观的前提下，监视整个电梯内的情况。

在金库、保管库的每个房间内安装一个固定监视器，可对房间内的各种操作进行监视。

(2)电子巡更系统。电子巡更系统的作用是保证大厦巡逻值班措施的落实，并把巡逻值班过程中发现的问题及时反馈给控制中心。

(3)防盗报警系统。防盗报警系统由报警主机及报警探头组成。报警探头是微波加被动红外双监探头，可有效防止误动，该系统也可在金融业务有关的重要场所采用。

案例分析题

1. 根据材料说明系统设计阶段需要注意哪些内容?

2. 结合材料说明综合布线系统有哪些原则?

复习思考题

1. 现代化的企业,网络方案应起到什么样的作用? 如何制定网络方案?

2. 网络需求分析的步骤是什么? 你认为进行网络需求分析的必要性是什么?

3. 结构化布线系统的组成部分包括哪些?

4. 常见的信息安全体系策略有哪几种? 其核心内容是什么?

5. 局域网和边界网存在哪些安全隐患? 应该采取什么安全措施?

参考文献

[1] 谢希仁. 计算机网络(第5版)[M]. 北京:电子工业出版社,2008.

[2] 吴达金. 综合布线系统工程设计标准实施指南[M]. 北京:电子工业出版社,2006.

[3] 戴瑜兴. 建筑智能化系统工程设计[M]. 北京:中国建筑工业出版社,2006.

[4] 张少军. 建筑智能化系统技术[M]. 北京:中国电力出版社,2006.

[5] 王达. 网管员必读——网络组建[M]. 北京:电子工业出版社,2008.

[6] 俞金木. 基于BPR的上海港散杂货码头生产管理信息化建设的研究[D]. 上海:上海海事大学MBA论文,2008.12.

第八章　电子商务信息安全工程

我的经验是，对于开发人员来说，只要具有诚实和表达能力这些安全领域必备的素质，那么他就可以创建一个防护严密的机器。他们也不必要非是安全领域的专家，但是他们必须理解将要创建什么以及它如何工作。

——Rick Smith

【本章导读】

1. 熟悉信息安全工程的含义、要求以及在电子商务中的实施特点。

2. 了解信息系统的安全策略包括哪些以及如何制定安全策略。

3. 熟悉风险评估的流程以及风险计算、脆弱性评估等内容及方法；了解信息安全工程标准SSE－CMM。

引导案例　“逻辑炸弹案”引出的难题

2001年秋，我国华东、华北、华中等地的数十个变电站电网录波器的故障指示灯相继闪亮！我国电网遭遇了建网以来规模最大的一次录波器大面积失灵、死机事故。

警方锁定的犯罪嫌疑人是2000年度南京十大科技功臣之一的工程师——赵某。有消息称:电力故障录波器被喻为电网安全运行的黑匣子,它可以查出并记录高压输电网出现的各种故障。国家规定22万千伏以上的高压输变电系统必须安装这类设备。赵某原是银山公司的总工程师,主持电力故障录波器的开发。其在2001年8、9月间和公司的8名科技人员集体跳槽离开了银山公司。随后,全国有147座安装银山公司生产的上述两个型号录波器的变电站频频“出事”——不录波、死机。以致全国各大电网向银山公司发出警告:若不能及时解决问题,一旦发生电网事故,将追究其刑事责任,并索赔巨额赔偿。银山公司攻关发现,有人在上述2种型号(V2.2、V2.3)版本的在线软件中安装了“时间逻辑炸弹”,并立即报案。警方侦查发现:“逻辑炸弹”事件与赵某有关,遂将其刑事拘留。银山公司则耗时数月、耗资百万元,赶赴各地拆除“逻辑炸弹”。

“逻辑炸弹”就是在计算机操作系统中有意设置并插入某些程序的编码,这些编码只有在特定时间或是特定的条件下才自动激活执行程序而起到破坏作用。“逻辑炸弹”是对系统的潜在威胁和隐患,它有可能抹除数据文卷,或破坏系统功能,使整个系统瘫痪。例如,美国某公司负责工资表格的程序员在文件中事先秘密放置了一段程序,当他本人被公司解雇或他的名字从工资表中消失3个月后,该程序就破坏系统的文件库。

当警方向当地检察机关申请批捕时,检察机关认为“事实不清,证据不足”。赵某很快被取保候审。有以下可能的解释:“赵某在新开发的2.3软件版本中加入时间限制,是为了便于软件版本的管理,防止盗版,在软件中加入时间限制是软件行业的一种常见做法,完全是一种保护版权的正常的工作行为……根本不是有意去破坏系统,更不是所谓的软件‘逻辑炸弹’”。“赵某在2.3版本软件中设置的时间期限有2个,一是9月1日后安装的软件不能注册……即使不注册对录波器运行也毫无影响。二是10月1日后,一个测试功能的使用次数受到限制。发生这两种情况的录波器进入电网、变电站工作后,对实际应用不会产生影响。电力故障录波器属于辅助设备,(其本身)对电网运行也不会产生任何影响。”

(摘自:http://news.xinhuanet.com/newscenter/2002-01/22/content_248152.htm)

第一节　信息安全工程

一、信息安全工程

随着计算机和网络的迅猛发展以及应用的迅速普及,信息共享和互动成为信息系统、产品及安全服务的主要驱动力。信息安全的重点已从维护保密的政府数据扩展到更为广泛的范围,包括金融、贸易、保险、医疗和个人信息等。因此,有必要综合考虑和确定各种应用的潜在安全需求,包括机密性、完整性、可用性、可记录性、安全保证等。

对安全关注点的变化提高了对安全工程重要性的认识。安全工程正在成为工程组织中的一个关键部分。安全工程涉及系统和应用的开发、集成、操作、管理、维护和进化以及产品的开发、交付、升级等各个方面。在企业和商务过程中的定义、管理和重建中必须强调安全的因素,这样安全工程才能够在系统、产品或服务中得到体现。

安全工程是指以系统工程的观点,从安全角度提出项目实施过程的安全要求和控制方法。安全工程是一个正在进化的项目,当前尚不存在一个一致认可的精确定义。但一般而言,安全工程应达到的目标包括:

(1)理解用户的安全风险,根据已识别的安全风险建立一组平衡的安全要求。

(2)将安全要求转换成安全指南,将其集成到一个项目实施的活动中和系统配置或运行的定义中。

(3)在正确有效的安全机制下建立对信息安全的信心和保证。

(4)判断系统中和系统运行时残留的安全脆弱性对运行的影响是否可容忍。

(5)将所有项目和专业活动集成到一个可共同理解系统安全可信性的程度。

二、信息安全工程要求

在一个项目中,信息安全工程涉及与该项目相关的各个方面。包括开发者、产品销售者、集成商、购买者(获取组织或最终用户)、安全评估者(系统认证者、产品评估者和运行许可批准者)、系统管理员、可信第三方、咨询/服务机构等。

信息安全工程与信息系统的建设是相辅相成的，它贯穿于信息系统的整个生命周期之中。在信息系统整个生命周期中执行的安全工程活动包括：前期概念、开发和定义、证明与证实、工程实施与制造、生产与部署、运行和支持、废止。

信息安全工程与许多其他项目息息相关，包括企业工程、系统工程、软件工程、人力因素工程、通信工程、硬件工程、测试工程和系统管理等。

因为运行安全的保证和可接受性是在开发者、集成商、用户、评估机构和其他组织之间建立的，所以安全工程活动必须要与其他外部实体进行协调。也正是因为存在这些与其他部分的接口并贯穿于组织的各个方面，所以安全工程比其他工程更加复杂。

在目前的业务环境下，安全工程和信息技术安全是紧密相关的，但其他安全内容，如物理安全、人员安全也不容忽视。安全工程在实施中应贯穿于各个方面，且每个方面都有明确的内容。

(1)运行安全。运行环境安全和安全运行态势维护。

(2)信息安全。在操作和处理中的信息和信息安全维护。

(3)网络安全。包括网络硬件、软件和协议的保护，也包括在网络上通信的信息。

(4)物理信息。注重建筑和物理场所的保护。

(5)人员安全。有关人员、可信度及他们的安全意识。

(6)管理安全。有关安全管理方面和管理系统的安全。

(7)通信安全。有关安全域之间的通信保护，特别是信息在传输介质上传输时的保护。

(8)辐射安全。涉及所有机器设备将未期望产生的信号发生到安全域外部。

(9)计算机安全。专门处理所有类型的安全计算机设备。

三、信息安全工程的实施

信息安全工程是伴随着信息系统建设、运行与管理的，它的内容覆盖了信息系统生命周期的各个阶段。总的来看，信息安全工程可以分为4个步骤、6项任务。在电子商务领域，又根据其业务特点，每个步骤又有明确的任务和目标。

1. 步骤一:调研、确定目标系统状况

信息安全工程的第一步是从保密性、完整性、可用性的角度确定系统的任务和目标。系统的任务与目标的确定,需要从组织的业务目标、业务特性、管理特性和技术特性四个方面来考虑。

无论是准备新建信息系统,还是对已建信息系统的分析,组织的业务目标是安全工程的前提。信息系统的建设,或者是为了符合当前的组织管理流程,或者是开展新的业务模式。政府建设 OA 系统是为了提高行政办公的效率;面向社会服务的信息系统提供了一种新的服务模式,提供单向或双向的服务;电子商务系统则需要为买卖双方提供一个发布、协商、交易、支付的平台。不同的业务目标决定了信息系统用途,也初步决定了信息系统的投资。

业务特性是对保证业务的顺利实施而必须具备的一些条件,说明了对信息系统的一些要求。业务连续性要求高,则对信息系统的业务连续性保护要求高;业务信息很敏感,则对系统的保密性保护机制要求高;如果业务不允许中断,则对系统的实时性和响应时间要求较高。业务特性往往决定了信息系统投资的高低。

管理特性是指业务和系统之间的管理关系以及是否存在多个部门、多个组织之间的共同管理。对一项业务而言,如果由单一的组织或部门来管理,那么其信息系统的管理也较简单;如果涉及多个部门,甚至多个组织之间的交互,则管理的要求也较高。在这种情况下,如果不能够通过管理协调来实施一致的话,就需要采取其他的技术机制甚至法律机制来保护。

技术特性是指业务的开展依赖于技术手段的程度。对技术手段依赖程度较高的业务,在信息系统也需要较好的技术辅助设施。

对电子商务中的支付而言,其业务特性、管理特性、技术特性都相对要求较高。例如,由于涉及买家、卖家、银行等多个方面,在产品真实性、信息完整性、支付安全性等方面都提出了较高的要求。由于涉及不同组织,管理要求也很复杂,有的是纯粹的技术管理,有的需要在流程上进行优化,并转换成技术管理;如果实施网上支付,则该业务在技术方面还提出了支付安全的要求。

2. 步骤二:信息安全风险评估

信息安全风险评估是识别信息系统风险的过程,为各类安全措施的选择与实施奠定机场。信息安全风险评估是信息安全工程的起点。

信息系统是组织(即拥有者)通过信息化手段来实现的工作任务,即具有一定的使命。从系统拥有者来看,业务开展对信息系统和信息的依靠程度越高,要求风险越小;同样,系统在建设、运行过程中不断积累起来的系统设备、信息、生产/服务能力、人员能力和赢得的信誉等都是企业的资产,这些资产的价值越高,越要求将系统的风险降低到最小。

信息安全风险是在考虑安全事件发生的可能性及其可能造成的影响下,脆弱性被威胁利用后所产生的实际负面影响。它是可能性和影响的函数,是动态的。前者指威胁源利用一个潜在脆弱性的可能性,后者指不利事件对组织机构产生的影响。

风险评估是依据有关信息安全技术与管理标准,对信息系统及由其处理、传输和存储的信息的机密性、完整性和可用性等安全属性进行评价的过程。它要评估资产面临的威胁以及威胁利用脆弱性导致安全事件的可能性,并结合安全事件所涉及的资产价值来判断安全事件一旦发生对组织造成的影响。

风险评估的过程包括资产识别、威胁识别、脆弱性识别、风险计算、风险控制措施制定等几个阶段。对信息系统而言,存在风险并不意味着不安全,只要风险控制在可接受的范围内,就可以达到系统稳定运行的目的。风险评估的结果为保障信息系统的安全建设、稳定运行提供了技术参考。在规划与设计阶段,风险评估的结果是安全需求的来源,为信息系统的安全建设提供依据;在系统运行维护阶段,由于信息系统的动态性,需要定期地进行风险评估,以了解、掌握系统安全状态,是保证系统安全的动态措施。

3. 步骤三:确定和描述信息系统安全需求

信息系统的安全需求是一系列针对安全的描述,例如,要采取审计策略、需要进行访问控制等。安全需求的确定应该建立在风险评估的基础之上。安全需求的提出应该需要描述信息系统的运行环境、目的、主要用户、面临的威胁等因素,然后提出应该达到或实现的安全功能。

一般而言,针对风险评估中发现的薄弱点和风险,应从以下4种方式出发,确定安全的需求:

(1)降低威胁(规避)。可以通过管理来控制人员与规范操作以减少威胁因素;或者改变系统的所在地点、改变系统的结构(如网络物理隔离)、网络拓扑以减少威胁因素;或者采取改变环境的方法,应当尽

量在系统规划时期制定，规避风险因素的方法对系统来说收益会比较高。

(2)弱点弥补(防范)。通过技术的措施修补系统的弱点(如操作系统加固)以降低系统脆弱性，继而降低被威胁因素利用的风险。

通过技术与管理相结合的方式发现运行模式中的弱点(如入侵检测、审计、定期查看，采取对策)，修补弱点，以降低系统脆弱性继而降低风险。

通过弱点弥补可以对大多数的风险进行有效的防范。但由于防范措施的有效性以及成本的因素考虑不可能对所有的弱点进行修补。

(3)危害降低(补救)。通过备份与恢复以及法律诉讼等方式，减少各类威胁事件带来的破坏性的后果。通过应急响应、外包或保险的方式转移破坏性的后果。

(4)接受事件(忽略)。从投资收益角度出发，认为可以承受事件的后果，接受相应的风险。

4. 步骤四：实施信息系统安全建设

(1)任务1：设计安全体系架构。安全体系架构主要包括信息域的划分、边界描述、信息流描述。根据不同用户，无论是内部用户还是外部用户、关联用户，划分不同的信息域，同时描述信息域与信息域之间、内部网络和外部网络之间的边界特点，这样为网络架构的安全设计提供支持。信息流的描述是根据各种业务流程，确定信息可能流经的节点，然后根据信息流的特点，对信息流的流转过程或节点内容提出要求。信息流为应用系统安全设计提供支持。

(2)任务2：安全技术或产品的使用。当安全体系架构设计后，下一步是选择合适的产品或技术来实现这些安全功能。产品选择的依据包括是否通过权威机构认证、是否符合国家要求的密码算法、是否需要增加增强型的安全组件等。

(3)任务3：安全管理制度的建设。在选择技术的同时，需要实施安全管理制度的建设。信息安全，有“三分技术、七分管理”之说。尽管不全然如此，但安全管理确实非常重要。业务的管理特性，决定了安全管理方面的要求。此外，安全产品、基础设施的安全功能都需要管理才得以发挥。安全管理的建设应包括规范信息系统建设过程、规范软件开发的安全管理、规范系统运行的管理制度、规范与相关单位相关系统的接口管理等方面内容。

知识链接:电子商务安全需求

电子商务面临的威胁导致了对电子商务安全的需求,包括机密性、完整性、认证性和不可抵赖性。

(1)机密性。电子商务作为贸易的一种手段,其信息直接代表着个人、企业或国家的商业机密。电子商务是建立在一个较为开放的网络环境上的,维护商业机密是电子商务全面推广应用的重要保障。要预防非法的信息存取和信息在传输过程中被非法窃取。

(2)完整性。电子商务简化了贸易过程,减少了人为的干预,同时也带来维护贸易各方商业信息的完整、统一的问题。由于数据输入时的意外差错或欺诈行为,可能导致贸易各方信息的差异。此外,数据传输过程中信息的丢失、信息重复或信息传送的次序差异也会导致贸易各方信息的不同。保持贸易各方信息的完整性是电子商务应用的基础。

(3)认证性。由于网络电子商务交易系统的特殊性,企业或个人的交易通常都是在虚拟的网络环境中进行,所以对个人或企业实体进行身份确认成了电子商务中很重要的一环。网上交易的双方很可能素昧平生,相隔千里。要使交易成功,首先要能确认对方的身份。因此能方便而可靠地确认对方身份是交易的前提。对身份的认证一般都通过证书机构CA和证书来实现。

(4)不可抵赖性。电子商务可能直接关系到贸易双方的商业交易,如何确定要进行交易的贸易方正是进行交易所期望的贸易方这一问题则是保证电子商务顺利进行的关键。不可抵赖性可通过对发送的消息进行数字签名来获取。

第二节 风险评估

一、风险评估的概念

"风险"一词,原指"遭受损失、伤害、毁灭的可能性"。风险的起因是由于存在着很多不被行为主体控制的因素,使得这些因素被外力利用而造成损失。无论是经济、政治领域,还是技术、市场领域,都存在风险。

风险评估的目的在于识别这些不可控主体被外力利用而造成损失的可能性,从而为各类控制措施的选择提供依据。在不同的领域,由于目标

不同、影响目标的因素不同、行为主体不同，因此风险评估的内容、方法也是不同的。

在信息安全领域，对风险在内涵上作了一定的界定，指由于系统存在的脆弱性，人为或自然的威胁导致安全事件发生的可能性及其造成的影响。信息安全问题是随着互联网应用的不断广泛而逐步得到人们的认识，对信息安全的风险评估历史并不长。信息安全的风险评估主要是针对信息以及信息处理系统，从内因（资产、脆弱性、已有控制）和外因（威胁、安全事件）两方面综合判断其面临的风险。

风险评估涉及的主要要素有资产、威胁、脆弱性、控制措施等几个方面，风险则是这几个要素之间综合的体现。信息资产是风险评估的核心，与组织业务密切相关。风险评估则是需要收集组织有关资产、威胁因素、脆弱性、控制措施等相关信息，了解资产的价值、威胁发生的可能性、脆弱性的严重程度、控制措施的有效性等，进行科学处理标识各类风险的大小（或高、中、低），制定相应风险控制计划。风险评估的主要要素如图 8-1 所示，要素之间的相互关系如图 8-2 所示。

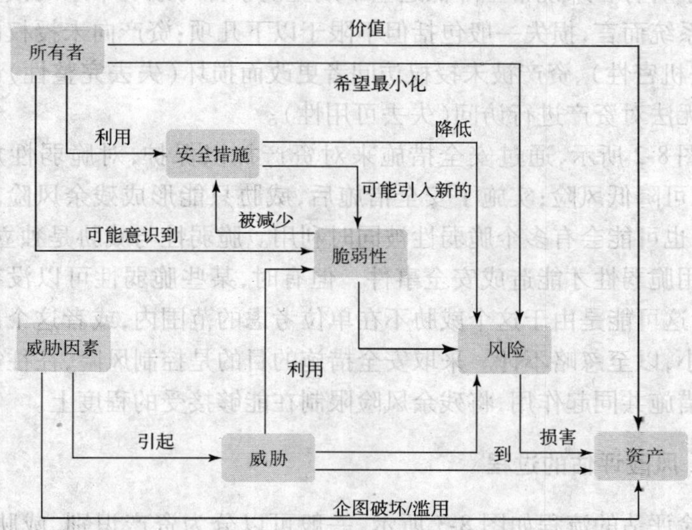

图 8-1　风险评估各要素的关系

信息系统对于所有者来说是一种资产，为所有者创造价值，由于这个原因，所有者对信息资产进行关注。威胁因素可能对信息资产产生所有者不期望的后果，造成资产价值的损失，这些潜在的损失也就是所有者所

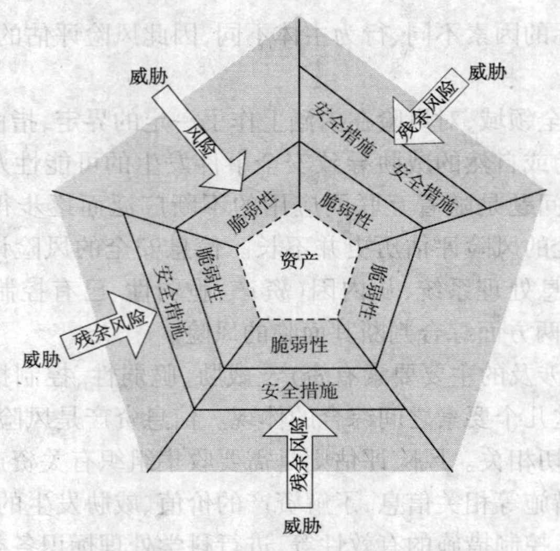

图 8-2 风险评估各个要素间的相互作用

面临的风险。

对于所有者来说希望降低这些不期望的事件对系统带来的损失。对于信息系统而言,损失一般包括但不限于以下几项:资产向未授权的人泄露(失去机密性)、资产被未授权访问者更改而损坏(失去完整性)以及被授权者无法对资产进行访问(失去可用性)。

如图 8-2 所示,通过安全措施来对资产加以保护,对脆弱性加以弥补,从而可降低风险;实施了安全措施后,威胁只能形成残余风险。某些情况下,也可能会有多个脆弱性被同时利用。脆弱性与威胁是独立的,威胁要利用脆弱性才能造成安全事件。但有时,某些脆弱性可以没有对应的威胁,这可能是由于这个威胁不在单位考虑的范围内,或者这个威胁的影响极小,以至忽略不计。采取安全措施的目的是控制风险,往往需要多个安全措施共同起作用,将残余风险限制在能够接受的程度上。

二、风险评估的过程

风险评估的流程如图 8-3 所示,一般可以分为资产识别、威胁识别、脆弱性识别、风险计算、风险管理等几个阶段。

1. 资产识别

信息资产是风险评估工作的核心内容,信息资产与组织的利益直接相关,是风险管理的主要目标。信息资产识别时需要考虑以下几个层次:

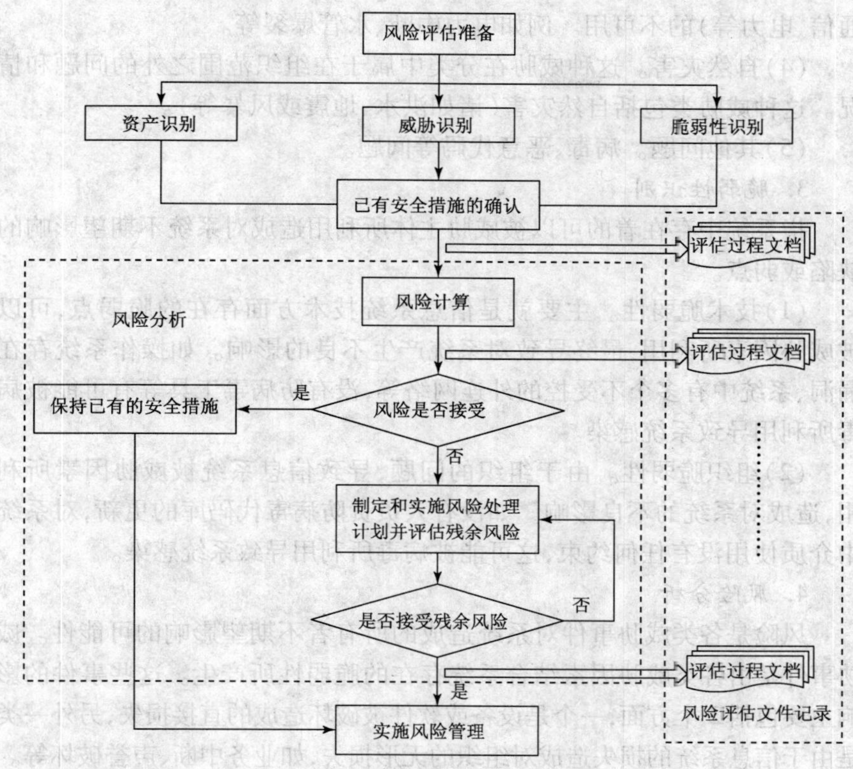

图 8-3　风险评估实施流程图

(1)数据与文档。数据库、数据文件、技术文档、操作手册、操作记录、应急预案等。

(2)软件资产。操作系统、应用系统、中间件、工具软件、终端应用程序等。

(3)硬件资产。网络设备、主机、PC、便携式计算机、磁盘阵列、磁光介质等。

2. 威胁识别

威胁指可能对信息资产造成不期望事件的主体,一般包括以下几类:

(1)通过网络进入信息系统的行为人。这种威胁在分类上被归为对组织重要资产的基于网络的威胁。是行为人的故意的或是意外的行为。

(2)通过物理方式接近信息系统的行为人。这种威胁在分类上被归为对组织重要资产的物理威胁。是行为人的故意的或是意外的行为。

(3)系统问题。这种威胁在分类上被归为组织信息技术系统的问题。例如包括硬件缺陷、软件缺陷、相关系统的不可用性、重要基建(远程通信、电力等)的不可用。例如电力中断、水管爆裂等。

(4)自然灾害。这种威胁在分类中属于在组织范围之外的问题和情况。这种威胁类包括自然灾害(诸如洪水、地震或风暴等)。

(5)其他问题。病毒、恶意代码等问题。

3. 脆弱性识别

指系统中存在着的可以被威胁主体所利用造成对系统不期望影响的缺陷或弱点。

(1)技术脆弱性。主要就是信息系统技术方面存在的脆弱点,可以被威胁因素所利用,最终导致对系统产生不良的影响。如操作系统存在漏洞、系统中有多个不受控的外连网络等,没有防病毒工具等有可能被病毒所利用导致系统感染。

(2)组织脆弱性。由于组织的问题,导致信息系统被威胁因素所利用,造成对系统的不良影响。如没有人负责防病毒代码库的更新,对系统中介质使用没有任何约束,这可能被病毒所利用导致系统感染。

4. 风险分析

风险是各类威胁事件对系统造成的所有者不期望影响的可能性。威胁事件是由各类威胁因素结合系统存在的脆弱性所产生。这些事件的影响主要包括2个方面,一个是设备或软件被破坏造成的直接损失,另外一类是由于信息系统的损失造成对组织的无形损失,如业务中断、声誉破坏等。

目前,关于风险计算的方法很多,有定量的、定性的,还有定量与定性相结合的,但从本质来看,都是从威胁、脆弱性、资产价值3个方面的关系来实施的,其原理如图8-4所示。

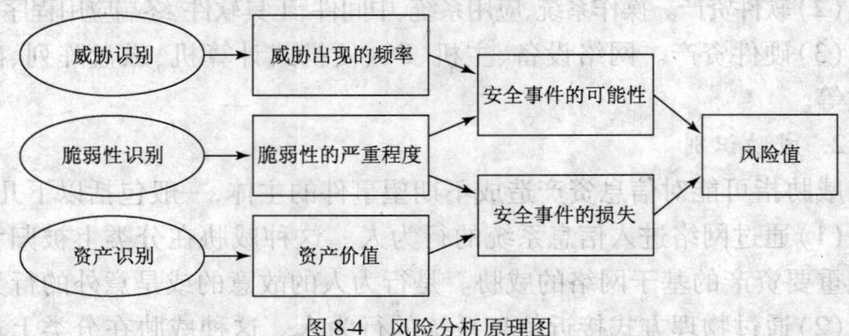

图8-4 风险分析原理图

三、评估脆弱性

在风险评估中,脆弱性评估是最重要的一个环节,也是技术含量较高

的两个环节。脆弱性评估既需要科学方法论作为指导，也需要以各类网络设备、安全设备、主机设备的技术知识为基础，并以相关的评估工具作为手段。

一个良好的脆弱性识别与评价方法，可以直接为风险分析和控制措施的选择提供支持。一些具体的薄弱点，无论其造成的风险高低，对技术管理而言，实际就是需要改进的地方。

1. 脆弱性评估的目的

脆弱性评估同样是与安全事件发生概率呈正相关的关系，评估脆弱性同样需要表征出其与安全事件发生概率增大之间的相关性。

2. 脆弱性评估的主要内容

与威胁相关，脆弱性表示系统中存在着的可以被威胁主体所利用造成对系统不期望影响的缺陷或弱点。根据控制模型，脆弱点应当是属于信息系统的部分，系统运行与操作存在的可被威胁所利用的脆弱性。

评估时将针对每一项需要保护的信息资产，找出每一种威胁所能利用的脆弱性，并对脆弱性被威胁利用的可能性进行评估。在进行脆弱性评估时，提供的数据应该来自于这些资产的拥有者或使用者，来自于相关业务领域的专家以及软硬件信息系统方面的专业人员。

其中，在技术方面主要是通过远程和本地两种方式进行系统扫描、对网络设备和主机等进行适当的人工抽查、对关键外网服务主机进行远程渗透测试，以保证技术脆弱性评估的全面性和有效性；管理脆弱性评估方面主要是按照 ISO/IEC 27001、ISO/IEC 17799 的安全管理要求对现有的安全管理制度及其执行情况进行检查，发现其中的管理薄弱环节和不足。脆弱性评估所采用的方法主要为：扫描、人员访谈、配置检查、记录审计等。

脆弱性的主要类别如下：

(1)技术脆弱性。信息系统技术方面存在的脆弱点，可以被威胁因素所利用，最终导致对系统产生不良的影响。终端操作系统存在漏洞、系统中有多个不受控的外联网络等，有可能被病毒所利用导致系统感染的弱点。

(2)组织脆弱性。由于组织的问题，导致信息系统被威胁因素所利用，造成对系统的不良影响。如对安装软件、使用介质管理不严，可能被病毒所利用导致系统感染。

3. 脆弱性评估考虑因素

脆弱性分析主要考虑其容易被利用的程度，在技术方面表现为对于攻击者或者病毒等非人主体的可利用程度，以及如核心设备单点等可以被故障或缺陷所利用的脆弱点，数据的获取主要依据 CVE 通用漏洞描述以及故障统计分析数据，在管理方面主要参考信息安全管理标准中的有关要求进行赋值。如表 8-1、表 8-2 所示，分别提供了技术脆弱性评估和管理脆弱性评估的一个建议，1 ~5 分别代表了脆弱性的严重程度和被利用的难度。在评估时，可以对发现的脆弱性进行等级化的赋值。

技术脆弱性评估表　　表 8-1

1	2	3	4	5
技术方面存在着低等级缺陷，从技术角度很难被利用	技术方面存在着低等级缺陷，从技术角度难以被利用	技术方面存在着一般缺陷，从技术角度可以被利用	技术方面存在着严重的缺陷，比较容易被利用	技术方面存在着非常严重的缺陷，很容易被利用
对于攻击者来说，该漏洞目前还不能够被直接或者间接利用，或者利用的难度极高	对于攻击者来说，该漏洞无法被直接利用（需要其他条件配合）或者利用的难度较高	可以配合其他条件被攻击者加以直接利用，或者该漏洞的利用有一定的难度	一个特定漏洞，可以配合其他条件被攻击者加以直接利用，或者该漏洞的利用有一定的难度	在没有任何保护措施的情况下，暴露于互联网上

管理脆弱性评估表　　表 8-2

1	2	3	4	5
组织管理中没有相关的薄弱环节，很难被利用	组织管理中没有相应的薄弱环节，难以被利用	组织管理中没有明显的薄弱环节，可以被利用	组织管理中存在着薄弱环节，比较容易被利用	组织管理中存在着明显的薄弱环节，并且很容易被利用
有规定、严格审核、记录、校验	有规定，职责明确，有专人负责检查执行落实情况，有记录	有规定，定期检查落实，有记录	有规定，执行完全靠人自觉	无人负责，无人过问

4. 脆弱性评估工具

各种操作系统、应用服务软件被发现的安全漏洞每年都数以百计，这些漏洞对信息系统来说都是脆弱点，脆弱性评估工具能够发现信息系统存在的脆弱点。脆弱性评估工具目前已经有数千款相应的工具，从免费的、共享的到商业化的产品。这些工具功能各不相同，有的只能简单的检

测一个或者多个漏洞，有的能进行全面的脆弱性检测，并提供详细的分析报告和解决措施。

但是，脆弱性评估工具在检测系统漏洞的同时也存在一定的局限性。例如，漏洞扫描工具只能扫描出那些已知的漏洞，对未知的脆弱点则无能为力；脆弱性评估工具不会指出组织员工是否遵循组织的安全制度，已经实施的安全措施是否符合组织的安全目标等。

（1）Nessus。Nessus 是一个在 GPL 许可下的开放软件，免费而且开放源码。Nessus 是一个功能完全的安全扫描器，可以毫不夸张的说，Nessus 和很多的商业软件相比，在功能和各项性能上都要优秀得多。虽然没有公司为 Nessus 提供技术支持，但可以从 www. tenablesecurity. com 获得付费的针对 Nessus 的技术支持。Nessus 同样还有一个很大的社区来不断的进行开发与完善，其中最主要的开发者是 Renaud Deraison。

Nessus 采用客户端/服务器架构，这种设计使得服务器可以部署在网络的不同位置进行信息收集，而客户端可对一个或多个服务器端进行控制。这一设计为 Nessus 的使用者提供了较大的灵活性。服务器进行信息系统脆弱性测试工具，而客户端提供配置和报告功能，并对服务器端进行管理。目前 Nessus 的服务器端可以运行在几乎所有的 Unix 系统上，甚至可以运行在 MAC OS X 和 IBM/AIX，在 Linux 上也运行良好，客户端则可运行在包括 Unix 和 Windows 在内的绝大多数操作系统上，这使得 Nessus 具有强大的生命力。

Nessus 可以评估的平台涉及非常广泛，包括各种流行的操作系统、安全设备（如防火墙）、网络设备（如交换机、路由器）等，截至 2004 年 4 月，该软件可检测的漏洞规则已达到 2 000 余条，覆盖 Mail 服务器、Web 服务器、FTP 服务器、拒绝服务、缓冲区溢出、流行病毒检测等 10 余种缺陷类别，该软件自身生成的报告也相当完善。

（2）ISS。ISS 是一款商业化的脆弱性评估工具，ISS Internet Scanner 是一个用于分析组织网络上的设备安全性的弱点评估产品，它针对操作系统、路由器、电子邮件、Web 服务器、防火墙、业务服务器和应用程序进行检测，从而识别能被入侵者利用进入网络的漏洞。

与其他脆弱性评估工具相比，ISS 最主要的优点是能生成非常详细的报告，ISS 的报告除了能提供脆弱点的详细信息之外，针对该脆弱点的解决措施，包括详细的操作步骤都在报告中向使用者提供。

（3）Retina。Retina 是运行于 Windows NT 4.0 SP6a/2000/XP 等 Windows 操作系统的一款扫描工具,可以对 Windows、Linux、Unix 等系统进行扫描,功能强大,并且对新出现的安全漏洞反应迅速,该软件遵循 CVE 规则命名安全漏洞,通过其安全分析报告的安全漏洞说明,可以基本了解问题的严重性及处理方法。

Retina 是共享软件,由著名的 eEye(http://www.eeye.com/)安全小组开发并维护,这个安全小组因为发现了微软 IIS 服务器上的很多著名缓冲区溢出漏洞而著名,现在 eEye 已经开始了商业化运作的道路。

(4)HFNetChk。HFNetChk 安全工具是一个由 Microsoft 发布的工具,在维护 Windows 服务器安全的任务中,它能为系统管理员提供帮助;它是一个命令行工具,能让管理员从一个中心位置来检查网络中的所有机器。HFNetChk 借助一个由微软公司提供的不断更新的 XML 数据库,从一个中心位置去了解当前网络所有机器中 Windows 产品的补丁程序的安装情况,可以报告 Windows NT 4.0、Windows 2000、Windows XP、IIS 4、IIS 5、IIS 5.1、Internet Explorer 5.01 和后续版本以及 SQL Server 7.0 和 SQL Server 2000 等 hot fix 情况。

知识链接:PDCA 循环

PDCA 循环又叫戴明环,是美国质量管理专家戴明博士首先提出的,它是全面质量管理所应遵循的科学程序。全面质量管理活动的全部过程,就是质量计划的制订和组织实现的过程,这个过程就是按照 PDCA 循环,不停顿地周而复始地运转的。

PDCA 是由英语单词 Plan(计划)、Do(执行)、Check(检查)和 Action(行动)的第一个字母组成的,PDCA 循环就是按照这样的顺序进行质量管理,并且循环不止地进行下去的科学程序。

全面质量管理活动的运转,离不开管理循环的转动,这就是说,改进与解决质量问题,赶超先进水平的各项工作,都要运用 PDCA 循环的科学程序。不论提高产品质量,还是减少不合格品,都要先提出目标,即质量提高到什么程度,不合格品率降低多少?就要有个计划;这个计划不仅包括目标,而且也包括实现这个目标需要采取的措施;计划制定之后,就要按照计划进行检查,看是否达到实现了预期效果,有没有达到预期的目标;通过检查找出问题和原因;最后就要进行处理,将经验和教训制订成标准、形成制度。

PDCA 循环作为全面质量管理体系运转的基本方法,其实施需要搜集大量数据资料,并综合运用各种管理技术和方法。

第三节　安全策略制定

无论是新建系统还是建设系统,安全策略制定是信息安全建设的核心环节。安全策略是一组规则和惯例集,用于指定或调整系统或组织提供的安全服务,目的是保护系统中敏感或关键的资源。在系统层面,安全策略表现为一组安全要求(或需求),例如,采取访问控制技术限制用户的网络访问。与具体的设备相对应,则表现为安全功能,如配置防火墙的单向访问控制规则。

制定系统安全策略,其目的在于防患于未然,使信息系统犯罪、不正当行为、个人信息泄露和灾害等造成的损失降到最低限度,当犯罪发生时能与相关部门取得联系,从而确保网络系统的安全,维持信息社会的正常秩序。

系统安全策略的制定应以信息系统为对象,根据风险分析确立安全方针,并依照该方针从下述项目中选择出必要的内容,同时根据需求追加一部分内容来制定策略。无论是否与互联网等开放的网络互联,所有的信息系统都应该采取相应的安全策略。电子商务系统,应该在网络、主机、基础设施、数据管理等各方面制定相应的安全策略。

一、网络

管理者为防止对网络的非法访问或非授权用户使用的情况发生,应采取以下策略:

1. 监视日志(Log)

(1)读取日志,日志的内容至少可确定访问者的情况。

(2)确保日志本身的安全。

(3)对日志进行定期检查。

(4)应将日志保存到下次检查时。

2. 对不正当访问的检测功能

(1)出现不正当访问时,应设置能够将其查出并通知风险管理者的检测功能。

(2)设置对网络及主机等工作状态的检控功能。

(3)若利用终端进行访问,那么对该终端设置制定功能。

(4)设置发现异常情况时,能够使网络、主机等停止工作的功能。

3. 口令(Password)

对以口令进行认证的网络应采取以下策略:

(1)用户必须设定口令,并做到保密。

(2)在用户设定口令时,应尽量避免设定易于猜测的词语,并在系统上设置拒绝这种口令的机制。

(3)指导用户每隔适当时间变更口令,并在系统中设置促使更改的功能。

(4)限制口令的输入次数,采取措施使他人难以推测口令。

(5)用户一旦忘记口令,就提供口令提示,确认后,口令恢复。

(6)对口令文本采取加密方法,并做到保密。

(7)在网络访问登录时,进行身份识别和认证。

(8)对于交易,采取口令与数字证书相结合的方式确定用户身份。

(9)设定可以确认前次登录日期与时间的功能。

4. 用户身份识别(用户ID)管理

(1)对因退职、调动、长期出差或留学而不再需要或长期不使用的用户ID予以注销。

(2)对长期未进行登记的用户以书面形式通知。

(3)对于过期的数字证书予以书面形式通知。

5. 加密

(1)进行通信时根据需要对数据实行加密。

(2)做好密钥的保管工作,特别是对用户密钥进行集中保管时更要采取妥善的保管措施。

6. 数据交换

(1)在进行数据交换之前,对欲进行通信的对象进行必要的认证。

(2)以数字签名等形式确认数据的完整性。

(3)设定能够证明数据发出和接收以及可以防止欺骗的功能。

(4)利用加密操作的情况下,对用户的密钥进行集中管理时要寻求妥善的管理方法。

7. 灾害策略

为防止因灾害、事故造成线路中断,有必要做成热备份线路。

二、主机

管理者为防止发生对主机非法访问或未授权用户使用等情况,应采

取以下策略：

1. 监视日志

(1)读取日志，日志的内容至少可确定访问者的情况。

(2)确保日志本身的安全。

(3)对日志进行定期检查。

(4)应将日志保存到下次检查时。

(5)具备检测不正当访问的功能。

(6)设置当出现不正当访问时，能够将其检查出并通知风险管理者的功能。

2. 口令

对以口令方式进行认证的主机等采取以下策略：

(1)用户必须设定口令，并努力做到保密。

(2)在用户设定口令时，应尽量避免使用易于猜测的词语，并在系统上设置拒绝这种口令的机制。

(3)指导用户每隔适当时间变更口令，并在系统中设置促使变更的功能。

(4)限制口令的输入次数，采取措施使他人难以推测口令。

(5)用户一旦忘记口令，就提供口令提示，确认后，口令恢复。

(6)对口令文本采取密码保护方法，并做到保密。

3. 对主机的访问

(1)在记录日志时，进行识别和认证。

(2)对于认证的方法，按照信息系统所需的安全要求进行选择。

(3)设置可以确认前次日志记录日期的功能。

(4)根据安全方针，除了对主机的访问加以控制外，对数据库的数据、软盘等也应分别进行控制。

(5)为确保访问控制等功能的安全，有必要选择具有相应功能的操作系统。

4. 安全漏洞

(1)采用专用软件，对是否存在安全漏洞进行检测。

(2)发现安全漏洞时，要采取措施将其清除。

5. 加密

(1)对保存的核心数据，如重要商品信息、用户口令等，根据需要实行加密处理。

(2)做好密钥的保管工作,特别是对用户密钥集中保管时要采取妥善的措施。

6. 对主机的管理

(1)应采取措施使各装置不易拆卸、安装或搬运。

(2)要采取措施,避免显示屏上的信息让用户以外的人直接得到或易于发现。

7. 预防灾害策略

(1)根据需要将装置做成热备份的,并设置替代功能。

(2)设置自动恢复功能。

三、设施

为了防止重要的计算机主机系统设施不受外部人员的侵入或遭受灾害,应采取以下办法:

1. 建立权限限制及身份标识

(1)权限发给最小范围的必需者,并限定该权限的有效时间。

(2)授予权限时要注明可能注入的设施范围及进入设施的目的。

(3)对拥有权限的人员发给记有以下事项的身份标识和IC卡等身份标识物质,标识物质中应明确权限的有效期、可进入的设施范围及进入的目的、照片等个人识别信息。

(4)制作标识的材料应采用不易伪造的材料,另外要严格管理标识原件(指存档的),避免流失。

(5)有权限人员的标识遗失或损坏时应立即向安全总负责人申报,并由管理人员进行管理。

2. 出入管理

(1)为获准进入设施要提交身份标识确认权限。

(2)限定允许进入设施的期限。

(3)将允许进入人员的姓名、准许有效期限、可进入的设施范围、进入目的以及进入设施的许可(以下称许可)等记录下来并妥善保存。

(4)对允许进入的人员发给徽章等进入设施的标志,并将该标志佩戴在明显的位置。

(5)在建筑物或计算机房的出入口处查验是否具有权限和许可。

(6)当从设施中搬出或搬入物资时都应对该物资和搬运工具进行查验。

(7)物资搬运出入时,应记录负责人的姓名、物资名称、数量、搬运出入日期等,并保存。

3. 防范设施

(1)限定设施出入口的数量,设置进行身份确认的设施。

(2)在设施内装设报警和防范摄像装置,以便在发现侵入时采取必要的防范措施。

(3)在建筑物、机房及外设间、配电室、空调室、主配电室(MDF)、中间配电室(IDF)、数据保存室等的出入口处设置报警装置,以便在发现侵入时采取必要的防范措施。

4. 灾害策略

(1)设施的地点应尽可能选在自然灾害较少的地方。

(2)建筑物应选择抗震、防火结构。

(3)各种设备都应采取措施防止因地震所导致的移动、翻到或振动。

(4)内装修应使用耐燃材料,采取防火措施。

(5)对电源设备要采取防停电措施。

(6)对空气调节设备要采取防火和防水措施,使用水冷式空调设备时要采取防水措施。

四、发现攻击时的措施

管理者为在发生攻击事件时能确保与有关部门取得联系,对危机进行切实应对从而确保安全,应采取以下策略:

1. 发现攻击时应采取的措施

(1)当发现对用户等进行攻击、事故或侵害其他信息系统安全的行为或事件(以下称攻击)时,有义务立即向危机管理责任人报告。

(2)应将受到攻击的对象、非法访问的结果、出入时的日志以及其后审计或调查所需的信息等,作为发现攻击行为的状态保存下来。

(3)及时向相关部门通报。

(4)发现非法访问行为,且需要得到相关部门援助时立提出申请,待相关部门调查结束、在进行系统恢复时,应将操作过程记录下来。

2. 组织体制

为明确责任和权限应建立以下体制:

(1)日常事务体制,设立专职的安全总负责人和审计负责人。

(2)风险管理体制,设专职的风险管理责任人、风险管理设备执行人员和其他责任人。

五、信息系统的开发、运行和维护

1. 开发

(1)采取措施防止将基础数据泄露给从事开发以外的其他人员。

(2)制定专门的系统设计文档。

(3)制定专门的运行和维护手册。

(4)运行手册中应制定出危机范围和风险策略。

2. 数据管理

(1)当重要数据的日志文件不再使用时,应先将数据清除,再将储存介质破坏,随后立即将该记录文件销毁。

(2)对保存有重要数据的记录文件应采取措施,做好保管场所携带出入的管理,将数据用密码保护。

(3)对软盘等存储介质,根据需要应采取数据加密或物理方法禁止写入等措施。

3. 备份(Backup)

应定期或尽可能频繁的进行备份。备份盘应制定妥善的保存方法、保存期限,与原盘放在不同的地方保管。

4. 审计

(1)从信息系统的安全性、可信度、保全性和预防犯罪的角度进行审计。

(2)制定审计的方法并制成手册。

(3)有计划、定期的进行审计,但若有重大事故发生或认为有危险发生时应随时进行审计。

(4)提交审计报告。

(5)安全总负责人应根据审计结果迅速采取必要的措施。

5. 维护

(1)根据手册操作。

(2)记录运行情况日志。

(3)记录维护情况。

6. 教育及培训

(1)将风险发生时的防范措施制成手册发给用户并进行定期训练。

(2)让用户了解风险会对社会带来较大的危害,从而提高安全意识。

(3)对用户策略实施情况进行审计，对措施不完备的地方加以改进。

六、与开放性网络连接的信息系统的管理策略

系统信息中，除前面所述安全策略之外，从预防非法访问、计算机病毒侵入的角度来看，与互联网等开放性网络相连接的信息系统还应追加安全措施。另外，关于与开放性网络相关连接的信息系统，除了前面所讲的安全策略外，还应考虑不正当访问和计算机病毒侵入等风险性。

(1)与开放性网络的连接应限定在最小范围的功能、线路和主机(Host)。

(2)与开放性网络连接时，应采取措施预防对信息系统进行不正当访问。

(3)利用防火墙时应设定适当的条件。

(4)使用计算机系统时，应采取一定的安全措施，以确保该信息系统的安全。

(5)关于网络结构等重要信息除非在必要时，不得公开。

(6)设置对线路负荷状态的监视功能。发现异常情况时，应根据需要使之与相连接的开放性网络断开。

(7)当发生攻击时，对攻击进行分析，查明原因，与相关机构合作采取措施，防止攻击再次发生。

(8)限定用户，即尽可能将可通过开放性网络进行访问的用户数加以限定。

(9)信息收集，即平时要注意收集通过开放性网络进行非法访问的信息。

第四节　某业务网络信息安全工程案例

一、案例简介

如图 8-5 所示为某分支机构业务网络拓扑图。

1. 系统结构

对于具有跨区域分支机构的单位，系统结构由内部局域网、客户 PC 机、服务器群、商务网接入设备、分支机构网络共同构成。OA、业务应用系统对总部及分支部门提供各项应用，Web 提供对业务网用户的服务。

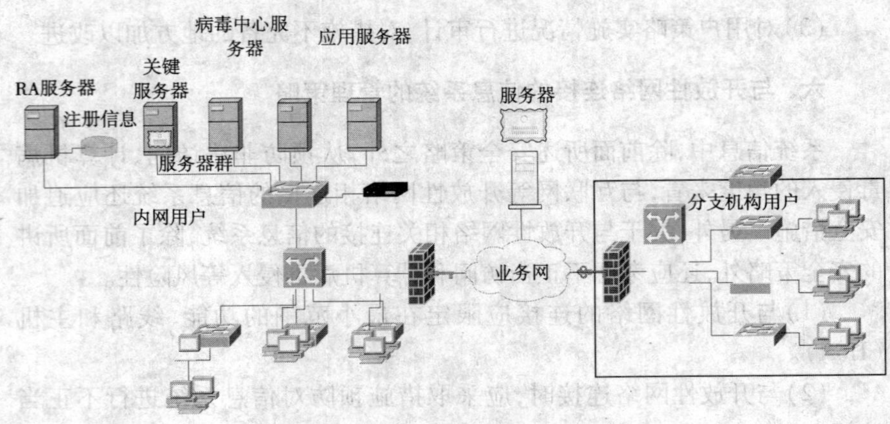

图 8-5 某具有分支机构业务的网络拓扑图

2. 关键资产

主要的关键资产如表 8-3 所示。

关键资产表 表 8-3

关键资产名称	组　件	选择理由
网络系统	核心交换机、服务器群交换机、楼层交换机、上联链路、分支机构上联网络、交换机、链路	承载业务
Web 系统	Web 应用系统与数据、Web 服务器、应用服务器、数据服务器、客户端	重要应用
OA 系统	OA 应用系统与数据、应用服务器、数据服务器、备份服务器、客户端、分支机构客户端	关键应用
业务系统	业务应用系统与数据、设备应用服务器、数据服务器、磁盘阵列、客户端、分支机构客户端	关键应用
安全设备	防火墙、防病毒服务器、入侵检测、主页防篡改	提供保护

二、解决方案概要

1. 主要风险

(1)病毒。由于防病毒体系没有统一进行部署,包括网络、邮件、介质、混合型病毒是信息系统面临的最大安全隐患,介质传入与私自安装软件以及没有统一部署病毒防范体系是导致病毒影响比较重大的主要原因。

（2）好奇员工的行为。由于网络接入的单位众多，个别的网络管理人员或员工出于好奇对其他单位的设备进行尝试性的攻击，将可能导致被攻击单位的应用服务发生中断，特别对于一些出口没有防火墙保护的单位，损失将非常大。

（3）内部人员恶意行为。目前的身份鉴别与访问控制机制、审计、对人员操作权限的限制、对行为的约束相对都比较弱，今后发展的趋势使各单位都有 OA 系统应用完善与业务系统开发的规划，数据的机密性与完整性、可用性要求都比较高，上述脆弱点被恶意的人员所利用进行非法的操作将成为未来系统发展的最大隐患。

（4）内部人员或开发测试人员误操作。由于网络没有实施逻辑隔离措施，存在着由于人员误操作影响系统正常运行的隐患。

（5）环境问题。温度、灰尘、湿度将对关键服务器的正常运行造成比较大的影响，随着时间推移此部分问题对系统造成的影响也将逐渐加大。

（6）系统故障。系统中从核心网络到各接入网络设备与链路中均存在着单点故障的隐患，随着时间的推移，使设备故障率增高，可能造成系统服务中断的重大隐患。

（7）外部人员间接攻击。个别的接入网中有用户拨号到互联网中，外部人员利用此环节构成的跳板攻击内部服务器是造成整个商务网系统发生重大安全事件（如服务中断、主页被篡改）的隐患。

（8）灾难性问题。目前所有的系统都没有针对灾难建立有效的系统备份与恢复措施，一旦灾难事件发生，对系统造成的损失将非常巨大。

2. 安全措施

（1）优先考虑的措施：

①系统加固。调查中发现重要的资产中有许多重要服务器没有安装最新补丁，系统中存在多处高风险漏洞，容易被病毒、入侵等事件所利用。对这些系统进行加固将能够有效降低相应的风险。

②防病毒。部署统一的网络防病毒系统是当前最紧急的任务，通过网络版防病毒系统的部署能够比较有效地实现对病毒的集中监控、预防、阻止，提高效率，降低病毒风险。

③制定统一的安全管理制度。制定统一的安全管理制度，对涉及安全操作的行为进行规范，如口令、共享管理等，特别应对分支机构人员的行为进行规范。

④人员安全培训。对操作人员、技术人员进行安全培训，提高安全意

识，降低日常操作中的风险。

⑤增加日常安全运维工作。在现有日常系统的监控、配置、事件处理的基础上增加病毒监控、漏洞修补等日常工作。

(2)短期需要考虑的措施：

①VPN 的实施。异地机构通过商务网接入的单位与通过拨号网络接入的系统没有对接入链路中传输的数据进行机密性与完整性保护，有下属单位接入的系统仅通过商业的链路接入，同样对数据缺乏相应的保护，建议通过 IPSEC VPN 的方式对数据传输进行有效保护。

②防火墙部署调整。通过对防火墙部署的调整，起到核心服务器能够防止来自于内部的入侵以及病毒攻击的作用。

③重要的业务系统或 OA 系统进行深入的业务流程以及安全策略、操作风险分析工作，根据实际情况对身份鉴别、加密、访问控制、操作审计措施进行完善，防范来自于内部的恶意数据篡改的风险。

④测试环境与运行环境技术上隔离。通过划分 VLAN 的方式将测试环境与运行环境进行逻辑隔离，防止操作环境之间互相影响。

⑤主页防篡改。对于一些在商务网中应用比较广泛，发布内容比较重要的系统设置主页防篡改措施，防止主页被非法篡改。

⑥入侵检测。对于各类入侵行为的及早发现是提高应对通过网络入侵行为影响的重要措施，通过直观的方式发现入侵，获取警报，进行事件追踪，防范入侵，有效降低入侵事件的风险。

⑦综合审计的实施。通过外包的方式，考虑对网络、系统、安全的全面监控，内部增强应用系统审计的实施，建立对重要的应用系统关键操作实施独立的审计。

⑧建立安全应急响应体系。建立相应的机制，确保在紧急安全事件、重大设备故障发生后能够通过有针对性的组织相关的人员、资源、措施的方式进行高效处理，实现接入系统限制事件影响，恢复系统，降低风险的目的。根据现有情况考虑增加有关分支机构应对病毒、入侵事件的应急响应机制，降低事件的影响。

⑨备份与存储。根据系统的运行连续性与恢复要求，结合自身条件(数据、网络、经费限制)选择适当的备份方式(热备、温备、冷备)与存储措施(DAS、NAS、iSCASI、SAN)。

⑩外包服务管理。系统安全运行需要实施许多涉及安全技术的工作，如入侵检测、安全日志分析、安全事件响应处理、安全配置等，完全自

身实施相关的工作需要投入高技术的人员并消耗大量的精力，不够经济，可以考虑以集中外包服务的方式完成安全运维的工作。对此将原办公室或信息中心的职能由信息系统的具体工作实施操作转变为对外包服务的管理方面，重点放在系统的规划和需求的研究上。

(3)长期需要考虑的措施：

①机房环境。对于一些没有标准机房的单位应考虑建设标准的机房对系统实施有效的物理防护，并且在电源方面考虑多路供电以及 UPS 保护措施，防止由于电力故障对系统造成重大的影响。

②网络升级，增加冗余。目前包括核心网与接入系统的网络设备、线路均没有冗余措施，发生单点故障的可能性很高，如发展高可用性的业务，应考虑网络的升级与冗余，增加冗余链路与冗余网络设备，对于部分接入网，考虑将 HUB 等不安全的网络设备升级成为交换机，提供更加好的安全性能与可管理性，通过三层交换的方式，对各系统实施 VLAN 划分管理，提高各接入网络的安全性。

③容灾备份。灾难性事件(如火灾)发生后将对目前的信息系统产生毁灭性的破坏，由于目前所有的备份介质均没有在异地存放，因此恢复系统将非常困难。虽然事件发生的频率比较低，但一旦发生损失非常巨大，因此需要进行进一步规划、决策，综合性地考虑相应的(例如异地存储等)容灾备份措施，制定符合要求的方案。

④PKI/KMI 的实施。考虑到重要系统对信息的机密性与完整性保护的要求，考虑通过 PKI/KMI 实施，实现对身份鉴别、访问控制、数据加密、完整性保护等一系列安全机制。由于 PKI/KMI 为基础设施，因此通过统一的平台实施。

三、技术措施描述

1. 边界——防火墙保护

控制各级网络用户之间的相互访问，规划网络的信息流向，隔离未授权用户对网络的访问，在某一子网发生安全事故后，避免波及其他子网。在接入系统中，通过对拓扑的调整将服务器群放置到防火墙的 DMZ 区中。

防火墙的选择应考虑以下几个原则：

(1)吞吐量。防火墙串接在网络出入口处，对进出网络的数据包进行检查，如防火墙缺乏足够的吞吐量，则可能对网络性能影响极大，因此必须能够保证网络的流量对防火墙的需求。

(2)管理的方便性与安全性。防火墙的设置是一项非常重要的工作,一个设置良好的防火墙可以发挥很好的安全防护作用,但设置防火墙是一项非常复杂的工作,因此应该尽量选择设置方便的防火墙,同时无论远程还是本地,都必须保证设置只能由管理员完成,并且防火墙的设置不能被人非法修改。

(3)审计和日志功能。防火墙的审计和日志信息是许多安全事件最好的证据之一,因此良好的审计和日志功能是优秀防火墙的共同特征。好的审计和日志功能支持用户进行各个层次的审计,并提供工具进行审计数据的转储、处理、查询等。

(4)平台自身安全性。防火墙自身往往成为很多网络攻击的对象,因此其自身应该有足够的强度保证自身平台的安全。

2. 边界——入侵监测系统

入侵监测是对网络安全的操作做一个完整的记录,以备违反网络安全规则的事件发生后,能有效的追查责任和分析原因,必要时还为惩罚恶意攻击行为提供技术证据。如果与报警功能结合在一起,就可以在违反网络安全规则的事件发生之后,或在威胁网络安全的重要操作进行时,及时进行制止和补救,避免损失扩大。

入侵检测可以对信息系统内数据流的实时采集与分析,使得我们能够洞察核心网内的各种非法行为,及时弥补安全漏洞。通过入侵检测,可以实时监控网络的数据流量,实时发现攻击行为并立即报警,为动态网络安全防御提供了良好的基础设备支持。利用入侵检测系统,可以在无人干扰的情况下进行 7 ×24 小时的安全监控,一旦发现入侵行为,可以及时通知管理人员,或者采取其他相应的措施(如切断可疑连接等)。

其中,入侵检测的选择应考虑以下几个原则:

(1)入侵行为库的大小。一般来说,库越大越好,检测攻击种类越多。另外厂家多长时间更新一次,厂家是否有专业力量一直跟踪网络攻击技术是影响选型最重要的因素之一,一般有专业力量的供应商,都是有保证的。

(2)管理的方便性。作为重要的网络安全设备,必须采取图形化的管理界面,以方便使用者的管理。

(3)对系统性能的影响。如果采用分布式的方式配置入侵检测,探头和控制中心之间的通信流量应该尽可能的小,以免影响网络性能。

(4)自身安全。入侵检测系统应该保证自身系统的安全性。

入侵检测系统只能对通过系统的流量进行检测与分析,如果需要检测的网段在交换机上,交换机需要支持镜像端口配置的功能。如果是HUB则没有相关的要求。

3. 边界——VPN技术

对于有远程分支机构的单位,为保障数据传输的机密性、完整性可以考虑使用已经比较流行而且技术上很成熟的VPN技术。目前,流行的VPN技术有点到点隧道协议(PPTP)、第二层隧道协议(L2TP)、第三层协议(IPSec)三种方式。

无论是PPTP还是L2TP,本身并不提供加密能力,因而必须依赖于其他协议来提供加密能力。IPSec协议集则定义了终端系统或网络之间通过公共网络如何安全通信,有效地保证了数据的保密性(Confidentially)、完整性(Integrity)、真实性(Authentication)和可查性(Non-Repudiation)。IPSEC分隧道模式和传输模式2种工作模式。当主机与主机之间安全通信时一般采用传输模式,当许多主机通过IPSEC-VPN网关建立隧道安全通信时,则采用隧道模式。

至于现有流行的MPLS-VPN技术,是标签交换技术的例子,数据包本身在传输过程中不加密也不能支持加密,而是将企业网接入到ISP的网络中,在接入网界边缘将数据包打上标签,由ISP的核心交换设备来提供标签交换和数据转发,其QoS功能很强,但安全强度不如IPSEC,从用户上传数据流类型单一的状况,再根据用户使用自身的网络线路资源的原则,推荐使用IPSEC VPN。VPN有以下优点:

(1)支持各种网络应用,百分之百支持TCP、UDP、ICMP、NetBIOS等网络应用协议,能够在VPN中实现各种网络服务,如网上邻居、财务系统、办公系统、ERP、MIS等,同时能够支持绝大多数音频、视频通信系统,如VOIP、视频监控系统等。

(2)支持各种网络结构及各种互联网接入方式,如动态IP的ADSL、DDN,私有IP的小区宽带、CABLEMODEM以及新型的移动接入方式WLAN、GPRS等。产品既可直接安装在现有网关服务器上,也可以与现有的网络硬件网关设备平行放置,或安装在局域网内的任意主机上。

4. 网络基础设施——网络升级

对于网络规模比较大,并且比较复杂的系统,建议至少有一台三层交换的设备作为系统的核心交换机,并且可以支持 VLAN 划分、用户接入控制,提高网络的安全性。

5. 网络基础设施——VLAN 划分

前期开发、测试的环境在同一个网络中,在开发或测试过程中相互之间有影响,这些影响将可能造成系统运行的故障。充分利用网络设备的功能,将测试环境与运行环境配置通过 VLAN 方式进行隔离,防止相互之间的影响。

VLAN 是一种通过将局域网内的设备逻辑地而不是物理地划分成一个个网段从而实现虚拟工作组的新兴技术。VLAN 技术允许网络管理者将一个物理的 LAN 逻辑地划分成不同的广播域(或称虚拟 LAN,即 VLAN),每一个 VLAN 都包含一组有着相同需求的计算机工作站,与物理上形成的 LAN 有着相同的属性。但由于它是逻辑地而不是物理地划分,所以同一个 VLAN 内的各个工作站无需被放置在同一个物理空间里,即这些工作站不一定属于同一个物理 LAN 网段。一个 VLAN 内部的广播和单播流量都不会转发到其他 VLAN 中,从而有助于控制流量、减少设备投资、简化网络管理、提高网络的安全性。

VLAN 在交换机上的实现方法,可以大致划分为 4 类:

(1)基于端口划分的 VLAN。这种划分 VLAN 的方法是根据以太网交换机的端口来划分,比如 Quidway S3526 的 1 ~4 端口为 VLAN 10,5 ~17 为 VLAN 20,18 ~24 为 VLAN30,当然,这些属于同一 VLAN 的端口可以不连续,如何配置,由管理员决定,如果有多个交换机,例如,可以指定交换机 1 的 1 ~6 端口和交换机 2 的 1 ~4 端口为同一 VLAN,即同一 VLAN 可以跨越数个以太网交换机,根据端口划分是目前定义 VLAN 的最广泛的方法,IEEE 802.1Q 规定了依据以太网交换机的端口来划分 VLAN 的国际标准。

这种划分的方法的优点是定义 VLAN 成员时非常简单,只要将所有的端口都定义一下就可以了。它的缺点是如果 VLAN A 的用户离开了原来的端口,到了一个新的交换机的某个端口,那么就必须重新定义。

(2)基于 MAC 地址划分 VLAN。这种划分 VLAN 的方法是根据每个主机的 MAC 地址来划分,即对每个 MAC 地址的主机都配置它属于哪个组。这种划分 VLAN 的方法的最大优点就是当用户物理位置移动时,即从一个交换机换到其他的交换机时,VLAN 不用重新配置,所以,可以认为这种根据 MAC 地址的划分方法是基于用户的 VLAN,这种方法的缺点

是初始化时,所有的用户都必须进行配置,如果有几百个甚至上千个用户的话,配置是非常累的。而且这种划分的方法也导致了交换机执行效率的降低,因为在每一个交换机的端口都可能存在很多个 VLAN 组的成员,这样就无法限制广播包了。另外对于使用笔记本电脑的用户来说,他们的网卡可能经常更换,这样,VLAN 就必须不停的配置。

(3)基于网络层划分 VLAN。这种划分 VLAN 的方法是根据每个主机的网络层地址或协议类型(如果支持多协议)划分的,虽然这种划分方法是根据网络地址,比如 IP 地址,但它不是路由,与网络层的路由毫无关系。它虽然查看每个数据包的 IP 地址,但由于不是路由,所以,没有 RIP,OSPF 等路由协议,而是根据生成树算法进行桥交换。

这种方法的优点是用户的物理位置改变了,不需要重新配置所属的 VLAN,而且可以根据协议类型来划分 VLAN,这对网络管理者来说很重要,还有,这种方法不需要附加的帧标签来识别 VLAN,这样可以减少网络的通信量。

这种方法的缺点是效率低,因为检查每一个数据包的网络层地址是需要消耗处理时间的(相对于前面 2 种方法),一般的交换机芯片都可以自动检查网络上数据包的以太网帧头,但要让芯片能检查 IP 帧头,需要更高的技术,同时也更费时。当然,这与各个厂商的实现方法有关。

(4)根据 IP 组播划分 VLAN。IP 组播实际上也是一种 VLAN 的定义,即认为一个组播组就是一个 VLAN,这种划分的方法将 VLAN 扩大到了广域网,因此这种方法具有更大的灵活性,而且也很容易通过路由器进行扩展,当然这种方法不适合局域网,主要是效率不高。

鉴于当前业界 VLAN 发展的趋势,考虑到各种 VLAN 划分方式的优缺点,为减轻用户在 VLAN 的具体使用和维护中的工作量,建议采用根据端口来划分 VLAN 的方法(注:实现上述访问控制需要三层交换机)。

6. 网络基础设施——入网控制

计算机系统用户的入网访问控制分为 3 个步骤:

用户名的识别与验证——用户口令的识别与验证——用户账号的缺省限制检查。三道关卡中只要任何一关未过,该用户便不能进入网络。

为实现入网访问控制安全,在三层交换机上为服务器和用户分别划分 VLAN,通过 VLAN 来隔离服务器和用户,并配置交换机端口和 MAC/IP 绑定,使通过登记了 MAC/IP 地址的计算机才能连入交换机,从而保证服务器信息不外泄和防止其他 VLAN 的非法用户侵入。通过三层交换机,可以保证 2 个 VLAN 通过路由互联,可以通过这个交换机的路由访问控制列表来控制从其他 VLAN 访问服务器 VLAN(注:实现上述访问控制需要三层交换机)。

7. 计算环境——网页防篡改措施

网站因需要被公众访问而暴露于网上,容易成为攻击目标。其中,对网站的网页内容的篡改事件对公众产生的负面影响非常严重,是电子商务网站风险评估中发现的比较大的风险。

网页篡改者利用操作系统的漏洞和管理的缺陷进行攻击,而目前大量的安全措施(如安装防火墙、入侵检测)集中在网络层上,它们无法有效阻止网页篡改事件发生。

因此,对于影响力强和受众多的网站,特别是权威的政府和媒体网站来说,需要专门的网页防篡改系统来保护网页和保障网站内容的安全。

网页防篡改系统使用密码技术,为所有需保护的对象计算出具有唯一性的数字水印。公众每次访问网页时,都将网页内容与数字水印进行对比计算;一旦发现网页被非法修改,则立即进行自动恢复,保证非法网页内容不被公众浏览。

其中,网页防篡改的选择应考虑以下几种功能:

篡改检测和恢复功能:

(1)支持安全散列检测方法。

(2)可检测静态页面/动态脚本/二进制可执行实体。

(3)可以按不同容器选择待检测的网页。

(4)网页发布同时自动更新水印值。

(5)网页发送时比较网页和水印值。

(6)支持断线/连线状态下篡改检测。

(7)支持连线状态下网页恢复。

(8)识别网页篡改时多种方式报警。

(9)加密存放水印值数据库。

(10)支持各种私钥的硬件存储。

(11)支持使用外接安全密码算法。

自动发布和恢复功能:

(1)发布服务器内容自动同步到多个 Web 服务器。

(2)支持虚拟目录。

(3)支持虚拟主机。

(4)支持页面包含文件。

(5)网页被篡改后自动从发布服务器恢复。

(6)使用SSL安全协议进行通信。

(7)通信过程保证不被篡改和不被窃听。

(8)所有通信实体使用数字证书进行身份鉴别。

(9)所有过程有详细的审计。

8. 计算环境——网络防病毒

根据前期风险评估的结果,病毒是商务网的重大隐患,现有的各自为政的方式难以解决有效防范的问题,需要部署统一规划的整体解决方案。建议采用统一的集中控制、多层防护的防病毒体系结构,使用具有"远程安装"、"智能升级"、"远程报警"、"集中管理"、"分布查杀"等多种功能的企业级防病毒系统。通过中心以及各级管理员进行统一的病毒防护和监控服务,一旦发现病毒,及时采取遏制措施,防止病毒蔓延。这样既可以减轻管理员的工作负担,又可以确保在整个网络中每一台计算机(包括服务器和客户端)具有相同的防病毒能力。

在网络防病毒应用中应能够进行集中控制和分级、分组管理。集中控制就像管理自己的一个普通客户端一样,同时,能够响应上级中心的查杀毒、参数设置、升级、报警等指令,使全网多级中心十分协调地统一在一个中心的管理之下。在全网范围内实施统一的防病毒策略,包括同时更新最新病毒定义码和扫描引擎,根据实际情况及时调整防病毒策略和力度等。

分级管理功能是将信息安全的管理权限分为多个级别。超级管理员可以创建若干普通管理员,并可任意挑选出若干客户端分派给普通管理员。而普通管理员同样也可以对自己管理的客户端进行进一步的分组,并对任意分组进行管理。分级管理是指按照管理员的需要对所有的网络终端结点进行任意分组。分组管理遵循排他性原则,即一个客户端只允许存在同一组中。如此一来,管理员不仅可以对全网所有的客户端进行统一管理,也可以根据分组,对某个组中成员进行特别管理,包括设置客户端密码、实时监控客户端配置、统一刷新客户端状态、统一发送广播、查询历史记录等。

多层防护是指各级信息网络中心从服务器到客户端层层设防,防止病毒的传播和扩散。包括对以下对象的防护:

(1)邮件系统防护。邮件服务器应用系统是办公的基本平台。目前市场上主要的邮件服务器是 Lotus Domino/Notes 和 Microsoft Exchange。邮件服务器会成为病毒的一个集散地;许多病毒的破坏行为都是针对此类服务器,而非客户机。由于邮件服务器往往使用特有的内部协议进行工作,因此需要针对每种系统对应的防毒软件,以支持对整个邮件系统的全面保护。

(2)服务器病毒防护,包括:

①NT/2000 服务器。NT/2000 服务器是主流的文件/打印服务器以及小规模的应用服务器。由于其与客户机间的通信较多,因此也成为了病毒的一个重要集散地。其中 NT/2000 的服务器本身使用和客户机类似的结构,造成大量的病毒都可以感染服务器本身,使服务器异常或瘫痪。因此对于此类服务器,需要严密的防病毒保护。

②Unix 服务器。Unix 系统往往作为大规模的应用服务器来使用,虽然针对 Unix 系统本身的病毒对现有的系统形成不了什么威胁,但是当 Unix 系统用来做文件服务器(如 FTP Server)时,会有大量的文件保存在服务器上。DOS 和 Windows 的病毒对于 Unix 系统本身不会产生什么影响,但是该系统将变成病毒的集散地,再一次造成大范围的病毒泛滥,因此 Unix 服务器同样需要防病毒保护。

③客户端。客户端由于使用情况复杂,是最容易遭受病毒破坏的机器,并且也是最难进行集中防毒和管理的一类。如果使用针对每台计算机的单机版防毒产品,将需要花费管理人员大量的时间和精力来对每台机器进行维护。因此,只有部署含有集中管理、升级和控制模块的网络版防病毒系统,才能够做到真正有效的防护。

在确定防护对象后,还应制定防病毒定义码和扫描引擎的更新策略。病毒定义码和扫描引擎的更新、升级可通过平台中心防病毒服务器通过升级工具与生产厂商病毒库连接,对病毒定义码和扫描引擎更新、升级。然后分发给终端。这样,一方面可以确保各级网络中病毒定义码和扫描引擎的更新基本保持同步,使整个网络具有很强的防病毒能力。另一方面,整个网络的病毒定义码和扫描引擎的更新、升级自动完成,具有多种升级方式,可避免由于人为因素造成网络中某些机器或某个网络因为没有及时更新最新的病毒定义码和扫描引擎而失去最强的病毒防护能力。病毒定义码和扫描引擎的更新、升级要具有多种方式,避免单一升级方式。

网络防病毒软件,在中心服务器发生问题的时候(如宕机)也能根据

已经制定的策略或者用户的选择，对当前主机进行病毒查杀。

9. 计算环境——安全审计

安全审计的功能可以类似于监控录像设施，通过审计系统，可以对网络信息系统中的各项活动进行监控，也可以对事件进行追踪与回放，用于各项安全事件的追查工作。可以通过专业的安全审计工具或人工的方式实施安全审计工作。

安全审计分为以下几个层面：

(1)针对于网络层次的审计。主要包括对网络流量中典型协议分析、识别、判断和记录、Telnet、HTTP、Email、FTP、网上聊天、文件共享等的入侵检测；还包括流量监测以及对异常流量的识别和报警、网络设备运行的监测等。网络审计的重点是针对网络活动的记录与监测以及网络事件的回放。

网络审计一般通过专门的网络审计工具进行实施。网络审计工具部署在需要进行分析与审计的网段中，通过配置在HUB或交换机的镜像端口上实施，部署方式与入侵检测类似。审计日志的分析需要专业的知识，建议可以外包进行相关的分析工作。

(2)系统平台的审计，包括：

①重要服务器主机操作系统。主要包括系统启动、运行情况、管理员登录、操作情况、系统配置更改(如注册表、配置文件、用户系统等)以及病毒或蠕虫感染、资源消耗情况的审计；硬盘、CPU、内存、网络负载、进程、操作系统安全日志、系统内部事件、对重要文件的访问等的审计。

②重要数据库操作的审计。主要包括数据库进程运转情况、绕过应用软件直接操作数据库的违规访问行为、对数据库配置的更改、数据备份操作和其他维护管理操作、对重要数据的访问和更改、数据完整性等的审计。

③重要服务器主机应用平台软件。主要包括重要应用平台进程的运行、Web Server、Mail Server、Lotus、Exchange Server、中间件系统、健康状况(相应时间)等的审计。

系统审计一般通过手工的方式进行，一般建议由用户和开发商或外包的服务商合作进行实施。如日常监控由用户进行，定期由服务商进行分析并提出建议。

(3)应用系统的审计。对于关键的应用系统，应在设计的时候考虑审计的要求，应考虑对用户的重要操作(如重要数据修改、添加用户等)进行审计，并应对审计的记录进行保护，防止非法访问与篡改，对日志访问的权限应进行控制。此部分为重点的安全内容,一般实施是由用户和应用系统开发商共同进行设计,由审计管理员(与系统管理员不同的人员)实施审计工作。

10. 计算环境——备份与恢复

数据备份是保证信息安全以及系统应急措施中最基础的技术环节。由于环境、技术、操作等各类因素的影响,数据的损坏、丢失的问题难以绝对避免,如果没有相应的措施,则相关事件发生后,损失将难以进行估算。通过对系统数据实施有效的备份,一旦系统发生相应的数据损坏事件时,可以迅速实施恢复措施,有效降低事件损失。

11. 计算环境——主机系统加固措施

主机系统加固是根据专业安全评估结果(如扫描分析等),制定相应的系统加固方案,针对不同目标系统,通过打补丁、修改安全配置、增加安全机制等方法,进行安全性加强。主机加固是抵御各类来自于网上威胁(如病毒、人员攻击等)的最有效的防范措施。此部分内容需要一定的专业技术知识,建议外包实施。

如表 8-4 ~ 表 8-7 所示,分别提供了主机加固的部分范例,如表 8-8 ~ 表 8-11 所示提供了数据库软件加固的部分范例。

主机补丁安装 表 8-4

实施方案	使用 Windows update 安装最新补丁
实施目的	可以使系统版本为最新版本
实施风险	安装补丁可能导致主机启动失败,或其他未知情况发生

主机账号、口令策略修改 表 8-5

实施方案	密码长度最小值	8 字符
	密码最长存留期	90 天
	密码最短存留期	30 天
	账号锁定计数器	5 次
	账户锁定时间	5 分钟
	账户锁定阀值	1 分钟
实施目的	保障账号以及口令的安全	
实施风险	设置账号策略后可能导致不符合账号策略的账号无法登录,需修改账号密码(注:管理员不受账号策略限制,但管理员密码应复杂)	

主机网络与服务加固　　表 8-6

实施方案 1	开始丨设置丨控制面板丨添加/删除程序丨Windows 组件 卸载不需要的服务
实施目的	避免未知漏洞给主机带来的风险
实施风险	可能由于管理员对主机所开放的服务不了解，导致该服务被卸载
实施方案 2	开始丨运行丨services. msc丨将上述服务的启动类型设置为手动并停止上述服务
实施目的	避免未知漏洞给主机带来的风险
实施风险	可能由于管理员对主机所开放服务的不了解，导致该服务被卸载

主机文件系统加固　　表 8-7

实施方案	通过安全策略文件对特定文件权限进行限制，禁止 Guests 用户组访问这些文件
实施目的	禁止 Guests 用户组访问以下文件： xcopy. exe　wscript. exe　cscript. exe　net. exe arp. exe　edlin. exe　ping. exe　route. exe posix. exe　rsh. exe　atsvc. exe　copy. exe cacls. exe　ipconfig. exe　rcp. exe　cmd. exe debug. exe　regedt32. exe　regedit. exe　edit. com telnet. exe　finger. exe　nslookup. exe　rexec. exe ftp. exe　at. exe　runonce. exe　nbtstat. exe tracert. exe　netstat. exe
实施风险	在极少数情况下，某些网页可能调用 cmd. exe 来完成某种功能，限制 cmd. exe 的执行权限可能导致调用 cmd 失败

数据库补丁安装　　表 8-8

实施方案	使用 HFNetChk 检查未安装的补丁程序，访问微软站点下载并安装最新补丁程序
实施目的	可以使 SQL Server 系统版本为最新版本
实施风险	某些补丁程序可能导致 SQL Server 系统运行不正常，其他依赖 SQL Server 服务的应用也会受到影响

数据库账号、口令策略修改 表 8-9

实施方案 1	连接到要修改密码的 SQL Server 服务器,在“安全性|登录”中双击要修改密码的账户,输入新密码
实施目的	清除系统中弱密码账户
实施风险	一些依赖 SQL Server 并使用修改了密码的账户登录数据库的程序可能需要修改配置后才能使用(例如论坛、动态网页发布系统……)
实施方案 2	连接到要管理的 SQL Server 服务器,选择要管理的数据库,选择用户,然后删除 guest 账户。除 master 和 tempdb 之外的所有数据库都要删除 guest 账户
实施目的	取消来宾账户对 master 和 tempdb 之外的数据库的访问权限
实施风险	一些使用来宾账户登录数据库的程序可能需要修改配置后才能使用(例如论坛、动态网页发布系统……)

数据库文件系统加固 表 8-10

实施方案 1	SQL Server 程序文件和数据文件所在分区都使用 convert 转换成 NTFS 文件系统。如果要转换 C 分区,命令行如下: convert c: /fs:NTFS
实施目的	让 SQL Server 相关分区都使用 NTFS 文件系统
实施风险	转换过程中可能需要重新启动,如果转换过程中出现硬件或者电源故障可能导致数据损坏
实施方案 2	使 SQL Server 数据库程序文件和数据文件的文件访问权限如下:“SYSTEM”、本地管理员、SQL Server 运行账户有所有权限;备份管理员可以读取和列出文件夹目录;其他用户没有任何权限
实施目的	正确分配 SQL Server 相关文件系统的访问权限,拒绝未授权用户访问数据库
实施风险	如果遗漏了需要分配权限的用户,可能导致 SQL Server 不能正常运行或者用户无法操作数据库文件
实施方案 3	使用 CD - R 光盘或者磁带保存数据库备份。备份完成后,正确编号备份介质,放到安全的地方妥善保管。确定只有允许访问数据库备份介质的人才可以获得这些数据库备份介质。数据库备份过期时,正确销毁上面记录的数据
实施目的	正确保存和销毁数据库备份介质
实施风险	无

数据库安全性增强　　表 8-11

实施方案	删除 xp_cmdshell、xp_regaddmultistring、xp_regdeletekey、xp_regdeletevalue、xp_regenumvalues、xp_regread、xp_regremovemultistrin、xp_regwrite、xp_sendmail 这些存储过程,以 master. . xp_cmdshell 为例,在任何 isql 窗口或者查询分析器输入: use master sp_dropextendedproc 'xp_cmdshell'
实施目的	删除无用的存储过程和扩展存储过程
实施风险	误删除存储过程可能导致 SQL Server 某些管理功能失效,也会导致需要使用者某些存储过程的程序无法正常工作

12. 安全基础设施——PKI

由于 PKI 系统是信息安全服务的基础设施,建议由统一进行规划部署实施,以下内容仅为参考。

PKI 作为一组在分布式计算系统中利用公钥技术和 X. 509 证书所提供的安全服务,企业或组织可利用相关产品建立安全域,并在其中发布密钥和证书。在安全域内,PKI 管理加密密钥和证书的发布,并提供诸如密钥管理(包括密钥更新,密钥恢复和密钥委托等)、证书管理(包括证书产生和撤销等)和策略管理等。PKI 产品也允许一个组织通过证书级别或直接交叉认证等方式来同其他安全域建立信任关系。这些服务和信任关系不能局限于独立的网络之内,而应建立在网络之间和互联网之上,为电子商务和网络通信提供安全保障,所以具有互操作性的结构化和标准化技术成为 PKI 的核心。

PKI 安全策略建立和定义了一个组织信息安全方面的指导方针,同时也定义了密码系统使用的处理方法和原则。它包括一个组织怎样处理密钥和有价值的信息,根据风险的级别定义安全控制的级别。一般情况下,在 PKI 中有 2 种类型的策略:一是证书策略,用于管理证书的使用,比如,可以确认某一 CA 是在互联网上的公有 CA,还是某一企业内部的私有 CA;另外一个就是 CPS(Certificate Practice Statement)。一些由商业证书发放机构(CCA)或者可信的第三方操作的 PKI 系统需要 CPS。这是一个包含如何在实践中增强和支持安全策略的一些操作过程的详细文档。它包括 CA 是如何建立和运作的,证书是如何发行、接收和废除的,密钥是如何产生、注册的以及密钥是如何存储的,用户是如何得到它的等。

PKI 系统实施涉及证书系统选择、证书发放管理、系统部署、应用系统结合等多方面的技术问题,其中对于证书系统选择以及证书发放管理为基础性工作,涉及系统今后的扩展以及兼容性的问题,建议由统一规划实施。

13. 安全基础设施——集中网络安全管理

对于重要并且比较复杂的系统,建议通过网络/安全管理中心进行集中的管理。一般的安全管理中心包括以下的主要功能:

(1)安全风险管理。收集和分析各种安全数据,包括资产、漏洞、威胁、安全事件、流量事件等。确保在出现风险告警后,对安全风险进行高速、精确的定位,同时预警工作流程将风险扩大化和风险再次发生的可能性降至最低。

(2)安全策略管理。协助用户制定各种级别的安全策略,实现现有企业安全策略的快速导入以及安全策略的集中分级管理,同时支持安全策略的数据统计和发布。

(3)安全响应管理。使用预警中心和工作流管理两大系统统一指挥各种安全事件下的响应和恢复,充分协调人力和知识资源,确保出现的安全风险在最短的时间内得到有效响应。

(4)安全知识管理。发布最新的安全信息,这些信息包括安全技术信息、安全案例信息、安全漏洞信息、安全补丁信息和相关的安全管理信息。知识发布系统同时以安全论坛的形式为企业用户提供一个交流的平台,提高网络安全技术人员的整体素质。

(5)自定义报表管理。提供自定义报表功能,可以非常方便地根据用户不同的需求生成不同的用户报表和图表。

安全管理中心功能复杂,各类产品之间的差别巨大,并且存在着诸多的(如与安全设备之间兼容)问题,涉及诸多的技术与利益协调工作,实施难度比较大,定制的工作量比较大,应统一规划实施。

参考文献

[1] 中国信息安全产品测评认证中心. 信息安全工程与管理[M]. 北京:人民邮电出版社,2003.

[2] 郭曙光, 刘建华, 范九伦. 基于 SSE-CMM 的数据网系统安全风险评估方案[J]. 电信网技术, 2007,(12).

[3] 中华人民共和国国家标准 GB/T 20261—2006. 信息技术系统安全工

程能力成熟度模型[S].

[4] 冯登国，张阳，张玉清. 信息安全风险评估综述[J]. 通信学报，2004,25(7):10－18.

[5] Gary Stoneburner, Alice Goguen, Alexis Feringa. Risk management guide for information technology systems, NIST SP 800－30[R], NIST (National Institute of Standards and Technology), USA, Oct. 2001.

[6] 张建军,孟亚平. 信息安全风险评估探索与实践[M]. 北京:中国标准出版社, 2005.

[7] 戴敏，孙月光. 信息边界安全及我国的对策[J]. 世界电信,1999,(4):16～19.

[8] http://news.xinhuanet.com/newscenter/2002-01/22/content_248152.htm.

[9] 美国白宫. 保护美国的计算机空间——信息系统保护国家计划[M],2000.

第九章　电子商务信息服务

以前我们还有祖传秘方，比如说爷爷打菜刀打得很好，方圆五十里都知道我们家菜刀好，然后孙子继承了爷爷的手艺。那现在铁匠还行吗？人家用碳纤维做的刀，削铁如泥，比钢刀还好得多。你在方圆几公里几十公里曾经流传几十年几百年的祖传，就被经济全球化在几秒钟内打得粉碎。

——任正非，华为公司创始人

【本章导读】

1. 掌握电子商务信息的收集、组织、检索的实现机制以及信息管理规范。

2. 熟悉电子商务信息服务方式、内容。

3. 了解电子商务中应用服务软件的主要技术内容。

4. 了解主机托管及虚拟主机的实现特点。

引导案例　宝钢金属有限公司搭建企业信息门户

面对国际市场的激烈竞争，中国国有大中型企业不仅注重从体制着手改变国企现状，也越来越深刻地意识到以信息管理技术辅助企业管理的必要性，从而真正提高企业核心竞争力，为赢得未来的竞争打下坚实基

础。宝钢金属有限公司作为钢铁行业龙头企业宝钢集团下属全资子公司利用 Microsoft Office SharePoint Server(MOSS)企业信息门户,实现了跨地域、多组织协同办公以及高效的信息共享。

目前,宝钢金属有限公司企业信息门户项目第一期已经上线,提供了一个集团化运作的系统办公平台框架,并在此基础上建立起公司公文流转、秘书工作、工作流服务的信息流程标准。

第一节　电子商务中的信息收集与组织

信息管理是一种使有价值的信息资源通过有效的管理与控制程序所进行的实现某种利益的目标活动。在实际工作中为了有效地利用信息,必须组织诸如信息收集、存储和传递等程序化工作,以解决信息利用中的各种问题。此外,信息管理还涉及与信息活动有关的各种社会管理(如各种中介业务、公关活动等)以及包含在其他社会工作中的一些基本业务(如数据处理、文字处理、电信处理等)。

在电子商务活动中,信息管理将伴随始终。无论是市场调研、商务决策、生产过程、售后服务,还是企业间往来以及企业与银行、政府间的往来等,都会有信息的产生,对这些信息的有效管理将直接产生商业效益。在电子商务环境下,这些信息都将以数字化的形式存在并在网络上进行传输。这种状况一方面使得信息量非常大,另一方面由于信息的杂乱和不可靠使得信息的利用率相当低。对于一个企业来讲,它需要的是及时、准确而有用的信息,这些信息的获取不应花费太大的代价,否则就达不到降低成本、增加效益的目的,电子商务也就发挥不出应有的优势。这也对电子商务中的信息管理提出了较高的要求。

信息管理应达到以下要求:

(1)与电子商务环境相适应。即与网络环境相适应。网络环境下,信息活动的方法和方式都有了很大的变化,信息管理要跟上这种形势,完成相应的范式转换。

(2)有利于电子商务的完善与发展。信息管理规范主要还是一种行为规范,只有在规范的环境中,电子商务才会健康地发展。

(3)有利于信息生产力的发展。信息生产力是顺应信息经济发展的要求而出现的,信息管理作为上层建筑,应该具有一定的先进性,否则,它就不是促进信息生产力的发展,而是阻碍生产力的发展了。

(4)既对信息活动有约束,又要对信息活动有指导和激励作用,这也是对管理的普遍要求。

(5)既要适应经济的全球化,又要维护国家利益。由于网络的开放性,使得网络上信息活动的范围遍及全球,它一方面促进了经济的全球化发展,另一方面又可能损害国家利益,甚至危及到国家安全。因此,加强电子商务中的信息管理是非常重要的一项任务。

一、电子商务信息的收集

1. 电子商务信息收集的基本要求

电子商务信息收集是指在网络上对商务信息的寻找与获取工作,这是一种有目的、有步骤地从各个网络站点查找和获取信息的行为。一个完整的企业电子商务信息收集系统包括先进的网络检索设备、科学的信息收集方法和相关的网络信息收集人员。

电子商务信息收集的要求是:及时、准确、适度和经济。

信息收集的及时性就是要迅速、灵敏地反映市场发展各方面的最新动态。信息都是有时效性的,其价值与时间有极大的相关性,我们要求至少在作出决策之前能够收集到足够的信息,否则,在决策之后即使获取了最准确的信息也于事无补。另外,由于信息的识别、记录、传递及反馈都要花费一定的时间,因此尽可能地减少信息流在传递过程中的时间消耗,提高时效性,是电子商务信息收集的主要目标之一。

所谓准确,是指信息应真实地反映客观现实,失真度小。例如,在网络营销中,由于买卖双方不直接见面,信息的准确性就显得尤为重要,只有准确的信息才可能导致正确的市场决策,信息失真,轻则会贻误商机,失去获利的机会,重则会造成重大的经济损失。信息的失真通常有3个方面的原因:一是信源提供的信息不完全、不准确;二是信息在编码、译码和传递过程中受到干扰;三是信宿(信息传递的目的地)接受信息出现偏差。为减少电子商务信息的失真,必须在上述3个环节上提高管理水平。

适度性原则是指信息的收集要有针对性和目的性,不能要求收集到所有的信息且完全正确。没有信息,企业的经营活动就会完全处于一种盲目的状态;信息过多、过滥,也会使得决策人员无所适从。在当今的信息时代,信息量越来越大,范围越来越广,不同的管理层次又对信息提出不同的要求。在这样的情况下,电子商务信息的收集必须目标明确,方法恰当,信息收集的范围和数量要适度。

经济性原则是指如何以最低的费用获得必要的信息。追求经济效益是一切经济活动的中心,也是电子商务信息收集的原则。企业上网后,管理人员发现网络上有大量的可用信息,便希望在决策之前能收集到所有的信息。应当明确,我们没有力量,也不可能把网络上所有的信息全部收集起来,信息的及时性、准确性和适度性都要求建立在经济性基础之上。此外,提高经济性,还要注意使所获得的信息发挥最大的效用。

综合地看,商业信息包括经济信息、科技信息、市场信息、企业内部信息、人才信息等,这些信息的来源面广而杂,在收集这些信息时所面临的困难也较大,能够找出真正有利于决策的信息是一件更为困难的事情。所以商业信息的收集除了要考虑收集成本以外还必须考虑时效性,知识曲线就是收集的信息同收集的成本和信息的时效性之间的关系 $K=F(T,C)$(如图 9-1 所示),它是一条 S 型曲线,2 条虚线之间为行动的范围,在竖线的右边表示有较大的时效性但需花费较大的代价,而在横线的下方表示获取信息的代价较小但却过了有效期。

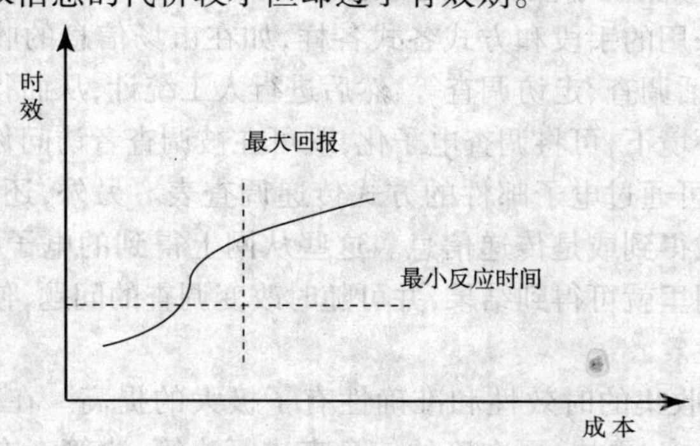

图 9-1　获取信息的知识曲线

每一信息的获取都有一条独一无二的知识曲线,它由信息的种类、所需购买的提前量和所花代价的总和所决定。对于信息管理人员来说在哪一点上采取行动使所花代价最小而时效最大,是极为重要的。在电子商务环境下,这条曲线的中间部分将会变陡,即相同成本条件下的时效性增加或是相同时效性下的成本减少。

电子商务环境下商业信息的收集发生了巨大的变化,特别是有了电子版信息以后,在信息收集的准确性和及时性两个方面都有了极大的提高。数据库的应用使得存档、检索及再利用变得简单之极。但随着网络的日益普及,信息量将会无限膨胀,信息垃圾也随之增多。这对信息的筛选工作造成较大的困难。在有限的时间内从大量的信息中找出对自己有价值的信息,是信息工作者孜孜以求的目标。值得庆幸的是在信息量大幅增加的同时,处理信息的速度和手段也在提高,这给问题的解决创造了一定的硬件环境。

2. 电子商务环境下商业信息收集的特点

(1)电子版信息将成为商业信息收集的主要对象。现代化网络技术出现以前,纸版信息是商业信息收集的主要对象,如报纸、杂志、报告、说明书等,有时甚至于是实物(如样品)。信息源的分布面极广。这种状况下的信息收集需耗费大量的人力和财力,并且往往不能在规定的时间内找到决策所需的信息,决策者只能靠直觉或以往的经验作出判断,稍有闪失就会失去商机。网络环境下的情形就大不一样,互联网上存在着大量的有关信息,特别是当新闻媒体、图书馆、专用数据库等联在网上后,就可以非常快捷地找到所需要的信息。

(2)信息收集的手段和方式将主要地利用互联网技术。传统的商业信息收集所采用的手段和方式各式各样,如在市场信息的收集中可采用问卷调查、电话调查、走访调查等,然后进行人工统计,从而得出有关的信息。在网络环境下,可将调查电子化,既可在被调查者访问你的网站时填写调查表,也可通过电子邮件的方式传递调查表。另外,还可通过 BBS、新闻组等方式得到或是传递信息。这些从网上得到的电子化信息,组织者在第一时间里就可得到结果,并可随时改变调查的问题,使之更具备针对性和准确性。

(3)信息收集的时效性和准确性有了极大的提高。在商业领域,人们总是需要更多、更快、更准确的信息来进行决策,决策者在决策时生怕漏掉了重要的信息而失去盈利的机会。在网络环境下,只要你坐在一台联网的电脑前,就可以知道几分钟前发生在世界各地的大事,不论是政治上的、军事上的还是经济上的。

除了上述几点外,还有其他的相关联的特征,如信息收集的程序将会发生变化等。在网络环境下,首先要进行网上搜寻,查找相关的信息,然后再进行下一步的信息收集。假如有一个企业要知道某一领域的研究进展,那么,他首先要做的是在网上进行搜寻,选取一个搜索引擎(或是进入某一专用数据库),输入这一领域的关键字,就可以得到大量有关的信息。将这些信息整理以后,就可以得到下一步的行动方案。或是查找纸版信息,或是查找其他信息,以期得到更全面的信息支持。这种程序下的信息

收集将会使工作的针对性及效率增强，工作的时间缩短。

3. 电子商务信息收集的困难

互联网所涵盖的信息远远大于任何传统媒介所涵盖的信息。人们在互联网上遇到的最大困难，是如何快速、准确地从浩如烟海的信息资源中找到自己最需要的信息，这已成为困扰全球网络用户的最主要的问题。

在互联网上检索信息出现的困难与下列 3 个因素有关：

(1)互联网信息资源多而分散。互联网是一个全球性分布式网络结构，大量信息分别存储在世界各国的服务器和主机上。信息资源分布的分散性及信道的宽窄等都直接影响了信息的利用效率。

(2)信息资源缺乏有效的管理。在网络飞速发展的今天，人们还未找到一种方法能对网络信息资源进行有效的管理。目前，对网络信息资源的管理主要依靠 2 个方面的力量：一是图书馆和其他从事信息工作的专业人员通过对互联网的信息进行筛选、组织和评论，编制超文本的主题目录，这些目录虽然质量很高，但编制速度无法适应互联网的增长速度；二是计算机人员设计开发巡视软件和检索软件，对网页进行自动搜集、加工和标引。第二种方式省时、省力，加工信息的速度快、范围广，可向用户提供关键词、词组或自然语言的检索，但由于计算机软件在人工智能方面与人脑的思维还有很大差距，在检索的准确性和相关性判断上质量不高，人们很难较快地查到他们希望得到的信息。

因此，现在很多检索软件都是将人工编制的主题目录(或其他对网络信息资源的评定方法)和计算机检索软件提供的关键词检索结合起来，以充分发挥两者的优势。遗憾的是，由于互联网的范围太大，无法建立统一的信息管理和组织机制使现有的检索工具能提供对网络信息的全面检索。

(3)网络信息质量差别较大。互联网上的信息质量参差不齐，良莠不一。有价值的信息和无价值的信息、高质量的学术资料或商业信息与劣质甚至违法的信息都混杂在一起，大量毫无用途的信息混杂在检索结果中，大大降低了检索的准确性，浪费了用户的时间。

面对上述问题，计算机专家和信息管理专家积极探索和开发了一系列检索软件，并将其用于网络资源的管理和检索，取得了一定的成绩。为了得到更准确的内容，除了更加充分地利用这些检索软件外，还必须充分利用人脑资源，发挥人脑的主观能动性，从网络上获得有用的信息资源。

二、信息的组织

利用搜索引擎,我们可以从互联网上下载很多的信息,这些信息一般都是很凌乱的,甚至一些垃圾信息也夹杂在里面。为了充分利用这些信息资源,我们就需要对这些信息进行处理,按一定的要求或规律将它组织起来,以供使用者查询。

1. 信息的储存

信息的储存就是把获得的大量信息用适当的方法保存起来,为进一步加工、处理和正确认识、利用这些信息打基础。信息储存的方法主要是建立一套适合需要的信息库系统。信息库系统是由大小不等的、相互联系的信息库组成的。信息库的容量越大,信息储存越多,对决策越有帮助。但是,大容量信息库的缺点是提取和整理比较麻烦,而且虽然有些信息库很大,但其中有些信息却从未有人提取过,这样的信息就会成为死信息,浪费了信息库的空间。因此,在信息存储的同时,我们必须将信息进行必要的加工处理,对其进行分类组织。将信息随意地、无序地存储在信息库中是无法使用的。

2. 信息的组织

信息组织是将获取和储存的信息条理化和有序化的工作,其目的在于提高信息的价值和使用效率,防止库中的信息滞流,发现所储存信息内部新的联系,为信息的加工和使用做好准备。

信息组织主要是一个序化过程,一般分为序化和优化 2 个阶段。序化阶段是将具有内在必然联系的信息,为了利用和管理上的方便加以组织,或是对在本质上具有必然联系的信息,按照其自身的客观逻辑结构加以组织;信息的优化是在序化的基础上,针对某种目的,依照结构功能优化原理对信息进行再序化的过程。从理论上讲,所有的信息组织方法都可以归纳为语法信息组织方法(形式组织方法)、语义信息组织方法(内容组织方法)及语用组织方法(效用组织方法)三大类型及其不同的组合形式。从实际操作上讲,这项工作一般可分为以下几个步骤:

(1)明确信息来源。对于重要信息,一定要有准确的信息来源。对信源的管理是信息组织的重要一环,它对分析信息的准确性、可靠性及其相关信息有极大的帮助。

(2)按信息的内容及使用的目的给文件重命名。从互联网下载的文件,一般都是沿用原有网站提供的文件名。这些文件名基本上都是数字

或字母构成的，以后使用起来很不方便。因此，从网上下载文件后，需要将文件重新命名。

(3)分类。分类是信息组织最关键的步骤，分类的办法可以采用主题分类，也可以采用建立自己的检索系统。按主题分类是一种人工编制的、可供检索的等级式检索目录，它以超文本链接的方式将不同主题的信息按主题目录的方式组织起来。主题目录在大类下分出小类目，类目之间按等级排列，这种方式的特点在于体现了在选择和组织信息时人的主观性，质量较高，使用的效果好，但速度较慢，规模较小，在一定程度上影响查全率。

(4)甄别筛选。在分类过程中，对大量的信息有一个初步筛选的任务，完全没有用的信息应当及时删去。但应当注意的是，有些信息单独看起来是没有用的，但积累起来就有了价值，比如市场销售趋势必定是在数据的长期积累和一定程度的整理后才能表现出来。还有一些信息是相互矛盾的，例如你是一家钢铁公司的经理，想了解一下螺纹钢的市场行情，你检索到的结果可能会出现两种情况：一类信息告诉你，螺纹钢供大于求，而另一类信息则说螺纹钢供不应求，这时候你就要把这些信息进行分类整理，然后进入下一个加工处理环节。

3. 信息的加工处理

对信息进行加工处理，是将各种有关信息进行比较、分析，并以自己企业的目标为基本参照点，发挥人的才智，进行综合设计，形成新的信息产品，或是得出新的结论，如市场调查报告、营销策划、销售决策、人事安排等。信息加工处理是一个信息再创造的过程，它不是停留在原有信息的水平上，而是通过人的智慧的参与，加工出能帮助人们了解和控制下一步计划的程序、方法、模型等信息产品。

信息加工处理的方式主要是2种，即人工处理和机器处理。人工处理是指由人脑，包括专家和专家集团进行信息处理；机器处理是指计算机的信息处理。两种方式各有优劣：人脑神经系统可以识别和接受多种多样的明确信息和模糊信息，大脑具有丰富的想象力和创造力，专家系统可以把握极广泛的知识，并可以在处理中合理地加入一定的人情因素，这是电脑所不及的；但是计算机有强大的计算能力，在速度和准确性上要大大超过人脑。如果能综合这两种信息处理的优点，形成一个合理的人、机结合的“人—机”信息处理系统，无疑是当前信息处理的理想办法。

三、检索系统的创建

对于较大的企业来说,组建自己的信息库及检索系统可以得到较好的经济回报,因为信息的长期积累对经营管理中作出正确决策有很大的影响。

1. 检索软件的组成

检索软件一般由3个部分组成:巡视软件、数据库和检索代理。

(1)巡视软件(Robot 或 Spiders)。巡视软件是一种穿行于 WWW 空间的计算机软件,遵循超文本传输协议(HTTP),并从网络服务器上将信息传回来。巡视软件能自动搜寻超文本的链接,并对网页的信息进行标引,同时,它还能确认网页之间的链接是否有效,并剔除已经无效的链接。不同的软件巡视网络空间时采用的策略不同,但一般是最先访问知名度高的服务器,即被频繁访问的服务器。巡视软件在 WWW 中出现、标引网页的方法将直接影响从数据库中检索信息的质量。

(2)数据库。巡视软件将采集和标引的信息记录到数据库中。不同的检索软件记录网页的内容是不同的,有些记录网页全文,有些记录网页的地址、篇名、题名、特定的段落和关键词。数据库规模的大小,决定查询到的信息是否全面和查全率的高低。数据库越大,检索到的结果越多,检索软件的知名度就越高。

数据库的更新有累积式和重建式2种方式:累积式是不断地将新发现的网页补充到原有的数据库中去,这种方式的缺点是检索结果中重复率比较高。重建式是巡视软件在互联网上定期寻找新出现的网页,并将原有的数据库内容重新更新。

在建立自己的信息检索系统时,以下几个问题是选择使用数据库时应加以考虑的:

第一,数据库的标准化和国际通用化。如果各部门信息分类自成系统,无法与社会公众及国际间正常交流,就会严重地影响信息市场化的进程,无法实现信息共享。

第二,在建立自己的信息查询系统时,要注意信息的及时更新。一个数据库如果长期不更新,对使用者是极不负责任的。与此同时,使用者在几次访问该系统时看到的都是陈旧的信息,恐怕就不会再来了,该系统的寿命也就此终结。

第三,对信息资源进行科学筛选。比如工商企业数据库,中国的企业

有上千万家,不可能也没有必要全部收入数据库,因此要对信息资源进行行业、地域、类型、规模等多重指标的科学划分,选中那些真正代表中国经济水平的信息源,才能让用户在使用信息时最省时、最准确、最大概率地寻找到合适的合作或贸易伙伴。

(3)检索代理(Agent)。当用户提出查询要求时,由查询软件负责代替用户在数据库里进行检索,并将查询到的结果返还给用户,这一过程就是检索代理。在这一过程中,软件还会利用特殊的计算机算法对文件与用户需求的相关性进行计算和评估,并根据计算结果将文件排序,将最重要的信息排在前列。虽然这种排序还不能完全符合用户的判断,但它提供了一个很好的参照系。不同的检索软件查询的方式不一样,如采用"广度优先检索策略"的软件首先查询在数据库中最早收录的尚未访问过的链接,而采用"相关性检索策略"的软件则按相关性大小依次访问相关网址。

2. 信息检索系统的建立和管理

为了充分发挥效益,信息检索系统建立的时候就应当注意系统的特色化和创新性,并在以后的运作过程中注意市场的需求变化,及时更新,给用户最好的服务。

从普遍特征来看,建立信息检索系统的目的在于充分发挥信息资源共享的效率,减少重复劳动,方便用户快速获得有用的信息。但不同的用户有不同的使用目的,因而对系统的要求也不同,所以在设计信息检索系统时应当适应具体情况,体现出自己的特色。

对于创新要求,就是指不能简单地模仿某些专用的大型检索系统,而必须根据自己的具体问题和具体目标,进行创造性的信息检索系统设计。只有创新才能使自己的信息系统价值得以充分体现。

总之,产品有需求,才有市场,才有生命力。因此,开发信息资源和数据库时,要充分考虑需求者的利益,把握市场机会,开发出适销对路的信息产品。如果是企业内部的检索系统,同样要面对企业内部的用户,其要求是一样的。

对于众多的中小型企业来说,由于检索系统开发的周期较长,费用较高(尤其是大型数据库的开发),为了节省开支,应充分利用其他网站的检索软件进行检索。如有用户访问时,可以只为其提供本站点的索引服务,而对于用户想要得到但本站点不能提供的其他信息,可以通过链接将用户引导到其他的具有先进检索系统的网站上。

第二节 电子商务活动中的信息服务

一、电子商务中的信息需求

信息需求,简单地讲是对信息客体的需求,包括获取与利用信息的需求以及向外发布和传递信息的需求,其基点是实现对外信息沟通与交流,达到社会职业活动和社会生活中的某种目标。商务活动中,信息需求存在于各个环节、各个部门以及各种层面上,有的在获取信息的同时又在向外发布信息,只是特点各不相同。在电子商务的环境下,由于信息的电子化和网络化,信息传递的速度快、数量大、准确率高,且无时空的限制,这时的信息需求又呈现出新的特点,主要反映在产品生产、销售及服务的个性化、业务流程的重组、管理功能的拓展上。

首先,我们分析产品的生产、销售及服务上的信息需求。伴随网络的普及,信息处理速度的加快,顾客对购买产品的要求也越来越高。具体表现有:在使用功能上,要求具有个性化特征,能符合消费者的个人嗜好。在交易时,要求得到更多的有关产品的质量、功能及价格方面的信息,以尽量减少信息不对称的状况。在产品的使用过程中,需要得到进一步的技术支持等。与此同时,生产厂家在这一过程中可以获得顾客的许多信息,如对产品的偏好、功能的要求、产品的缺陷等信息。

尽管业务流程重组在电子商务之前已经存在,但随着电子商务的进一步发展,旧的业务流程已经不能适应新的形势,企业的业务流程重组变得非常迫切。

按规模与范围,可以划分为 3 类:战略流程(包括战略规划、产品/服务研发、新流程开发等);经营流程(包括满足顾客、顾客支持、收付款等);保障流程(包括人力资源管理、会计统计、财务管理等)。这 3 类流程既可分开重组也可统一规划,无论如何重组,其基础是信息技术,业务核心是顾客满意。因此重组后的流程有两个重要特征:一是要面向顾客(包括组织内、外的顾客),二是要跨越各个职能部门的边界。在每个流程的两个端点,都包含着信息需求,而这些需求的实现,一方面依靠信息技术的支持,另一方面依靠流程的设计。

重组后的流程中的信息需求与传统业务流程中的信息需求有着很大的不同。传统的业务是面向部门,如果我们仅仅是根据一个部门的信息

需求来改造该部门，将是徒劳的。在电子商务环境下，信息需求不仅仅是信息的传递与接受，它要求更快、更准以及更加智能化。这时，重组的业务应该面向流程，使企业的各环节能直接地及时获取真实的反馈意见与新的需求信息，准确预测市场变化，及时调整经营决策，提高顾客的满意度。例如，福特汽车公司在对应收账款部门的采购业务的流程重组中，采用数据库技术，将订单和收货资料（品种、数量、供应商代码）由计算机进行电子数据匹配，匹配正确后自动按时付款。它消除了传统模式下信息传递的中间环节、协调及控制所带来的成本与风险，降低了人为因素的影响，除节约了75%的人力资源外，还简化了物料管理工作，使财务信息更加准确，客户更加满意。

最终，业务流程重组将导致组织结构、管理决策等多方面的变革，而新的组织结构、管理决策引发新的信息需求。电子商务环境下，组织结构形式发生较大的变化，由以前的金字塔型逐渐向扁平化演变。扁平化的结构倡导团队合作及以人为本的精神，它改变了企业内各种岗位的权利授予与制衡关系，也改变了组织内、外的信息需求格局。以信息管理为基础的虚拟企业及虚拟组织的出现，在更大的程度上冲击传统的管理模式，也为电子商务提供了新的研究课题。

二、电子商务中的信息服务

用户的信息需求导致用户的信息服务需求。电子商务中信息服务主要包括：企业内部及企业间共享的信息服务；企业和其他组织机构对外发布的公开信息服务；信息中介机构对外提供的增值信息服务。而电子商务中的信息服务较其他种类的信息服务有着显著特征，主要表现在服务对象、服务内容、服务方式以及服务性质上。

1. 企业内部及企业间共享的信息服务

企业内部共享的信息服务对象主要是各相关部门或机构。服务内容依不同的级别和岗位而定，如销售统计信息可由营销人员、财务人员、研发人员及有关负责人共享，而银行信贷余额只能由财务人员及有关负责人共享等。企业间共享的信息服务对象为供应商及分销商，他们是战略合作伙伴关系，应该分享有关企业产品开发、生产计划、质量要求及销售等信息。所有这些服务应由企业管理层授权，通过网络实现共享。

2. 企业和其他组织机构对外发布的公开信息服务

公开信息在国民经济及人们日常生活中占有很重要的位置。这些公开信息包括政府机构定期或不定期向外发布的信息，如政策法规、政府采购、招标、配额指标、国民经济景气指数、经济统计数据等，还包括企业对外发布的信息，如企业的宣传资料、产品介绍、需求信息、上市公司按规定向外发布的信息等。这类信息在电子商务的信息服务中应占主要部分，服务对象不受限制，任何单位和个人都应该方便地免费获得。

网络上公开信息的多少是电子商务走向普及与否的标志。只有当网络上具有很多有价值的公开信息时，无论是信息的提供者还是接收者，才会对其产生依赖并形成习惯，这时的电子商务才会有坚实的群众基础。

3. 信息中介机构提供的增值信息服务

网络上公开信息的增多（往往是指数级增长），一方面给使用者提供了更多的信息资源，另一方面又给使用者找寻对自己有用的信息带来困难。这种情况下，需要一种信息中介服务机构为用户提供增值信息服务。增值信息包括信息的搜寻、分析及预测，如商品的价格与性能、股市行情分析、国民经济的发展趋势等。这类服务由于有一定的经济价值，使用者应给付一定的费用，如 Forrester Research Inc. 提供的分析报告就属此类。

在信息技术飞速发展的今天，企业单靠自己的能力是很薄弱的。目前流行的大脑外包能很好地解决这一问题。在电子商务环境下，大脑外包不一定都是包给管理咨询公司，还需包给信息咨询公司，以帮助企业减少信息收集成本、加强信息管理、提高经济效益。

有学者认为，电子商务的发展将经历 3 个阶段：初始阶段、成熟阶段、普及阶段。在初始阶段，企业的主要任务是建立网站、制作网页、对外发布广告消息。到了成熟时期，由于电子结算的大量应用，可进行网上交易。这时，信息安全、个人隐私及知识产权保护等问题有了较大改善，人们已熟悉和接受了这种形式，交易量可大幅度的提高，交易成本则大幅下降，效益显著。最后是普及阶段，当电子商务成为企业提升竞争力的强有力手段时，所有企业，不管愿意与否，都必须加入到电子商务的行列中来，最终形成包括采购、销售、结算、税收等所有商务活动（除了实物的运动外）的网络化和电子化。

当前，电子商务已经历了初始阶段，成熟时期还未到来，在这 2 个阶段的交接时期，企业应从信息服务开始着手电子商务。按 Keen 和 Ballance 的观点，现在电子商务系统分为非常不同的两类：主要提供信息处理服务的系统和提供交易处理的系统。无论在哪里，当一个电子商务应用中只包括几乎不加处理的信息运动时，其技术风险都是可预测的和有

限的。而无论何地,只要它要求以框架的程序和规则进行快逗在线处理,风险就大了。这说明,当前电子商务中的实时在线交易处理(如自动取款机网络、信用卡确认、股票交易)存在一定困难和风险,而对实效要求不高的信息(静态)处理(包括资金转账)有相当的可行性。现在许多研究人员认为应优先发展B2B的电子商务,道理就在于此。

在信息服务方面,许多国外公司已建立了"三层信息结构"。他们将信息分为3类:最里层是公司的核心信息,由公司内少数人员掌握;其次是涉及新开发产品信息、中间产品质量要求、生产计划以及R&D信息,可与战略供应商、分销商共享;最外层是产品信息、需求信息及动态的合同执行信息等,主要服务对象是顾客及潜在的商业伙伴。这种结构由Intranet、Extranet及互联网支撑,形成一个多层次、全方位的信息处理系统。它一方面加强了与供应商、分销商及其他组织的战略伙伴关系,另一方面又可与外界取得广泛的联系,扩大企业的知名度,寻找潜在的贸易伙伴。这种模式既避开了在线交易、物流配送的风险,又将电子商务向纵深挺进了一步,可作为我国开展电子商务的借鉴。

依照上述思想,企业在进行电子商务过程中既不要贪大求全,一步到位,也不能置之不理。一步到位,实现电子商务的各项功能是不现实的,特别是目前在线支付、货物配送体系还不完善的情况下,达到完全的电子商务还需要一段较长的时间。而置之不理会使企业落后于时代,失去竞争力。可按如下步骤对企业进行改造,逐步向电子商务过渡:

(1)在互联网上建立网站,制作网页,将有关企业信息向外发布,主要目的是通过互联网与外界进行信息沟通,实现电子商务的初步功能。

这一步骤我国大中型企业已经完成,不足之处是有些网页的更新较慢,信息量较小,信息的发布没有针对性。对于中小型企业来说,网站建设和网页制作可以外包给网络服务提供商(ASP),但在内容的设置上一定要体现自己的信息需求,不能盲目模仿他人。

(2)建立健全企业内部网,实现信息处理电子化、信息传递网络化、信息管理智能化。系统的建设要留有余地,为以后的扩展预留空间。这一步所要达到的目的是完成信息技术的基础设施建设(计算机、数据库、内部网络),对信息管理电子化、网络化的适应及提高对其重要性的认识,同时提高办公效率和经济效益。

此举是加强电子商务的后台建设,可逐步安装ERP系统、CRM系统等,在一步到位的条件还不成熟的情况下,应在最能发挥经济效益的领域进行,以期获得良好的效果。强调企业内部分层次的信息共享,对业务流程进行必要的改进,适当调整组织结构,探索新环境下的经营模式。

(3)与相关企业的内部网进行互联,完成产品供应链管理的自动化和网络化,实现战略伙伴间的信息共享。这时必须对企业业务流程进行改造,以适应新环境下的管理需要。

以上3个步骤的侧重点都是信息处理和信息服务(对内、对外)。在网络时代,是信息需求的电子化和网络化才导致电子商务的出现和发展,不能简单地认为只有发生交易行为才算是电子商务。不顾事物发展的客观规律,在环境条件不成熟的情况下,好高骛远,追求一种完全的电子商务是不正确的。

另外,企业业务流程再造是发展电子商务过程中不可逾越的一步。当三种形式的网络形成以后,企业的业务流程就会发生重大改变,因为按照传统环境条件所设计的流程已完全不能适应新形势的需要。新的流程设计必须依靠网络环境下信息需求的特点进行,由信息流替代实物流,全面集成企业信息,实现信息共享。

在信息安全、在线支付及货物配送等环境条件有了较大改善以后,可将系统进一步扩充,以实现电子商务的实时交易功能。

无论在哪个阶段,对信息的处理都是关键。在电子商务活动中,要充分认识到网络时代信息的特点,它已不再只是纸质信息或其他媒介上的模拟信号,数字化及虚拟化将完全改变人们的传统思维模式和习惯,也改变了信息需求及信息服务的方式和性质,快速高效及信息共享成为其重要特征。抓住电子商务中信息服务的本质化特征,并以此为中心提升企业的竞争力,才能使企业在新的形势下立于不败之地。

电子商务尽管还未走向成熟,但在信息需求及服务方面发展较快,许多企业通过信息的发布宣传了自己,找到了贸易伙伴,但也存在一些问题,主要表现在如下几个方面:

第一,网络上各种免费信息杂乱无序、真假难分,用户很难找到对自己有用的信息,有时还会受骗上当,缺乏监管。

第二,公共信息太少,且处于无人负责、无人督察的状况。大多数情况下,缺乏商务活动所要求的时效性。

第三,增值信息的开发不够,没有形成气候。

第四,信息共享未得到企业的足够认识,电子商务未给企业带来明显的经济效益。

解决这些问题应该从这几个方面着手：

第一，无论对企业还是政府机构或是非盈利机构来说，应强调电子商务中信息服务的核心功能，在思想上有足够的认识，这是首要的，也最难做到。

第二，加强对免费信息及公共信息的监管，使其有利于信息的使用者（用户），防止信息的欺诈行为或误导。

第三，改造传统的信息服务业及中介机构，使其能在电子商务中提供大量的增值信息服务。

第三节　电子商务中的信息管理规范

网络通信和信息技术的飞速发展，将商务活动带入了一个全新天地，即一个通过互联网来传递数字化信息的电子化环境。在这样一个环境里，电子商务中信息管理规范问题将变得非常突出。实际上，实现电子商务的网络环境并不是一个独立的王国，它是一个以真实社会为基础的准虚拟环境。

网络社会的信息活动具有 2 大特性：虚拟性和开放性。这 2 个特性一方面促使电子商务的快速发展，另一方面又给电子商务的发展带来不安定的因素。在一个虚拟的、开放的网络环境下，人们根据自己的需要可以自由地在世界各地寻找和发布信息。电子商务活动中，这不仅给企业，也给消费者及政府机构带来了极大的便利。如企业可以在网上发布消息，宣传自己的产品，消费者可以在网上搜寻商品的价格、性能等信息，以便使自己能够购买到合适的商品，政府也可以在网上公布有关的法律、法规等文件。但是，这些便利也会带给那些不法分子、机构和团体。据报道，某企业在网上营销自己的产品，有一些“买家”提出先寄一个样品过去看看，而样品寄过去后便如石沉大海，杳无音信，无论是 E-mail 还是电话、电报联系，就是找不到对方。如果为了这几百元去打官司，不说请律师、找工商、取证的费用，仅人工、旅差的费用就不少于几千，以至于这家企业谈网色变，再也不敢轻易上网。

就像市场经济需要一个公正、规范的市场环境一样，电子商务也需要一个健康的网络环境。除了享受网络带来的快捷、方便以外，我们还应该建立网上信誉。这不是一个信息安全问题，而是涉及人们心理、行为等方面的规范问题，如同现实社会中规范人们的思想、行为一样，需要有道德、法律等措施对其进行约束。因而构建网络信息管理规范具有重大的社会和经济意义。

一、规范的结构

电子商务中的信息管理规范包含2种类型:一种是网络技术规范,如网络协议、文件的传输格式等,这种规范的制定和实施一般没有太大问题;另一种是网络社会中信息活动的规范,它作为一种社会行为准则的表现形式,其基本含义是对这一行为的方式、方法作出规定,使行为目标的确定、行为各方的协调、行为的合理性以及行为结果的正确性等得到保证并加以体现。电子商务中的这种行为主要是指人的网络行为和以网络为主要运行方式的信息管理机构、企业及政府的网络行为。除此之外,这种规范还涉及人们网络行为的心理、思维和价值取向、社会道德等,具有强大的社会力量。

网络环境下的信息活动,其媒介已不再是传统的实体物质,而是由二进制的比特构成的"赛佰空间"(cyberspace),信息活动以功能性的实现为目的,所以我们说网络环境下的信息管理规范,既具有网络的虚拟性,也具有现实生活的真实性。尽管网络的虚拟性可将我们带入一个虚幻的世界,但行为的结果却是真实的,如网上聊天时,假如某人被对方臭骂了一顿,他可以认为电脑屏幕上仅仅只是从一个不知名的地方传过来的无所谓的字符,但实际上,对方得以发泄(出了口恶气),被骂的一方心里也会难受,这种结果与真实的生活是一样的。再如某"黑客"通过网络将银行的一个客户的账号与密码窃取,然后转走了该账户上所有的钱,尽管他的行为只是在网络上传输了一些信息,但这与实际生活中的盗窃无任何区别。因而在构造网络信息管理规范时应考虑对现实生活中的规范的借鉴。

电子商务中的信息管理规范结构是指形成这种相对稳定的规范体系的不同要素或不同层面,它们从不同的角度来描述信息管理规范。一般地,我们可以将其归纳为3个基本的层面,即形式的层面、内容的层面和关系的层面。

电子商务活动的各方,如企业、银行、网站、政府等,它们既可以是信息的提供者,也可以是信息的使用者,各个单位提供的信息和需要的信息要保持高度的一致,因而需要在形式(构成信息的要素)上作出规范。这些要素包括信息的发出单位、信息的接受单位、信息的格式等,他们在网

络上都是以符号出现。如某企业向银行递交一份电子报表，网络上这份报表就含有出发地、目的地及格式（是否密文）等要素，其真实性、可靠性、可辨认性就需要进行规范。

所谓内容的层面，是从信息活动的功用及结果上对规范的描述，它构成了网络信息管理规范的主要内容。电子商务活动尽管具有虚拟性和符号化特征，但各个信息活动的主体不能随意地（甚至是恶意地）行动（想干什么就干什么，想怎么干就怎么干），而要受到其自身利益和功能需求的限制和约束。这些限制和约束形成了规范的内容层面，引导和规定网络中的信息活动，从而形成一个有序的信息社会。

信息社会的有序和健康发展，需要有一些强制性的规范作保证，以求这一社会模式下的政治、经济、文化的稳定以及人们交往的相互协调。网络中的某些信息往往与人们的切身利益有关，如电子货币、专利、资料以及个人隐私等，所以我们说加强网络信息管理规范是网络经济发展的重要保障。

关系层面是构成电子商务中网络信息管理规范的最为本质的层面，它主要是规范和协调信息的提供者和使用者之间的关系，使之都按照一定的准则进行商务活动。任何一种社会形式，任何一种经济形态以及任何一种商业模式，都是由千千万万个相互关联的个体所组成，这种关联的性质就决定了社会形式、经济形态和商业模式。在信息活动中，活动主体之间的相互关系的确立构成了活动的基础，也形成了信息活动的有效范围和环境，即使是上述的形式层面及内容层面也不是对独立的个体来讨论的，它们之间也有着一定的关联。

3 个层面不能单独存在，也不是 3 种类型的规范形式。对于任意信息活动主体来说，它既作为信息要素也作为信息规范的功能及关系而存在，所以，要把握信息管理规范的结构就要了解其 3 个不同的层面。

二、规范的功能

电子商务中的信息管理规范主要有如下几个方面的功能：

（1）对信息源应具有开发和管理的功能，确保信息资源开发的有序性和合理性，最大限度地发挥资源效能；信息作为网络经济中的一种资源，具有开发利用的价值。在网络经济时代，信息资源的开发对电子商务的发展有着至关重要的作用，因为，如果网上信息资源匮乏或是虚假信息泛滥，无论是对电子商务还是网上生活都将是灾难性的。

(2)对信息流应具有控制功能。人类社会是一个耗散结构的特大系统,网络环境亦是这一系统的一部分,其信息流的无序是绝对的,而有序是相对的,因而有必要对信息流进行整序,以便按商业的需求进行流向控制,使其流向一定的使用者。

信息流的控制分为微观和宏观控制。微观控制是指某一具体的、单元化的信息过程控制,所控制的信息是一种特定的对象,一般来说具有时间及空间的限制。网络环境下,我们往往通过技术层面达到目的,例如,给特定的信息用户授权、在 Intranet 与互联网之间建立防火墙等。信息流的宏观控制则是指站在整个网络社会的高度上对信息过程的控制,它所涉及的是一类信息或是一种行为方式。在电子商务实践中,这类控制大都由特定的网站完成,如网上一般信息搜寻由具有搜索引擎的门户网站来做,特定行业的信息则由专业的垂直网站提供。由于网络的开放性及全球化特性,这类信息管理规范不应局限于某个特定的区域,而要从全球考虑。

(3)在信息服务及利用方面,应具有组织功能。信息活动的最终目的是为信息的使用者提供各种形式的服务。如市场调研的结果将提供给企业的管理层,作为决策时的依据。当然,这种信息活动既可由企业内部完成,也可由咨询公司来做。这种服务必须在一定的秩序下进行,维护这种秩序是信息管理的一项基本功能。

网络环境下的信息服务所具有的性质有广泛性、充分性、及时性和准确性,与传统的信息服务相比更具优势,是电子商务活动中的重要一环。建立和健全这类服务体系及相应的规范,对网络经济的发展起着巨大的推动作用。

(4)对信息的提供者、使用者和管理者具有规范其行为的功能。就目前来看,网络中的匿名现象普遍并受到欢迎。在某种意义上讲,匿名性给网络信息活动者提供了保护个人隐私和商业秘密的可能性,这是匿名性好的一面。在不影响他人权利时,网络可给匿名者以充分的自由。由于网络的虚拟性,如果这一现象被恶意使用,其后果比现实中的匿名现象会更严重。戒除恶性的匿名行为还需一种网络社会的道德规范。

另外,对"黑客"的行为进行界定(善意的或恶意的)以及进行必要处罚,将给网络信息活动一种引导,使其向健康的方向发展。

(5)保护知识产权的功能。由于有了计算机,原本先进的信息传播技术如印刷术、广播、电视便相形见绌,而互联网的出现,则彻底地改变了

信息的传播方式，导致了信息技术的空前革命，如信息的复制技术、传输技术、处理技术、采集技术和实用技术等，并由此引发了保护知识产权这一全球性的热点问题。但究其本质，它仍然是一个经济问题，即由权利带来的利益及分配的问题。

电子商务时代，不可避免地会出现大量的网上信息。由于信息交换的快捷、复制和保存的方便，也由于信息分发与出版的界限的模糊，人们对有、无产权的信息难以分辨，也不愿去分辨。然而，在网络经济时代信息所有权是一种越来越重要的权利，规范人们保护知识产权的思想、行为，为网络信息财富的合理分配寻找新的平衡点也变得越来越重要。

三、规范的建立

从目前的实际情况来看，构造电子商务活动中的信息管理规范主要涉及 3 个方面：

(1)电子商务信息活动各方的价值原则和理念。它是人们自觉认同和遵守规范的终极目标；这种价值取向和理念是在一个较长时期内，人们在网上生活、工作和学习的经验的沉积。

(2)电子商务信息活动中的行动模式。它涉及网络社会的道德规范和行业自律，是网络经济对电子商务活动的大环境的要求。

(3)国家政策、法律及法规。这是一种强制性和正规性的规范，如我国颁布的《中华人民共和国计算机信息系统安全保护条例》、《中华人民共和国计算机信息网络国际联网管理暂行规定》等。在很多地方，这种强制性的规范要有效得多。

虚拟环境与现实情形有很大的不同，许多在现实中行之有效的规范在网络世界里被大大弱化，完全照搬传统生活中的规范，效果极其有限。但现实生活毕竟是虚拟社会的基础，规范的建立不能脱离现实。例如，1991 年 Lotus 公司与他人合作生产一张名为《莲花市场——家庭版》的光盘，该光盘含有 1.2 亿美国公民的购买行为分析和他们收入的大概数字，导致公众的强烈抗议。那么，个人信息是否有商业价值、价值几何、网站公开或是出售个人信息是否侵犯个人隐私等都涉及电子商务中信息行为规范问题，这些规范的形成既要考虑现实的生活情况，又必须着眼于未来网络经济的发展。从目前的情况看，建立一个较为完善的电子商务信息管理规范还需要相当长的一段时间。

电子商务中信息的提供者、信息的使用者、信息工作机构以及信息技术设备在信息活动中都必须遵循一定的规范。这种规范是一种公认的、必然的秩序,是信息活动的组织基础。它限制和支配人的行为,维持信息活动主体之间的相互联系和相互关系,协调信息活动的方方面面以使其发挥更大的效益。

第四节　应用服务软件的管理

一、FTP 服务的管理

FTP(File Transfer Protocol),即文件传输协议。它是互联网上使用非常广泛的一种通信协议,是计算机网络上主机之间传送文件的一种服务协议。FTP 支持多种文件类型和文件格式,如文本文件和二进制文件。

正如 WWW 服务的实现依赖于 TCP/IP 协议组中的 HTTP 应用层协议一样,FTP 服务同样依赖于 TCP/IP 协议组应用层中的 FTP 协议来实现。FTP 的默认 TCP 端口号是 21,由于 FTP 可以同时使用两个 TCP 端口进行传送(一个用于数据传送,一个用于指令信息传送),所以 FTP 可以实现更快的文件传输速度。

使用互联网的首要目的就是实现信息共享,文件传输是信息共享非常重要的内容之一。互联网上早期实现传输文件,并不是一件容易的事。互联网是一个非常复杂的计算机环境,有 PC、工作站、MAC、大型机;连接在互联网上的计算机有上千万台,这些计算机可能运行不同的操作系统,有运行 Unix 的服务器,也有运行 Windows 的 PC 机和运行 MacOS 的苹果机等。如此,各种操作系统之间的文件交流问题,需要建立一个统一的文件传输协议,这就是所谓的 FTP。基于不同的操作系统有不同的 FTP 应用程序,而所有这些应用程序都遵守同一种协议,这样用户就可以把自己的文件传送给别人,或者从其他的用户环境中获得文件。

FTP 是一个客户机/服务器系统。用户通过一个支持 FTP 协议的客户机程序,连接到远程主机上的 FTP 服务器程序。用户通过客户机程序向服务器程序发出命令,服务器程序执行用户所发出的命令,并将执行的结果返回到客户机。比如说,用户发出一条命令,要求服务器向用户传送某一个文件的一份拷贝,服务器会响应这条命令,将指定文件送至客户的机器上。客户机程序代表用户接收到这个文件,将其放在用户目录中。

在 FTP 的使用中,经常遇到 2 个概念:“下载”(Download)和“上传”

(Upload)。“下载”文件就是从远程主机拷贝文件至自己的计算机上；“上传”文件就是将文件从自己的计算机中拷贝至远程主机上。用互联网语言来说，用户可通过客户机程序向(从)远程主机上传(下载)文件。

FTP 支持 2 种传输模式，一种方式叫做 Standard(也就是 Active，主动方式)，一种是 Passive(也就是 PASV，被动方式)。Standard 模式 FTP 的客户端发送 PORT 命令到 FTP Server。Passive 模式 FTP 的客户端发送 PASV 命令到 FTP Server。下面对这 2 种方式的工作原理稍作介绍。

Standard 模式 FTP 客户端首先和 FTP Server 的 TCP 21 端口建立连接，通过这个通道发送命令，客户端需要接收数据的时候在这个通道上发送 PORT 命令。PORT 命令包含了客户端用什么端口接收数据。在传送数据的时候，服务器端通过自己的 TCP 21 端口发送数据。FTP Server 必须和客户端建立一个新的连接用来传送数据。

Passive 模式在建立控制通道的时候和 Standard 模式类似，但客户端通过这个通道发送 PASV 命令的时候，FTP Server 打开一个位于 1024 ~ 5000之间的随机端口并且通知客户端在这个端口上传送数据的请求，然后 FTP Server 将通过这个端口进行数据的传送，这个时候 FTP Server 不再需要建立一个新的和客户端之间的连接。

现在的 FTP 软件包括在 IE5 以上的版本也已经支持这 2 种模式了。一些 FTP 客户端的软件就比较好设置了，一般都有一个 PASV 的选项，比如 CuteFTP，传输的方式都有 Standard 和 PASV 的选项，可以自己进行选择；另外在 IE 里面如果要设置成 PASV 模式的话可以选中“工具”⟶“Internet 选项”⟶“高级”⟶“为 FTP 站点启用文件夹视图”，否则就采用 Standard 模式。

很多防火墙在设置的时候都是不允许接受外部发起的连接的，所以 FTP 的 Standard 模式在很多时候在内部网络的机器通过防火墙出去的时候受到了限制，因为从服务器的 TCP 20 无法和内部网络的客户端建立一个新的连接，造成无法工作。如果遇到了防火墙或者怕配置麻烦还是采用 PASV 模式比较好些，但是如果对安全的需求很高的话建议采用 Standard 模式。

二、E-mail 服务的管理

电子邮件(Electronic Mail，E-mail)，是互联网上使用非常广泛的邮件传输协议，采用这种协议提供的服务就叫 E-mail 服务。它已成为互联网上的重要信息服务方式，它为世界各地互联网用户提供了一种极为快速、简便和经济的通信以及交换信息的方法。

E-mail 地址是以域为基础的地址，如 × × × × @ sem. shmtu. edu. cn 就是上海海事大学经济管理学院使用的 E-mail 地址。E-mail 地址是互联网上动态分配的地址，不是 IP 地址，后者是互联网上所具有的静态的、固定的地址。

使用 E-mail 不仅可以发送和接收英文文字信息，同样也可以发送和接收中文及其他各种语言文字信息，有些专用 E-mail 收发工具还可以收发图像、声音、执行程序等各种类型的文件。

E-mail 常用的工作方式有：

(1) SMTP，表示简易邮件传送协议(Simple Mail Transfer Protocol)，它是 TCP/IP 系列协议的一部分。它解释邮件的格式和说明怎样处理投递的邮件。每一台互联网计算机在运行邮件程序时，都可以自动地确保邮件以标准格式选址和传送。这个程序称为传送受理程序(transport agent)，它按照 SMTP 协议工作并将客户的邮件联系向外界发送。

(2) POP 的全称是 Post Office Protocol，即邮局协议，用于电子邮件的接收，现在常用的是第 3 版，简称 POP3。通过 POP 协议，客户机登录到服务器上后，可以对自己的邮件进行删除，或是下载到本地。下载后，电子邮件客户软件就可以在本地对邮件进行修改、删除等。

(3) IMAP4(Internet Mail Access Protocol Version 4，互联网邮件访问协议—版本 4)，它是用于从本地服务器上访问电子邮件的标准协议，它是一个 C/S 模型协议，用户的电子邮件由服务器负责接收保存。IMAP4 改进了 POP3 的不足，用户可以通过浏览信件头来决定是不是要下载此信，还可以在服务器上创建或更改文件夹或邮箱，删除信件或检索信件的特定部分。在用户访问电子邮件时，IMAP4 需要持续访问服务器。在 POP3 中，信件是保存在服务器上的，当用户阅读信件时，所有内容都会被立刻下载到用户的机器上。我们有时可以把 IMAP4 看成是一个远程文件服务器，把 POP3 看成是一个存储转发服务。

(4) MIME(Multi-Purpose Internet Mail Extensions，多功能互联网邮件扩展)，MIME 是扩展的 SMTP 协议，是 1991 年 Nathan Borenstein 向 IETF 提出的。在传输字符数据的同时，允许用户传送另外的文件类型，如声音、图像和应用程序，并将其压缩在 MIME 附件中。因此，新的文件类型也被作为新的被支持的 IP 文件类型。

三、流媒体服务

所谓流媒体是指采用流式传输的方式在互联网/Intranet 播放的媒体格式,如音频、视频或多媒体文件。流媒体在播放前并不下载整个文件,而只将开始部分内容存入内存,在计算机中对数据包进行缓存并使媒体数据正确地输出。

流媒体的数据流随时传送随时播放,只是在开始时有些延迟。显然,流媒体实现的关键技术就是流式传输,流式传输主要指将整个音频和视频及三维媒体等多媒体文件经过特定的压缩方式解析成一个个压缩包,由视频服务器向用户计算机顺序或实时传送。在采用流式传输方式的系统中,用户不必像采用下载方式那样等到整个文件全部下载完毕,而是只需经过几秒或几十秒的启动延时即可在用户的计算机上利用解压设备对压缩的 A/V,3D 等多媒体文件解压后进行播放和观看。此时多媒体文件的剩余部分将在后台的服务器内继续下载。与单纯的下载方式相比,这种对多媒体文件边下载边播入的流式传输方式不仅使启动延时大幅度缩短,而且对系统缓存容量的需求也大大降低,极大地减少了用户等待的时间。

流媒体实现的关键技术就是流式传输。流式传输定义很广泛,现在主要指通过网络传送媒体(如视频、音频)的技术的总称。其特定含义为通过互联网将影视节目传送到 PC 机。实现流式传输有 2 种方法:实时流式传输(real-time streaming)和顺序流式传输(progressive streaming)。一般来说,如视频为实时广播,使用流式传输媒体服务器,或应用如 RTSP 的实时协议,即为实时流式传输。如使用 HTTP 服务器,文件即通过顺序流式传输。当然,流式文件也支持在播放前完全下载到硬盘。

流式传输的实现需要缓存。因为互联网以包传输为基础进行断续的异步传输,对一个实时 A/V 源或存储的 A/V 文件,在传输中它们要被分解为许多包,由于网络是动态变化的,各个包选择的路由可能不尽相同,故到达客户端的时间延迟也就不等,甚至先发的数据包还有可能后到。为此,使用缓存系统来弥补延迟和抖动的影响,并保证数据包的顺序正确,从而使媒体数据能连续输出,而不会因为网络暂时拥堵使播放出现停顿。

流媒体系统大致有以下几个组件:转档/转码工具(Encoder)——用于压缩转档;服务器(Server)——管理并传送大量多媒体文件;编码器

(Scripter)——可整合多媒体,并以互动方式呈现;播放器(Player)——在用户端呈现流的内容。

目前在流媒体领域上,竞争的格式主要有 3 个:Microsoft、RealNetworks、Apple,而相应的产品就是:Windows Media、Real Media、QuickTime。流媒体在网络中的应用繁多,一般经常使用的有 3 种:微软高级流格式 ASF(Advanced Stream Format)、RealSystem 的 RealMedia 文件格式、QuickTime 电影(Movie)文件格式。

Microsoft 公司的 Windows Media 的核心是 ASF。微软将 ASF 定义为媒体的统一容器文件格式。ASF 是一种数据格式,音频、视频、图像以及控制命令脚本等多媒体信息通过这种格式,以网络数据包的形式传输,实现流式多媒体内容发布。

ASF 的最大优点就是体积小,因此适合网络传输,使用微软公司的最新媒体播放器(Microsoft Windows Media Player)可以直接播放该格式的文件。用户可以将图像、声音和动画数据组合成一个 ASF 格式的文件,当然也可以将其他格式的视频和音频转换为 ASF 格式,而且用户还可以通过声卡和视频捕获卡将诸如麦克风、录像机等外设的数据保存为 ASF 格式。另外,ASF 格式的视频中可以带有命令代码,用户指定在到达视频或音频的某个时间后触发某个事件或操作。

RealNetworks 公司的 RealMedia 包括 RealAudio、RealVideo 和 RealFlash 三类文件,其中 RealAudio 用来传输接近 CD 音质的音频数据,RealVideo 用来传输不间断的视频数据,RealFlash 则是 RealNetworks 公司与 Macromedia 公司新近联合推出的一种高压缩比的动画格式,RealMedia 文件格式的引入使得 RealSystem 可以通过各种网络传送高质量的多媒体内容。第三方开发者可以通过 RealNetworks 公司提供的 SDK 将它们的媒体格式转换成 RealMedia 文件格式。

Apple 公司的 QuickTime 电影文件现在已成为数字媒体领域的工业标准。QuickTime 电影文件格式定义了存储数字媒体内容的标准方法,使用这种文件格式不仅可以存储单个的媒体内容(如视频帧或音频采样),而且能保存对该媒体作品的完整描述。QuickTime 文件格式被设计用来适应为与数字化媒体一同工作需要存储的各种数据。因为这种文件格式能用来描述几乎所有的媒体结构,所以它是应用程序间(不管运行平台如何)交换数据的理想格式。QuickTime 文件格式中媒体描述和媒体数据是分开存储的,媒体描述或元数据(meta-data)叫做电影(movie),包含轨

道数目、视频压缩格式和时间信息。同时 movie 包含媒体数据存储区域的索引。媒体数据是所有的采用数据，如视频帧和音频采样，媒体数据可以与 QuickTime movie 存储在同一个文件中，也可以存储在一个单独的文件或者在几个文件中。

四、其他

1. 即时通信服务

即时通信服务（Instant Messaging Service），即通过网络聊天的方式传递工作指令、进行技术交流和业务交流、开展售前售后服务的一种计算机网络服务技术。通过即时通信服务，人们可以进行文字、图片、语音、视频上的实时信息交换，既替代了传统语音电话的功能，又强于传统电话的功能，节省了电话费用，增强了沟通效率和服务质量。即时通信服务目前已经越来越多的被网络营销企业应用于各层面的业务领域。

2. 新闻组服务

新闻组（News）服务是在通过网络信件交换服务来发布文章，客户可以通过新闻组服务获取来自全球的信息。

Microsoft NNTP 服务是 Windows 2000 Server 集成的一项互联网服务，可以通过互联网进行客户端和服务器通信，并支持一般使用的 NNTP 扩展功能。同时支持 MIME、HTML、gif 图形文件和 jpeg 图形文件。客户端可以在 MS NNTP 服务张贴图片与超链接。

第五节　虚拟主机管理

一、虚拟主机

虚拟主机（Virtual Host）就是使用特殊的软硬件技术，把一台计算机主机分成若干台“虚拟”的主机，每台主机具有独立的域名和 IP 地址（或共享 IP 地址），具有完整的互联网服务器（WWW、FTP、Email 等）功能。在同一台硬件、同一个操作系统上，运行着为多个用户打开的不同的服务器程序，互不干扰；而各个用户拥有自己的一部分系统资源（IP 地址、文件存储空间、内存、CPU 时间等），它们之间完全独立，并可由用户自行管理，在外界看来，和一台独立的主机的表现完全一样。虚拟主机的优势在于：

(1)无需购置机器。利用"虚拟主机"技术,它和独立的主机完全一样,都具有独立的域名和 IP 地址,具有完整的互联网服务器功能,费用低廉。

(2)可以节省购置服务器或其他硬件设备的投资、安排专业系统管理人员等多方面的费用。

(3)快捷方便。相对自管和托管自己的服务器来说,它能比较迅速的拥有自己的域名及专属网站,无需租用专线。

(4)管理简易。基本上不需要管理和维护,ISP 会完成绝大多数的主机管理工作。

虚拟主机技术的出现,是对互联网技术的重大贡献。由于多台虚拟主机共享一台真实主机的资源,每个用户承受的硬件费用、网络维护费用、通信线路的费用均大幅度降低,现在,几乎所有的美国公司(包括一些家庭)均在网络上设立了自己的 Web 服务器,其中有相当的部分采用的是虚拟主机。

二、虚拟主机的管理

在现实中,服务商为了尽可能盈利往往侵害了用户的利益,所以用户在选择时应仔细考虑,并重点关注以下指标:

1. 负载量

它的重要性要远远高于空间容量,虽然虚拟主机业务应用的前提是建立在多个用户共同分享一台独立服务器资源的基础上实现的,但是用户有必要向相关服务商了解,究竟会有多少用户与自己共同分享一台服务器的资源。因为只有服务商在对每个用户所占用的资源作出公平的划分后,才能充分保证大多数用户的利益。如果共享用户过多、服务器属于超量负载的话,势必会导致服务器稳定性差,出现 CPU 处理能力低下、程序运行困难等状况,用户的网站在被访问时会频繁遇到诸如"找不到相关页面"、无法连接到数据库,甚至不能进行访问这样的严重故障。一般来说,根据虚拟主机服务类别的不同,每款类型所共享的用户最少的会有几个,最多的也不应该超过数百个的限度。

而有些服务器数量不足的服务商,为了最大限度地利用有限的硬件资源,通常会在每台服务器上超量放置达数千个之多的用户。因此用户要想获得具有"合理资源"保障的虚拟主机服务,就必须去关注相关服务商的实力了。如服务商所拥有服务器数量的多少、对所选虚拟主机服务

类型用户负载额度的"具体"承诺。因此最好在比较中选择规模更大的网站托管服务商作为合作伙伴。

2. 流量

也就是指用户网站的访问数量(即一个月内允许用户网站被调用数据的总和),服务商同样是基于让服务器资源得以公平分配的原因,会对每一用户网站的流量进行限制,但是问题在于限制程度如何。如果限制的数值太小就会极大损害用户的利益,甚至可以这样认为,如果流量数值提供得很小,网站空间给的再大也无用处,因为这会使得用户网站的浏览速度非常慢,就如同生活中购物"排长队"一样。

一般情况下,只要服务商的硬件设施资源比较充足就不会对流量限制过低。而那些需要"充分"利用有限硬件资源、不能开放很多流量数值的服务商,为了能够吸引用户,便会采取只在服务器中添加硬盘而不购置服务器这样的以牺牲服务器稳定性为代价的手法,把同一类型的虚拟主机服务的空间容量稍微比别处调高几十兆,藉此标榜"超大"的优势了。

3. 并发链接数

并发连接数是指在瞬间内、能够同时接受申请打开用户网站页面的人数,连接数值的大小直接关系到用户网站的登录水平。如果将连接数限制得较少,那么同时访问用户网站的人数就不会太多,用户网站便会出现让访问者等待时间长等不顺畅的情况,通常对连接数的支持标准都不作出指标性限定。但一些小的服务商为了方便监控用户、逼迫其选用高价格档次的虚拟主机服务类型,则会对连接数作出硬性的数值划分,因此用户选购时需要予以特别留意。

4. 在线率

网站既然搭建了就应该永远保持运行状态,以保证访问者的随时登录。这本是一个顺理成章的要求,国外的虚拟主机服务商都普遍对用户网站的在线率水平进行承诺。但是在国内仅有少数厂商明确承诺保证用户网站的在线率,大多数服务商由于受到带宽、硬件设备品质和技术管理水平的限制,很容易出现宕机问题,因而不能或不愿就此问题作出公开"量化"的实质性保证。

5. 灵活度

灵活度就是服务提供商是否能为用户提供经济、方便的服务选择。有两点值得用户特别关注:一是能否自行决定网站空间容量的增加配置额度,另一个是可否以同样的价格应用不同的操作系统平台。像创联国际信息级别的“重量级”服务商就允许用户、小配额增加网站空间容量和自由决定网站操作系统。因为这两个问题都直接关系到用户的经济利益，一旦用户的网站发展壮大到令原有的空间容量趋于饱和时，用户就必须再“相应地”增加配置才能应对。但是问题在于一些服务商为了牟取利益、对此通常不允许用户 10 兆、20 兆地少量地增加空间配置，而是只许可上百兆标准的请求，也就是变相强迫用户进行升级，这样既让用户多花了钱又购买了根本用不了的富裕资源。

6. 网站功能

对于很多刚刚接触网络的中小企业来说，要是服务商提供的网站应用管理界面，不够简单、易用，功能有欠齐备的话，未来就不能做到顺利地对网站进行操作使用。为此应该注意，相关服务商是否为用户的网站附带像“网页自动生成模块、Frontpage 扩展”（每一款主机类型）这样可以免去自行复杂操作的应用功能。

目前，大部分国内外企业建站都采用这种服务器硬盘空间租用的方式（即虚拟主机），虚拟主机的好处在于不仅大大节省了购买服务器和租用专线的费用，同时也不必为使用和维护服务器的技术问题担心，另外也不必拥有专门的服务器管理人员。目前互联网中绝大多数的网站都是依赖虚拟主机的形式建立的。

第六节　主机托管管理

一、主机托管

主机托管是指客户拥有一台服务器，并把它放置在互联网数据中心的机房，由客户自己维护，或者有其他的签约人进行远程维护。

主机托管和虚拟主机的区别在于：

（1）主机托管是用户独享一台服务器，而虚拟主机是多个用户共享一台服务器。

（2）主机托管用户可以自行选择操作系统，而虚拟主机用户只能选择指定范围的操作系统。

（3）主机托管用户可以自己设置硬盘，拥有数十 GB 以上的空间，而虚拟主机空间则相对狭小。

（4）主机托管用户可以通过银行安全认证实现网上支付，而虚拟主

机用户则不能。

主机托管无需申请 DDN 专线以及搭建复杂的网络环境。因此可为用户节省大量的初期投资及日常维护费用。其次，独立主机方式，每月资费标准相对固定，因此便于信息发布单位控制支出（此方式尤其适用于有大量数据需要通过互联网进行传递以及大量信息需要发布的企业）。

二、主机托管的管理

1. 主机托管选择

对于小型公司企业来说，初期的投资虽然想尽可能省，但是却要学会如何去省。托管主机建议是托管 1U 的机架式服务器，虽然初期硬件成本高一点，但是长远看还是这样比较合算，因为电信机房的托管费都是按照 1U 每年钱来计算的，假如服务器体积太大，无疑就要多付出更多的托管费用，例如，在北京某机房，托管 1U 服务器 4 000 元/年，托管 2U 服务器就要 6 000 元/年，由此可见，1U 服务器在主机托管领域的应用是很有实际意义的。托管 1U 服务器与托管其他种类的服务器（例如 2U 服务器、塔式服务器等）相比，托管费更加合算。

2. 托管商的选择

现在市场上主机托管的价格参差不一，同样托管 1U 主机，贵的开价 8 000 元/年，便宜的只要 2 000 元/年，之所以这样，原因很多，当中有一个很重要的因素就是服务商的规模和是不是能够始终如一地经营，因为现在做托管服务门槛较低，管理也不是很严格，2 个大学生到机房租一个机柜就可以搞，但是小公司、个人服务的不稳定因素太多，所以一旦遇到经济波动或者机房租金上调使利润太少，就会停止业务。故应考虑以下 4 点：

(1)第一次托管不妨先看 ICP 证。如果是第一次托管，那么首先绝对不要考虑没有 ICP 许可证的“小公司”，要锁定资质好、规模大、名气大、信誉高的大公司。

(2)尽量跨过不必要的中间商（中介）。尽量跨过不必要的中间商，因为中间商越多，将来的不稳定因素就越多，可能发生互相推诿，很难办。要尽量找到那些直接从机房租用机柜的托管服务商。

(3)考察服务商。不要选择没有固定电话、固定场所的服务商做托管。

(4)考察机房重点放在它的规模、历史。一个新机房最初因为机器少，所以速度肯定比较快，但是这种新机房考虑到初期的启动成本，往往通往互联网主干线的总出口较小，经营一段时间，客户多了，速度就会慢得惊人(这个阶段不会很长，因为新机房开始总以低价格吸引租户，很快就会人满为患)，而且许多新机房因为人才、设备、经验、规章跟不上，导致许多怪异的问题；一旦出故障，解决问题速度会很慢；并且经常中断服务检修等。要多看看历史悠久的机房，老机房能稳定经营这么久，其积淀的人才、经验、设备、信誉、规矩，正是新机房欠缺的。

案例　海尔的客户服务系统建设

2000年10月，海尔集团建成了自己的全国广域网，用于收集海尔在全国各地的电话中心及售后服务中心的客户信息，特别是建立了实时的海尔全国客户档案，为海尔集团的企业内部决策和管理及其周到的客户服务提供了充分的技术保障。

在此之前，海尔集团在20世纪90年代初期就在全国各主要城市建立了29个电话中心，客户只需拨打当地×××9999的电话，其所关心的问题即可得到海尔电话中心话务员的解答，并且客户可在自己约定的时间内得到海尔的上门安装、维修等服务。

一、信息脱节造成服务脱节

随着海尔产品市场的拓展，服务的区域迅速扩大，由于话务处理能力有限，经常有顾客反映线路忙，“9999”电话无法接通。回访也难以保证全部到位，不能形成管理的闭环，一些网点的服务质量不能得到有效的监控。

电话中心与售后服务中心信息脱节，售后服务使用的系统各自独立，没有统一的平台和标准，基础编码规范不统一，信息不能共享。集团不能掌握各事业部的第一手信息，对售后工作不能及时了解。老系统只是起到数据存储功能，对数据的加工分析功能太弱，系统可靠性差、可维护性差，经常出现死机、系统崩溃的现象，影响了企业对市场的反映速度和对客户的服务质量。

另外，海尔集团电话中心原有的顾客服务系统属于第二代呼叫中心(Call Center)系统，话务员的工作量较大，服务功能受到很大的限制，特别是客户信息及时收集的速度受到影响。为了满足对市场快速响应的需要，海尔集团决定建立具有智能功能(如自动呼叫分配ACD，Auto Call

Distribution)的第三代呼叫中心,采用第三代具有ACD技术(如来电主叫号码自动显示、呼叫转移、自动回拨)的呼叫中心,向客户提供更个性化的服务。

二、改造旧系统实施CSS

根据海尔集团的现状及将来发展的需求,海尔集团顾客服务中心(CSS)信息管理系统项目建设的总体目标是:以计算机和通信技术为技术手段,覆盖海尔集团顾客服务中心、各顾客服务事业部和全国各地顾客服务中心、售后服务中心的信息管理系统,利用集团现有的网络基础设施,为顾客、售后管理、领导决策提供服务,实现海尔集团顾客服务管理现代化,提高顾客满意度。

因为原有系统转换和升级比较困难,所以方案的选择以系统的可靠性、先进性、扩展性、安全性、经济性为主要衡量指标。他们在广域网上将主通信线路定为VSAT,这种配置的优点是专有专用、速度快、带宽高、通信费用固定,缺点是一次性固定费用较高。呼叫中心选择了第三代呼叫中心系统,该系统的优点较多,但是一次性投资较高,维护较复杂。因此只在总部和上海、北京选择第三代呼叫中心。

根据需求和选型分析,海尔将呼叫中心平台的设计分为主机和网络系统、呼叫中心系统、数据库系统。

海尔集团客户服务中心总部客户服务系统的数据库中心服务器,选用SUN公司的2台小型机服务器Enterprise 3500和Enterprise 450双机热备份、磁盘阵列作为2台备份服务器的共享存储设备。日常备份由服务器内置的磁带机进行。全国各地的电话中心与总部之间采用VSAT线路进行通信,PSTN用作备份通信线路。数据库间通过自动与手动2种方式进行数据交换复制。总部的海尔客户服务中心的主交换机采用1台Catalyst 5000,Catalyst 5000与海尔集团主干网的主交换机IBM 8260采用155Mb/sATM连接。总部通过1台Cisco3640路由器,与全国各地的电话中心路由器进行异步通信。各地电话中心交换机选用Cisco的Catalyst1924,路由器选用2509。总部呼叫中心选用朗讯的PBX G3SI、IVR、数字录音、数字传真等,CTI服务器选用HP D270服务器。数据库系统是构建海尔集团客户服务系统的核心部分,选择使用了Oracle公司数据库系统——Oracle 8.0.4 Enterprise Server,并配备Web Application Server企业版来满足数据库的Web应用。系统同时选择了商业智能数据分析工具Business Objects,主要用来帮助企业管理人员进行企业日常管理及分析决策。

三、客户信息收集与分析

客户服务系统的实施依赖于信息收集、分发处理、共享、分析、反馈的方法和手段。由此,呼叫中心成为客户服务系统的入口点和反馈点。又由于信息共享的特点,系统需要企业内部的各部门协同工作。客户服务系统不是孤立的,需要与其他系统ERP系统、SCM系统、电子商务系统集成起来。

信息收集的入口点包括:呼叫中心、市场及销售(Marketing & Sales)代表的反馈信息、用户来函(Letter)、售后服务部门和技术支持人员的信息(Service)、E-mail、Fax、客户登门(On Hand)等。

可以看出,客户信息收集的入口点很多,如何为客户建立起企业统一完整的客户信息系统是面向企业的客户服务系统要解决的第一个问题。由于中国经济发展的差异以及客户分布的分散性,信息收集的方式必须考虑多样性。信息收集应以呼叫中心为主要收集手段,同时考虑辅助方式。

四、建立完整的客户档案

海尔客户服务系统(HaierCSS)的建立和运行使海尔有了完整的全国客户档案,可随时随地查找客户信息,实现了分布式数据复制及数据共享(企业相应部门),便于综合查询和服务质量分析以及服务命令单邮件自动发送到服务网点,同时也便于进行客户回访、交叉销售等。

海尔客户服务系统满足了海尔复杂和庞大的信息处理需要,同时为海尔的管理者和决策者提供了方便、丰富的报表制作能力和通用的查询能力,提高了海尔对市场的反映速度和适应能力,使海尔可以为客户提供更及时、快速的服务,提高了用户满意度。

五、系统评价

海尔集团客户服务系统采用了三项新技术:分布式数据库处理、第三代呼叫中心和商务智能技术(如ACD)等。并通过数据报表和分析查询工具(Business Objects)对数据进行深度挖掘和分析。但是如何将传统的呼叫中心技术与互联网技术无缝集成在一起?服务商的信息系统如何与海尔客户服务系统进行对接?这都是需要进一步探索的问题。

案例分析题

1. 分析海尔客户服务系统的特点。

2. 结合案例谈谈有效的信息管理对企业发展的重要性。

复习思考题

1. 电子商务信息收集的基本要求有哪些？
2. 电子商务环境下商业信息收集有什么特点？
3. 在互联网上检索信息困难与哪些因素有关？
4. 试述电子商务信息组织的工作步骤。
5. 网络检索软件一般由哪些部分组成？
6. 电子商务中应用服务软件管理主要包括哪些？
7. 何谓主机托管？何谓虚拟主机？二者各有什么特点？

参考文献

[1] 赵卫东,黄丽华. 电子商务模式[M]. 上海:复旦大学出版社,2006.

[2] 黄敏学. 电子商务(第三版)[M]. 北京:高等教育出版社,2007.

[3] 张继东. 电子商务基础技术[M]. 北京:人民出版社,2005.

[4] 张瑞敏. 海尔:实施以市场链为纽带的业务流程，再创企业全面信息化管理[OL]. http://www.cnii.com.cn/20020131/ca27571.htm.

[5] 孙学敏. 中小企业信息化问题研究[M]. 郑州:郑州大学出版社,2003.

[6] 杜栋. 信息管理学教程(第二版)[M]. 北京:清华大学出版社,2004.

第四篇

GUANLIPIAN

第十章 电子商务应急响应管理

隐患险于明火,防范胜于救灾,责任重于泰山。

——江泽民,1986 年上海全市消防工作会议讲话

【本章导读】

1. 掌握应急响应的目标、设计、组织结构等流程。
2. 熟悉应急响应的一般过程和处理内容。
3. 了解主机等主要设备的故障恢复要求。

引导案例

雷曼兄弟公司是一家国际知名投资银行,2001 年 9 月 11 日,当世贸大楼像融化的巧克力般倒塌的时候,雷曼公司设在世界贸易中心的总部遭到了彻底摧毁,一切业务瞬间瘫痪。恐怖袭击后,总公司近 6 000 名员工不得不迁往分布在纽约和新泽西地区的 20 多家分公司。据研究表明,金融业可容忍最长停机时间仅为 2 天。这一事实意味着雷曼兄弟如果无法在 48 小时内恢复系统,就将面临倒闭的危险。

因为需要把纽约总部的员工分散在不同的分公司,雷曼兄弟公司的信息技术部门所面临的一个非常艰巨的任务,就是为这些员工提供远程访问业务应用的能力。让员工通过远程的方式访问和存取商业应用,这样他们就能尽可能快地恢复日常工作,避免停机 48 小时。“9 · 11”当天,

在世贸中心的6 000名员工被转移到20个不同地点。2天后，雷曼将思杰Presentation Sever的使用扩展到1 200名员工。6周后，4 500人可以用浏览器对81个企业应用程序进行访问。“9·11”事件之后2天，雷曼的固定收入业务就可以继续进行，证券业务也在股票市场重新营业时得到恢复。

躲过了“9·11”袭击的雷曼公司在7年后的2008金融危机中破产。

第一节　网络应急响应概述

一、目标及范围

网络与安全应急体系是电子商务的重要组成部分。信息安全应急体系建设的目的是保证组织经营管理活动的连续性，消除经营管理活动出现的各种意外的中断，尤其是保护关键业务免受重大故障或灾难的影响。

应急体系应是在信息网络系统安全运行的基础上建立的，与技术方案、管理措施共同组成电子商务信息系统安全体系。技术方案关注于针对系统结构的技术控制措施配置及有效部署，管理措施关注于系统的安全运行与管理控制，应急响应针对于事件的后果影响的消除。

应急响应体系通过预防措施和恢复控制相结合的方式，使由意外事故（如由自然灾害、事故、设备故障和故意行为）引起的破坏减少至可接受的水平。

信息安全应急体系包括事件定位、影响分析、控制风险、限制损害事故的后果、并经过演练后加以执行、以确保在所要求的时间期限内恢复业务处理、减少事件的影响，降低系统的风险。

知识链接：CERT

1. CERT/CC

计算机应急小分队（Computer Emergency Response Team）是由美国联邦政府资助，专门研究计算机及网络安全的组织，他们随时提供最新发现的计算机及网络安全问题，并提供一些解决方法。

2. APCERT

APCERT是由亚太区领先的或国家级的计算机网络应急组织成

立的，目的是建立和推进该地区中各应急组织的合作、响应与信息共享机制。目前APCERT成员包括亚太区14个国家和地区的20个应急组织。

3. CNCERT/CC

中国国家计算机网络应急技术处理协调中心（简称CNCERT/CC）是在信息产业部互联网应急处理协调办公室的直接领导下，负责协调我国各计算机网络安全事件应急小组（CERT）共同处理国家公共互联网上的安全紧急事件，为国家公共互联网、国家主要网络信息应用系统以及关键部门提供计算机网络安全的监测、预警、应急、防范等安全服务和技术支持，及时收集、核实、汇总、发布有关互联网安全的权威性信息，组织国内计算机网络安全应急组织进行国际合作和交流的组织。

二、应急响应设计

经过评审批准的关键业务体系是组织应急预案保护的对象和组织进行应急预案设计的依据。应急预案的设计应当包括IT应急措施、非IT应急措施、相关部门的协调、应急资源的保证、应急预案启动条件等。

1. IT应急措施的设计

对关键业务的应急保护，首先应该通过IT内部的应急措施加以实现。这些IT措施主要是数据备份、网络备份以及系统和网络的应急调用等。IT应急措施的设计应当具有可操作性。

2. 非IT应急措施的设计

对关键业务的应急保护，尤其是与计算机信息网络系统关联程度一般或者与计算机信息网络系统关联程度极高的核心关键业务的应急保护，应当考虑采用非IT应急措施加以实现。非IT应急措施是在关于计算机信息网络系统短期内无法恢复的假设基础上进行关键业务连续性设计的。如切换到手工的方式进行业务的操作，或通过介质传输的方式进行自动业务操作等。

3. 相关部门的协调

组织的应急预案设计是以组织保护整体利益、降低组织整体风险为基本出发点，因此，对关键业务的应急保护涉及组织的各个部门和各个方面的配合和支持。关于关键业务应急保护相关部门的关联方式是组织应急预案设计的关键。

4. 应急资源的保证

应急预案设计应当将应急活动程序化，并通过程序化确定执行应急预案所需的组织资源，包括人员、设备、资金和其他物资，尤其是人员的保证和其他资源的统一指挥调度等。应急资源的保证还包括供应商、开发商、系统集成商以及其他外协和相关单位的支持。

5. 应急预案的启动条件

组织应急预案的启动条件是组织应急预案设计的重要内容，也是实施应急预案的必要条件。组织应当严格规定应急措施的实施和应急资源调用的程序、决策者和责任人。同时，启动应急预案的决策信息必须来自组织规范的报告制度，并有记录及可追溯。

6. 应急预案的演练

组织的应急预案正式批准之前都必须进行演练。演练也可以在仿真条件下进行，但参加演练的人员必须与实际执行应急预案人员的组成相近。应急预案演练是组织应急预案完善的重要工作，包括应急预案演练的计划安排、演练过程和效果的详细记录，演练活动的评估报告和应急预案改进建议等。

(1)应急预案演练的计划安排。应急预案演练应当事先进行周密的组织和安排。组织的信息部门应当将初步形成的应急预案下发至各个相关部门，由相关部门根据本部门的实际情况细化应急预案，确定本部门的应急程序、资源配置和调用情况以及需要其他相关部门协助的请求。组织的信息部门通过各个部门的应急演练具体方案的整合调整，制定组织应急预案的演练计划安排，确定时间，报组织信息领导小组批准实施。

(2)演练过程和效果的详细记录。应急预案演练目的主要是检验应急预案的实施过程是否符合经济性、合理性和可操作性，是否有更实际的、高效率的替代方式和途径以及如何建立表示或提示使实施更为简便和明确。因此，组织应当对演练过程进行跟踪，并对演练过程和效果进行真实详细的记录。

(3)评估报告和改进建议。对应急预案演练的效果应当进行评估，评估报告应当对应急预案是否可操作、应急程序是否科学合理、应急资源是否迅速到位作出明确的结论，评估报告必须有明确的责任人。对应急

预案演练中存在的问题,应当提出改进意见,如果是设计应急预案演练有不能正常进行的重大问题,应当承认演练没有取得成功,建议改进后重新进行演练。组织应当重视应急预案演练的评估报告,对存在的问题进行改进和调整。

(4)应急预案的批准与实施。经过演练和改进的应急预案应当报组织信息安全领导小组批准,并形成正文下发。组织的各个职能部门和责任区域的负责人应当将应急预案相关内容和要求纳入到各自日常的工作范围,明确责任人和职责。应急预案临时调用的各种资源和资金应当落实部门,必要时应建立组织的信息安全应急专款。

第二节　应急响应组织

一、应急响应组织结构

应急响应组织结构如图 10-1 所示。

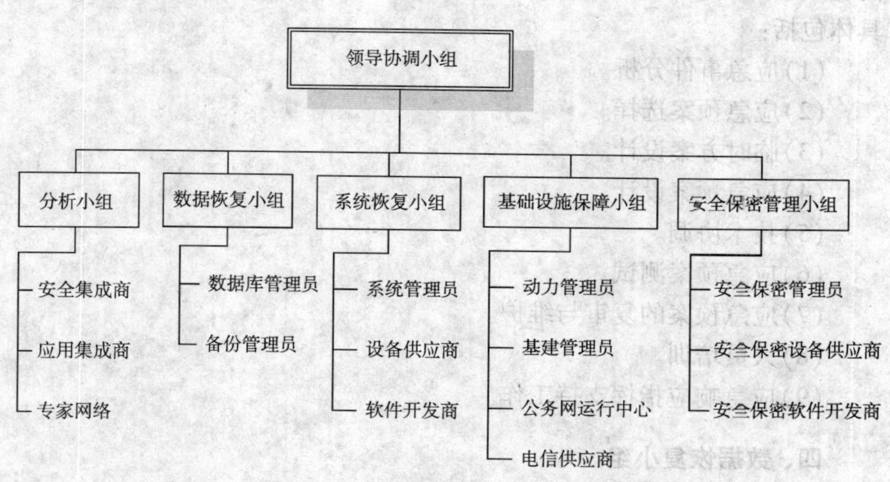

图 10-1　应急响应组织结构图

二、领导协调小组

由电子商务企业分管信息化的领导(组长)、CIO(副组长)和应用及安全集成商领导(组员)组成。对信息系统的运行维护以及应急响应负主要领导责任，具体包括：

(1)提出运行维护和应急响应的具体要求。

(2)监督检查运行维护和应急响应的工作落实情况。

(3)接收信息中心的工作报告、建议。

(4)应急预案的批准。

(5)应急预案的启动或终止决定。

(6)应急事件的指挥。

(7)对应急处置过程重大事项进行协调。

(8)应急事件信息发布。

(9)警戒与防护指挥。

(10)非 IT 措施(切换到手工方式、法律诉讼等)的指挥。

(11)对相关人力、物力等应急资源进行调配。

三、分析小组

由应用集成商技术负责人、安全集成商项目技术负责人、技术专家共同组成。对应急事件分析与应急预案选择与制定负有直接的技术责任，具体包括：

(1)应急事件分析。

(2)应急预案选择。

(3)临时方案设计。

(4)应急预案设计。

(5)技术协调。

(6)应急预案测试。

(7)应急预案的复审与维护。

(8)人员培训。

(9)应急响应指挥支持工作。

四、数据恢复小组

数据恢复小组成员由数据库管理员、备份管理员共同组成，负责日常数据维护与备份工作，应急事件发生时负责数据恢复工作的实施，具体包括：

(1)日常数据维护。

(2)日常备份工作。

(3)备份介质的管理。

(4)数据恢复措施有效性验证与测试。

(5)应急数据恢复工作。

(6)其他相关恢复工作。

五、系统恢复小组

系统恢复小组成员由系统管理员、软件开发商、硬件供应商共同组成,负责日常网络、主机、应用系统故障的排除工作,应急事件发生时负责相关恢复工作的实施,具体包括:

(1)日常网络、主机、应用系统、PC 排错工作。

(2)应急网络设备故障的恢复工作。

(3)应急主机故障恢复工作。

(4)应急应用系统故障恢复工作。

(5)其他相关恢复工作。

六、基础设施保障小组

基础保障小组由动力管理员、基建管理员、网络中心、电信共同组成,负责基础设施的日常保障工作,应急时负责基础设施的保障与恢复工作,具体职责如下:

(1)日常动力供应保障(电、空调等)。

(2)日常基础防护设施完好性保障(如防盗、监控设备)。

(3)日常外联网络畅通保障(协调电信、公网运行中心)。

(4)应急电力供应保障。

(5)应急基础防护措施保障。

(6)应急外联网络畅通。

七、安全保密管理小组

安全保密管理小组由安全管理员、保密管理员、安全保密产品供应商、安全保密软件开发商共同组成,负责系统的日常安全保密工作以及应急时安全保密分析调查与故障恢复工作,具体职责如下:

(1)日常系统安全工作(防病毒、入侵检测、审计、漏洞扫描、系统加固、日志查看、防火墙配置等)。

(2)日常系统保密工作(加密机维护、数字证书管理、访问控制列表管理等）。

(3)应急安全事件调查协助工作（入侵检测、日志分析、审计信息、审批记录等）。

(4)应急安全产品故障恢复工作（防火墙、加密机等）。

八、名单的维护

包括运行维护和应急响应小组的成员名单以及专家支持网络的成员名单，成员名单中的联系方式每月一次进行确认，及时保持其正确性，尤其是处于外部的专家支持网络人员，以免由于通信方式的变动而在紧急情况下无法与专家取得联系。

第三节　网络应急响应一般过程

一、关键资产

系统中的关键资产一般包括以下部分：

(1)核心交换机。

(2)核心交换机之间的光缆线路。

(3)机房动力、空调。

(4)应用服务器（OA、Mail）。

(5)数据库服务器。

(6)备份服务器。

(7)数据库服务器中的数据。

二、事件及影响

根据电子商务系统的网络结构，可以将需要进行应急响应的事件列表，如表10-1所示。

三、事件分析

事件发生后，首先是对事件进行判断，评估系统损失，继而选择相应的应急计划。此阶段的参与人员是应急分析小组的成员。在经过事件的定位后，选择相应的应急响应小组成员，执行应急响应预案。

应急响应事件表 表 10-1

事件	涉及资产	事件影响	发生的可能性	建议优先级	采取的防范措施	采取的补救措施	投资	收益
病毒	重点服务器、多数 PC	业务受到影响	中	1	防病毒、加强内部管理、数据备份	杀病毒	购置杀毒软件、加强内部管理	病毒发生时业务不中断
网络入侵	网络、重点服务器	业务受阻	中	2	入侵检测、漏洞修补、内部管理、应用备份、数据备份、日常检查	调查取证、应用、数据恢复、追查、法律诉讼	需要投入数据、应用备份系统	内部入侵发生后的恢复
网络故障	核心交换机	所有用户无法进行全区网络工作	中	2	核心交换机备件、低一级交换机备份、日常维护检查	交换机更换、备份	需要投入核心交换机的备份设备	网络核心交换机损坏后业务快速恢复
主机故障	重点服务器、硬盘	应用中断、数据破坏	中	2	备件、备机、系统备份、应用备份、数据备份、日常维护检查	硬件恢复、切换	投入主机备份机，或双机热备	主机发生损坏后业务的迅速恢复，双机热备可以实现业务无中断
软件故障	应用软件、数据库软件	应用中断	中	2	系统备份、应用软件备份、数据备份	软件重新安装、恢复	投入应用、软件备份系统	软件发生故障后业务迅速恢复
火难	核心交换机、重点服务器、基础设施	系统大面积破坏，业务中断，破坏性非常大	很低	3	防火、防雷击、网络、主机、应用、数据的异地备份、备份检查	网络、数据、主机、应用、数据的灾难恢复、业务重建	需要在异地建立备份中心、投入整套的备份设备、建立远程链路、构建异地网络	灾难发生后迅速恢复工作
线路故障	光缆	部分用户无法开展工作	中	3	备用线路	切换到备用线路	投入备份网络	光缆损坏后业务迅速切换、恢复

四、预防控制措施

1. 技术措施

(1)基础设施：

①UPS。

②电力冗余。

③空调维修。

④物业维修。

⑤通信中断抢修。

⑥供应商服务。

(2)网络：

①设备备件。

②配置备份与恢复。

③临时连接措施。

④线路维修。

⑤供应商服务。

⑥平台切换。

(3)主机：

①设备备件。

②双机热备。

③供应商服务。

(4)应用系统：

①系统备份与恢复。

②限制服务。

③系统暂停。

(5)数据：

①数据备份。

②数据恢复。

2. 非技术措施

(1)信息通告。

(2)警戒。

(3)业务切换到手工或半自动状态。

(4)调查取证、法律诉讼。

五、通知和启动

一旦确认系统遭到破坏、紧急状况发生或即将发生，通知是最初采取的应急活动，包括通知应急恢复人员、评估系统损失和执行应急计划。在通知和启动阶段完成后，恢复人员将执行应急措施，恢复系统功能。

1. 技术恢复措施

(1)基础设施：

①电力切换。

②基础设施修复。

(2)网络：

①备件更换。

②配置恢复。

③临时连接。

④线路修复。

⑤供应商服务。

⑥平台切换。

(3)主机：

①设备备件切换。

②双机热备切换。

③供应商服务。

(4)应用系统、系统恢复。

(5)数据：数据恢复。

2. 非技术措施

(1)信息通告。

(2)业务切换数据处理与切换。

六、测试

对于应急响应预案涉及的各类保障措施应进行测试，以确保计划的完好有效。主要测试的内容如下：

(1)替换设备是否有效。

(2)恢复流程是否有效。

(3)通知程序是否顺畅。

(4)应急预案是否能够有效执行。

计划的审核通过形式化审查与实际操作模拟两种方式进行。形式化审查主要是对计划中的内容以问答的形式进行逻辑上的验证,实际模拟则是在可控的状态下模拟各类事件的发生,并进行实际的演习。

七、培训与演练

对于应急响应的内容以及涉及的人员需要进行相关的培训与演练,培训包括以下 3 个方面:

(1)关于应急响应预案的培训。

(2)关于人员相关技能的培训。

(3)通过演练进行协作培训。

八、应急计划的维护

由于环境变化,系统业务经常会发生变更,因此需要对应急计划进行定期的复审与更新。一般要求,当应急计划中涉及的任何部分发生重大变化时,应急计划需要进行相应的复审,应急计划全面复审至少每年进行 1 次。应急计划复审的基础内容如下:

(1)运行要求。

(2)安全需求。

(3)技术程序。

(4)硬件、软件和其他设备(类型、规格和数量)。

(5)主要设备供应商和联络方式(备品、备件)。

(6)应急响应小组成员名字和联络方式。

(7)替代设备和备份需求。

(8)重要记录(电子、纸质)。

九、应急预案

电子商务网络应急应该包括以下的应急预案:网络设备应急预案、主机故障应急预案、安全事件应急预案、灾难性事件应急预案。应该对上述大类中的每一个关键设备进行预案申明、人员职责、启动条件、总体流程、响应流程、恢复流程的详细方案制定和演练。

案例　某业务系统主机故障应急预案

一、预案申明

主机部分(服务器)是企业电子商务信息中心信息系统的承载主体,主机的故障将直接导致业务的中断。本预案的目的是尽量保持业务连续,减小由于主机故障发生给业务带来的影响。

二、人员职责

人员职责有以下几点:

(1)值班人员:初步认定故障,排错尝试,故障上报。

(2)分析小组:故障定位,上报领导小组。

(3)领导协调小组:应急预案启动、协调预案实施。

(4)系统恢复小组:应急响应、系统恢复。

三、启动条件

根据信息系统特点,主机部分的故障分为以下3个等级:

1. DNS服务器故障

核心业务服务器指实时运行的、利用率比较高的业务服务器主机。或者如DNS等利用率比较高、中断将引起系统中断的服务器。

2. 普通业务服务器故障

普通业务服务器是指实时运行的、利用率不高的业务服务器主机。

3. 邮件服务器故障

邮件服务器属于本身的实时性要求不高的服务器。

本预案所指的故障指设备本身由于环境、机械方面原因造成的在现场无法修复的故障并造成业务中断,或者在工作时间维修恢复时间预计将超过4小时的故障。

当发生业务中断或效率严重降低,造成业务受到影响时,经分析小组确认为上述3类故障中的一种后,可书面上报领导协调小组,由领导协调小组决定是否启动应急预案。

四、总体流程

如图10-2所示为应急响应的总体流程。

五、响应流程

(1)出现故障、发现问题时,首先通知值班人员。

(2)值班人员对故障进行处理与初步判断,当怀疑为主机设备故障时,立即通知系统分析小组网络负责人,并填写值班记录。

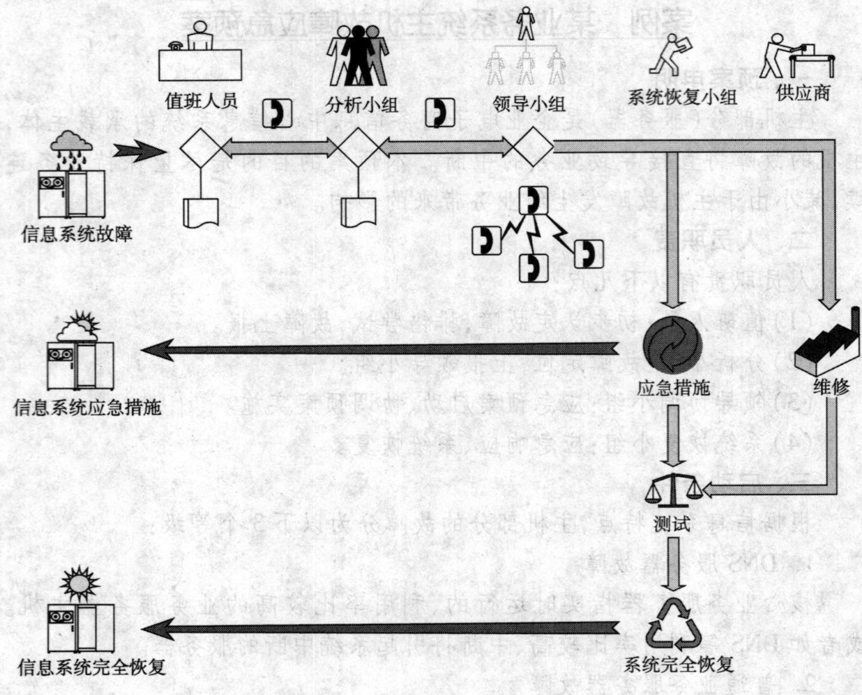

图 10-2　总体流程图

(3)分析小组网络负责人应首先在电话中指导值班员进行进一步的分析指导工作,初步判断为主机故障时应立即赶赴现场,并通知领导协调小组负责人,当分析在现场确认故障满足应急启动条件,应立即通知领导小组负责人,并填写应急预案启动申请。

(4)领导协调小组负责人批准应急预案启动申请,并组织系统恢复小组、数据恢复小组、设备备件保管人员以及供应商启动应急预案。

六、恢复流程

(1)系统恢复小组根据故障的类型调换发生故障的设备,采取应急措施(应急措施 1、2、3)。

(2)设备厂商对发生故障的设备进行故障分析,进行调试与检修直至设备恢复正常状态。

(3)在下班或休息时间,系统恢复小组对已修复或更换的设备进行性能和功能测试,测试通过后恢复系统。

(4)将备用设备转为备用状态,由设备管理员负责入库。

七、恢复内容

1. 热备份

核心服务器采取了双机热备的方式,数据集中存储在 EMC 中。当核心服务器中的一台发生故障后,系统可以不间断地自动切换到另一台服务器中。

2. 设备维修

当核心业务服务器元器件损坏时应立即通知供应商,进行备件的更换与维修。

3. 系统恢复

(1)启动备用服务器。本系统设置了远程备用设备,在此服务器上配置有各服务器上运行的应用程序和各种参数,在正常情况下此备份服务器处于不工作状态,一旦出现某个应用服务器发生故障,无法提供服务时,在本地或远程都可以立即使备份服务器投入工作,以暂时代替使用。此方式为服务器平台硬件提供了备份功能。当服务器出现故障时应首先启用硬件备份措施。

(2)设备维修。当切换到了备份服务器后,应立即通知供应商对设备进行检修,如发现元器件损坏应立即协调供应商进行备件的更换与维修工作。

①供应商电话:×××××××××。

②设备保修卡:×××××××××。

(3)数据恢复

如表 10-2 所示,对于现有的服务器制定了以下的备份措施:

为现有服务器制定的备份措施　　表 10-2

主机类型	应用	操作系统	现有数据容量	备份需求
××××	××××	××××	×××MB	全备/周
××××	××××	××××	×××MB	增量/天,全备/周
××××	××××	××××	×××MB	增量/天,全备/周

本预案为主机出现故障后,启动应急措施的步骤与流程。当设备维修完毕应首先进行设备中的操作系统与数据的恢复工作。

①操作系统恢复流程(略)。

②数据恢复流程(略)。

(4)运行恢复。应在非工作时间对恢复的设备进行测试,当测试通过后进行系统的切换工作。

①测试流程(略)。

②切换流程(略)。

八、保障资源

1. 人员通讯表

人员通讯表如表10-3所示。

人 员 通 讯 表 表10-3

姓名	职　　责	联系电话	紧急联系电话
	值班员		
	分析小组负责人		
	领导协调小组负责人		
	设备供应商		
	系统恢复小组负责人		
	设备管理员		

2. 应急物资清单

应急物资清单如表10-4所示。

应 急 物 资 清 单 表10-4

编号	资源名称	所在位置	责任人	联系方式
	备份与恢复操作手册			
	磁带介质存放处			
	领导PC备份介质存放处			

九、应急预案启动申请

应急预案启动申请如表10-5所示。

应急预案启动申请 表 10-5

编号：

<table>
<tr><td>值班员：</td><td>日期：</td></tr>
<tr><td colspan="2">情况描述</td></tr>
<tr><td colspan="2"></td></tr>
<tr><td colspan="2">事件分析</td></tr>
<tr><td colspan="2"></td></tr>
<tr><td colspan="2">启动预案建议——对系统可能的影响</td></tr>
<tr><td colspan="2">分析人：</td></tr>
<tr><td colspan="2">领导批示：
签名：
日期：</td></tr>
<tr><td colspan="2">处理结果：
签名：
日期：</td></tr>
<tr><td colspan="2">领导批示：
签名：
日期：</td></tr>
<tr><td colspan="2">备注：情况描述包括审计日志异常、病毒警报、发现入侵行为等各种安全事件，描述时应写明分析的依据。</td></tr>
</table>

十、预防措施

1．定期巡检

在下班或休息时间定期进行检修电器连接、环境、状态，发现问题及时进行更换、维修，确保各类设备的完好。如表 10-6 所示为计算机机房安全检查表。

计算机机房内安全检查表　　表 10-6

日期:			
检查项			
设备	检查内容	检查结果	备注
电源	是否有异常		
交换机	是否正常工作		
服务器	是否正常工作		
介质	涉密介质是否放入保险柜中		
文件	涉密文件是否放入保险柜中		
保险柜	是否妥善关闭		
刻录机	工作是否完成,是否有盘在内		
软驱	软驱内是否有未取出的磁盘		
磁带机	备份是否完成,介质是否放入保险柜中		
安全审计仪	是否正常工作,日志是否将满		
门	是否妥善关闭		
其他			
检查人:	离开时间:		

2. 系统备份

(1)冷备份。备份系统未安装或未配置成与当前使用的系统相同或相似的运行环境,应用系统数据没有及时装入备份系统。一旦发生灾难,需安装配置所需的运行环境,用数据备份介质(磁带或光盘)恢复应用数据,手工逐笔或自动批量追补孤立数据,将终端用户通过通信线路切换到备份系统,恢复业务运行。

(2)温备份(备份主机方式)。备份系统已安装配置成与当前使用

的系统相同或相似的系统和网络运行环境，安装了应用系统业务定期备份数据。一旦发生灾难，直接使用定期备份数据，手工逐笔或自动批量追补孤立数据，将终端用户通过通信线路切换到备份系统，恢复业务运行。

(3)热备份。备份处于联机状态，当前应用系统通过高速通信线路将数据实时传送到备份系统，保持备份系统与当前应用系统数据的同步。也可定时在备份系统上恢复应用系统的数据。一旦发生灾难，不用追补或只需追补很少的孤立数据，备份系统可快速接替生产系统运行，恢复营业。

3. 备份策略

(1)数据量少时，可以每次都用全备份数据，这样，恢复时，只需要指定一个数据源即可。

(2)数据量大时，如果每天作全备份，效率会很低。可以结合全备份和增量备份方式。比如每星期作1次全备份(如星期天)，其他时间，每天作1个增量备份(如星期一到星期六)。恢复时，只要依次恢复最多7个备份介质即可。(如上周日、星期一、星期二……直到出事前一天的数据。)

(3)数据量特别大时，每星期作全备份对系统的压力也会很大。这时，可以结合全备份、累计增量备份、增量备份3种方式，提供相对效率高、恢复快的备份手段。比如每个月作1次全备份(如每月初)，然后每星期日作1次累计增量备份，其他时间，每天作1次增量备份。恢复时，先恢复月初的全备份，再恢复上周日的累计增量备份，再依次恢复以后每一天的增量备份(如星期一、星期二……)，直到出事前一天的数据(最多恢复8份数据，相对的如果不采用累计增量备份方式，恢复时最多可能需要恢复31份数据，恢复速度和复杂程度都会不理想)。

4. 备份管理

(1)备份系统管理员的职责。如同系统管理需要设置系统管理员、数据库管理需要数据库管理员、网络管理需要网络管理员一样，管理备份系统也需要有相应的人员来负责。备份系统虽然不如这些系统那么复杂，但也需要相当的学习才能对备份系统进行有效、安全地管理。备份系统管理员可以是专职的，也可以由系统管理员、数据库管理员或网络管理员兼职。或许这些角色都集中在一个管理人员身上。至少应安排一个备份系统的管理人员，如果条件允许，也可以安排另一个管理人员以防止主要管理员不在的时候有人负责对备份系统进行管理。

尽管备份系统管理员可以对整个备份系统进行任何操作,但实际上备份系统管理员的主要职责应该是协助其他管理者使用备份系统。

(2)备份策略制定的角色。无论制定新的或改变已有的备份策略,备份系统管理员都应与系统管理员和数据库管理员进行沟通,由他们决定备份策略的内容,也就是说备份策略的制定者应该是系统管理员和数据库管理员而不是备份系统管理员。备份系统管理员只是负责协助他们使用备份系统。由系统管理员和数据库管理员决定对哪些数据进行备份、备份在什么时候进行、备份是使用全备份或增量备份以及备份的保存周期等。

(3)修改备份策略的过程。有时,根据服务器系统的改变或数据库的改变以及应用的需求等,需要进行备份策略的修正以适应这些改变。当需要对备份策略进行改变时,应按一定的程序进行而不是由备份系统管理员自选决定进行修改。

首先,应由应用、系统或数据库管理员提出需求,将需要改变的内容如备份内容、备份时间、备份类型、备份频率和备份保存周期等以书面方式提交给备份系统管理员。

管理员收到修改需求后,需要确定修改内容的合理性以及修改对其他备份部分的影响。如果确认可以进行修改再对备份系统进行修改。管理员将备份系统修改的内容以书面方式记录下来,以备后用。应对修改后的备份部分进行相应的测试。

十一、恢复的管理

恢复的操作直接影响到实际的应用。如果进行了不正确的恢复操作可能会造成可怕的后果。因此,恢复操作应严格按一定的操作程序进行,绝不能由备份系统管理员或某一个应用者进行恢复操作了事。

1. 故障确认

(1)在进行恢复之前首先应该确认造成故障的原因。故障的原因非常多,应该分清是操作系统的故障还是数据库的故障。如果是数据库的故障,不同的数据库应采用不同的故障分析方法,有时可以使用数据库提供的故障诊断工具进行故障分析。这些工作应由相应的管理者(如系统管理员或数据库管理员)负责进行,完成制定恢复计划。

(2)备份系统管理员在收到故障分析报告后,应与相应管理者一起

制定详细的恢复计划，包括恢复的内容、恢复的时间、恢复的操作步骤、恢复对应用造成的影响等，最后形成一个书面的恢复计划。备份系统管理者应将故障分析报告与恢复计划一起提交到相应的主管领导审批。主管领导应确认恢复对生产造成的影响，在批准执行恢复前应以相应方式与有关部门进行沟通和通知有关部门进行恢复前的准备工作。

2. 恢复操作

(1)在进行实际的恢复前，备份系统管理者与相应管理者应再次确认恢复计划的可行性及造成的后果。确认无误后进入到实际的恢复操作。

(2)在进行恢复前，还应该做的一件事情是对现有的内容作相应的备份。以防止在恢复的过程中发生更进一步的错误。这可能是由于恢复计划制定得不合理造成的，也可能是操作失误造成的。

(3)进行恢复操作时应将每一步的执行过程记录下来，以备后用。

3. 恢复后的操作

(1)完成恢复后应测试恢复的结果。在完成恢复结果测试成功后，对恢复后的系统进行相应的备份。

(2)将执行恢复操作的管理者、恢复操作的时间、过程、完成的状况等形成书面报告，报有关领导进行审批。

(3)有关领导确认恢复完成后，通知相应部门恢复有关的应用。

(4)审批后的恢复报告应与故障分析报告、恢复计划、恢复操作报告一起进行存档。

十二、介质管理

1. 介质的安全性

存放在备份磁带中的数据的重要性是不言而喻的。因此，应防止因环境、人为等因素对磁带造成损坏，还要防止人为泄密等，需要对备份磁带进行有效安全的保护。

备份系统管理者应随时将磁带库上锁，同时，在可能的情况下防止非授权人员接触备份系统。备份系统管理者还应该严密保存备份系统管理者的口令，以防止有人无意或恶意对备份系统及备份进行破坏。

2. 介质的存放

为了防止灾难的发生，备份的介质必须定期送往异地进行存放。建议对所有关键数据进行介质复制，备份完成后将复制的介质取出存放到异地，将所有备份数据的介质从备份磁带库中取出存放到异地。对于每天进行的增量备份可以每天完成备份后将备份数据介质从磁带库中取出进行异地存放。

取出数据备份介质的同时也应将备份系统数据库的备份介质一同取出进行异地存放，以便于在灾难恢复时能够快速重建原有备份系统。

十三、对长期保存的备份进行校验

应该定期对长期保存的备份进行校验，以防止在需要时备份不可用的情况发生。校验应使用 bakbone datacenter 的校验工具 scan 进行。

十四、备份切换

本系统设置了远程备用设备，在此服务器上配置有各服务器上运行的应用程序和各种参数，在正常情况下此备份服务器处于不工作状态，一旦出现某个应用服务器发生故障，无法提供服务时，在本地或远程都可以立即使备份服务器投入工作，以暂时代替使用。此方式为服务器平台硬件提供了备份功能。其具体操作如表 10-7、10-8 所示。

Windows 系统备份 表 10-7

需要工具	ntbackup. exe
备份范围	Windows 系统文件、注册表文件和 ADSI 活动目录内容
备份方法	1. 运行备份程序。可以使用以下 2 个方法运行： 如图 10-3 所示为菜单方式。图 10-4 为 DOS 窗口方式。  图 10-3 菜单方式

续上表

	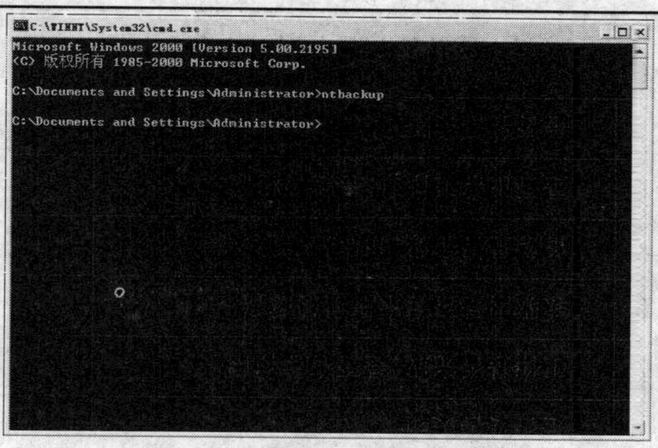 图 10-4　DOS 窗口方式
备份方法	2. 弹出如图所示的程序界面,选择备份向导(深色区域),如图 10-5 所示。 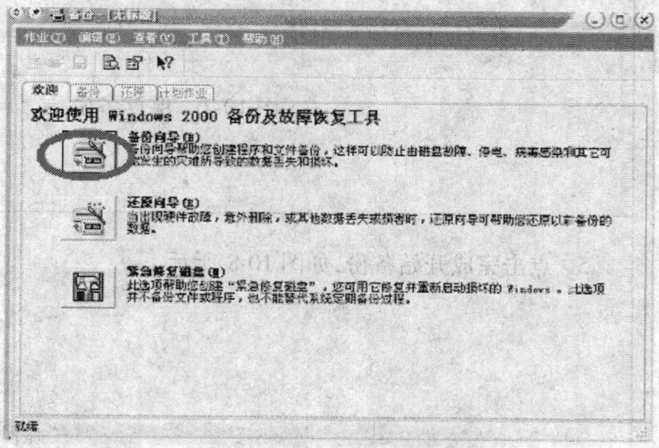 图 10-5　备份向导
	3. 在弹出的窗口中选择"下一步"按钮,在后续的窗口中选择"备份整个系统",如图 10-6 所示。 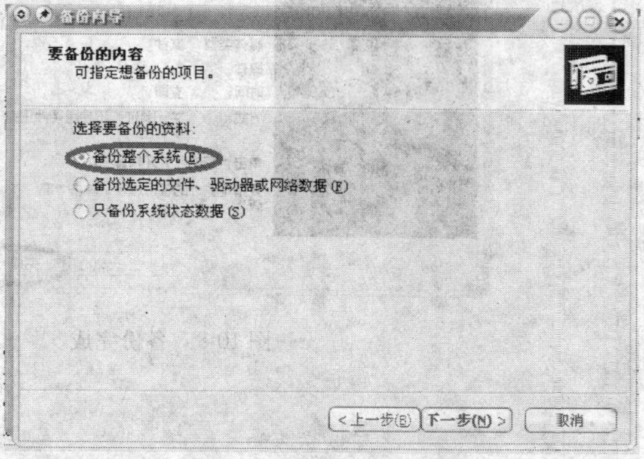 图 10-6　备份整个系统

续上表

	4. 选择文件保存位置,如图 10-7 所示。 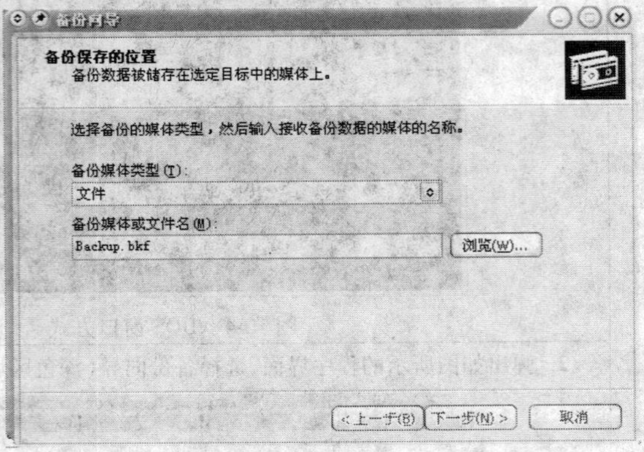 图 10-7　保存备份
备份方法	5. 点击完成开始备份,如图 10-8 所示。 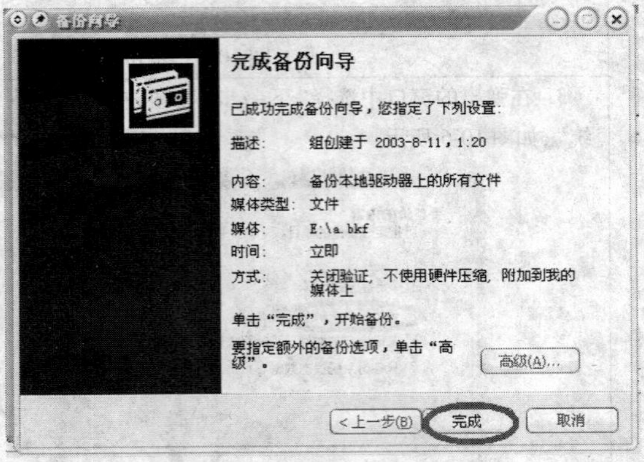 图 10-8　备份完成

恢 复 预 案　　表 10-8

需要工具	ntbackup. exe。
恢复范围	Windows 系统文件、注册表文件和 ADSI 活动目录内容。
恢复方法	1. 安装 Windows 2000 操作系统。 2. 运行备份程序。可以使用以下 2 个方法运行。如图 10-9、图 10-10 所示。 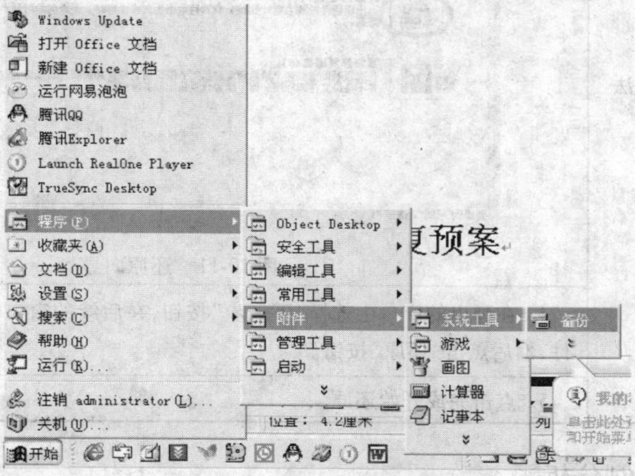 图 10-9　菜单方式 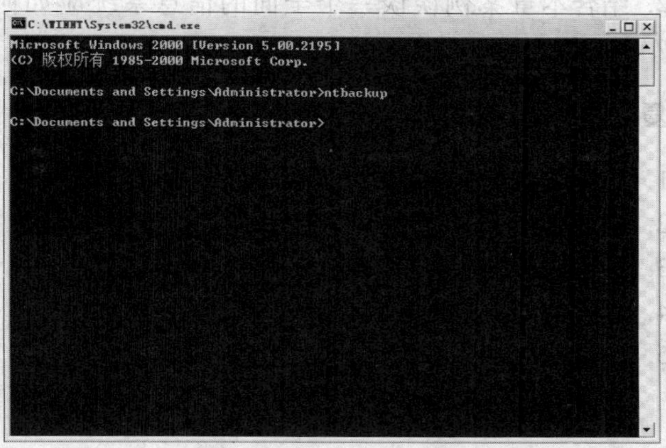 图 10-10　DOS 窗口方式

续上表

<table>
<tr>
<td rowspan="3">恢复方法</td>
<td>3. 弹出如图所示的程序界面,选择还原向导(深色区域),如图 10-11 所示。
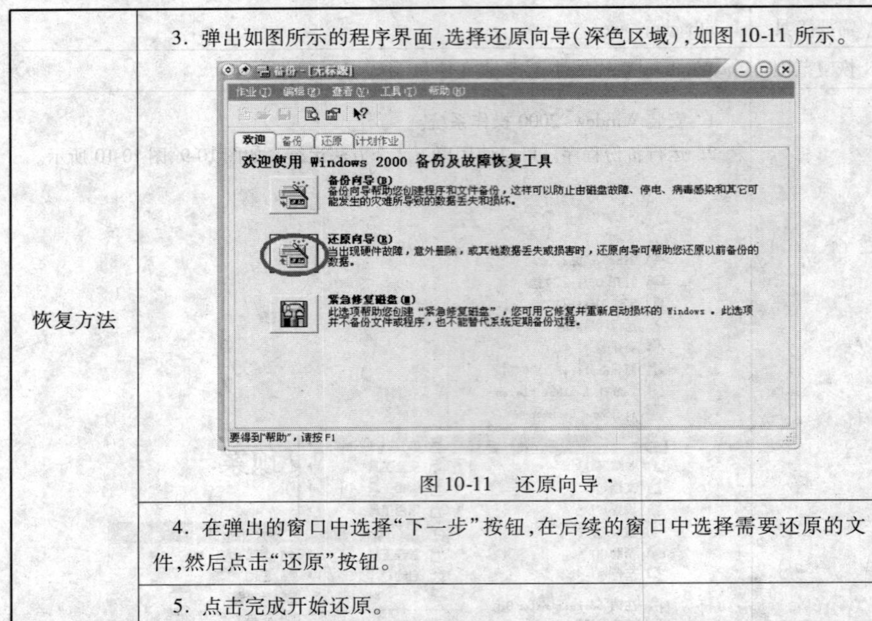

图 10-11 还原向导</td>
</tr>
<tr>
<td>4. 在弹出的窗口中选择“下一步”按钮,在后续的窗口中选择需要还原的文件,然后点击“还原”按钮。</td>
</tr>
<tr>
<td>5. 点击完成开始还原。</td>
</tr>
</table>

案例分析题

1. 分析本章案例中技术性措施和非技术性措施如何实现结合?
2. 结合本章案例谈谈一个全面的信息系统应如何进行应急响应设计?

复习思考题

1. 应急响应的技术性措施有哪些?
2. 应急响应的非技术性措施有哪些?
3. 一个完整的应急响应应该包括哪些步骤?
4. 应急响应中组织如何设计? 它们的定位如何?
5. 应急响应的演练为何非常重要? 如何演练?

参考文献

[1] Christopher Albert , Audrey Dorofee. OCTAVESM, Carnegie Mellon.

[2] 英国标准协会. BS15000(ITIL)[S]. itSMF,2000.

[3] Peter Brooks(丰祖军译). IT服务管理指标[M]. 北京:清华大学出版社,2008.

[4] 中华人民共和国国家标准 GB/T 20282—2006. 信息安全技术:信息系统安全工程管理要求[S]. 北京:中国标准出版社.

[5] 中华人民共和国国家标准 GB/T 19716—2005. 信息安全技术:信息安全管理实用规则[S]. 北京:中国标准出版社.

[6] 中华人民共和国国家标准 GB/T 18208—2004. 信息安全技术:系统安全工程成熟模型[S]. 北京:中国标准出版社.

[7] 中华人民共和国国家标准 GB/T 21282—2006. 信息安全技术:IT安全管理指南[S]. 北京:中国标准出版社.

[8] 魏忠. 上海市科委标准化专项:通用信息系统外包服务规范[S]. 2004.

[9] 王达. 网管员必读——网络管理[M]. 北京:电子工业出版社,2007.

第十一章 电子商务工程质量管理

"质量是一种以最经济的手段,制造出市场上最有用的产品。一旦改进了产品质量,生产率就会自动提高。"

——戴明

【本章导读】

1. 掌握计算机网络工程质量的要求以及在每个阶段的表现方式,掌握质量管理内容。

2. 熟悉综合布线系统的质量管理及验收标准。

3. 了解 CMM、SSE-CMM 的概念。

引导案例

中国建筑第八工程局是总部坐落在上海浦东的一家集团性建筑企业,年销售额近300亿元。2007~2008年,集团公司为了加强分公司和项目部的财物、采购、成本、项目的管理,选择了德勤公司作为项目总包进行了ERP的建设,项目建设投入2 000万,2008年1月20日开始上线运行,对整个集团的几十个分支机构、近400个在建项目进行即时控制。

由于中国建筑第八工程局常年进行建筑方面的项目管理,积累了丰富的项目管理和质量经验以及管理体系,因此,在公司董事长梁新向直接战略部署和总工程师的分管下进行实施,具体实施由信息中心操作。另外,项目

后期公司还从各个分公司抽调 20 多人形成 ERP 推进小组,从应用效果和培训方面推动项目的进展。项目按照公司已有的项目管理规范流程和 ISO 9000 管理进行质量和项目的控制,按期完成了 3 个阶段的内容。

在项目建设的初期,浦东新区信息化推进资金安排了 60 万的项目资助,帮助企业进行软件方面的推进工作,由于是政府安排的资金,项目过程中按照政府投资信息化项目的规定,由浦东信息化推进中心进行中期检查、由上海信息安全测评中心进行信息安全和软件测评、由上海海事大学进行验收前系统审计,由浦东信息化委员会安排的专家组进行了项目验收。

公司信息中心主任体会到,今后项目管理要结合自己公司项目管理的体系以及 IT 行业特有的质量管理标准进行结合,通过这个项目的实践,今后由被动的接受验收变为主动的进行行业标准化的质量管理。

第一节　计算机网络工程质量管理

计算机网络工程的建设过程,一般按照以下 4 个阶段进行划分:

(1)系统设计阶段。

(2)系统实施阶段。

(3)系统验收阶段。

(4)系统运行维护阶段。

一、系统设计阶段

1. 用户需求确定与外部条件调研

由于建设单位的技术实力或其他具体原因,用户需求的确定往往需要咨询单位或承建单位协同建设单位来完成。建立网络的目的是为了应用,不同的行业有不同的应用要求,建设单位一定要充分论证和调研,确定待建计算机网络系统的功能和应用。此外,用户数据量的大小、数据的重要程度、网络应用的安全性、可靠性和实时性等要求,应形成正式文件作为系统设计的必要输入条件。外部条件的调研内容包括当地电信网、数据网、有线电视网的接入方式与技术要求,可供使用的通信设备容量、传输速率等。

2. 计算机网络系统的方案设计与评审

系统方案设计的目的是承建单位根据建设单位的需求,提供系统规划设计的可行性方案。系统方案设计包括以下内容：系统总体功能、系统总体框图、系统设计标准、主要设备技术指标、系统概算（系统主要设备、辅料、安装和服务等概算）。经过评审，建设单位最终确定设计方案。

3. 计算机网络系统施工招标文件与技术规格书制定

招标技术文件是建设单位要求承建单位根据系统用途、相关文件等，对计算机网络系统的初步设计和施工组织设计提出的具体要求。文件内容包括：工程概况（系统概况、施工概况），网络系统技术要求（系统功能、系统构成、主要设备技术指标），工程实施要求（承建单位的组织机构和人员、工程设计图、有关文件和资料、工程进度、培训、系统验收、系统保修和维护）。

4. 设备供应商与工程承建单位招标

根据系统投标报价、企业规模、网络工程业绩、技术人员实力、各种网络代理资格情况、各种网络工程资质证书情况、企业信誉等选定设备供应商和工程承建单位。

5. 计算机网络系统深化设计

计算机网络系统深化设计，是对参加投标的初步设计进行施工前的细化设计。深化设计产生一些必要的文档。系统图是用简单的文字和图形描述系统之间的相互关系，以达到形象和易于理解的目的，以描述系统工作各个组成部分。平面布置图是用来描述设备的平面位置、与系统中其他设备之间的连接关系、线缆的走向和型号等。系统接线图是以图元的方式来描述系统信号端子的接线关系，描述端子的编号和说明、接线与端子编号的对应关系等。另外，还要规划系统验收细则、网络地址分配表、子网规划表、设备配置表、安全策略及配置等文件。

二、系统实施阶段

1. 系统施工

进行综合布线施工，完成管线、线槽、桥架、机柜和设备的安装，进行缆线测试，包括线对、长度、衰减、近端串扰（两端都应测试）及设计中特殊规定的测试内容。测试光纤特性（如衰减、长度等）。

2. 系统调试

调试包括单体设备调试、网络应用调试。测试网络应用软件配置是否合理、各种网络服务是否实现、网络安全性及可靠性是否符合设计要求等。进行网络系统集成性能测试，包括丢包率、错包率、网络线速、碰撞统

计、帧故障等，形成详细的网络性能测试报告。

三、系统验收阶段

1. 系统初步验收及试运行

系统实施结束后，试运行前的系统初步验收的内容包括系统配置验收、系统功能验收。建设单位确认后进行试运行。试运行期间做好试运行记录。

2. 系统竣工验收

系统在初步验收和试运行的基础上，进行系统投入正式运行前的最终验收，内容包括系统试运行记录审查（包括系统变更和修改记录），配置验收、功能验收、性能验收。

系统移交时，必须提供移交清单和清单中所列的所有文件和资料。内容包括：全套工程图纸和有关文件资料、系统用户手册、系统操作手册、产品说明书、产品质量保证文件、系统保修和维护文件。

对于小型和技术要求简单的计算机网络系统工程，经有关方面同意，可以系统方案设计代替系统初步设计，系统方案设计经审批后直接转入系统深化设计；在验收阶段，省略初步验收，经试运行后直接进行竣工验收。

四、工程运行维护阶段

计算机网络工程技术文件是计算机网络工程在其生命周期即方案、设计、实施、调试、验收和维护等全过程的记录和依据，其中部分文件具有法律效力，是工程管理最重要的内容之一。为保证各阶段技术文件的质量和完整性，应规范计算机网络工程技术文档的编制。如表11-1 所示。

1. 系统需求书要求

1）说明

需求书是建设单位根据计算机网络系统用途、功能要求和有关文件，委托进行计算机网络方案设计的任务书。

2）文件内容要求

（1）工程概况。

①使用条件和环境概况。

②现有设备概况。

计算机网络工程技术文件表 表11-1

<table>
<tr><th rowspan="2">工程阶段</th><th rowspan="2">文件名称</th><th colspan="3">建设单位</th><th colspan="3">承建单位</th></tr>
<tr><th>交</th><th>签</th><th>定</th><th>交</th><th>签</th><th>定</th></tr>
<tr><td rowspan="2">一、系统方案设计</td><td>系统需求书</td><td></td><td></td><td></td><td></td><td></td><td></td></tr>
<tr><td>系统方案设计书</td><td></td><td></td><td></td><td></td><td></td><td></td></tr>
<tr><td rowspan="2">二、系统初步设计</td><td>系统设计任务书</td><td></td><td></td><td></td><td></td><td></td><td></td></tr>
<tr><td>系统初步设计书</td><td></td><td></td><td></td><td></td><td></td><td></td></tr>
<tr><td rowspan="7">三、系统深化设计</td><td>系统图</td><td></td><td></td><td></td><td></td><td></td><td></td></tr>
<tr><td>系统接线图</td><td></td><td></td><td></td><td></td><td></td><td></td></tr>
<tr><td>系统验收细则</td><td></td><td></td><td></td><td></td><td></td><td></td></tr>
<tr><td>网络地址分配表</td><td></td><td></td><td></td><td></td><td></td><td></td></tr>
<tr><td>子网规划表</td><td></td><td></td><td></td><td></td><td></td><td></td></tr>
<tr><td>设备配置表</td><td></td><td></td><td></td><td></td><td></td><td></td></tr>
<tr><td>安全策略及配置</td><td></td><td></td><td></td><td></td><td></td><td></td></tr>
<tr><td rowspan="2">四、系统施工</td><td>施工管理文件</td><td></td><td></td><td></td><td></td><td></td><td></td></tr>
<tr><td>设计变更文件</td><td></td><td></td><td></td><td></td><td></td><td></td></tr>
<tr><td rowspan="2">五、系统调试</td><td>系统调试分析报告</td><td></td><td></td><td></td><td></td><td></td><td></td></tr>
<tr><td>系统培训文件</td><td></td><td></td><td></td><td></td><td></td><td></td></tr>
<tr><td rowspan="2">六、系统初验及试运行</td><td>系统初步验收报告</td><td></td><td></td><td></td><td></td><td></td><td></td></tr>
<tr><td>系统移交清单及文件</td><td></td><td></td><td></td><td></td><td></td><td></td></tr>
<tr><td>七、系统验收</td><td>系统验收报告</td><td></td><td></td><td></td><td></td><td></td><td></td></tr>
<tr><td rowspan="3">八、系统运行维护阶段</td><td>系统管理制度</td><td></td><td></td><td></td><td></td><td></td><td></td></tr>
<tr><td>系统运行记录</td><td></td><td></td><td></td><td></td><td></td><td></td></tr>
<tr><td>系统维护保修记录</td><td></td><td></td><td></td><td></td><td></td><td></td></tr>
</table>

(2)技术要求。

系统功能和应用。

3)其他

(1)建筑及已有网络的设计图纸。

(2)其他有关技术文件和资料。

2. *系统方案设计书要求*

1)说明

系统方案设计书是承建单位根据系统需求书，提供系统规划设计的

可行性方案。

2）文件内容要求

（1）规划设计。

①系统总体功能。

②系统总体框图。

③系统设计标准。

④主要设备技术指标。

（2）系统概算

系统主要设备、辅料、安装和服务等概算。

3．系统设计任务书要求

1）说明

系统设计任务书（或称招标技术文件）是建设单位要求承建单位根据计算机网络系统用途和有关文件，对计算机网络系统的初步设计和施工组织设计提出的具体要求。

2）文件内容要求

（1）工程概况：

①系统概况。

②施工概况。

③设备概况。

（2）计算机网络系统技术要求：

①系统功能。

②系统构成。

③主要设备技术指标。

（3）工程实施要求：

①承建单位的组织机构和人员。

②工程设计图、有关文件和资料。

③工程进度。

④用户培训。

⑤系统验收。

⑥系统保修和维护。

3）其他

（1）建筑工程设计图纸。

（2）其他有关技术文件和资料。

4. 系统初步设计书要求

1)说明

系统初步设计书是承建单位根据系统设计任务书所提供的系统初步设计和工程实施方案。

2)文件内容要求

(1)设计总述:

①系统总体功能。

②系统总体框图。

③系统设计依据和技术标准。

(2)系统设计:

①系统功能。

②系统设计及配置。

③系统图。

④平面布置图。

⑤系统配置。

⑥机房、接地等有关设计。

⑦主要设备技术指标。

(3)工程实施规划:

①人员组织结构。

②工程进度计划。

③各工种工作内容和工作界面。

④工程质量保证措施。

⑤系统验收标准。

⑥系统保修和维修护措施。

(4)系统概算:

①系统设备及辅料概算。

②安装、服务和培训概算。

5. 系统图(网络拓扑图)要求

1)说明

系统图是用简单的文字和图形描述系统之间的相互关系,以达到形象和易于理解的目的。

2)文件内容要求

(1)描述系统工作各个组成部分。

(2)描述系统工作各个组成部分之间的关系。

(3)其他必要的描述。

6. 系统接线图要求

1)说明

系统接线图是以图元的方式来描述系统信号端子的接线关系。

2)文件内容要求

(1)端子的编号和说明。

(2)接线与端子编号的对应关系。

(3)其他必要的描述。

7. 系统验收细则要求

1)说明

系统验收细则是对系统各项配置、功能和性能等招标进行测试的详细内容。

2)文件内容要求

知识链接:6 西格玛

1 西格玛 =690 000 次失误/百万次操作。

2 西格玛 =308 000 次失误/百万次操作。

3 西格玛 =66 800 次失误/百万次操作。

4 西格玛 =6 210 次失误/百万次操作。

5 西格玛 =230 次失误/百万次操作。

6 西格玛 =3.4 次失误/百万次操作。

“6 个西格玛”是一项以数据为基础,追求几乎完美无瑕的质量管理办法。20 世纪 80 年代末至 90 年代初,摩托罗拉公司首倡这种办法,花 10 年时间达到 6 西格玛水平。但如果是生产一种由 1 万个部件或程序组成的产品,即使达到了 6 西格玛水平,也还有 3% 多一点的缺陷率;实际上,每生产 1 万件产品,将会有 337 处缺陷。如果公司设法在装运前查出了其中的 95%,仍然还会有 17 件有缺陷的产品走出大门。旧观念认为,质量改进只有在一定的限度内才有利可图,超过了这一限度,成本将大于收益。摩托罗拉公司的质量管理人员批驳了这一论点:摩托罗拉公司的经验表明质量越高(或缺陷越少),预防和鉴定的成本就越低,由故障引起的成本也越低。

(1)配置测试：

①硬件配置测试。

②硬件外观检查。

③软件配置测试。

(2)功能测试。

(3)性能测试。

(4)其他必要的测试。

8. 施工管理文件要求

1)说明

施工管理文件是在系统施工阶段所产生的各类管理文件，它是施工管理流程和管理记录的文档。

2)文件内容要求

(1)现场管理机构和人员。

(2)系统总体和各子系统施工形象进度表。

(3)工程进度控制文件。

(4)工程质量管理文件。

(5)施工流程和方法文件。

(6)施工质量记录文件。

(7)技术文档管理文件。

(8)现场设备检验和保护记录。

(9)现场管理和控制的各类表格。

(10)其他有关管理文件。

9. 设计变更文件要求

1)说明

设计变更文件是在工程施工中根据建设单位要求或有关情况对设计变更的说明和记录。

2)文件内容要求

(1)变更原因。

(2)变更详细设计和说明。

(3)变更偏差表，用以说明变更后系统的功能和性能。

(4)其他必要的设计变更说明。

10. 系统调试分析报告要求

1)说明

系统调试文件是系统进行调试的内容方法和结果的文件。

2)文件内容要求

(1)系统调试说明。

(2)系统调试依据和标准。

(3)系统调试内容、调试方法和结果记录。

(4)系统之间联调内容、联调方法和结果记录。

(5)调试结论。

(6)调试组签字。

(7)其他必要的系统调试说明。

11. 系统培训文件要求

1)说明

系统培训文件是对系统操作和管理人员进行培训的文字资料。

2)文件内容要求

(1)系统培训大纲。

(2)系统设备、设计文件和图纸等资料。

(3)系统日常操作。

(4)系统例行维护。

(5)系统故障处理。

12. 系统初步验收报告要求

1)说明

系统初步验收报告是系统施工结束后,试运行前的系统初步验收的内容、方法和结果的记录文件。

2)文件内容要求

(1)系统初步验收大纲。

(2)系统初步验收依据和标准。

(3)系统初步验收内容、方法和记录。

①系统配置验收。

②系统功能验收。

(4)验收结论。

(5)验收组签字。

(6)其他必要的验收说明。

13. 系统移交清单和文件要求

1)说明

系统移交清单及文件是系统移交时，必须提供的移交清单和清单中所列的所有文件和资料。

2）文件内容要求

（1）全套工程图纸和有关文件资料。

（2）系统用户手册。

（3）系统操作手册。

（4）产品说明书。

（5）系统保修和维护文件。

（6）其他必要移交的有关文件。

14. 系统验收报告要求

1）说明

系统验收报告是系统在初步验收和试运行的基础上，进行系统投入正式运行前的最终验收的内容、方法和结果的记录文件。

2）文件内容要求

（1）系统验收大纲和说明。

（2）系统试运行记录（包括系统变更和修改记录）。

（3）系统验收依据和标准。

（4）系统验收内容、验收方法和验收记录：

①配置验收。

②功能验收。

③性能验收。

（5）验收结论。

（6）验收组签字。

（7）其他必要的验收说明。

15. 系统管理制度要求

1）说明

系统管理制度是系统日常维护和管理的规章制度。

2）文件内容要求

（1）系统设备文件和资料的管理规定。

（2）系统日常操作规定。

（3）系统日常维护规定。

（4）系统事故紧急处理程序。

（5）内部机房出人、环境和设备使用等管理规定。

(6)其他有关系统和机房管理规定。

16. 系统运行记录要求

1)说明

系统运行记录是对系统运行所作的定期记录,以作为维护和保修的依据。

2)文件内容要求

(1)系统各类重要运行参数日常记录。

(2)系统运行环境参数记录。

(3)系统相关联参数记录。

(4)系统异常记录。

(5)其他必要的系统运行记录。

17. 系统维护保修记录要求

1)说明

系统维护保修记录是系统进行保修和维护时所作的记录,以作为系统保修和维护的依据。

2)文件内容要求

(1)系统保修和维护计划。

(2)系统定期维护保修记录。

(3)系统故障原因分析。

(4)系统部件修理或更换记录。

(5)系统设置更改记录。

(6)系统软件、硬件升级记录。

(7)其他系统保修维护记录。

知识链接:戴明

戴明(W. Edwards. Deming)博士是世界著名的质量管理专家,他因对世界质量管理发展作出的卓越贡献而享誉全球。以戴明命名的"戴明品质奖",至今仍是日本品质管理的最高荣誉。作为质量管理的先驱者,戴明学说对国际质量管理理论和方法始终产生着异常重要的影响。1950年,戴明对日本工业振兴提出了"以较低的价格和较好的质量占领市场"的战略思想。80年代初,他受命于福特汽车公司首席执行官唐纳德·彼得森(Donald Peterson),来到底特律。那时的福特汽车公司由于日本竞争对手的冲击而"内出血",正步履维艰地挣扎出“Pinto”质量事故的厄运。Pinto 事件是福特汽车公司在现在的轮胎质量事件之前的一次最大的质量事故。戴明提出长期的生产程序改进方案、严格的生产纪律以及体制改革。戴明博士将一系列统计学方法引入美国产业界,以检测和改进多种生产模式,从而为后来杰克·韦尔奇等人的6个西格马管理法奠定了基础。

同当今许多质量管理法不同的是,戴明不仅仅是在科学的层面来改进生产程序。戴明用他特有的夸张语言强调:“质量管理98%的挑战在于发掘公司上下的知识诀窍。”他推崇团队精神,跨部门合作,严格的培训以及同供应商的紧密合作。这些观念远远超前于80年代所奉为经典的“能动性培养”。

然而,戴明一直自觉地保持着一个局外人的身份。正因为如此,他的观念和方法才那么有效,同时又富有争议。个头很高的戴明往往会不假思索地在大庭广众对业界大腕出言不逊,可工人和工程师们却对他崇敬有加。业余时间,戴明喜欢谱写教会礼拜歌曲。

第二节　综合布线系统质量管理

一、布线系统的测试

局域网的安装从线缆开始,线缆是整个网络系统的基础。对结构化布线系统的测试,实质上就是对线缆的测试。据统计,约有一半以上的网络故障与线缆有关,线缆本身的质量及线缆安装的质量都直接影响到网络能否健康地运行。而且,线缆一旦施工完毕,想要维护很困难。

现在,普遍采用5类双绞线完成结构化布线。用户当前的应用环境大多体现在10/100M 网络基础上,因此,有必要对结构化布线系统的性能运行测试,以保证将来应用。

测试的最终目的不是为了判断哪个链路不合格,而是要通过先进的手段认证布线系统全部能达到标准的要求。

对于线缆的测试,一般遵循“随装随测”的原则。根据 TSB67 的定义,现场测试一般包括:接线图、链路长度、衰减和近端串扰(NEXT)等几部分。

1. 接线图

这一测试验证链路的正确连接。它不仅是一个简单的逻辑连接测试,而且要确认链路一端的每一个针与另一端相应的针连接,同时,对串扰问题进行测试,发现问题并及时更正。保证线对正确连接是非常重要的测试项目。

2. 链路长度

根据 T1A/E1A 606 标准的规定,每一条链路长度都应记录在管理系统中。链路的长度可以用电子长度测量来估算,电子长度测量是基于链路的传输延迟和线缆的 NVP 值来实现的。由于 NVP 具有 10% 的误差,在测量中应考虑稳定因素。

3. 衰减

衰减是沿链路的信号损失的测量。衰减随频率的变化而变化,所以应测量应用范围内的全部频率上的衰减,一般步长最大为 1MHz。

TSB-67 定义了一个链路衰减的公式,并给了 2 种测量模式的衰减允许值表。它定义了在 20℃时的允许值。

4. 近端串扰(NEXT)损耗

NEXT 损耗是测量在一条链路中从一对线对另一对线的信号耦合,也就是当信号在一对线上运行时,同时会感应一小部分信号到其他线对,这种现象就是串扰。

TSB-67 标准规定,5 类链路必须在 1 ~ 10 MHz 的频宽内测试,测试步长为:

(1)在 1 ~ 31.25MHz 频率范围内,最大步长为 0.1MHz。

(2)在 31.26 ~ 100MHz 频率内,最大步长为 0.25MHz。

所有测试均要进行线时间测试。如 4 对线要进行 6 组测试。

同时,对 NEXT 的测试要在两端测试。NEXT 并不是测量在近端点产生的串扰值,它只是着眼于在近端点所测量的串扰数值。这个量值会随着线缆长度的衰减而变小,同时远端的信号也会衰减,对其他线对的串扰也相对变小。实验证明:只有在 40m 内量得的 NEXT 是较真实的,如果另一端是远于 40m 的信息插座而它会产生一定程度的串扰,则测量仪器可能就无法测到这个串扰值,因此,必须进行双向测试。

二、布线系统的标识

大多数人认为布线施工结束后的工作就只有测试验收了,然而,对于布线系统来说,标记管理是日渐突出的问题,也是施工验收中要引起重视的问题,这个问题会影响到布线系统能否有效地管理和运用的问题,有效的布线管理对于布线系统和网络的有效运作与维护具有重要意义。

布线施工应该严格按照相应的国际以及行业通用标准进行,布线方案设计也应包括布线系统标识的设计。

美国商业建筑电信基础设施管理标准 TIA/EIA—606 对布线系统的表示定义了相关的标记规范。TIA/EIA—606 标准是为了提供一套独立于系统应用之外的统一管理方案。与布线系统一样,布线的管理系统必须独立于应用之外,这是因为在建筑物的使用寿命内,应用系统大多会有多次的变化。布线系统的标签与管理可以使系统移动、增添设备以及更改更加容易、快捷。

信息系统中的信息点较多,只有建立科学、规范的信息点编码体系,才能使故障诊断、搬迁、增加和修改更加方便。在布线系统实施中,应根据现有信息点分布及用户应用情况,对现有信息点重新做规划分配,并根据国际标准编码规则,对信息点统一编号,每个信息盒贴上相应信息点编号的标签,不同类型的信息点应有明显标志区分。

应对配线架上的位置/端口及干线光缆、干线电缆与配线架端口对应信息点按国际标准标识规范作相应编号,并以文档和标签的双重方式作出标识。

信息点编码需遵循以下原则:

(1)科学性。从信息点中对象内在的本质的关系进行信息分类。

(2)系统性。将信息点按一定的排列顺序予以系统化,形成科学的分类体系。

(3)可扩充性。对各种信息点编码,应考虑以后增加的可能性。编码应留有后备容量,以适应扩充需要。

(4)唯一性。一个代码只能唯一表示一个编码对象,不能有二义性。

(5)实用性。编码应简单、易记、易区别、便于网络管理。

标签的制作可以有 2 种方式:一种是预制,即由专用的软件在特定的标签纸上由激光打印机一次大批量地制作;另一种是使用手持式标签打印机(如:Brady 公司的 I. D. Pro Plus)在现场根据需要即时制作,这对于日常的维护和调整十分有效。

三、布线工程验收

布线系统工程的验收是一项非常系统的工作,它不仅仅包含上述所利用的各类电缆测试仪进行的现场认证测试,同时还应包括对施工环境、设备质量及安装工艺、电缆、光缆在楼内及楼宇之间的布放工艺、缆线终接、竣工技术文件等众多项目的检查。

验收工作实际上贯穿了整个施工过程,而不只是在工程完工后的工程电气性能测试,在验收完成后由验收方提供验收报告,电缆测试报告仅仅是验收报告内容的一部分。根据验收方式,综合布线系统工程的验收可分为:施工前检查、随工检验、隐蔽工程检验以及竣工检验几部分。验收依据可参考中华人民共和国国家标准 GB/T 50312—2000《建筑与建筑群综合布线系统工程施工及验收规范》描述的项目和测试过程进行。

知识链接:综合布线系统

20 世纪 90 年代是 INTER-NETWORKING(网联机器)、CLIENT/SERVER 和多媒体整合的年代。现在"网联机器"的概念代替了"机器网联"的传统概念。也就是说,当一个企业,一个政府部门,在规划电脑系统时,先从建网开始,再根据具体需求将各种型号的大、中、小微型机挂在网上,从根本上避免了"机器联网"造成的不良开放性的被动局面。因此在新建大楼或旧楼改造的工程中迫切需要一种先进的布线系统来铺设信息高速公路。综合布线系统正是这样一个系统,它以其极大的灵活性、适用性、可靠性、完整性等优点代替了传统的布线系统概念,并在我国很快为各级主管和技术人员所认识。

小案例:某数据中心的光缆布线

为数据中心选择正确的光缆时,设计中应考虑到应用、距离、数据传输率以及今后升级的难度和费用。多模光纤一直是企业系统网联结构(ESCON)及其相关交换机网络的选择,而且大多数现代化 SAN 和 LAN 也采用多模光纤。其他应用例如光纤信道连接结构(FICON)可能要求使用单模连接,而磁带或磁盘存储器根据接口选择光纤类型。

激光优化多模光纤解决方案把性能提高到 10Gb/s,距离达 550m,同时通过减少原先用来实现多模光纤上10Gb/s传输的昂贵的光电子设备降低成本。对于需要灵活、可升级的光纤信道的各种数据中心存储配置而言，LazrSPEED是理想的解决方案，尤其适合使用冗余网络拓扑来确保网络连续性的第3级和第4级数据中心。

对于长距离要求或一些特定应用，例如FICON，单模光纤能以更高速率提供LAN解决方案。对于延长的主干网连接而言，单模光纤是多模光纤的完美补充。当多模光纤无法满足距离要求时，可用单模解决方案作为替代。SYSTIMAX TeraSPEEDTM零水峰单模光纤解决方案通过降低由于1 400nm区域水杂质造成的高损耗，提供使用范围最广的波段。随着"水峰"的消除，从1 260～1 620nm整个波段都可使用，并且通过使用经济实用的粗波分复用（CWDM）技术，可实现数据传输率的扩展和提供其他服务。

TeraSPEED或LazrSPEED光纤，当用于SYSTIMAX联锁铠装室内电缆内时，能提供使用数年的坚固的基础结构。联锁铠装电缆加了一层电缆防护层，当布线穿过地板或架空电缆槽时十分有用。联锁铠装电缆的成本要比带导管的电缆低，安装时间减半，而且只占用1/2不到的路径空间。

当数据中心需要快速配置或重新设置时，SYSTIMAX InstaPATCH Plus系统无疑是最佳的选择，它具有高密度、工厂端接、工厂测试、模块化等特点，允许安装者便捷、快速地连接系统部件，使用这种模块式配线方法连接96芯光纤与传统手段连接单芯光纤所花费的时间相同。该系统结合SYSTIMAX LazrSPEED多模光纤和TeraSPEED单模光纤技术，能支持目前的需求最高的应用，同时允许现有技术方便地过渡到下一代技术。

为了满足高性能数据中心的要求，InstaPATCH Plus系统包括预端接硬件、预端接主干光缆、加强型MPO—LC/SC/ST光纤分支跳线和标准光纤跳线，它使用通用模块、通用扇出与标准光纤跳线，保持方便安装及管理优势，同时能方便今后的升级。此外，InstaPATCH Plus系统具备改良的标签系统，该系统以4种方向定位，准确且有逻辑，可在设计、安装、应用方面提供更多灵活性。

该系统为数据中心设计师带来的优势包括安装方便以及为今后升级到更高带宽提供简单且经济的迁移路径。目前的数据中心配置涉及使用主干光缆和多双工分支跳线的串行网联，通过键控匹配的连接保持发送与接收信号之间的极性。然而，今后的主流应用将发展为完全平行的网联并在多条信道上传输更高带宽。InstaPATCH

Plus 系统的设计已考虑到这种过渡。只要简单地除去双工模块，并插入只带 MPO 的模块并把 MPO 设备的电缆连到网络设备，就能实现从串行网联到完全平行网联的转换。

无论选择安装多模、单模、室内、室外、室内/室外、ST/SC/LC、或预端接，SYSTIMAX 光纤布线解决方案提供全面的产品，以满足数据中心环境的独特要求。SYSTIMAX 光纤解决方案系列包括品和广泛的光缆、连接头、接头、配线架及跳线，其出色的部件组合能使性能最优化，真正为用户提供端到端的系统解决方案。

布线系统的验收测试包括但不限于以下内容(如表 11-2 所示)。

布线系统的验收测试内容　　表 11-2

阶段	验收项目	验收内容	
施工前检查	环境要求	1. 土建施工情况：地面、墙面、电源插座及接地情况	施工前检查
		2. 土建工艺：机房面积	
	器材检验	1. 外观	施工前检查
		2. 型式、规格、数量	
		3. 电缆电器性能测试	
	安全、防火要求	1. 消防器材	施工前检查
		2. 危险物的堆放	
设备安装	设备机柜	1. 外观	随工检验
		2. 安装垂直、水平度	
		3. 油漆不得脱落、标志完整齐全	
		4. 螺丝紧固	
		5. 抗震措施	
		6. 接地措施	
	配线部件及 8 位模块式通用插座	1. 规格、位置、质量	随工检验
		2. 螺丝紧固	
		3. 标志齐全	
		4. 安装工艺	
		5. 屏蔽层可靠连接	

续上表

阶段	验收项目	验收内容	
楼内电光缆布放	电缆桥架及线槽布放	1. 安装位置	随工检验
		2. 安装工艺	
		3. 缆线布放工艺	
		4. 接地	
	缆线暗敷	1. 线缆规格、路由、位置	隐蔽工程检验
		2. 布放工艺	
		3. 接地	
楼外电光缆布放	架空缆线	1. 吊线规格、架设位置、装设规格	随工检验
		2. 吊线垂度	
		3. 线缆规格	
		4. 线缆的引入	
	管道缆线	1. 线缆规格	隐蔽工程检验
		2. 线缆走向	
		3. 线缆防护措施	
	埋式缆线	1. 线缆规格	
		2. 敷设位置、深度	
		3. 线缆防护措施	
		4. 回土夯实质量	
	其他	1. 通信线路与其他设施的间距	
		2. 进线室安装、施工质量	
缆线终接	八位模块式通用插座	符合工艺要求	随工检验
	配线部件	符合工艺要求	
	各类跳线	符合工艺要求	
系统测试	工程电器性能测试	参考相应标准	竣工检验
总验收	竣工技术文件	各种文档	竣工检验

第三节　安全工程过程管理体系

一、安全工程过程概述

SSE-CMM 将安全工程划分为 3 个基本的过程区域:风险、工程、保证。它们可以独立地加以考虑,但这决不意味它们之间有截然不同的区分。在最简单的级别上,风险过程识别出所开发的产品或系统的危险性并对这些危险性进行优先级排序。针对危险性所面临的问题,安全工程过程要与其他工程一起来确定和实施解决方案。最后,由安全保证过程来建立解决方案的信任并向顾客转达这种安全信任。如图 11-1 所示。

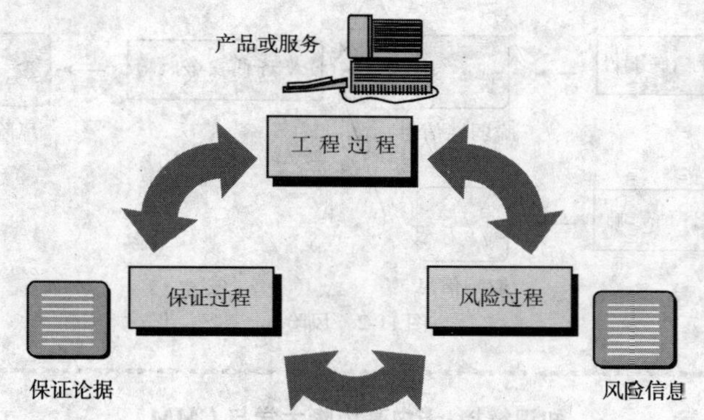

图 11-1　安全工程过程的 3 个主要部分

总的来说,这 3 个部分共同实现了安全工程过程结果所要达到的上述安全目标。

1. 风险

安全工程的一个主要目标是降低风险。风险就是有害事件发生的可能性。一个不确定因素发生的可能性依赖于具体情况。这就意味着这种可能性仅可能在某种限制下预测。此外,对一种具体风险的影响评估也要考虑各种不确定因素,就像有害事件并不一定产生一样。因此大多数因素是不能被综合起来准确预报的。在很多情况下不确定因素的影响是很大的,这就会使对安全的计划和判断变得非常困难。

一个有害事件有 3 个部分组成:威胁、脆弱性和影响。脆弱性包括脆弱性并可被威胁利用的资产性质。如果不存在脆弱性和威胁,则不存在有害事件,也就不存在风险。风险管理是调查和量化风险的过程,并建立组织对风险的承受级别。风险管理是安全管理的一个重要部分。

安全措施的实施可以减轻风险。安全措施可针对威胁、脆弱性、影响和风险自身。但无论如何,并不能消除所有威胁或根除某个具体威胁。这主要是因为风险消除的代价和相关的不确定性。因此,必须接受残留的风险。在存在很高的不确定情况下,由于风险不精确的本质,因此接受它会成为很大的问题。在风险承担者控制下的几个方面之一是于系统相关的不确定性。SSE-CMM 过程区包括实施组织对威胁、脆弱性、影响和相关风险进行分析的活动保证。如图 11-2 所示。

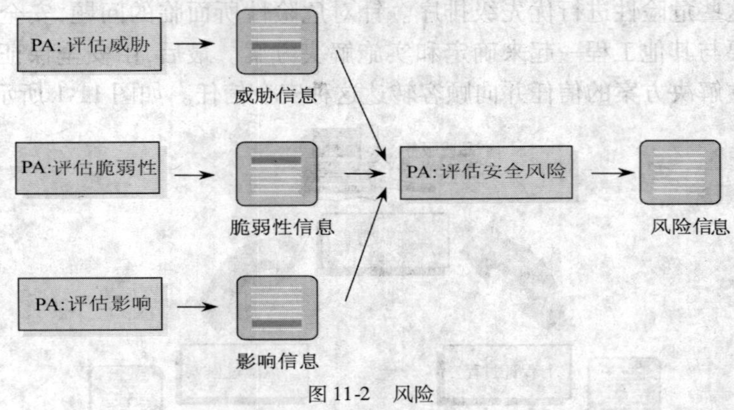

图 11-2　风险

知识链接:卡内基梅隆大学与 CMM

卡内基梅隆大学位于宾夕法尼亚洲的匹兹堡,创校于 1900 年,创办者为美国知名的工业家及慈善家——安德鲁·卡内基先生。卡内基先生起初是抱着为匹兹堡地区劳工阶层的子女提供职业学习教育的理念,设立了卡内基专门技术学校,也就是卡内基梅隆大学的前身。尔后于 1912 年再次更名,至 1967 年与梅隆学院合并,定名为卡内基梅隆大学。

1987 年,美国卡内基梅隆大学软件研究所(SEI)受美国国防部的委托,率先在软件行业从软件过程能力的角度提出了软件过程成熟度模型(CMM),随后在全世界推广实施并成为一种软件评估标准,用于评价软件承包能力并帮助其改善软件质量的方法。它主要用于软件开发过程和软件开发能力的评价和改进。它侧重于软件开发过程的管理及工程能力的提高与评估。CMM 自 1987 年开始实施认证,现已成为软件业最权威的评估认证体系。

2．工程

安全工程与其他科目一样，它是一个包括概念、设计、实现、测试、部署、运行、维护、终止的完整过程。在这个过程中，安全工程的实施必须紧密地与其他部分的系统工程组相合作。SSE-CMM 强调安全工程师是一个大的项目队伍中的一部分，需要与其他科目工程师的活动相互协调。这会有助于保证安全成为一个大的项目过程中一个整体部分，而不是一个分开的独立活动。

使用从上面所描述的风险过程的信息和关于系统需求、相关法律、政策的其他信息，安全工程师就可以与顾客一起来识别安全要求。一旦要求被识别，安全工程师就可以识别和跟踪特定的安全需求。

对于安全问题，创建安全解决方案一般包括识别可能选择的方案，然后评价决定哪一种更可以被接受。将这个活动与后面工程活动相结合的困难是解决方案不能只考虑安全问题。而是需要考虑其他因素，其中包括成本、性能、技术风险、是否容易使用。这些决定应加以收集以尽可能减少不断重复涉及这些问题。这些得到的分析也构成对安全保证结果的重要基础。如图 11-3 所示。

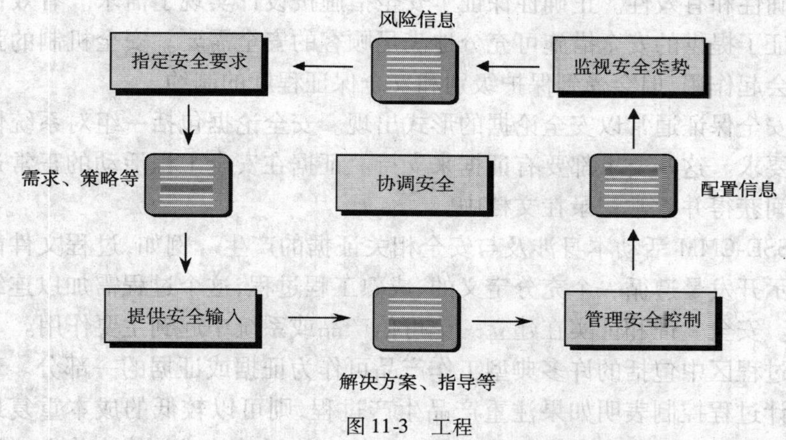

图 11-3　工程

在生命期后面的阶段，安全工程师根据意识到的风险来适当地配置系统以确保新的风险不会造成系统运行不安全状态。

3．保证

保证是指安全需要得到满足的信任程度。它是安全工程非常重要的产品，存在着有许多的保证形式。SSE-CMM 的信任程度来自于安全工程过程可重复性的结果质量。这种信任的基础是成熟组织比不成熟组织更可能产生出重复的结果。不同保证形式之间的详细关系目前是正在研究的课题。如图 11-4 所示。

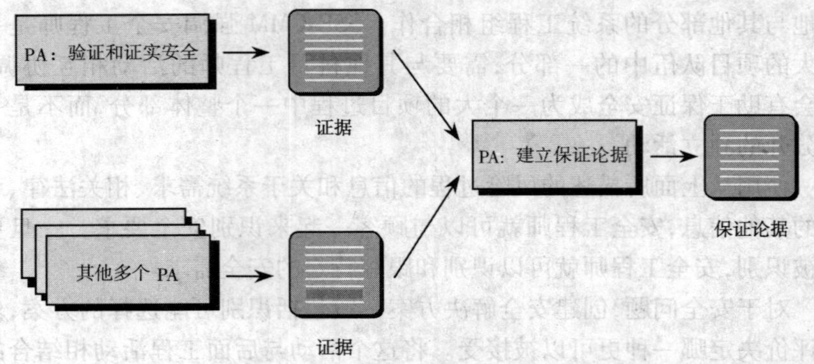

图 11-4　保证

安全保证并不能添加任何额外的对安全相关风险的抗拒能力,但它能为减少预期安全风险控制提供信心。

安全保证也可看作是安全措施按照要求运行的信心。这种信心来自于正确性和有效性。正确性保证了安全措施按设计实现了需求。有效性则保证了提供的安全措施可充分地满足顾客的安全需要。安全机制的强度也会起作用,但会受到保护级别和安全保证程度的制约。

安全保证通常以安全论据的形式出现。安全论据包括一组对系统性质的要求。这些要求都要有证据来支持。证据在安全工程活动的正常过程期间获得并常常记录在文档中。

SSE-CMM 活动本身涉及与安全相关证据的产生。例如,过程文件能够表示开发是遵循一个充分定义的、成熟工程过程,这个过程需加以连续改进。安全验证和证实在建立一个可信产品或系统中起到主要作用。

过程区中包括的许多典型工作产品可作为证据或证据的一部分。现代统计过程控制表明如果注重产品生产过程,则可以较低的成本重复地生产出较高质量和安全保证的产品。组织实施活动的成熟能力将会对这个过程有影响和帮助。

二、根据 SSE-CMM 体系构造安全工程体系结构

1. 基本模型

这个由能力级别、保障和实施组成的三维模型如图 11-5 所示,其中

保障是由资质保障和组织保障要求构成,实施是由项目要求和工程要求构成。资格要求表示了一定能力级别所应具备的建设方、承建方或与工程相关第三方的资质要求;工程要求表示了信息安全工程的全过程;项目要求表示了信息安全工程的项目实施过程中项目要求;组织要求表示了信息安全工程过程要求中对组织保障的要求。

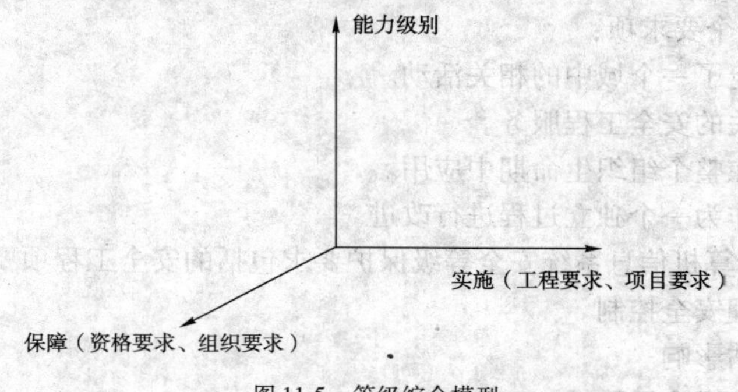

图 11-5　等级综合模型

能力级别分为 5 级,按照 SSE-CMM 的级别由低至高排列。每一种级别的要求分别由资格要求、工程要求、项目要求、组织要求构成,级别不同,要求也不相同,具体的级别与要求的关系在后面章节列表和说明中有详细表述。

2. 资格要求

信息系统安全工程实践上会选择具备相应资质的公司进行实施。在我国,一般来说计算机信息系统工程安全等级保护工程要求包括了下列 11 种对于建设方、承建方、第三方的资格的要求项:

(1)系统建设要求。

(2)信息系统集成资质要求。

(3)信息安全服务人员要求。

(4)信息安全第三方服务要求。

(5)信息安全产品要求。

(6)信息安全监理要求。

(7)密码管理要求。

(8)工商要求。

(9)服务连续性要求。

(10)质量资格要求。

(11)国家安全要求。

3. 工程要求

计算机信息系统安全等级保护要求,包括了 11 个安全工程要求项。每一个要求项包括一组表示组织成功执行该过程后应达到的目标。每一个要求项也包括一组“基本过程”。基本过程定义了达到要求项目标的必要步骤。

(1)一个要求项:

①规定了一个域中的相关活动。

②有关的安全工程服务。

③可在整个组织生命期中应用。

④能作为一个独立过程进行改进。

(2)计算机信息系统安全等级保护要求包括的安全工程项要求:

①管理安全控制。

②评估影响。

③评估安全风险性。

④评估威胁。

⑤评估脆弱性。

⑥建立安全论据。

⑦协调安全性。

⑧监视安全态势。

⑨提供安全输入。

⑩确定安全要求。

⑪确认与证实安全。

4. 组织要求

组织要求涉及组织范畴内与改善整个组织相关的要求项,它们是:

(1)与供应商协调过程:

①识别系统组件或服务。

②识别组件供应商或销售商。

③选择供应商或销售商。

④提供预期值。

⑤维持联系。

(2)定义组织的安全工程要求:

①建立过程目标。

②收集过程资产。

③开发组织的安全性工程要求。

④定义剪裁指南。

(3)改进组织的安全工程要求:

①报告过程。

②设计过程改进。

③修改标准过程。

④交流过程改进。

(4)管理产品线:

①定义基于产品解决方案的办法。

②识别新的产品技术。

③配合开发过程。

④保证标准组件的可用性。

⑤插入产品技术。

(5)管理安全工程支持环境:

①维持技术意识。

②确定支持需要。

③获得工程支持环境。

④剪裁工程支持环境。

⑤插入新的技术。

⑥维护环境。

⑦监视工程支持环境。

(6)培训:

①识别培训需求。

②选择知识模式。

③保证知识的可用性。

④准备培训资料。

⑤培训个人。

⑥评估培训的有效性。

⑦维护培训记录。

⑧维护培训资料。

(7)项目要求涉及单一项目范畴内,与改善项目能力有关的要求项。它们是:

①保证质量。

②监视过程的一致性。
③测量文档的质量。
④测量过程的质量。
⑤分析质量测量。
⑥获得参与。
⑦启动质量改进活动。
⑧探测修改措施的需求。
(8)管理配置:
①建立配置管理方法论。
②识别配置装置。
③维护文档要求基线。
④控制变化。
⑤交流配置状态。
(9)管理程序风险:
①开发风险管理方法。
②识别风险。
③评估风险。
④检查风险评估。
⑤操作风险的减轻。
⑥跟踪风险的减轻。
(10)监视和监视技术工作:
①直接的技术工作。
②跟踪项目资源。
③跟踪技术参数。
④检查项目性能。
⑤分析项目问题。
⑥采取修订措施。
(11)规划技术工作:
①识别标准资源。
②判断项目目标。
③研究费用预算。
④确定项目的过程。
⑤识别技术性行为。

⑥定义项目接口。

⑦研究项目时间表。

⑧建立技术参考。

⑨研究技术管理设计。

⑩ 检查和证明项目设计。

5. 项目保证过程要求

(1)质量保证:

①监视所定义过程的一致性。

②测量工作产品的质量。

③测量过程质量。

④分析质量测量。

⑤得到参与。

⑥发起改进质量的活动。

(2)管理配置:

①建立配置管理方法。

②确定配置单元。

③维护工作产品基线。

④控制变化。

⑤沟通配置状况。

(3)管理项目风险:

①开发风险管理方法。

②标识风险。

③评估风险。

④复查风险评估。

⑤执行风险降低活动。

⑥跟踪风险降低活动。

(4)监控技术活动:

①指导技术活动。

②跟踪项目资源。

③跟踪技术参数。

④复查项目执行。

⑤分析项目问题。

⑥采取修正行动。

(5)计划技术活动:

①识别关键资源。

②估计项目范围。

③估算项目费用。

④确定工程过程。

⑤确定技术活动。

⑥定义项目界面。

⑦开发项目进度表。

⑧设立技术参数。

⑨开发技术管理计划。

⑩复查并认可工程计划。

案例　广东联通网络运营过程质量管理策略

在三级发展战略指导下,广东联通确立了4项网络运营策略:规划设计策略、资源采购策略、质量控制策略、运维优化策略。

一、规划设计策略

"规划设计"是移动工程的基础环节,广东联通对此十分重视,制定并严格执行相应的管理规范和流程。

1. *以市场为导向,明确设计目标*

网络建设的最终目的是要满足用户的需求,广东联通强调网络规划设计必须以市场为依据,通过对市场需求的分析来确定设计目标,避免网络建设的盲目性。如根据不同时期的市场情况制定不同的设计目标:GSM七期以覆盖为主进行网络建设;GSM八期贯彻"完善、补充、挖潜、优化、提高"的十字方针;GSM九期针对目标市场的有效回报进行建设,着力于当期的增量增收;GSM十期关注资源的有效投入和最大化利用,解决网络安全等问题;CDMA一期实施"小容量、大覆盖"策略,迅速切入市场;CDMA二期进一步完善覆盖,适当考虑容量的需求;CDMA三期保证广度和深度覆盖与对手"旗鼓相当,各具特色";CDMA三期第二阶段强化网络建设,保证重点区域的网络覆盖和质量能与对手"叫板"。

2. *加强过程控制,保证设计质量*

(1)通过规范的招标,选择综合实力强、设计水平高、合作良好、服务

保障的设计单位。

(2)注重对设计工作“事前、事中、事后”全过程的监管，通过细化的设计过程考核评估使设计质量与奖罚挂钩，既增强了设计院危机感，又调动了其积极性，有效地保证了设计质量。

(3)制订各阶段设计内容的标准化文件。如基础数据格式的标准化、对比路测图示的标准化、室内覆盖分类的标准化、设计目标的标准化、过程文件的标准化、对比测试范围的标准化等。通过制定这些标准化文件，及时发现基础数据的错误。

3. 强化无线设计

保证目标实现无线网络是移动通信网络的关键部分，无线规划设计的质量直接影响到整个移动网络的质量，必须通过强化无线设计来确保网络设计质量和整个网络设计目标的实现。以 CDMA 三期为例，将整体覆盖目标划分为点、线和面的覆盖目标，强化了以下各环节工作：

(1)基础数据的收集。包括对人口分布，现网数据，路测的深度、广度等，图形化、定量化分析和比较，并分地区和地域类型作详细评估，然后有针对性制定规划方案。

(2)规划设计过程文件的审核和控制。包括设计目标、路测分析报告、C/W 测试及模型校正报告、现网分析报告、基础数据图表、环境干扰测试报告、专项工程规划方案。

(3)点目标的调查、测试。包括对酒店、办公楼、商业楼、高层住宅、地下停车场、娱乐场所等重要点目标的位置和覆盖情况作全面调查以及拨打测试等。

4. 树立品牌意识

统筹公共项目处于边界的某些区域，网络效益并不明显，但从长远和大局考虑，这些地域网络状况的好坏会对联通的品牌和整体利益造成影响。为此，广东联通统筹实施并精心打造了“要道畅通”和“黄金海岸”等公共项目，取得了十分显著的社会和经济效应。

二、资源采购策略

1. 明确采购思路，规范操作流程

广东联通率先制订了《招投标管理实施细则》，自 2001 年开始在全省实行。并针对各期移动工程的实际需求制定具体的采购方法和流程。如 2003 年的招标方案提出“注重供应商诚信、服务素质和产品性价比”的采购思路；针对设计、监理、主设备、配套设备等资源的特点，组成人员齐备的招标组，以团队方式展开工作，保障了招标的顺利实施。

2. 执行准入制度，严把源头质量

投标厂家和设备的质素非常重要，为此，广东联通制订了严格的准入制度，内容包括“诚信承诺”、“保密承诺”、“总部选型入围”、“设备入网证”、“质量体系认证”、“设备技术指标”、“生产许可证”等方面要求的准入条件，并严格把关，在源头上保证投标人和投标设备的质量。

3. 加强评判工作，选择最优资源

评标是招标工作的核心内容，评判必须具有科学性和准确性，才能得到最佳的招标结果。通过不断摸索，广东联通着重加强了以下工作：

(1) 编制高质量的标书和更加科学的评标办法。

(2) 增加技术答辩的环节，使厂家和设备能有更充分的展示。

(3) 由监察部门负责监督和复核，确保评标过程合法、结果准确无误。

(4) 根据需要进行设备抽检，抽检结果作为确定最终中标人的重要依据。

4. 严格执行结果，强调兑现承诺

招标的最终目的在于选择最好的供应商，获得最好的服务。因此，切实执行招标结果、确保设备质量的稳定和一贯性、落实招标后的工程建设和网络维护工作，显得尤为重要。为此，广东联通提出了“后评估”的方法来来监控整个供应过程和服务承诺的兑现情况。

三、质量控制策略

1. 制订管理规范，强化基础工作

广东联通按 ISO 9000 标准编制了大量的管理规范，如《工程质量控制点实施办法》、《工程监理管理规范》、《工程施工管理规范》、《施工安全管理规范》、《工程验收管理规范》、《工程质量宏观控制工作规范》、《基站电源用 SPD 技术规范书》、《基站交流配电箱技术规范书》、《共站施工现场管理规范》等，对强化质量管理、指导各地工作起了很好作用。

2. 实行监理制度，进行规范管理

自 GSM 三期工程开始，广东联通率先引入专业监理公司，通过 4 年多近十期工程的实践，初步建立了一套适合实际的工程质量控制体系。GSM 七期后，通过招标来选定监理单位。在监理工作中贯彻实施了《工

程质量控制点实施办法》,使施工阶段质量控制工作有章可循,合理利用了监理力量。通过几期工程的磨合,建设、施工、监理三方的工作关系不断融合,效率得以提高;各市分公司与监理公司间建立了信任和依赖的关系;监理公司可以放开手脚,大胆地开展质量控制工作,使得工程监理的作用得到充分的体现,进而保证了网络建设的质量。

3. 加强监理管理,确保监理质量

监理公司是第三方质量管理单位,必须通过对其进行严格的管理,以确保工作质量。广东联通坚持召开监理周会,要求提交监理周报,要求提出工程质量问题分析及改进建议,要求协助编制、修订相关的管理规范等。

4. 重视业务培训,提高工作水平

2000 年以来,省公司组织了多次对各市分公司的工程质量管理培训和监理人员的考核工作。通过这些业务培训,极大地提高了省公司和各地工程管理和建设人员的质量意识和业务水平,为进一步做好工程质量控制工作打下了基础。

四、运维优化策略

1. 调整组织架构,发挥技术优势

广东联通针对网络技术体制的变化进行合理的机构调整,加强专业技术力量,以适应网络进一步扩大及完善,使得规划、运维、优化工作责任更加明确,技术优势更加突显。

2. 成立专家团队,保证网络开通

在快速建设的情况下,CDMA 网络出现了一些问题。为此,广东联通迅速组建了技术专家组,开展专题研究,按照项目管理的方式运作,进行专项技术攻关,提出解决方案。经过 5 个月的攻坚战,网络问题被逐步解决。专家组形式一直延续至今,在解决网络技术难题上发挥了很大作用。

3. 强化科学管理,奠定品质基础

(1) 严把入网割接关。为保证入网质量、减少对用户的影响,广东联通成立了省市两级割接小组,负责割接管理工作。割接管理的加强,提高了割接成功率,降低了割接对网络的影响,使网络质量保持了稳定。

(2) 入网后的 RRT 测试。广东联通从 GSM 二期工程开始引入 RRT,目的是为能在试运行中发现硬件、软件问题及功能缺陷,考核厂家的服务效率,判断投入试运行的主设备在技术、功能、服务上是否满足要求,有效地保证了网络的稳定与可靠。

4. 深入分析优化,提高网络效能

网络质量和效能的提高,有赖于对网络进行深入的分析和持续优化。

(1)统计分析工作。广东联通的网络质量统计分析工作包括周分析、月分析以及月度分析会。周分析是为及时发现异常指标并跟踪解决;月分析及月度分析会是为了进行月度总结,对普遍及个性问题集中分析,对相应技术专题进行研究和推广。

(2)持续优化工作。网络的质量提升过程是一个网络持续优化的过程,要依靠完善的日常程序与有效的优化行动相结合及利用自身力量与借助外力相结合来实现。广东联通很重视持续优化工作,如策划了CDMA网络百日优化行动,制定了优化的基本规范和流程,解决了各地存在的许多网络问题;同时,对专题问题进行研究,编写了《网络"百日优化"行动资料选编》,为各地优化工作提供了指引,也给其他省分公司提供了经验借鉴。

(3)直放站研究。在网络建设初期,各地使用了大量直放站。但由于缺乏经验和相应的管理规范,出现直放站自激或上行干扰严重等现象,造成网络质量恶化。为此,广东联通加强了对直放站技术的分析和研究,总结出直放站设计、安装、调测及优化的经验,有效指导了各地的网络建设。

5. 加强网管建设,完善技术手段

网管系统是网络管理、分析的重要渠道。广东联通现已建成一套实用的GSM综合网管系统,通过对各种数据的有效分析,可及时发现网络的质量隐患、故障和规划建设中存在的问题,有利于尽快解决,从而提高了服务质量和网络利用率。

案例分析题

1. 广东联通采用了哪些过程改进的措施?措施分别属于PDCA的哪个环节?

2. 你认为在项目管理方面,广东联通达到了CMM几级?广东联通采用的措施中分别属于哪种成熟度的要求?

复习思考题

1. 计算机网络工程建设如何实施?

2. 在项目实施中,布线验收测试包括哪些内容?
3. 安全风险和过程是什么?
4. 如何由 SSE-CMM 体系构造安全工程体系结构?

参考文献

[1] 吴达金. 综合布线系统工程设计标准实施指南[M]. 北京:电子工业出版社,2006.
[2] 杨卫东. 网络系统集成与工程设计[M]. 北京:科学出版社,2002.
[3] 王达. 网管员必读——网络安全[M]. 北京:电子工业出版社,2008.
[4] 中华人民共和国国家标准 GB/T 20282—2006《信息安全技术:信息系统安全工程管理要求》[S]. 北京:中国标准出版社.
[5] 中华人民共和国国家标准 GB/T 19716—2005《信息安全技术:信息安全管理实用规则》[S]. 北京:中国标准出版社.
[6] 中华人民共和国国家标准 GB/T 18208—2004《信息安全技术:系统安全工程成熟模型》[S]. 北京:中国标准出版社.
[7] 中华人民共和国国家标准 GB/T 21282—2006《信息安全技术:IT 安全管理指南》[S]. 北京:中国标准出版社.
[8] 魏忠. 上海市科委标准化专项:通用信息系统外包服务规范[S]. 2004.
[9] 王达. 网管员必读——网络测试、监控和实验[M]. 北京:电子工业出版社,2008.
[10] 黄宇. 广东联通网络建设策略分析. 移动通信[J]. 2005,2:110 ~113.

第十二章 电子商务运维与外包管理

服务的本质就是把客户养懒。

——系统集成界广为流传的谚语

【本章导读】

1. 掌握服务外包、运维管理、IT 管理、变更管理、知识经济的概念。

2. 熟悉 IT 资产管理的特点、运维服务管理流程、IT 管理流程。

3. 掌握信息系统运维管理体系、服务外包管理，能够分析企业进行外包管理的流程及效益。

引导案例 IBM 的外包服务三段论

10 年前美国开始出现 BTO，当时人们更关注成本；2004 年后，人们更加关注更高层次的东西：如何做好核心业务。

IBM 咨询服务部负责业务转型的服务执行 GaryGoldberg 认为，IBM 外包主要分成 3 个阶段：最早是进行技术方面的外包，另外演化为业务流程的现场支持；后来从服务水平来说，开始愿意有人来专门做服务，现在通过“矩阵”把工作变透明，不需要人在现场，出于成本的考虑可以在别的地方做，这是第二阶段；服务从美国发展到本土之外来提供，这是第三

步要解决的问题。

欧洲起步比美国晚,但已经到第三阶段,开始到欧洲之外的地方接受服务。日本目前主要处在第二阶段,但是部分企业的试点已经到达第三阶段。由于日本人比较挑剔,其关键在是否放心把自己的核心业务放到本土以外的地方。而中国还没有达到第一阶段。

根据IDC的一项统计,过去人们对于BTO的最大顾虑在成本方面,现在是自己的核心业务、流程与功能外包后是否100%可靠。业务的灵活性是否和自己企业一样。由于联想收购了IBM的PC部分,IBM正在为联想进行人力资源和供应链方面的外包。这大概是中国本土企业在BTO业务上的最早尝试。

(1)客户从国外派人来建分支机构,成本很高,费用方面不合算。

(2)客户自己建IT部门成本很高;IBM可以摊薄成本。

(3)客户有流程和技术上的需要……

基于上述方面,IBM找到了一门生意。

人力资源、财务、供应链……内容涉及企业的方方面面。在IBM,一个人可能同时操作几家公司的软件系统,或者为十几家企业计算工资、统计报表、应答客户咨询。把这些琐碎的事情揽下来,以类似"流水线生产"的方式,配以前端的咨询(对于客户流程和技术的改造),IBM在这门生意中渐行渐远,孵化着自己的未来。

第一节　信息系统运维管理体系

一、IT资产管理

1. IT资产

电子商务信息系统所涉及的IT资产指应用于信息技术(IT)的所有资产,包括硬件、软件、信息资源三大类。硬件是指像小型机、PC机、网络交换机等以实物形式存在且具有一定重量的IT设备，它是IT应用的硬件基础;软件是指像系统软件、应用软件等依赖于硬件才能运行的用于完成数据的输入、处理、输出、存储及控制信息系统活动的程序;信息资源是指经过加工后的对业务活动具有价值的数据。

IT资产具有的特点：硬件资产的磨损遵循摩尔定理，更新速度快;采购成本一般高于软件和服务;资产更新基本上采用新型更新;具有固定资产的特征。软件资产具有可复制性；软件采购的是使用权；具有无形资产的特征和可升级性。IT 信息资源具有可复制性和介质依赖性。

2. IT 资产管理

IT 资产管理的目标是提高 IT 资产综合效益和实现 IT 资产寿命周期费用最小，从对 IT 资产全过程的管理看，即对 IT 资产全生命周期的管理，包括 IT 资产的购置、合同、登记入账、安装、使用、资产事故管理、问题管理、维护、升级、变更、迁移、转让、备件管理、报废等全过程的管理；从对 IT 资产全方位的管理看，即 IT 资产的管理有技术、经济、组织三个方面的内容，三者有机联系、相互影响。

IT 资产管理具有的特点：IT 硬件资产管理包括硬件的全生命周期的管理，包括购置、安装、调试、运行、更新改造、报废的管理；异构系统集成的管理；折旧方法一般采用直线折旧。IT 软件资产包括软件的全生命周期管理，包括购置、安装、调试、运行的管理；版权的管理；许可证管理；补丁管理；升级管理。IT 信息资源包括信息全生命周期的管理，如信息要求、获得、服务和退出；信息备份、复制、存储、检索等。

二、运维需求管理

运维需求管理就是要非常清楚电子商务信息系统服务对象的需求是什么以及如何去满足。在驱动 IT 系统向服务型体系转变的过程中，运维需求管理将从应用的"源头"帮助企业和政府实现对整体电子商务信息系统 IT 服务质量的控制和把握。

1. 建立管理机制

建立需求管理机制，有效地缩短电子商务信息系统需求变更周期，制定业务需求管理流程，并建立一个统一的机构来完成需求的汇总、分析、评估、实施和验收，这样才能缩短开发时间，更加高效的解决系统运行中出现的问题。

2. 明确服务对象

服务对象主要包括以下 4 个方面：电子商务信息系统业务部门；电子商务信息系统用户；电子商务信息系统上级管理者；业务价值链中的合作伙伴。

三、运维预算管理

根据相关标准（例如：《中华人民共和国预算法》、《中华人民共和国

预算法实施条例》、《上海市市级项目支出预算管理暂行办法(试行)》、《上海市市级信息化项目支出预算管理办法(试行)》)的要求,按照预算编制和管理的一般程序,结合信息化项目建设和运维的特点,供各预算主管部门和单位在编制信息化项目支出预算时参考。

1. 科学界定项目类别

运维项目是指为了保障已建信息系统软、硬件和业务服务功能的正常运行,进行运行维护的项目。建设项目包括新建信息系统的项目或对已有信息系统进行升级改造的项目,新建项目是指从无到有,根据业务需求,建设一个新的信息系统的项目;升级改造项目是指为了满足新的业务需求或解决影响业务开展的各种系统问题,对已建信息系统进行改造或优化的项目。

2. 运维项目预算构成

运维项目预算是指预算单位为了实现运维项目目标,确保系统正常运转所必须支出的设备维护、通信服务、软件维护、信息安全服务以及数据采集等系统运维方面的费用。运维项目预算中,新增软硬件费用超过原项目软硬件设备购置费8%(含)的,应列入升级改造项目。

3. 运维预算管理流程

运维预算管理流程主要环节为:发布通知──→编制预算──→筛选排序──→专项评审──→结果反馈──→预算安排。

四、运维实施(外包)管理

1. 运维服务(外包)原因

信息化项目运维方式有单位自管、集中运维、外包运维3种方式。运维服务外包是IT责任部门将部分的信息系统运维工作外包给企业外的运维服务提供商,动机是关注核心业务、获得专业服务、降低运维风险;后者通过提供信息系统运维外包服务,支撑前者履行运维保障职责。

2. 运维服务(外包)内容

主要有信息系统日常运维保障,如机房、网络、终端、服务器、存储设备、安全设备、应用系统等;其他扩展的IT运维管理,如IT资产管理、供应商服务管理、信息安全管理、IT培训、IT采购咨询等。

3. 运维服务(外包)管理

IT责任部门对运维服务外包实行以下阶段管理:准备──→选择──→

确定⟶过渡⟶实施⟶验收，运维服务提供商的运维服务核心流程包括：

(1)服务台。主要目标是协调用户和IT部门之间的关系，为IT服务运作提供支持，并提高用户的满意度。

(2)事故管理。目标是在尽可能小地影响客户和用户业务的情况下使IT系统尽快恢复到服务级别协议所定义的服务级别，同时记录事故以便为其他流程提供支持。

(3)问题管理。问题管理的责任是调查和分析IT基础架构和查找事故产生的根本原因。

(4)配置管理。配置管理流程专门负责提供有关IT基础架构的配置情况的信息。

(5)变更管理。目标是确保在变更实施过程中使用标准的方法和步骤，并尽快的实施变更，以将由变更所导致的业务中断对业务的影响减少到最低。

(6)发布管理。负责将经测试无误的软硬件版本发布到目的变更地点，并保证相应的服务级别。

(7)服务级别管理。旨在确保组织所需的IT服务质量在成本合理的范围内得以维持并逐渐提高。

(8)IT服务财务管理。考虑IT资源的效率及经济价值，旨在将基于预算的IT组织转变为类似于商业组织的具有成本意识的组织，为用户提供成本合理的IT服务。

(9)能力管理。根据组织当前及未来的业务需求，以合理的成本为IT服务运作配备所需的IT资源。

(10)IT服务持续性管理。目标是确保业务运作所需的IT基础架构和IT服务在灾难发生后的限定时间内能够得到恢复，从而对组织的总体业务持续性管理提供支持。

(11)可用性管理。目标是提供确保业务目标为由成本合理的、可用性级别定义的IT服务。

4. 如何计算运维(外包)费用

电子商务信息系统运维外包管理中，需要根据产品和服务等类别以不同的方法计算运维外包费，具体如表12-1所示。

运维项目预算计算表　　表 12-1

序号	支出项目	估算方法
P1	设备维护费	$P_{tep}=\sum P_iQ_iD_i(i=1,2,3,\cdots,n)$
P2	软件维护费	改正类、适应类软件维护：系数估算法 功能调整类维护参照软件开发估算法
P3	通信服务费	根据租用传输链路的合同价格直接取得
P4	安全服务费	$P_{sec}=\sum P_iQ_iD_i(i=1,2,3,\cdots,n)$
P5	数据采集费	根据购买数据的价格直接取得
P	预算总额	$P=P_1+P_2+P_3+P_4+P_5$

五、运维成熟度管理

1. 运维成熟度评估指标

(1)意识性。这里由服务台提供、服务台根据业务的需求给予明确的定义,高层管理者将服务台作为一个战略性的岗位,服务台的作用和价值已经在组织内部形成概念,员工培训能够指导用户使用服务台进行咨询,为客户提供信息,有相应的规章制度以规范和管理运维服务。

(2)可用性。指电子商务信息系统和关键应用程序在特定使用环境下,为特定用户用于特定用途时所具有的有效性(effectiveness)、效率(efficiency)和用户主观满意度(satisfaction),对电子商务信息系统的网络、主机、数据库、应用软件等 IT 资产进行的初步运维服务,运维内容涵盖了平台和系统管理以及部分核心业务支撑系统应用。

(3)流程性。建立电子商务信息系统稳定的运维服务管理流程,结合有效的结果和有效的产出,在完成对传统的平台和系统管理之外,实现了服务支持的事件、问题、配置、变更流程和服务提供中的可用性管理流程。

(4)集成性。指运维服务流程的输出应产品化和规范化,运行目标的改进和流程的改进。

(5)适应性。实现对业务支撑系统基础架构和应用的"集中维护、集中监控、集中管理",建立符合组织运维体制的管理工具与管理手段,提高对业务支撑系统的可视性和可控性,有效地保障业务系统顺利运转并保持竞争优势。

2. 运维成熟度等级

如表 12-2 所示为运维成熟度等级。

运维成熟度等级　　表 12-2

级　　别	管理方式	已实施的管理流程描述
4. 持续优化级（不断改进）	IT 独立业务	IT 绩效合理的考评，提供 KPI 完善相应的考核机制
3. 深化应用级（辅助决策）	面向服务	支持能力计划、服务等级管理
2. 集成运维级（建立平台）	基于流程	性能、变更、问题管理，配置、可用性管理，自动化与工作调度
1. 零散运维级（小有基础）	面向应用	事件发生/解决、控制台、故障记录、备份、拓扑、资产清单
0. 初始级（基本空白）	面向基础架构	对 IT 资产的分散运维

（1）第 0 级。运维管理处于发展初期阶段。主要特点是 IT 资产的分散性，缺少服务管理，存在一些对网络、主机、数据库、应用软件等个体分散资产的运维系统，无法进行综合运维的状况分析。

（2）第 1 级。这个阶段是基本实现集中运维管理的阶段，电子商务信息系统性能日益完善，运维内容涵盖了平台和系统管理以及部分核心业务支撑系统应用，这个时期的运维服务主要是处于事件响应的被动式服务阶段。

（3）第 2 级。主要是以实现对电子商务信息系统的主动式运维服务为标志，这个阶段强调运维服务管理，主要包括事件管理、问题管理、配置管理、变更管理等服务流程管理。

（4）第 3 级。这个阶段的运维系统能够帮助管理者根据业务支撑系统所需的 IT 服务，提供服务管理方案并加以实施，即能够对业务支撑系统所能为客户提供的服务计划、服务等级等进行管理，初具智能化。

（5）第 4 级。这是运维管理所达到最为理想的阶段，这个阶段运维服务提供商能够根据 IT 责任部门的战略目标制定业务支撑系统流程，帮助 IT 责任部门根据业务流程确定所需的 IT 服务。

六、信息安全管理

指根据客户信息系统的实际需求，通过规范的服务流程，向用户提供快速响应，准确诊断，确保采取最得当的处理措施，使系统迅速回复业务能力；提高客户关键业务系统的可用性和可靠性；降低客户 IT 系统的风

险;确保提供更好的可用性、响应速度和性能。

信息安全管理包括但不限于以下服务内容:信息系统状态检测、信息系统安全审计、信息系统应急响应、数据修复与保全服务等。交付物包括:安全监测(安全监测月度报告、安全监测季度报告、安全监测年报、安全态势分析报告)、安全审计(安全审计计划、安全审计报告)、应急响应管理计划(应急响应预案、应急事件预演、应急响应分析报告)、关键数据(分析报告、数据保全及恢复计划、数据保全及恢复预案)等。

第二节　电子商务信息系统运维外包管理

电子商务IT责任部门将部分的信息系统运维工作外包给外的运维服务提供商,并对电子商务信息系统运维外包进行有效的管理;后者通过提供信息系统运维外包服务,支撑前者履行运维保障职责。

一、服务资质

1. 系统集成资质

目前,在我国由信息产业部管理的信息系统集成资质属于非信息安全类,它依据《计算机信息系统集成资质管理办法》,主要是对从事计算机信息系统集成厂商的综合能力的资质管理,包括技术水平、管理水平、服务水平、质量保证能力、技术装备、系统建设质量、人员构成与素质、经营业绩、资产状况等要素,级别从高到低分为一、二、三、四级,证书有效期为4年,该管理办法较早涉及信息安全服务资质管理问题。

2. 等级保护

在信息安全越来越被重视的时候,对信息安全服务资质的管理范围也在加大。当前正在推行的等级保护,即国家通过制定统一的信息安全等级保护管理办法和技术标准,组织公民、法人、其他组织对信息系统分等级实施安全保护,也很关心信息安全服务能力和资质问题。由公安部、国家保密局、国家密码管理局、国信办联合签发的《信息安全等级保护管理办法》(公通字〔2007〕43号),提到第三级以上信息系统应当选择符合特定条件的等级保护测评机构进行测评,相当于对从事第三级以上信息系统等级保护测评的服务机构提出了要求,等级保护从低到高分为一、二、三、四、五共五级。

知识链接：成功外包五步走

外包项目的成功实施，也是成功的变革管理。

辛迪·乔纳（Cyndi Joiner）在通用汽车金融服务公司（GMAC）的公司房地产和物业管理部门履职才满3个月，就迎头赶上了严峻的挑战：公司规模庞大的支持性业务似乎走到了十字关口。该业务部门必须削减成本、更有效地管理供应商，并消除由于缺乏内部控制、运作准则和先进技术而导致的混乱状态。

乔纳向最高管理层提交了三种备选方案：继续现有的管理模式、业务部门重组或者干脆把该业务整体外包。出于迅速降低人力成本和改善业务流程的考虑，领导层同意了乔纳的外包建议，但提出的时间要求出乎她的意料：面对外包能节约开支和明显提高运营效率的美好前景，管理层群情振奋，决定缩短外包的运作时间。

要实施如此重大的举措，至少需要6个多月的时间，而GMAC的最高管理层要求乔纳在6星期内完成。虽然困难重重，乔纳还是按时达标。在此过程中，她和GMAC一起，学到了外包运作的宝贵经验。

第一步：界定外包业务。

各公司把非核心业务外包给第三方外包供应商，有着多方面的考虑：降低人力成本、减少开支或提高服务水平。GMAC相信，通过外包不仅可以在困难时期精简人员、降低成本，还可以更好地实现它的核心目标——确保客户能拥有房屋产权的过程是美好的。这就要使业务重心更加集中于住房按揭贷款和房产销售上。因此，房地产开发和物业管理业务就成了外包的理想对象。

乔纳说："我们在具有核心竞争力的业务上拥有的人才资源要超过其他业务。在物业管理上我们的人才储备就不够，这一点可以借助外包来弥补。"

第二步：选准合作伙伴。

作为选择外包合作伙伴的第一步，乔纳建议对所在的行业进行彻底的调查，找出一些备选对象。由于时间紧迫，GMAC聘请了一家咨询公司来做行业研究。咨询公司从几个方面提出建议：

（1）提出合作伙伴备选名单。

（2）帮助GMAC认识到：在外包之后，组织的面貌将怎样地焕然一新。

（3）在合作关系的构建上提出建议。

（4）帮助GMAC从潜在合作伙伴以前或现在的客户那里了解相关信息。

要对每家公司进行全面的考察,比如它在行业内的地位、运作的灵活性以及与接手相似公司的业务记录。“要寻找在企业文化上和你的公司相契合的合作伙伴。”乔纳说,“尽可能详细地了解他们的人才配备情况,让他们主动开口介绍过去成功和失败经历的原因。”

第三步:快速实施方案。

在考虑进行外包的时候,经理们要做的不仅仅是强调削减成本的前景。为什么?“节约成本可以有3种方式。”乔纳说,“损益表上的成本数字变小,业务流程的最终改善以及避免了本来可能发生的成本。成本节约的效果不会全部马上在损益表上反映出来,况且有些还很难进行量化。”

此外,过于强调外包的财务效益会诱使企业制定时间太急迫的实施计划表。外包如迅速实施,则优劣共生。正如乔纳发现的那样,追求外包的速度,可以使公司迅速度过变革过程的最困难时期,最大限度地减少因反对而产生的摩擦。此外,它还能够促使人们迅速适应新形势。拿乔纳的话来说,就是:“不跳入泳池,你就不知道自己不会游泳。跳下去了,你就不得不去学习游泳——而且速度之快连你自己也吃惊。”

但是另一方面,快速地实施会使组织和第三方供应商没有经过至关重要的“谈情说爱”阶段就匆匆“结婚”了。当问到是否会再次以6个星期的实施计划为目标时,乔纳面露难色。“在某种程度上,6个星期太短了。”她说,“我们试图一步到位地完成太多的激烈变革任务了。”

回过头来看,乔纳觉得,如果当初外包计划按阶段来实施的话,可能比一步到位的方式更成功。例如,可以物业管理先行,租赁管理跟进,最后是不动产管理。虽然如此,她还是认为:“作为外包计划的负责人,我倒愿意在6个星期内承担所有的压力和痛苦,而不是在更长的时间内慢慢消受。”

第四步:建立支持联盟。

乔纳建议在外包实施决策的初始阶段邀请“权力用户(power users)”的介入,比如GMAC的零售业务部门拥有并出租的资产超过300项,其区域经理将受到外包计划的强烈冲击,他们的参与对外包的实施至关重要。尽管乔纳没能在计划实施之前争取让区域经理们参与进来,但她确保了在实施阶段参照他们的真知灼见来安排变革。

乔纳处理与区域经理、普通员工和高层经理的关系的经历,表明了建立支持性联盟的重要性。她说:“你同样需要经理层的强大支持。”为了寻求支持，乔纳建议要经常性地会见关键人物，告诉他们变革的“好的一面，坏的一面和令人不快的一面”，分析计划的短期和长期利益以及实施成本。

“即使你已经成功‘推销’了外包的概念，也要不断和基层保持联系。”她说，“要让你的支持者知道，你仍一如既往地在积极推动计划的实施。”

第五步：沟通提升士气。

在实施的第一年，GMAC 的外包计划就将公司的房地产和设施管理业务的人员减少了 85%，节约了 674 万美元的开支。“毫无疑问，人员精简的过程是很艰难的。”乔纳说。认为人员解聘最难推行的是那些来自公司其他部门、对受影响的员工并不熟悉的人。恰恰相反，下岗员工的同事们却对本部门缺乏相关人才积累感触颇深。这就为乔纳提供了一次消除人员解聘对士气的不利影响的机会。“这考验了你的变革管理能力。”她说，“你必须尽可能快地使新组织迅速与旧传统相融合。如果能够很快使留下来的人看到变革的好处及其背后的原因，他们就会成为外包的坚定支持者。”

乔纳还建议，要经常和员工及上层管理者进行沟通，告诉他们外包计划的目的和实施的具体步骤。“向所有人通报外包的进展情况，无论顺利与否；要勇于承认自己的失误。”她强调说，“人们总对让外部人来处理自家问题颇有微辞，沟通有利于扭转大家对外部人的成见。”由于上一次外包计划终告失败，GMAC 员工的这种成见进一步加深了。除非公司上下大部分人都接受第三方供应商的介入，否则外包一次，就会失败一次。为了化解对 GMAC 外包供应商无根无据的指责，乔纳不断通过尽可能多的渠道，向尽可能多的人解释她自己在新的外包计划中所扮演的角色。当部门经理抱怨，原来归入公司损益表的成本，如今怎么要由他们来承担预算责任？她会解释清楚，是她建议公司拒绝负担上述成本。

在就外包行动进行沟通的时候，耐心和毅力同样重要。“外包的真正好处要较长时间才能显现。”乔纳说，“在此之前，情况会变得令人痛苦、难受和混乱。”在实施外包的早期达成‘大爆炸’式的变革要容易一些，但持久的变革就要难得多，花费的时间更长。人们必须了解这一点。

乔纳的经验表明，外包项目的成功实施，不仅有赖于卓越的甄别能力，挑选合适的合作伙伴并与其建立良好的牢固关系，更需要高超的变革管理技巧。外包是一项长期事业，不会立竿见影，也不可能一劳永逸，了解这一点是迈向成功的第一步。

3. 国家保密局涉密系统集成资质

涉密系统集成资质指从事涉密系统集成工程所需要具备的综合能力，包括人员构成、技术水平、管理水平、技术装备、服务保障能力和安全保密保障设施等要素。国家保密局的涉密系统集成资质评估依据《涉及国家秘密的计算机信息系统集成资质管理办法》，级别从服务范围分为甲、乙、丙共三级，证书有效期3年。

4. 信息产业部——国家应急处理技术协调中心应急服务资质

应急服务资质是指服务提供单位在处置网络安全事件过程中所提供的各项服务的能力，其评审依据的是内部规范——《网络安全事件处理服务规范》。应急服务资质按规模分为国家级与省级，证书有效期为2年。

二、服务内容

在运维服务过程中，采用项目管理方式对运维服务进行整体的要求与管理，进而规范日常运维与服务流程，其中实施的部分关键服务内容包括：实施职能机构—服务台；实施服务支持—事件管理流程；实施服务支持—配置管理流程；实施服务支持—问题管理；实施服务支持—变更、发布管理。

三、服务流程

1. 外包前期工作

进行外包前，电子商务信息系统运维单位要完成需求分析，明确外包任务、预期目标、经费来源、考核指标、对外包服务商的要求，明确项目产权等法律关系，严禁在需求不清的情况下选择外包服务商。建立外包管理机制，运维单位应明确内部负责部门，制定外包中业务、技术、资金、风险管理、合同等协同管理机制，保证单位内部协调顺畅和对外包服务商有效监督和管理。

2. 选择服务提供商

应规范外包服务商准入，外包服务商选择条件要公开、公正，逐步建立规范化的资质管理和公平竞争的准入制度；要综合评估外包服务商技术能力、经营管理能力、财务状况和责任承担能力，确认其具备资金实力和从事相关业务的经历。严格执行采购及招投标的有关规定，外包服务商的选择要依法进行招投标或采购，优先考虑信用程度高的外包服务商。项目建设单位要做好采购、招投标相关文档管理。

3. 服务级别管理

在瞬间万变的外部商业环境中，随着技术的不断进步和组织自身业务需求的调整，运维服务提供商也必须相应的调整其提供的运维服务的级别，使之符合企业的业务需求并将成本控制在合理的范围之内。因此从某种程度上讲，服务级别管理围绕组织业务需求和运维服务级别展开，主要任务是在服务质量需求和供给以及客户满意和IT服务成本之间寻求一个合理的平衡。其中，服务级别是运维提供商与运维部门就服务提供与支持过程中关键的服务目标及双方的责任等问题协商一致后所达成的服务，应当使用业务部门和IT服务提供方双方都便于理解的语言，而不宜采用技术化的语言，便于业务部门和IT服务提供方之间的沟通，减少双方之间的摩擦，同时也有利于后期的评审与修改。运作级别是指运维服务提供商和部门内部某个具体的职能部门或岗位，就运维服务项目（如邮件系统的可用性、传真服务的可用性等）的服务提供和支持所达成的服务。支持合同则是指运维服务提供商与外部第三方供应商就某一特定运维服务项目的提供与支持所签订的合同。

4. 运维服务监控

应加强运维状态的监控。电子商务信息系统运维单位必须全面掌握应用系统实际运行状况，要定期组织进行项目系统运行状况及风险评估，分析应用效果、效益和成本情况，会同外包服务商制定切实可行的应急预案并组织演练。外包服务商应做好定期巡检和安全事件预警、应急等工作，对硬件设备及时更新、检修，对软件系统及时检测、升级，对数据库进行定期清理和备份，外包服务商应配合电子商务信息系统运维单位提供相关资料和制订方案，外包服务商和电子商务信息系统运维单位均要做好相关报告和总结。

5. 考核和激励机制

应完善预算资金机制，外包合同周期、费用评审要与年度预算同步，电子商务信息系统运维单位根据项目特点可以探索有利于调动外包服务商积极性，并保证外包服务商利益的资金支付模式；完善考核机制，电子商务信息系统运维单位对外包的组织管理和监督指导工作情况将纳入部门信息化水平年度考核范围，要依据外包合同中明确的阶段性考核指标和最终考核指标，对外包服务商进行考核，考核结果与资金拨款挂钩、与退出机制挂钩。积极发挥第三方机构作用，鼓励电子商务信息系统运维单位聘请第三方机构，积极发挥外包服务评价、监理等第三方机构在规范

和推进电子商务信息系统运维服务外包中的作用。

四、服务方式

服务外包主要有2种服务方式:人力外包指外购人力,供应商提供持续性人力服务;流程外包指外购服务流程,供应商提供完整的服务过程保障。

五、服务定价

人力外包的服务定价以年为周期,可按专业技能水平、工作量、服务频度等折算成“标准人日”计算预算费用;流程外包的服务定价以年为周期或以具体任务为目标,可按根据系统规模、建设时间、应用数量、保障指标、服务频度等制定成“外包工作方案”计算预算费用。

六、服务效果

通过对电子商务信息系统实施的运维服务管理,逐步变被动的救火式IT管理为主动式IT服务管理,保证了电子商务信息系统的稳定性、可用性;结合业务功能及流程进行重新设计以降低成本、缩短周转时间、提高质量和增进客户满意度,具体表现包括:增进资源利用率;提升竞争力;降低返工率;消除重复劳动;提高项目的可交付性并保证按期交付;提高IT服务关键任务的可用性、可靠性及安全性;评估服务质量成本;提供满足业务、客户及用户需求的服务;集成主要流程;描述和沟通在提供服务过程中涉及的角色与责任;从以前的经验中学习;提供可证明的绩效指标等。

七、IT外包服务案例

如表12-3所示为外包服务案例。

外包服务案例　　表12-3

项　目	整体外包:标准型
设备范围	1. 10台PC、5台笔记本电脑、2台苹果机、2台服务器(文件服务器、邮件服务器等)、2台网络交换机、1台具备防火墙功能的路由器、1台西门子315电话交换机 2. 打印机维护、传真机维护、维修 3. 涉及电脑软硬件维护、网络安全防范、病毒防治等各个技术细节 4. 免费提供办公产品代购,按市场价

续上表

项　目	整体外包:标准型
服务方式	1.7×24 小时电话报修服务,市区半个小时内到达现场,郊区 2 个小时内,到达现场 2.24 小时应急服务,每月 2 次免费 3.5×8×8 服务,固定上门巡查维护,每月 1 次 4. 每季度故障分析和培训 1 次
服务内容	日常服务 ＋ 安全服务 ＋ 巡检服务 ＋ 咨询服务 ＋培训服务 ＋ 特别服务
参考费用	人民币 300 元/月,3 个月起,3 000 元/年
	协助 IT 服务:单次服务型
服务内容	1. 数据库恢复、硬盘数据恢复、软件美工、软件二次开发升级 2. 网络优化、网络安全检测 3. 办公电脑单次检查、财务软件安装、维护、调试、各种办公软件安装 4. 网络布线、系统集成
服务方式	1. 按需提请,根据工作量计费 2. 每月巡检 1 次 3. 每季度故障分析和培训 1 次
服务内容	日常服务 ＋ 安全服务 ＋ 巡检服务 ＋ 咨询服务 ＋培训服务 ＋ 特别服务
参考费用	施工时 150 元/小时,也可按单次故障排除固定收费
	IT 外包按次服务
设备范围	1. 6 台 PC、2 台笔记本电脑、1 台网络交换机、1 台具备防火墙功能的路由器、1 台国产电话交换机 4. 打印机等外设齐全 3. 涉及电脑软硬件维护、病毒防治、内网安全等各个技术细节
服务方式	1. 每月上门巡检 1 次(含积压故障处理),年度总计 12 次 2. 另购买 12 次 4 小时上门应急反应
服务内容	巡检服务 ＋ 有限次数上门服务
参考费用	年度 12 次巡检,3 000 元/年,平均每月只需要 250 元人民币 12 次应急服务,2 000 元(如果 1 年没用完次数,可以延长更长时间,直至 12 次服务用完)

第三节　IT 服务管理框架

一、IT 服务管理简介

IT 服务管理框架是涉及 IT 各个服务管理流程的“最佳”目标、活动、输入和输出以及各个流程之间的关系。它的重点是为了保证每个流程实现其应有的功能并与其他流程相协调。

IT 服务管理框架共分为 6 个模块，分别是：业务管理、服务管理、IT 基础架构管理、应用管理、安全管理和 IT 服务管理规划与实施，它们之间的逻辑关系如图 12-1 所示。

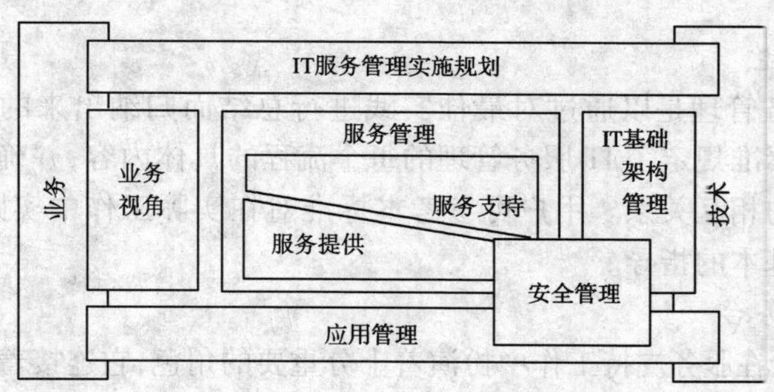

图 12-1　IT 服务管理框架

1. 业务管理

该模块用于指导业务管理者以自己习惯的思维模式分析 IT 问题。业务管理者应深入了解 IT 基础架构支持业务流程的能力以及 IT 服务管理在提供端到端 IT 服务过程中的作用，以协助更好地处理与服务提供者之间的关系，实现商业利益。

2. 服务管理

该模块是 IT 服务管理框架的核心模块。它把 IT 管理活动归纳为 10 个核心流程和一些辅助流程，利用这些流程可进行有关 IT 的管理工作。

3. IT 基础架构管理

IT 基础架构是 IT 基础设施的有机整合。对 IT 基础架构的管理一般宜采用技术手段对基础设施进行管理。该模块的目标是确保 IT 基础架构能够稳定可靠地满足业务需求和支撑业务运作。

4. 应用管理

该模块用于指导IT服务提供者协调应用系统的开发和维护，以使它们保持一致的为业务运作提供支持和服务。

5. 安全管理

该模块的目标是保护IT基础架构，使其免受未授权的使用。它可用于为确定安全需求、制定安全策略以及处理安全事故等提供全面指导。

6. IT服务管理规划与实施

该模块的作用是指导如何实施上述模块中的各个流程，指导确立远景目标、分析和评价现状、确定合理的目标并进行差距分析、确定任务的优先级以及对流程的实施情况进行评审。

二、IT服务管理的核心流程

1. 概述

IT服务管理是以通过对最佳实践进行总结而归纳出来的流程为基础的。本标准规定了IT服务管理的每个流程的具体内容，并确定了多个流程之间的相互关系。用户可参考本标准对在实际工作中实践IT服务管理提供基本的指导。

2. 服务台

服务台在服务支持工作中扮演着十分重要的角色，它连接着用户和IT部门，在不需要联系特定技术人员的情况下，服务台应处理大量的客户请求。

服务台不仅要负责处理事故、问题和客户的询问，同时还要为其他活动和流程提供接口，包括客户变更请求、维护合同、服务级别管理、配置管理、可用性管理和持续性管理等。

(1)服务台的目标。服务台的主要目标是协调用户和IT部门之间的关系，为IT服务运作提供支持，并提高用户的满意度。

(2)服务台的结构。服务台的结构主要有3种：分布式服务台、集中式服务台和虚拟式服务台。

①分布式服务台。当用户考虑各地区的客户特殊性时，可以建设分布式服务台以向每个地区或分部提供本土化、个性化的服务。

②集中式服务台。向所有用户提供单一联系点，集中处理所有的服务请求。当用户考虑降低服务台的操作成本时，宜采用该结构的服务台。

③虚拟式服务台。指用户可利用虚拟桌面和呼叫自动转移技术实现全球统一的服务电话，从而和用户保持单点联系的一种分布式服务台模式。

根据具体的需求，用户可以构建自己的服务台模式。

(3)服务台的主要工作。服务台应该提供服务管理职能。服务台的主要工作应该包括：

①响应用户呼叫。对于用户发出的错误报告、服务请求、变更请求等事件进行记录和处理。

②为用户发布信息。可采用布告栏、电子邮件、短消息等方式向用户提供有关错误、故障或新增服务等方面的信息。

③客户需求管理和客户关系管理。服务提供者应该采取必要的措施和使用适当的技术对服务台进行有效的管理，同时服务台可以准确迅速的了解客户的需求，改善客户体验，提高客户满意度。

④供应商联络。服务台在需要时负责与供应商进行联络以维修或替换有关的软硬件组件。

⑤日常运作管理。服务台承担的日常运作管理任务应该包括数据备份与恢复、磁盘空间管理、建立新用户、管理用户口令等。

⑥基础架构监控。服务台能够利用相关工具对 IT 基础架构的运作情况进行监控，当检测到故障发生或将要发生时，应该立即评估事件的影响，并在必要时将检测到的故障报告事故管理部门。

(4)服务台绩效考核指标与关键成功因素。客户或月户的满意度是衡量服务台运作效果的综合指标。

实际运作效果的常用关键绩效指标应该包括：

①电话回应时间。

②电话转接到二线支持所用的时间。

③用户是否在可接受的时间内得到满足服务级别目标的答复。

④用户是否得到有关目前或即将发生的变更或错误的通知。

⑤电话回答是否亲切。

⑥用户是否会得到关于如何防止事故发生的忠告。

同时，服务台应该定期检查是否达到有关的标准和要求，如首次修复率、每位用户的呼叫数及服务台的总呼叫数、平均事故解决时间等。

另外在对服务台进行绩效考核时，还应综合考虑一下关键成功因素：

①服务台人员应深刻理解企业的业务需求和客户的要求。

②对客户、支持小组和服务台员工进行培训。

③明确服务的目的和需要达到的目标。

④协商并达到切合实际的服务级别目标。

⑤签订合理的服务级别协议,并使用户和服务台人员都熟悉服务级别协议的关键品质指标。

⑥客户和用户应了解服务台提高的支持范围和内容。

3. 事故管理

1)事故管理的概念

事故是指引起或有可能引起服务中断或服务质量下降的、不符合 IT 服务标准操作的活动。

当多个事故需要同时处理时,必须根据事故所造成的影响、事故的紧急程度、解决事件的难易程度等因素确定事故处理的优先级。

如果在协议约定的时间内一线支持无法解决事故,则必须根据事故升级流程引入更多的支持人员确定问题的解决。事故升级流程如图 12-2 所示,一线支持一般指服务台,二线支持指管理部门,三线支持指软件开发及构架,四线支持指供应商。

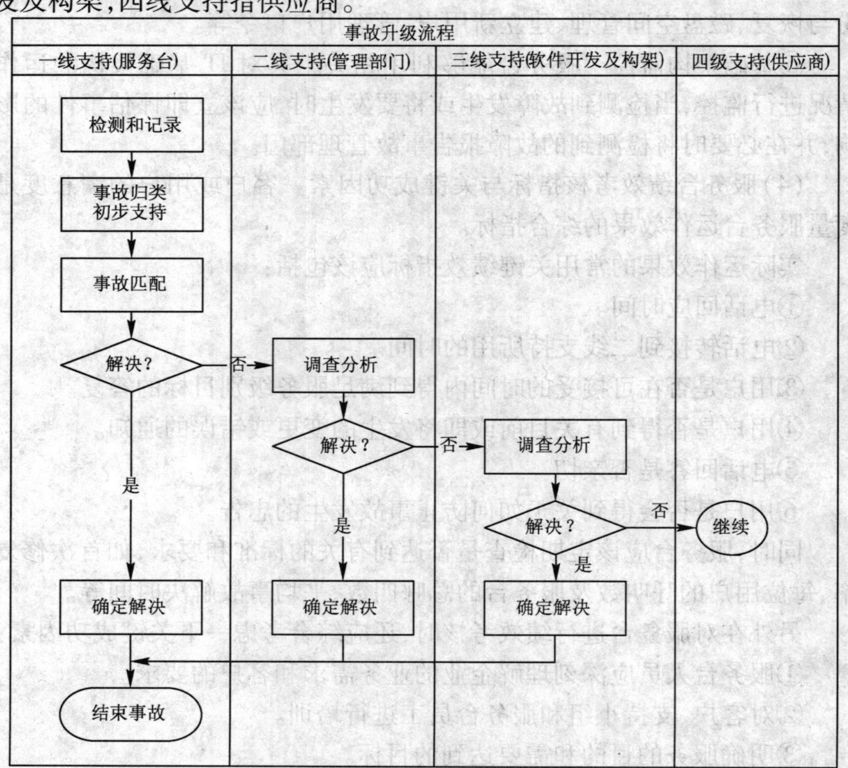

图 12-2　事故升级流程

2)事故管理的目标

事故管理的目标是在尽可能小地影响客户和用户业务的情况下使IT系统尽快恢复到服务级别协议所定义的服务级别,同时记录事故以便为其他流程提供支持。

3)事故管理的流程

事故管理的输入可以是来自于系统构架任何一部分的用户报告、服务台及相关部门的检测报告和系统自动检测报告。事故管理的输出则是针对所产生事故的解决方案和应急措施。

事故管理流程的基本步骤如图12-3所示。

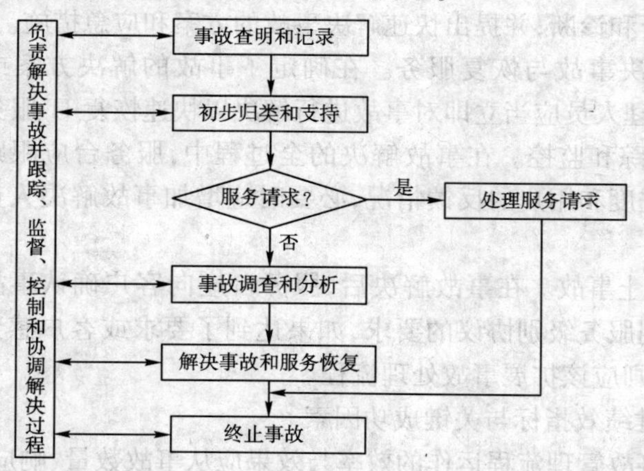

图12-3 事故管理流程

事故管理流程的基本活动定义如下:

(1)事故查明和记录。服务台应查明和记录事故,并将基本信息输入事故数据库并报告事故管理小组。

事故管理需要给每个事故分配一个唯一的编号,记录一些基本的事故分析信息并补充其他事故信息。

(2)归类和初步支持。应该根据事故发生的原因、所支持的类别对事故进行划分。如果发生的事故是重复出现的,则需要根据已有的经验和措施采取行动。如果为新出现的事故,则需要将其与问题和知名错误进行匹配,如果匹配成功,则用已有方案解决事故,否则确定事故的优先级。在确定事故的优先级时,服务台应对事故提供初步的支持。服务台如果没有成功解决事故,就将事故转交给二线、三线支持处理,然后负责记录事故并协调各支持小组、采取必要的措施以确保用户满意事故的解决过程。

(3)启动服务请求程序。如果事故属于一项服务请求,则启动服务请求程序。

(4)事故匹配。当服务台接受并记录有关事故的信息后,需要将发生的事故与问题管理中的问题、知名错误进行匹配。如果匹配成功,则可以根据问题管理中现成的解决方案解决事故。如果匹配不成功,则服务台应将事故转交给事故管理人员,由事故管理人员对事故进行调查和诊断。

(5)调查和分析。如果没有现成的解决方案,事故管理人员应对事故进行分析和诊断,并提出快速解决事故的方案和应急措施。

(6)解决事故与恢复服务。在确定了事故的解决方案或应急措施后,事故管理人员应当立即对事故进行解决以快速恢复 IT 服务的运作。

(7)跟踪和监控。在事故解决的全过程中,服务台应跟踪和监控事故解决的进度和用户的反馈情况,必要时应增加事故解决人员或对事故进行升级。

(8)终止事故。在事故解决后,服务台应向客户确认事故解决的效果是否达到服务级别协议的要求,如果达到了要求或客户感到满意则终止事故,否则应该扩展事故处理流程。

4)关键绩效指标与关键成功因素

评价事故管理流程运作的效率与效果应从事故数量、响应时间、事故解决比例、事故解决成本等方面加以衡量。关键绩效指标应该包括:

(1)一定时间内的事故总量。

(2)事故在约定的服务级别协议所确定的响应时间内得到解决的比例。

(3)事故直接由一线解决的百分比。

(4)事故的平均解决时间和成本。

(5)事故初步归类失误的百分比。

(6)转发不当的服务请求占全部服务请求的百分比。

(7)无需支持人员亲临现场而远程解决的事故的数量和比例。

事故管理流程顺利运作的关键成功因素应该包括:

(1)完备和及时更新配置管理数据库。

(2)及时更新的问题数据库和知名错误数据库、提供商数据库及知识库。

(3)事故自动记录、跟踪及监视系统。

(4)紧密结合服务级别协议。

(5)保持服务台和事故管理人员的良好沟通。

4. 问题管理

1)问题管理概念

问题管理是指通过调查和分析 IT 基础架构的薄弱环节、查明事故产生的潜在原因,并制定解决事故的方案和防止事故再次发生的措施,将问题和事故对业务产生的负面影响减少到最低的服务管理流程。

问题管理的责任是调查和分析 IT 基础架构和查找事故产生的根本原因。

2)问题管理目标

问题管理应达到以下 3 个目标:

(1)将由 IT 基础架构中的错误引起的事故和问题对业务的影响减少到最低程度。

(2)查明事故或问题产生的根本原因,制定解决方案和防止事故再次发生的预防措施。

(3)实施主动问题管理,在事故发生之前发现和解决可能导致事故产生的问题。

3)问题管理流程

问题管理流程在运作过程中应与其他多个流程进行信息上的沟通,它需要根据事故管理、能力管理、配置管理、服务级别管理以及可用性管理等流程提供的信息制定解决方案和应急措施,同时将它所产生的解决方案和变更需求输入到事故管理和变更管理流程的运作过程。

问题管理流程的基本活动应包括问题控制、错误控制和主动问题管理 3 个部分。

4)问题控制流程

问题控制是对发现的问题进行归类、调查和分析从而提出解决方案或应急措施的流程。问题控制流程如图 12-4 所示。

(1)发现和记录问题。该步骤应发现和记录问题,包括事故的症状、与事故相关的基础架构的运行情况等信息。问题记录应关联到所有与其相关的事故,事故的解决方案和应急措施也要记录在相应的问题记录中。

(2)问题归类。在查明和记录问题后,为了评估问题可能对服务级别产生的影响,应该对问题进行归类。问题归类应根据问题所涉及的领

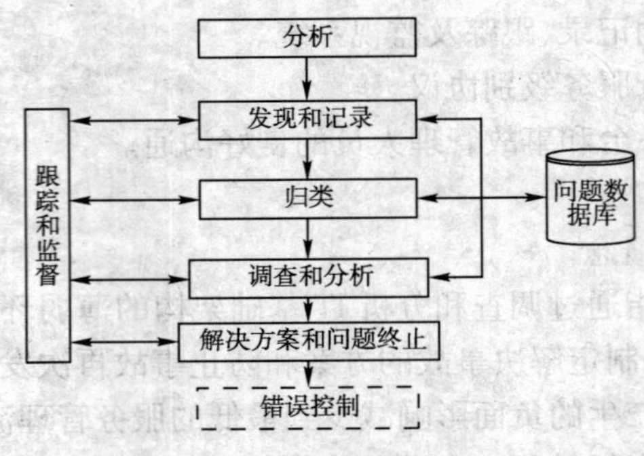

图 12-4　问题控制流程

域、影响度和紧迫性以及优先级等因素综合确定。

(3)调查和分析问题。问题调查应全面深入，包括对事故管理所制定的解决方案和应急措施的调查。在对导致事故的未知原因展开调查后，需要对这些原因进行分析和测试，从而确认其是否是问题产生的最主要和最根本原因。

在确认产生问题的根本原因后，问题就转化为知名错误，问题管理随之进入错误控制阶段。如果未能确定根本原因，应向事故管理人员建议实施应急措施，同时扩大调查和分析的范围，直到找到问题的根源。

5)错误控制流程

错误控制是对知名错误进行处理和控制的流程。在问题控制将知名错误转交给错误控制之后，错误控制需要向变更管理提交变更请求，再由变更管理实施变更后最终消除知名错误。错误控制流程如图 12-5 所示。

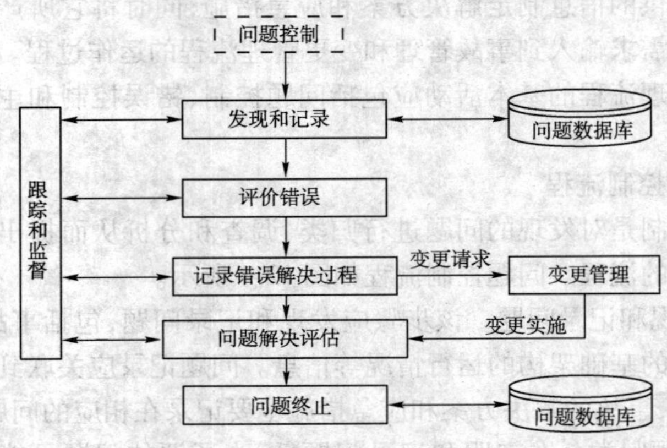

图 12-5　错误控制流程

(1)发现和记录错误。发现和记录错误或知名错误是错误控制流程的开始。问题管理人员需要将有关知名错误的信息放入错误数据库中。

(2)评价错误。在发现和记录错误后,问题管理人员应与其他支持人员一道对解决错误的可能方法进行初步评估,并根据对错误评价的结果制定相应的解决方案。

(3)记录错误解决过程。在问题管理人员提出解决错误的方案后,错误控制流程应详细记录每个知名错误的解决过程,特别是与知名错误有关的配置项、症状和解决方案,记录的信息可保存于知名错误数据库中。这些信息可为以后类似事故进行事故匹配提供帮助。

(4)提出变更请求。如果问题管理人员发现制定的解决方案无法从根本上消除知名错误时,应向变更管理流程提出变更请求,变更管理应根据错误的影响度和紧迫性确定变更请求的优先级。

(5)问题解决评估。在问题管理人员实施错误解决方案或者变更管理人员根据问题管理人员的变更请求实施变更后,问题管理人员需要继续跟踪和监督错误解决过程,必要时应进行实施后评审来确认问题或知名错误的解决效果。然后,问题管理人员需要根据服务级别目标和解决问题所需的成本确定是否需要进一步对问题展开调查和研究。

(6)问题终止。在确认问题和知名错误得到较好的解决后,问题管理可以终止错误控制流程。同时,需要将有关问题的更新信息存入问题数据库中。

6)主动性问题管理

主动性问题管理是指根据对 IT 基础架构的分析,问题管理人员可以找到可能出现问题的脆弱环节,在事故发生前发现和解决有关问题和知名错误,以尽量减少问题和知名错误对业务的影响。

主动性问题管理流程包括趋势分析和预防措施制定 2 个部分:

(1)趋势分析:

①找出 IT 基础架构中不稳定的组件,分析其原因,以便采取措施降低配置项故障对业务的影响。

②分析已发生的事故和问题,研究其变化趋势。

③通过其他方式或途径分析,如系统管理工具、用户反馈、与客户和用户的座谈会、客户和用户调查等。

(2)预防措施制定:

①提交变更请求。

②提交有关测试、规程、培训和文档方面的反馈信息。

③进行客户教育和培训。

④对服务支持人员进行教育和培训。

⑤确保遵守问题管理和事故管理的规程。

⑥改进相关的流程和程序。

7)关键绩效指标和关键成功因素

(1)衡量问题管理运作效率和效果的关键绩效指标应该包含：

①通过解决问题而减少的事故总量。

②解决问题所需时间的减少量。

③提交的变更请求的数量。

④调查和分析每类事故所耗费的时间。

⑤与解决方案相关的成本的降低额。

(2)影响问题管理运作成功的关键因素应包括：

①有效的自动事故记录和基础架构运行情况记录。

②明确和切实可行的问题管理目标。

③充分利用问题管理人员的专业技能并为他们提供充分的条件去调查问题产生的根本原因。

④确保问题管理和事故管理之间的有效协调。

5. 配置管理

1)配置管理概念

配置管理是指由识别和确认系统的配置项、记录和报告配置项状态和变更请求、检验配置项的正确性和完整性等活动构成的服务管理流程。

配置管理流程专门负责提供有关IT基础架构的配置情况的信息。

2)配置管理目标

配置管理必须实现以下目标：

(1)计量组织和服务中所使用的所有IT资产和配置项的价值。

(2)为其他服务管理流程提供有关IT基础架构配置的准确信息。

(3)为事故管理、问题管理、变更管理和发布管理的运作提供支持。

(4)核实有关IT基础架构的配置记录的正确性并纠正发现的错误。

3)配置管理流程

配置管理流程在运作过程中需要其他流程为其提供信息，如变更管理流程提供的有关IT组件变更的信息以及采购流程提供的有关IT组件采购的信息。配置管理同时也为其他流程提供配置管理报告和配置管理

数据库中的信息。配置管理除了与变更管理和发布管理相关以外,还与其他流程有着密切的关系。

配置管理的流程主要包括配置管理计划、配置识别、配置项控制、配置状态报告、配置审验、配置管理数据库备份和保管等。

(1)配置管理计划。在正式实施和运作配置管理前应当对配置管理进行充分的计划和安排,应该包括以下内容:

①配置管理的目标和范围。

②与特定的支持小组相关的政策、标准和程序。

③配置管理角色和责任安排。

④配置项命名规则。

⑤实施配置管理活动的日程安排和程序。

⑥与第三方的接口控制。

⑦配置管理系统的设计,包括配置管理数据库、配置管理数据的存放地点、配置项运行的受控环境、与其他服务管理系统的联系和接口、构建和安装等支持工具。

⑧配置管理的内务工作,包括许可证控制、配置项的存档等。

⑨计划的配置基准线、重大发布、里程碑以及针对以后每个期间的工作量计划和资源计划。

(2)配置标识。配置标识是配置管理的一项基础性工作,需要确定配置项的范围、属性、标识符、基准线,以及配置结构和命名规范。

(3)确定配置管理范围。配置管理的范围包括用于构建、发布、验证、安装、分发、维护、恢复和移除配置项的硬件和软件及相关文档。

(4)确认和记录配置项属性。配置管理需要预先确认和记录各配置项,特别是高风险和关键的配置项的属性。配置项属性一般包括配置项的名称、编号、类别、版本号、责任人、来源、提供日期、许可证号、目前状态、计划状态、父配置项关联、子配置项关联、事故号、问题号、变更请求号、变更号、备注等内容。

(5)为配置项定义标识符。配置管理应为每个配置项赋予一个唯一的标识符,并维护这些标识的准确性。

本标准不规定固定的配置项标识方法。

(6)确定配置基准线。完整的配置基准线应该包括:

①过去的、当前的和计划中的发布信息。

②过去的、当前的和计划中的变更信息。

③批准和实施变更时系统的状态和有关文档。

④实施发布时系统的状态和有关文档。

⑤按标准规范配置的管理的硬件和软件。

(7)确定配置结构。配置结构说明了配置项的层次结构以及各配置项之间的关系。配置结构可以是基础架构的配置结构,也可以是服务配置结构。

(8)确定配置项命名规则。配置项标识、配置文档、变更和基准线等应该使用一致的命名规则。命名规则可以确定各配置项的层次关系、每个配置项的层次或从属关系、配置项与其他相关文档之间的关系、文档与变更之间的关系、事故和变更之间的关系等。

配置管理应该建立所有的配置项和控制形式的命名规则。

(9)配置项控制。配置管理需要进行以下配置项控制活动:

①注册新配置项及其版本。

②更新配置项记录。

③许可证管理。

④撤销或删除配置项时将相关记录存档。

⑤保护各种配置的完整性。

⑥定期检查配置项并更新配置管理数据库的相应记录。

(10)配置状态报告。配置管理流程应当针对所有受控配置项的当前版本和变更记录定期制作配置状态报告。内容应包括:

①基准线和发布标识符。

②为构建系统或应用所使用的软件的最新版本。

③对系统进行的变更次数。

④基准线和发布版本的数量。

⑤配置项的使用和变动情况。

⑥对基准线和发布版本的比较结果。

(11)配置审验。配置管理人员需要对配置项和配置项管理数据库进行审验,从而确保所包含的信息能够完全真实地反映 IT 基础架构中配置项的存在和变更情况。

配置审验应当定期进行,并在下列情形中进行:

①实施新的配置管理数据库之后。

②对 IT 基础架构实施重大变更前后。

③在一项软件发布和安装被导入实际运作环境之前。

④灾难恢复之后或事故恢复正常之后。

⑤发现未经授权的配置之后。

⑥任何其他必要的时候。

本标准不严格规定配置审验的具体方法,但必须满足审验的一致性。

(12)配置管理数据库备份、存档和保管。应当对配置管理数据库中的数据信息定期备份并保存在安全的地方。

本标准建议根据IT基础架构的规模和变动情况来确定备份频率、备份方式。

4)关键绩效指标和关键成功因素

(1)衡量配置管理流程运作效果的关键绩效指标应该包括:

①配置管理数据库中配置项属性出现错误的比例。

②成功通过配置审验的配置项的比例。

③未经授权的配置的数量。

④因变更不当而导致的事故和问题的数量。

⑤批准和实施一项变更所需的时间。

⑥因配置项信息不准确而导致的服务失败的次数。

(2)关键成功因素应包括:

①保持配置管理数据库的及时更新。

②配置管理与变更管理以及发布管理保持紧密联系。

③定期进行配置审验。

6. 变更管理

1)变更管理概念

变更管理是指在最短的中断时间内完成基础架构或服务的任一方面的变更而对其进行控制的服务管理流程。当问题管理通过调查和分析发现问题产生的根本原因,但不能制定恰当的解决方案从根本上予以解决时,问题管理需要向变更管理提交变更请求,从而通过实施必要的变更从根本上消除问题的根源。

在变更管理流程运作过程中,需要组建变更咨询委员会。变更咨询委员会负责对问题管理流程提交的变更请求进行评审,并决定是否批准该变更请求的实施。变更咨询委员会同时还应为变更经理评估实施某项变更可能产生的影响和确定变更的优先级提供专业意见。变更咨询委员会应当从业务和技术两个角度充分评估变更的影响。为此,变更咨询委员会的成员应当由变更经理、客户、用户经理、用户群代表、应用开发和维护人员以及有关的专家和技术顾问等人员组成。

2)变更管理目标

变更管理的目标是确保在变更实施过程中使用标准的方法和步骤,并尽快地实施变更,以将由变更所导致的业务中断对业务的影响减少到最低。

3)变更管理流程

变更管理流程的运作是与其他服务管理流程协同进行的,同时也进行着信息的交流。

(1)变更管理流程应该输入的信息包括:

①变更请求。

②配置管理数据库提供的数据信息,特别是有关变更影响的信息。

③变更实施进度表。

④能力管理提供的能力数据库以及财务管理流程提供的预算信息等。

(2)变更管理流程的输出信息应该包括:

①更新的变更实施进度表。

②触发配制管理和发布管理开始运作的信号。

③变更咨询委员会的议程、会议记录和行动项目。

④变更管理报告。

变更管理的主要流程为:

(1)记录变更请求。所有的变更请求都应该被记录并分配编号。

本标准建议使用集成服务管理系统。该管理系统可以自动分配变更请求编号和记录有关变更请求的活动。此外,集成服务管理系统还可进行分级授权,比如任何经授权的人员可以创建、增加变更请求处理报告,但是只有变更管理员和配置管理员有权终止某个变更请求。

(2)评审和筛选变更请求。在记录变更请求后,变更管理人员应该进行初步评价,以确定是否有不清楚的、不合法的、不切实际的或不必要的变更请求。然后,变更管理人员应根据变更的必要性及对业务的影响来决定接收或拒绝变更请求。如果拒绝某个变更请求,应说明原因并给变更请求提交者解释的机会。

(3)对变更请求进行分类和确定优先级。一旦确定接受某个变更请求,变更管理小组必须确定该变更请求的级别和优先级。

变更管理小组需要根据服务台事故管理和问题管理等对变更初步分

类，进一步考虑变更的影响和可用资源的方面的情况，最终决定变更的类别。变更类别表明了变更的影响和其对组织所提出的要求，其结构和复杂性很大程度上是由业务需要决定的。

优先级的确定应该根据问题的影响度和解决问题的紧迫性进行。

(4)制定变更实施计划。在明确了变更请求的类别和优先级后，变更管理小组需要根据变更进度安排表对变更实施判定计划。重大变更需要先由 IT 管理部门批准，然后再提交变更咨询委员会讨论批准。

(5)实施变更。该过程主要由构建、测试和实施 3 个步骤组成：

①构建：

A. 构建新的产品模块。

B. 创建一个或多个新的软件版本。

C. 外购设备或服务。

D. 做好准备修复某个硬件。

E. 制作新文档或修改补充原有文档。

F. 完成撤销计划。

G. 准备用户培训修正方案。

②测试：为了防止变更后的 IT 组件对服务质量造成不良影响，所有变更在实施前都应该接受全面的测试，包括组件的安全性、可维护性、可支持性、可靠性和可用性等。

③实施：变更的实施可不由变更管理人员亲自进行，任何部门中负责基础架构管理的任何人员都可被要求对技术架构实施变更。

(6)评价和终止变更。变更完成后，变更管理小组或变更咨询委员会应该对变更实施的情况进行评价。评价应从以下几个方面考虑：

①变更达到预期目标了吗？

②客户和用户对变更结果满意吗？

③变动产生了不良影响吗？

④变更符合成本效益原则吗？

如果经过评价认为变更实施成功，变更管理或变更咨询委员会应终止变更请求。否则，进一步采取行动进行补救。

4)关键绩效指标和关键成功因素

(1)衡量变更管理流程运作效果和效率的关键绩效指标应该包括：

①变更实施对服务质量的不良影响的减少程度。

②由于变更实施而导致事故减少的数量。

③变更的实施符合变更进度计划表的情况。

④定期对变更请求和已实施变更进行评审的情况。

⑤由成功地变更管理所增加的业务效益和客户满意度的提高。

⑥单位时间内完成的变更的数量。

⑦变更实施的频率。

⑧被拒绝的变更请求的数量。

⑨变更撤销的数量。

⑩实施变更的成本。

⑪在计划的资源和时间限度内完成变更的数量。

(2)变更管理流程的成功运作应该包括以下关键成功因素：

①配置变更管理提供准确的新配置信息。

②问题管理提供可靠的问题分析报告和合理的变更请求。

③发布管理与变更管理之间的良好协调。

④明确变更经理的权限和责任。

⑤组建合理有效的变更咨询委员会。

7. 发布管理

1)发布管理概念

发布是指经过测试并导入实际应用环境的新增或改进的配置项的集合。

发布管理负责计划与实施 IT 服务的变更,并描述变更的各个方面。其主要目标是通过正规的实施变更流程及测试以确保应用系统的质量。

2)发布管理目标

发布管理负责将经测试无误的软硬件版本发布到目的变更地点,并保证相应的服务级别。具体来说,发布管理需要实现的目标包括:

(1)计划和协调软硬件组件的发布。

(2)设计和实施有效的程序来分发和安装 IT 系统的变更。

(3)确保只有正确的、被授权的和经过测试的软硬件版本才能导入实际运作环境。

(4)结合变更管理,确认发布的确切内容和首次发布计划。

(5)确认所有最终软件库中软件正本的拷贝是安全可靠的,并且在配置管理数据库中得到了更新。

3)发布管理流程

发布管理是为变更管理提供支持的,发布管理贯穿了变更的整个生

命周期，并且发布管理流程的实施应当在变更管理流程的控制下进行。发布管理可应用于设计开发、受控测试和实际运作 3 种环境中。发布管理包含的主要活动如图 12-6 所示。

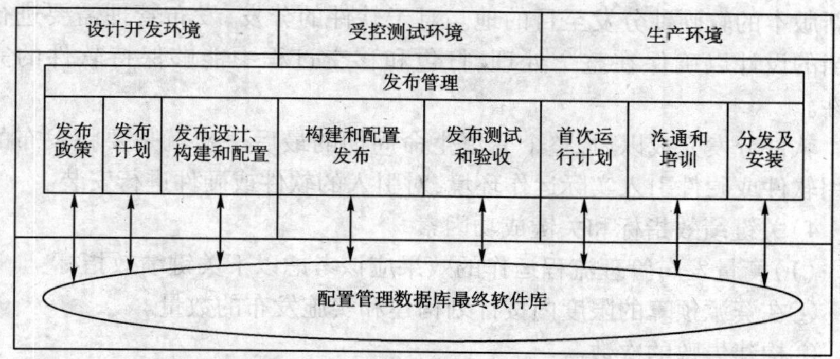

图 12-6　发布管理流程

(1)制定发布政策。该流程应该明确发布管理中的角色分配和责任划分，并制定发布政策。发布政策的主要内容通常包括：

①发布的命名和编号规则。

②有关重大发布和小型发布的具体定义以及有关签发紧急修复的政策。

③确定重大发布和小型发布频率的指导性原则。

④每种发布类型与其成果，如安装指南和发布记录等。

⑤从应用构架和设计的技术角度来看，确认集中式发布管理的职责。

⑥有关发布管理控制流程的描述。

⑦最终软件库中配置的文档记录，以及新增软件的验收标准。

(2)制定发布计划。发布计划需要根据变更进度计划表制定。在发布计划中，应该明确发布日程、角色和职责分配、资源级别、发布撤销计划、发布质量计划等方面的问题。

(3)发布的设计、构建和配置。发布的设计应当根据发布政策和组织的总体变更计划作出。

(4)发布测试和验收。在一项发布最终引入实际运作环境之前，必须进行严格的测试和用户验收。

(5)制定首次运行计划。首次运行计划拓展了当前的发布计划，它应该在发布计划的基础上增加有关安装过程的详细信息和达成一致意见的实施计划。

(6)沟通和培训。发布管理人员需要与客户关系管理人员、客户和支持人员进行适当的沟通并对他们进行必要的培训。

(7)分发及安装。在完成上述各项活动后,发布管理需要将拟变更的新版本的软硬件分发至目的地。对于软件的分发,发布管理需要进行适当的设计以确保在整个处理、打包和移交过程中能够保持软件的完整性。

软件分发完成以后,整个变更生命周期的最后一步就是要将发布的应用软件或硬件引入实际运作环境,对引入的软件或硬件进行安装。

4)关键绩效指标和关键成功因素

(1)衡量发布管理流程运作的效果应该考虑以下关键绩效指标:

①在资源预算的限度内按计划构建和实施发布的数量。

②构建失败的次数。

③最终软件库管理的安全性和准确性。

④所有进入最终软件库中的软件都通过了质量检查。

⑤所有外购软件都符合有关的法律规定。

⑥准确的将发布的软硬件版本分发至所有远程地点。

⑦没有未经授权的版本替代以前的版本。

⑧发布构建中没有出现浪费的复制版本。

⑨计划的发布项目与实际的发布项目保持一致。

⑩发布管理所需的 IT 和人力资源得到良好的后续规划和安排。

⑪发布管理流程的运作效率和效果。

(2)影响发布管理运作的关键成功因素包括:

①与变更管理流程的良好协调。

②准确的配置管理数据。

③制定明确的发布政策和发布计划。

④制定完善的首次运行计划。

⑤与客户进行良好的沟通,对客户进行必要的培训。

⑥充分的发布测试和发布验收。

8. 服务级别管理

1)服务级别管理概念

服务级别管理是为签订服务级别协议而进行的计划、草拟、协商、监控和报告,以及签订服务级别协议后对服务品质的评价等一系列活动所组成的一个服务管理。服务级别管理旨在确保组织所需的 IT 服务质量

在成本合理的范围内得以维持并逐渐提高。

服务级别管理围绕组织业务需求和 IT 服务级别展开，需要协调 IT 服务提供方、客户、内部供应商和外部第三方供应商四方之间的关系。服务级别管理主要通过一套服务级别协议体系来协调这四方的关系。这个服务级别协议体系主要包括服务级别协议、运作级别协议和支持合同。这 3 份协议之间的关系如图 12-7 所示。

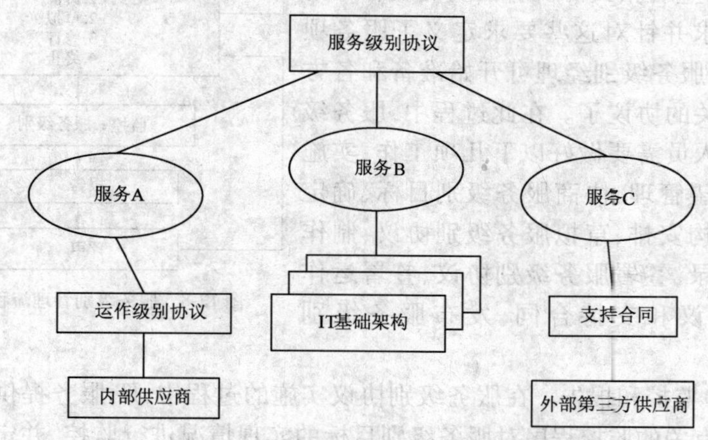

图 12-7　服务级别协议体系

2）服务级别管理目标

服务级别管理应该实现如下目标：

（1）明确客户的业务需求及相应的 IT 服务需求。

（2）确保以合理的成本提供约定的 IT 服务级别。

（3）确保实际的 IT 服务级别达到约定的服务级别的要求。

（4）改善客户关系和提高客户满意度。

3）服务级别管理流程

服务级别管理是协调服务提供者和服务接受方的关键流程，它应该为规范双方行为、解决双方争议提供了一个管理框架和协商的基础。

服务级别管理应该通过服务级别协议运作级别协议和支持合同来协调 IT 服务各方面之间的关系，如图 12-8 所示。

（1）识别客户业务需求。IT 服务级别经理必须和客户进行全面和充分的沟通，以帮助客户确认其实际的业务需求。在充分沟通和全面了解的基础上，服务级别管理人员应当撰写服务级别需求（SLR）文档作为制定服务级别协议的依据。

(2)定义服务项目。在确定客户的业务需求之后,服务级别管理人员应根据服务级别要求整理和设计出可以满足这些需求的真实的服务项目,并形成服务描述单和服务质量计划。

(3)签署相关协议。在明确了客户的业务需求并针对这些要求定义了服务项目之后,服务级别经理可开始准备和各方签订相关的协议了。在此过程中,服务级别管理人员需要做好以下几项工作:实施客户期望管理、协商服务级别目标、确定协议结构安排、草拟服务级别协议、制作服务目录、签署服务级别协议、签署运作级别协议和支持合同、发布服务级别协议。

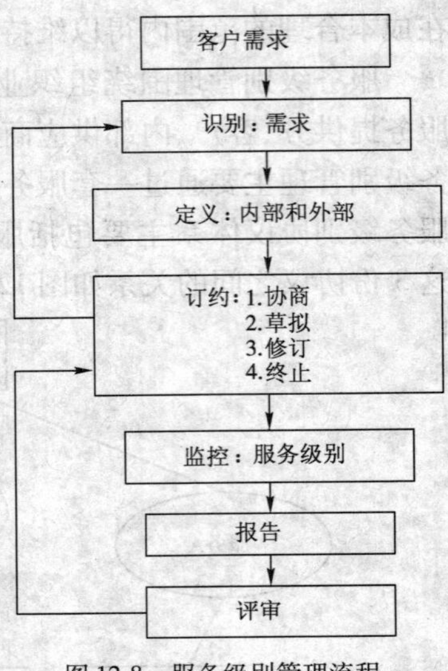

图 12-8　服务级别管理流程

(4)监控和报告。在服务级别协议实施的过程中,IT 服务提供方应当启动有关的监控程序对服务级别目标的实现情况进行监控,并定期向客户(或客户代表)及相应的 IT 经理提交服务级别报告。

(5)评审。服务级别管理人员应当定期和客户(或客户代表)举行服务评审会。服务评审会应当重点关注那些服务级别目标未实现的环节,查处导致服务失败的原因并制定相应的服务改进计划。

4)关键绩效指标和关键成功因素

(1)衡量服务级别管理流程运作效率和效果的关键绩效指标应该包括:

①服务级别协议所涵盖的服务项目的数量和比例。

②所有的服务级别协议均得到支持合同和运作级别协议的有效支持的比例。

③服务级别目标得到满足的数量和比例。

④服务级别目标出现违约的数量以及这些违约的严重程度。

(2)确保服务级别协议成功运作的关键成功因素包括:

①服务级别经理拥有 IT 和业务两方面的专业技能。

②责权利分明。

③能够明确区分流程控制活动和运作任务。

9. IT服务财务管理

1)IT服务财务管理概念

IT服务财务管理考虑IT资源的效率及经济价值,旨在将基于预算的IT组织转变为类似于商业组织的具有成本意识的组织,为用户提供成本合理的IT服务。

IT服务财务管理是负责对IT服务运作过程中所涉及的所有资源进行货币管理的流程。

2)IT服务财务管理目标

IT服务财务管理从经济效益的角度对组织的IT服务运作进行反映和控制,实现了对IT服务运作的价值管理。具体而言,IT服务财务管理流程应当实现以下目标:

(1)对支持IT服务运作的IT资产和资源进行成本效益管理。

(2)为IT服务管理人员基于成本效益原则对每项IT投资作出科学的决策提供信息。

(3)便于企业内部采取商业化形式进行IT服务的运作。

(4)全面核算IT服务的运作成本。

(5)通过服务计费引导客户行为,节约IT服务成本。

3)IT服务财务管理流程

该流程主要包括预算编制IT核算和服务计费3个子流程。IT服务财务管理流程的基本内容如图12-9所示。

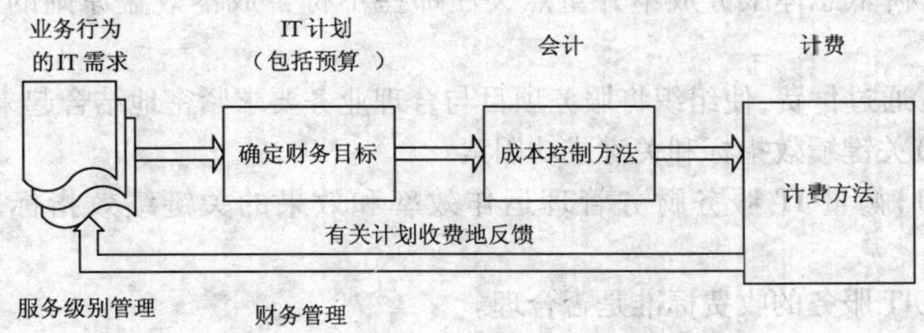

图12-9 IT服务财务管理流程

(1)预算编制用于预测和控制费用开支。IT预算应该定期协商以设定预算目标(通常是每年一次)和对当前预算执行情况进行日常监控。

(2)IT核算对IT服务运作过程中产生的各种效益和成本进行确认、计量和报告。

(3)服务计费(Charging)负责向使用IT服务的客户收取相应费用。

IT服务财务管理流程应该包括:

(1)工作量预测及预算编制。在编制预算之前,先要对未来的IT服务工作量进行预测,并结合以前年度的成本数据预测IT服务的成本。在对所有IT服务项目进行了合理的预测之后,可以着手编制IT服务预算。

(2)确立责任中心。在进行会计核算前必须明确IT部门属于何种性质的责任中心。一般来说,可以将IT部门确立为如下3种性质的责任中心:核算中心、成本中心和利润中心。

(3)计算IT服务项目的成本。在计算IT服务项目的成本之前需要定义IT服务的成本要素。

(4)投资评价。通过下列公式对IT项目的投资作出评价:

投资回报率=平均年利润增加额/项目投资额

资本报酬率=税前净利润/(总资产-流动负债)

(5)差异分析。在取得了实际IT服务的成本数据之后,IT会计人员应将实际的成本数据与相应的预算数据、计划数据相比较,确定其差额,调查差异产生的具体原因并将差异产生的责任落实到人,同时采取适当的措施处理这些差异。

(6)服务收费。IT部门需要通过向客户收费补偿其IT成本或实现其利润目标。通过为IT服务客户收费达到以下目的:

①促使业务部门有效地控制自身的需求。

②降低总体服务成本并重点关注那些不符合成本效益原则的服务项目。

③通过付费,使组织将服务项目与合理业务要求紧密地结合起来。

4)关键绩效指标和关键成功因素

(1)衡量IT服务财务管理运作效率和效果的关键绩效指标应该包括:

①IT服务的收费标准是否合理。

②客户对计费方法的合理性的认可程度。

③IT服务的客户(用户)的行为和体验得到改进的程度。

④及时向服务级别管理进行报告。

(2)确保IT服务财务和成功运作的关键成功因素应包括:

①及时制定计划和预算。

②所有成本都纳入核算体系。

③成本监控系统必须为有关支出提供详细信息和支出原因。

④IT服务管理应能在合理的成本和有效的IT服务之间进行权衡。

⑤IT管理应明确引入财务管理流程的影响及成本。

⑥配置管理应提供服务结构的相关信息以建立适当的会计核算系统。

10. 能力管理

1)能力管理概念

能力管理主要关注组织业务和IT基础架构之间的关系,它不仅要评价和改进现有服务能力,而且还应分析和预测组织未来的业务需求,从而据此以确定未来应当配置的服务能力的级别。因此,能力管理流程应该构成一个积极的具有前瞻性的服务管理流程。

2)能力管理目标

能力管理需要根据组织当前及未来的业务需求以合理的成本为IT服务运作配备所需的IT资源。

能力管理需要实现以下目标:

(1)分析当前的业务需求和预测将来的业务需求,并确保这些需求在制定能力计划时得到充分的考虑。

(2)确保当前的IT资源能够发挥最大的效能、提供最佳的服务品质。

(3)确保组织的IT投资按计划进行,避免不必要的资源浪费。

3)能力管理流程

能力管理包括业务能力管理、服务能力管理和资源能力管理。其流程应该考虑如下基本活动,如图12-10所示。

(1)重复性活动。重复性活动是需要经常进行的能力管理活动,它包括对IT组件和服务运作进行监控、分析其变化趋势、调整配置项以改进服务质量和提高利用效率以及实施变更等活动。

(2)需求管理。需求管理的首要目标是影响和调节客户对IT资源能力的需求。需求管理既可以是针对短期能力需求也可以针对长期能力需求。

(3)模拟测试。模拟测试是为了分析和测试如果发生变更则可能对能力配置规划产生的影响,从而增强能力规划的前瞻性和适应性。

(4)应用选型。应用选型作为能力管理的一种活动也是整个应用系统设计开发过程中的一个基础部分,进行应用选型活动的目的是对计划的应用系统变更或实施新的应用系统所需的资源进行估计,以确保资源

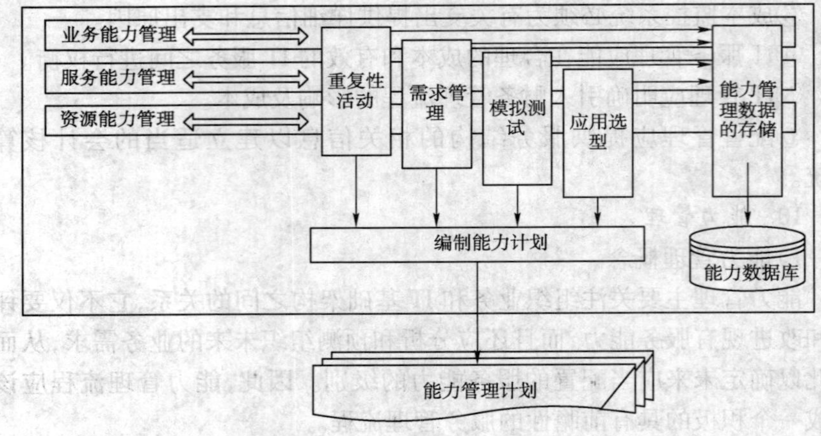

图 12-10　能力管理流程

的配置能够满足所需的服务级别的要求。

(5)能力管理数据的存储。在运作能力管理各子流程时,必须及时将流程中采集的各种数据存储到能力管理数据库中。这些数据应该包括业务数据、服务数据、技术数据、财务数据以及资源利用情况数据等。

(6)编制能力计划。编制能力计划的主要目的是记录当前资源利用程度及服务品质级别,以及在充分考虑业务战略和计划后预测组织未来IT 服务所需要的 IT 资源。

4)关键绩效指标和关键成功因素

(1)可通过以下关键绩效指标来衡量能力管理运作的效果:

①资源需求预测的及时性。

②资源利用趋势预测的准确性。

③制定能力计划时结合业务计划的程度。

④能够对所有服务和组件的运行情况进行监控的能力。

⑤根据业务需求实施新技术的时间、成本和新技术可实现的功能。

⑥降低了临时性采购而增加的效益。

⑦没有出现重大的超能力运作的事件。

⑧计划和实施恰当的 IT 能力满足业务需求的程度。

(2)能力管理的成功实施取决于以下多方面的因素:

①准确的业务预测。

②明确的 IT 战略和计划。

③了解当前以及未来的技术发展。

④能够测量有关资源或服务的成本效益。

⑤与其他服务管理流程有效的结合。

⑥能够根据业务需求来计划和实施适当的IT服务能力。

11. IT服务持续性管理

1)IT服务持续性管理概念

IT服务持续性管理是负责预防灾难、增强IT基础架构的恢复能力和容错能力的流程,它需要确保组织在发生灾难后有足够的技术、财务和管理资源来确保IT服务的持续性运作。

灾难指严重影响系统运行甚至导致系统运行停止的外来事故,如地震、火灾、水灾、失窃、恐怖袭击、网络恶意攻击、大范围电力中断等。

IT服务持续性管理是组织业务持续性计划的一个组成部分。业务持续性管理流程主要侧重于将风险降低至合理水平,以及在业务中断发生后进行业务流程的恢复这两个方面;IT服务持续性管理主要侧重于IT基础构架的技术方面。

IT服务持续性管理与事故管理、问题管理所关注的事故和问题不同,IT服务持续性管理主要关注那些对组织业务运作可能产生重大影响的灾难性事故。

2)持续性管理目标

IT服务持续性管理的目标是,确保业务运作所需的IT基础架构和IT服务在灾难发生后的限定时间内能够得到恢复,从而对组织的总体业务持续性管理提供支持。

3)IT服务持续性管理流程

IT服务持续性计划建议融合在业务持续性计划中。

IT服务持续性管理的实施和运作必须紧密结合业务持续性管理所确定的业务持续性周期进行。IT服务持续性管理的流程建议采用如图12-11所示的实施模型:

具体流程如下:

(1)定义IT服务持续性管理(ITSCM)流程的范围。在正式实施和运作IT服务持续性管理之前,必须先明确IT服务持续性管理的范围。此外,还必须对持续性经理和其他支持人员的职责和工作方法、保险需求、质量标准、安全标准、风险管理原则和方法,以及业务影响分析的原则和方法等问题进行明确的定义。

(2)业务影响分析。为了明确IT服务持续性管理关注的重点,必须

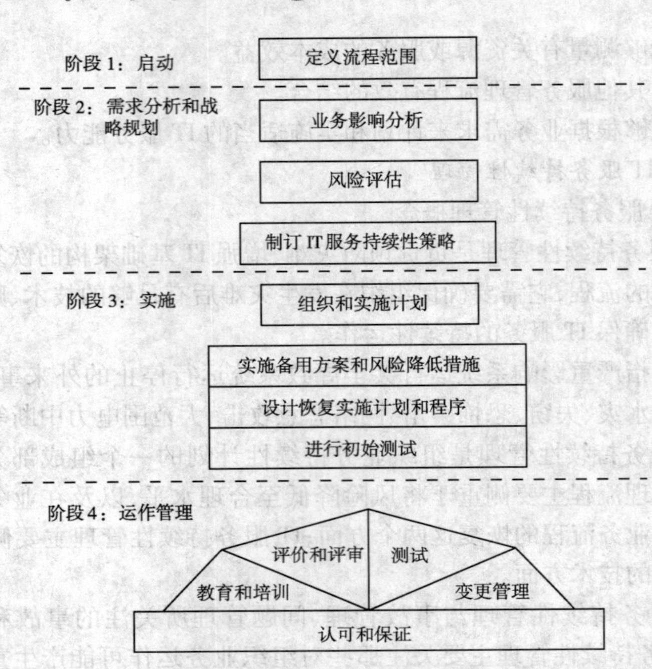

图12-11 IT服务持续性管理流程模型

对IT服务进行业务影响分析。业务影响分析有助于实施风险评估，从而可以明确哪些地方需要重点实施IT服务持续性管理。

(3)风险评估。风险评估可以帮助识别IT服务运作中存在的脆弱点和潜在的威胁，避免业务中断的发生。风险评估可以分为风险分析和管理两个环节。

(4)制定IT服务持续性策略。根据业务影响分析和风险评估的结果，IT服务管理人员可以制定IT服务持续性策略。制定IT服务持续性策略应在风险降低措施的成本与恢复方案的选择之间寻求平衡点，以确保以最低的成本将IT服务运作的风险控制在最低可接受水平。IT服务持续性策略的具体内容包括风险降低措施的制定和恢复方案的选择。

(5)组织和实施IT服务持续性管理流程。组织和实施IT服务持续性管理主要包括：组织结构安排、制定实施计划、实施风险降低措施、准备备用方案、制定IT服务持续性管理计划、设计恢复实施计划和程序、进行初始测试等。

(6)运作管理活动。在完成IT服务持续性计划和实施后，IT服务持续性管理流程进入日常运作管理阶段。在此阶段内，需要进行以下活动：

对IT支持人员和业务人员进行业务持续性和服务持续性方面的意识培养、对IT服务持续性管理程序进行定期评审、对IT服务持续性管理流程进行定期测试、配合变更管理实施日常变更以及争取高层管理人员对IT服务持续性管理流程运作的质量的认可和保证。

4）关键绩效指标和关键成功因素

（1）衡量IT服务持续性管理的关键绩效指标应该包括：

①消除计划中已确定的缺陷的数量。

②灾难所导致的收益损失。

③实施IT服务持续性流程的成本。

（2）影响IT服务持续性管理成功运作的关键因素应该包括：

①有效运作的配置管理流程。

②得到公司领导的充分支持和必要的授权。

③及时更新和有效的支持工具。

④针对流程提供专门的培训。

⑤对恢复计划进行定期或突击性的测试。

12. 可用性管理

1）可用性管理概念

可用性管理是有关设计、实施、监控、评价和报告IT服务的可用性，以确保持续的满足业务的可用性需求的服务管理流程。

可用性是指一个组件或一种服务在设定的某个时刻或某段时间内发挥其应有的功能的能力。它通常以可用率来表示，即在约定的服务时段内，客户实际能够使用的服务的时间比例。

与可用性相关的概念有可靠性、可维护性、安全性和可服务性。

（1）可靠性是指IT基础架构可以无间断运作的能力，它主要取决于单个IT组件的可靠性和IT基础架构的整体恢复能力。

（2）可维护性是指IT基础架构在出现故障后能够被迅速恢复的能力。

（3）安全性是指与某项服务相关的数据的保密性、完整性和可用性。

2）可用性管理目标

可用性管理的目标是提供确保业务目标为由成本合理的、可用性级别定义的IT服务。即客户需求应该和IT结构及IT组织所能提供的能力相一致。如果二者之间存在差距，就需要由可用性管理流程来提供解决方案。

3)可用性管理流程

可用性管理流程运作过程中所需的信息输入、进行的关键活动和输出的信息如图 12-12 所示。

图 12-12 可用性管理流程

可用性管理流程涉及 IT 基础构架的设计、实施、评价和控制等过程,并且贯穿于 IT 服务运作的整个过程。在可用性管理流程运作过程中需要进行的活动主要包括:可用性需求分析、可用性设计、恢复方案设计、编制可用性计划、IT 组件维护管理、可用性改进、可用性评价和报告等活动。

(1)可用性需求分析。为了保证 IT 服务运作能够满足业务可用性需求,在确定服务级别需求和服务级别目标之前,必须确定组织的业务可用性需求和相应的 IT 服务可用性需求。可用性管理人员在根据组织的业务可用性需求确定服务可用性需求时,必须同时评价实现服务可用性需求的成本相对于其提高的效益而言是否是合理的。

(2)可用性设计。在确定组织的服务可用性需求和可用性目标之后,可用性管理人员必须为实现该可用性需求和目标设计合理的 IT 基础构架可用性,以确保 IT 基础架构足以支持服务可用性目标的实现。可用性设计是一种主动的可用性管理,它通过为 IT 基础架构设计合理的可用性以避免 IT 服务可用性故障的发生。

(3)恢复方案设计。恢复方案是在 IT 服务故障发生后,以最短的时间恢复 IT 服务的可用性。构建一个具有完全可用性的 IT 基础架构是不可能的,或者由于构建这样的 IT 系统的成本过于高昂而不符合成本效益原则,在这种情况下,恢复方案设计提供了很好的故障后支持,从而以尽可能低的成本维持 IT 服务的可用性。

(4)编制可用性计划。明确的可用性计划对于成功运作可用性管理

和改进 IT 组件及服务的可用性皆具有重要意义。可用性计划不仅需要关注技术方面的问题,还应对可用性管理的人员、流程、工具和技巧等方面进行综合考虑。

(5)IT 组件维护管理。为保证 IT 组件的可用性,可用性管理人员必须按照可用性计划对 IT 组件进行定期维护。有计划的维护活动可以使业务部门提前做好准备,从而将维护活动对业务可用性的影响减小到最低程度。有时候,为了减少因维护而导致的宕机时间,可以考虑对多个组件进行集中维护。

(6)可用性改进。当业务可用性需求发生变化或其他情况发生时,可用性管理人员需要考虑采取积极的措施以改进 IT 组件和服务的可用性。在实施可用性改进的过程中,可用性管理人员需要监控并分析可用性的变化趋势、确定业务可用性需求的变化以及由此而导致的 IT 组件和服务的可用性需求的变化、明确可用性改进的成本。

(7)可用性评价和报告。对 IT 组件和服务的可用性进行评价和报告可以明确可用性管理流程运作的效果,从而有助于改进可用性流程的运作质量。在进行可用性报告时,应当从客户的角度进行报告。可用性报告需要向客户及 IT 服务经理提供有关关键业务功能、应用服务和数据的服务可用性方面的信息,而不是 IT 组件的技术可用性方面的信息。可用性报告应当以客户易于理解的语言撰写。

4)关键业绩指标和关键成功因素

(1)衡量可用性管理流程运作情况的关键绩效指标应该包括:

①IT 组件或服务项目可用性百分比。

②一定时间内 IT 组件的停机时间。

③停机频率。

④实施可用性改进所耗费的成本。

⑤因可用性改进而减少的事故的数量。

(2)影响可用性管理运作效果的关键成功因素包括:

①进行充分的可用性需求分析。

②制订明确的可用性目标。

③保持可用性管理与能力管理、配置管理之间紧密协调。

④制订充分的可用性计划。

⑤可用性目标应当在服务级别协议中予以明确定义。

⑥客户和 IT 部门必须使用一致的有关可用性和停机时间的定义。

三、IT 服务管理的规划与实施

1. 概述

IT 服务管理作为一种 IT 管理方法,是对 IT 管理实践的合理抽象。服务提供者和用户必须根据本组织的具体情况进行调整。调整方法宜采用英国标准协会(BSI)提出的“计划—实施—检查—改进”(Plan—Do—Check—Act)流程实施方法。

4 个阶段的含义分别是:

(1)计划(Plan):根据客户的要求及其有关政策和规定,确定目标和实现目标所需的流程,以实现期望的结果。

(2)实施(Do):实施在计划阶段所确定的流程。

(3)检查(Check):根据有关政策、目标和要求监控和评审所实施的流程并报告结果。

(4)改进(Act):采取措施以不断提升绩效。

这 4 个阶段形成的闭环流程管理系统如图 12-13 所示。

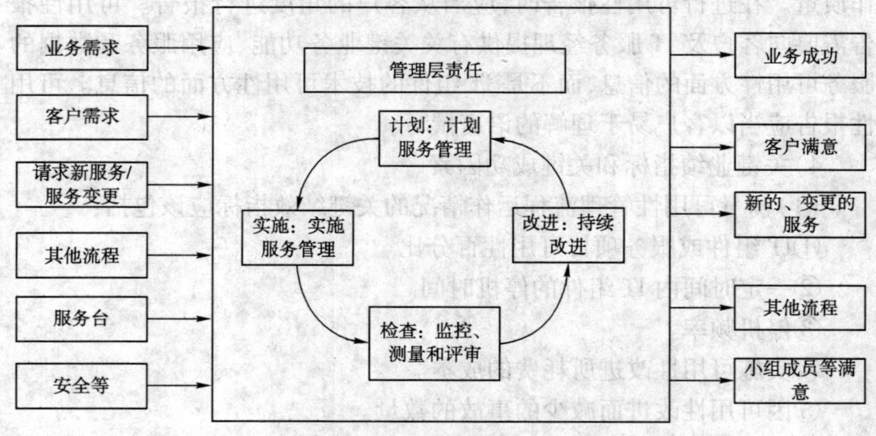

图 12-13 服务管理流程的 PDCA 实施

2. 计划

(1)必要性和可行性分析:

①在计划实施 IT 服务管理之前,应该分析是否有必要实施 IT 服务管理,可从三个方面考虑必要性:

A. 业务需求性。

B. 技术必要性。

C. 组织内部 IT 部门的需要。

②在 IT 服务管理实施的可行性方面需要考虑以下因素:

A. 成本。

B. 效益。

C. 困难。

(2)确立战略目标。服务管理战略目标是对服务管理的期望,它是业务部门和 IT 部门或服务提供者两方根据业务目标制定的。好的战略目标必须起到以下 4 个方面的作用:

①明确 IT 服务管理活动实施的方向。

②促使有关人员朝准确方向采取行动。

③协调不同人员的整个行动。

④简要有力说明高层管理者的意图。

(3)确定实施目标。为了实现战略目标,应该将其分解成一系列易于实现的目标,然后再通过实施一系列项目来实现这些分解的目标。

(4)撰写项目说明书。首先评估必要性和可用性,然后确立服务管理战略目标,之后根据战略目标确定每个阶段的具体目示。这些具体目标是通过实施一系列服务管理项目完成的。在进行这些项目的初期,项目启动小组应该撰写一份详细的项目说明书。

项目说明书至少应该包含这些内容:

①IT 部门/IT 服务提供者在业务中扮演的角色。

②IT 部门/IT 服务提供者目前的成熟度级别。

③实施服务改进项目的必要性和紧迫性。

④项目失败可能形成的风险。

⑤实施服务管理项目的好处和不实施它的代价。

⑥关键利益相关者及其期望的利益。

⑦实施服务管理流程可实现的业务目标。

⑧为实现目标而分别在短期和长期进行的活动。

⑨如何说明实施服务管理项目符合成本效应原则。

⑩实施过程对业务的影响。

在撰写项目说明书时,建议获得公司高层领导的支持和承诺。

(5)选择软件和服务提供商。在批准实施的服务管理项目需要购买软件或购买咨询服务时,应该在计划阶段确定将要选择的产品和服务,并进行初步洽谈。

在选择IT服务管理产品时,应注意以下几个方面:

①产品功能是否适合本企业需求与未来一段时间的发展。

②产品供应商的维护、二次开发支持能力。

③文档资料的规范与齐全性。

④实施服务的方法和质量。

⑤产品(服务)提供商成功案例。

⑥产品与实施服务的价格。

3. 实施

(1)评估现状。

在实施阶段,首先应该以初步评估结论为基础,对服务管理现状进行全面深入的评估。评估应了解下列内容(包括但不限于):

①IT部门或服务提供者是否理解业务战略和方向、业务面临的问题,以及这些问题对IT的影响。

②IT部门或服务提供者是否理解技术及技术对业务的作用。

③IT部门或服务提供者和业务部门对当前IT服务成熟度和IT服务质量的看法是否一致。

④IT部门或服务提供者是否清楚了解利益相关者及其需求。

⑤IT部门或服务提供者是否清楚了解不实施改进的后果。

评估现状应该找出项目实施过程中的关键利益相关者,并评估他们的需求以及服务管理对他们的价值。

①识别关键利益相关者。

②分析关键利益相关者的需求。

③确定评价和报告机制。

(2)差距分析和报告。

应该对服务管理的现状和将要达到的服务级别进行足够的分析,确定差距和不足。

(3)人员和组织结构安排。

(4)授权。

授权可从以下3个方面进行:

①人员。

授权的第一步应该是授权给人并消除人员在实施变革时的各种障碍。

②流程。

A. 明确目标以使规程和管理报告是针对特定的结果。

B. 责权利分明。

C. 员工和流程责任人可以设计和定义自己的规程。

D. 正式的项目组织结构和简单的报告关系。

E. 用户参与制定升级方法、优先级的编制和其他有关程序。

F. 为便于多个不同部门和组织小组之间的协调而开发的规程和工作准则的流程。

G. 可以交流、讨论和处理不同意见的体制。

③技术。流程的管理也需要一些技术上的支持，如服务台和变更管理软件。

(5)实施角色。当服务管理的实施目标涉及已有组织结构中的新流程和工作规则以及在组织内引入新角色时，必须仔细定义和管理这些新角色并根据需要安排适当的组织结构。

①角色。建议采用“ARCI”模型来确定与流程和活动有关的任务及责任：

A. A——责任(Accountability)：负责质量和最终结果。

B. R——任务(Responsibility)：正确执行流程和活动。

C. C——咨询(Consulted)：提供知识和信息。

D. I——通知(Informed)：收到流程执行和质量方面的信息。

如表 12-4 所示是“ARCI”模型应用于事故管理流程的例子：

“ARCI”模型授权矩阵在事故管理中的应用　　表 12-4

<table>
<tr><th colspan="2">职　能</th><th>客户</th><th>服务台经理</th><th>网络管理员/系统经理</th><th>服务台分析员</th><th>高级 IT 经理</th><th>供应商</th></tr>
<tr><td colspan="2">事故警告</td><td>R/I</td><td>A</td><td>I</td><td>I</td><td>I</td><td>I</td></tr>
<tr><td colspan="2">记录信息</td><td>I</td><td>A</td><td>R</td><td>R</td><td></td><td></td></tr>
<tr><td colspan="2">归类事故</td><td></td><td>A/I</td><td>R/C</td><td>R/C</td><td>C</td><td></td></tr>
<tr><td colspan="2">诊断事故</td><td></td><td>A/C</td><td>R</td><td>R</td><td></td><td>C</td></tr>
<tr><td>初步支持</td><td>详细调查
解决
恢复
升级</td><td>C</td><td>A/I</td><td>C</td><td>C</td><td></td><td></td></tr>
</table>

续上表

职能		客户	服务台经理	网络管理员/系统经理	服务台分析员	高级 IT 经理	供应商
进一步支持	详细调查 解决 恢复	C/I	A/C/I	R	R	C	R/C
跟踪事故		C	A/R	C	R	C	
终止事故		I	A/I	I	R		
监测		I	A/I	I	R	I	
预防性沟通		C/I	A/R		R		
评审流程		C/I	A/R	C	C	R	C

②组织结构。应该处理好流程方法与现有组织结构的相互适应关系。

(6)加强沟通和理解。为了使利益相关者理解更成熟的 IT 管理对业务的价值和计划某些变革与措施的必要性,以避免实际进行变革时遇到障碍,项目小组首先应该加强与他们的沟通。

公司员工可分为运作层、战术层、战略层,在与他们有效沟通之前,必须了解他们对 IT 系统的关注点以及期望值,如表 12-5 所示列明了不同层次的人员对 IT 服务管理各个核心流程可能的关心或期望。

不同人员对 IT 服务管理各核心流程的期望 表 12-5

流程	战略层	战术层	运作层
服务台	1. 保持组织流畅运作 2. 减少业务压力和摩擦 3. 提供一个用户来电信息库	1. 提供信息用以改善当前系统——减少总体拥有成本(TCO) 2. 改良新系统和技术的实施——增加投资回报率(ROI)	1. 有效管理客户关系 2. 防止服务中断、提高服务效果——减少总体拥有成本
事故管理	事故对关键业务系统的冲突	支持新系统和应用软件的能力——增加投资回报率(ROI)	及时、准确解决事物的能力——减少总体拥有成本

续上表

流程	战略层	战术层	运作层
问题管理	关键业务系统缺陷的接触	1. 与储备、消耗、符合有关的所有问题的状态——减少总体拥有成本 2. 事前保护 IT 基础架构——减少总体拥有成本	事故减少——减少总体拥有成本
配置管理	1. 完全控制 IT 资产：拥有一个准确的数据库，库中包含所有资产、场所及其相互关系的详细描述 2. 完全控制所有许可证(license)，使其不超过授权期(在与第三方供应商协议中签订的期限) 3. 有着精确和完整的配置数据库，从而保证公司不会为不必要或没有的资源支付费用	1. 维持精确和完整的配置数据库，从而可以估测新业务系统带来的影响——增加投资回报率 2. 维护精确和完整的配置数据库，从而可以保证新业务系统的有效实施，可以将实施后出错的几率减到最小——增加投资回报率	1. 有着精确和完整的配置数据库，而可以建立优先级别和可能会产生的影响 2. 有着精确和完整的配置数据库，通过使用该数据库作为注入动态服务发布和自动恢复技术等行动的指南，可以减少服务台和服务发布过程的时间和精力——减少总体拥有成本
变更管理	交付业务驱动的变更的速度，满足公司设制的时间表要求 实施成功变更的准确度，从而对公司业务产生最小的影响	计划和管理实施变更所要求的资源——减少总体拥有成本或增加投资回报率(由变更的类型决定)	变更生命周期的控制减少总体拥有成本
发布管理	快速准确的发布，从而把对公司业务运作的影响减小到最低	1. 对新产品拥有准确的信息，从而对成功实施充满信心——增加投资回报率 2. 计划发布时间表——增加投资回报率	1. 实施后对新产品支持的能力——减少总体拥有成本 2. 通过组织的发布，有效地管理员工和资源——减少总体拥有成本

续上表

流程	战 略 层	战 术 层	运 作 层
服务级别管理	用当前服务级别来估算新业务系统的花费和影响	可以创建同新业务系统成功集成的新服务级别——增加投资回报率	比较实际的服务级别和协议上的服务级别,从而可以发现差异和采取适当的改进措施——减少总体拥有成本
IT服务财务管理	可以利用准确可靠的财务信息来制定将来IT发展需求的决策	1. 可以精确的计算出支持新业务系统、新服务所需要的花费——增加投资回报率 2. 可以精确的估算实施新业务、新服务所需要的花费——增加投资回报率	有足够的财务资源来满足和改善用户的期望——减少总体拥有成本
能力管理	首指当前能力,从而可获得新业务系统的影响和花费等各类数据	有足够可用的能力来实施新的业务系统——增加投资回报率(ROI)	有足够的能力满足当前系统的将来发展需求——减少总体拥有成本
IT服务持续性管理	1. 有危机或者灾难发生时,业务可继续按设定的参数运行 2. 在危机或灾难发生后,IT系统可以在协定的时间表内恢复	新业务一旦实施后便有足够的持续性方案持续性方案不会对新业务系统产生负面影响	有经过完全测试的持续性方案,且员工有足够的培训来理解这些方案
可用性管理	熟知当前的可用性,从而可获得来满足潜在的新业务系统可用性需求的影响和花费等各种数据	存在足够的可用性来实施新业务系统——增加投资回报率	1. 有足够的可用性来满足日常业务系统的需求 2. 比较和职能管理相关数据,用以提高服务可靠性,从而持续为业务团体提供经过改良的服务——减少总体拥有成本

(7)人员培训。通过传授知识,给有关人员提供必要的技能,以成功有效地实施和运作服务管理流程。

(8)管理组织变革和文化变革。建议采用哈佛商学院教授、世界知名的管理行为学和领导学权威约翰·科特提出的“组织变革八步论”来有效管理服务管理项目实施中的负面隐形因素:

①产生紧迫感。

②创建指导小组。

③设立远景目标。

④宣传和推广远景目标。

⑤授权和采取行动。

⑥计划和完成速战速决行动。

⑦巩固取得的成果并采取下一步行动。

⑧把变革制度化。

(9)识别和管理风险。项目说明书应该提供足够的信息给组织高层领导,以使他们能够决定业务需求和改进这些业务的项目的优先级,并保证这些项目成本合理、效益可量化、风险预先发现和得到及时全面的管理。在项目实施过程,必须高度关注风险,及时发现有关风险并对它们加以有效的控制和管理。

除了在项目实施过程中管理风险外,还可在项目早期阶段即开发业务计划阶段考虑固有风险和获得性风险。

固有风险主要来自3个方面:服务管理战略目标、现有流程,以及环境和业务方面的限制。有必要考虑制定意外事故处理计划以减少这些风险的影响。

获得性风险通常与项目范围、项目组织和控制,以及项目小组的能力、经验和获得的支持3个方面有关。通过恰当的管理,即使有风险可以减少甚至消除。

(10)确定流程实施顺序。实施服务管理项目涉及多个相互独立又彼此关联的服务管理流程。具体对某个组织而言,在正式实施服务管理项目之前需要确定先实施的流程和这些流程的实施顺序。

为了确定应该实施哪个流程,必须首先详细了解组织当前的和期望的服务管理成熟度级别,分析现状和目标之间的差距,然后找出那些实施效果最为明显的流程。

4. 检查

(1)检查目标是否达到。项目实施之前应该事先明确定义一系列分阶段的、可测量的目标和里程碑,然后在完成每个阶段的任务后,进行“实施后评审”,检查每个阶段的目标是否达到,最终的服务质量是否得到提高。如果达到目标且服务质量得到提高,就进一步定义新目标;否则,采取补救和改进措施以实现预期目标。

(2)IT 服务管理成熟度模型。为了帮助组织确定其 IT 服务管理的实际水平,可采用英国商务部(OGC)提供的一套九层 IT 服务管理成熟度模型进行自我水平评估。该模型的范围涉及从低层的前提条件到客户界面,如图 12-14 所示。

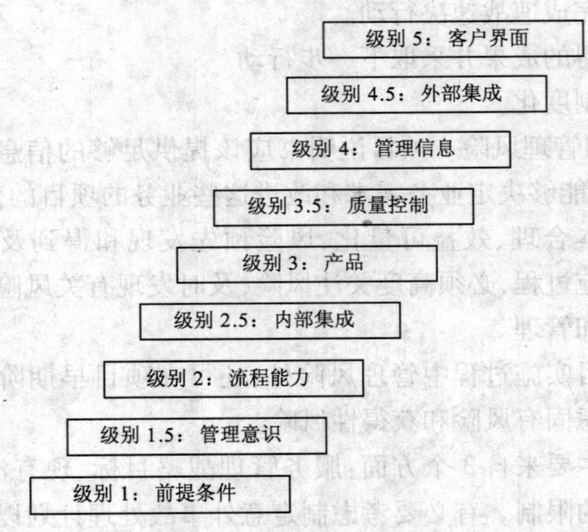

图 12-14 IT 服务管理成熟度模型(资料来源:OGC)

5. 改进

持续改进的关键是持续测量、监控和评审流程。改进应该达到如下目的:

(1)证实改进行动正在向预定方向和目标进展。

(2)证实有效利用了资源。

(3)激励各类小组成员。

(4)调整行动计划,提高决策水平。

(5)评价使用的指标体系和设立的关键成功因素和绩效指标。

案例　IT 外包成就"轻公司"

客齐集是一家纯粹的互联网公司，也是一家非常典型的"轻公司"，"外包"的理念和做法在客齐集公司内部无处不在，除了最核心的市场、规划和一些开发型的工作，其他所有的业务全部引入了合作伙伴，当然方法是灵活多样的。

在很多欧美的跨国公司看来，企业的成本支出中，人力成本是最高的，比如招聘、培训、薪资、福利、员工职业规划等加起来成本很高。因此大部分企业对于招聘自己的员工非常的谨慎。客齐集也不例外。近一年来，中国公司的业务增长非常快，业务增长以每月 20% 的速度递增、网站流量是去年的 4 倍、收入以每周 30% 的速度增长，注册用户数净增长 150 万名、每天有 2 万条新信息发布，业务拓展到全国数十家城市。但是客齐集的员工人数，基本与去年持平，甚至还在下降。这么少的人能做到这么多的事情，其秘诀就在于外包，与多家合作伙伴合作。

合作方式有很多种。企业最核心的部分是由自己的员工来做的，一些具有专业性、可规范性的工作外包给专业公司做，在业务方面还大量的聘用兼职员工，另外在外省市还招募了很多合作伙伴帮助拓展业务，运营当地市场。

外包的业务内容主要有两种类型。一种是一些试探性的新业务，互联网发展日新月异，新业务层出不穷，但是其前景如何很难预料，这时如果采用招聘人员的办法会很有风险，一般就会寻找外包公司来帮助操作和运营。另外一种是技术含量低、比较繁琐的工作，因为客齐集正式员工的薪资福利非常好，引入外包可以大幅降低成本，而且比较灵活。比如今年新建了一个客服中心就是采用了外包的方式，而这个客服中心的 IT 运维也将采用外包的形式，这样只需内部的 1、2 个员工，就可以调动、管理和掌控这些资源。

与跨国公司相比，本地企业似乎更愿意自己招聘员工，这与大家对员工成本的敏感度不同。

在国外，技术员工的薪资待遇都比较高，再有各种劳动保障法律规定的各种福利和权益加起来，企业要承担的成本和责任都比较大，不仅要对员工进入企业后的各个方面负责，同时还要承担因招聘或使用不当而带来的各种负面结果。因此招聘新员工是一件非常重要而慎重的事情，他们宁肯与专业公司签订服务协议,这样更省心、成本也会比较低。比如微软的IT运维部分最早是自己操作的,聘请了很多员工来做,甚至有老外,结果成本很高,而且员工满意度很低。后来微软把这部分业务外包给了专业IT外包公司,结果成本下降了非常多,同时员工对IT支持的满意度却大幅提高了,这是非常典型的例子。

在国内,因为人力成本比较低,劳动保障也不是很规范。从成本的角度来看,招聘员工和外包出去,相差不大。而且管理上也相差不大,所以国内企业更趋近于自己招聘员工来做。但我相信这种状况可能会有所改变。各项劳动保障法律法规的健全,会促使企业不得不对其招聘进来的员工承担更多的责任,人力成本会逐步提高。而且市场竞争激烈,客户满意度要求也越来越高,这是企业会在不同的阶段重新审视自己的做法。

外包最大的好处就是灵活,这一点对于很多中小型企业和新创企业来说非常适合。因为市场变化快,中小企业经常要根据市场情况掉头找方向,因为自由员工数量少,成本就好控制、好调整。而且与外包服务商一般是签订短期的协议,这就容易对服务质量进行监控。

案例分析题

1. 结合材料分析客齐集、微软是如何实现运维外包服务的,具体分析一下这样做的优点。

2. 结合本章内容和材料,回答运维外包分几步。

复习思考题

1. IT资产管理的特点是什么?

2. 运维服务管理流程、IT管理流程是什么?

3. 信息系统运维管理体系、服务外包管理如何?分析外包管理的流程对企业效益有什么影响。

参考文献

[1] 魏忠. 上海市科委标准化专项:通用信息系统外包服务规范[S]. 2004.

[2] 英国标准协会. BS15000(ITIL),ITSM,2000.

[3] Christopher Albert,Audrey Dorofee,OCTAVESM,Carnegie Mellon.

[4] Peter Brooks(丰祖军译). IT服务管理指标[M]. 北京:清华大学出版社,2008.

[5] 中华人民共和国国家标准 GB/T 20282—2006《信息安全技术:信息系统安全工程管理要求》[S]. 北京:中国标准出版社.

[6] 中华人民共和国国家标准 GB/T 19716—2005《信息安全技术:信息安全管理实用规则》[S]. 北京:中国标准出版社.

[7] 中华人民共和国国家标准 GB/T 18208—2004《信息安全技术:系统安全工程成熟模型》[S]. 北京:中国标准出版社.

[8] 中华人民共和国国家标准 GB/T 21282—2006《信息安全技术:IT安全管理指南》[S]. 北京:中国标准出版社.

[9] 王达. 网管员必读——网络测试、监控和实验[M]. 北京:电子工业出版社,2008.

图书在版编目（CIP）数据

电子商务工程管理/魏忠，张芳芳编著. —北京：人民交通出版社，2009.6
ISBN 978-7-114-07811-8

Ⅰ.电... Ⅱ.①魏... ②张... Ⅲ.电子商务 Ⅳ.F713.36

中国版本图书馆 CIP 数据核字（2009）第 041639 号

书　　名：电子商务工程管理
著 作 者：魏　忠　张芳芳
责任编辑：邸　伟　黄兴娜
出版发行：人民交通出版社
地　　址：(100011)北京市朝阳区安定门外外馆斜街 3 号
网　　址：http://www.ccpress.com.cn
销售电话：(010)59757969，59757973
总 经 销：北京中交盛世书刊有限公司
经　　销：各地新华书店
印　　刷：北京鑫正大印刷有限公司
开　　本：787×980　1/16
印　　张：29
字　　数：431 千
版　　次：2009 年 6 月第 1 版
印　　次：2009 年 6 月第 1 次印刷
书　　号：ISBN 978-7-114-07811-8
印　　数：0001－2000 册
定　　价：58.00 元